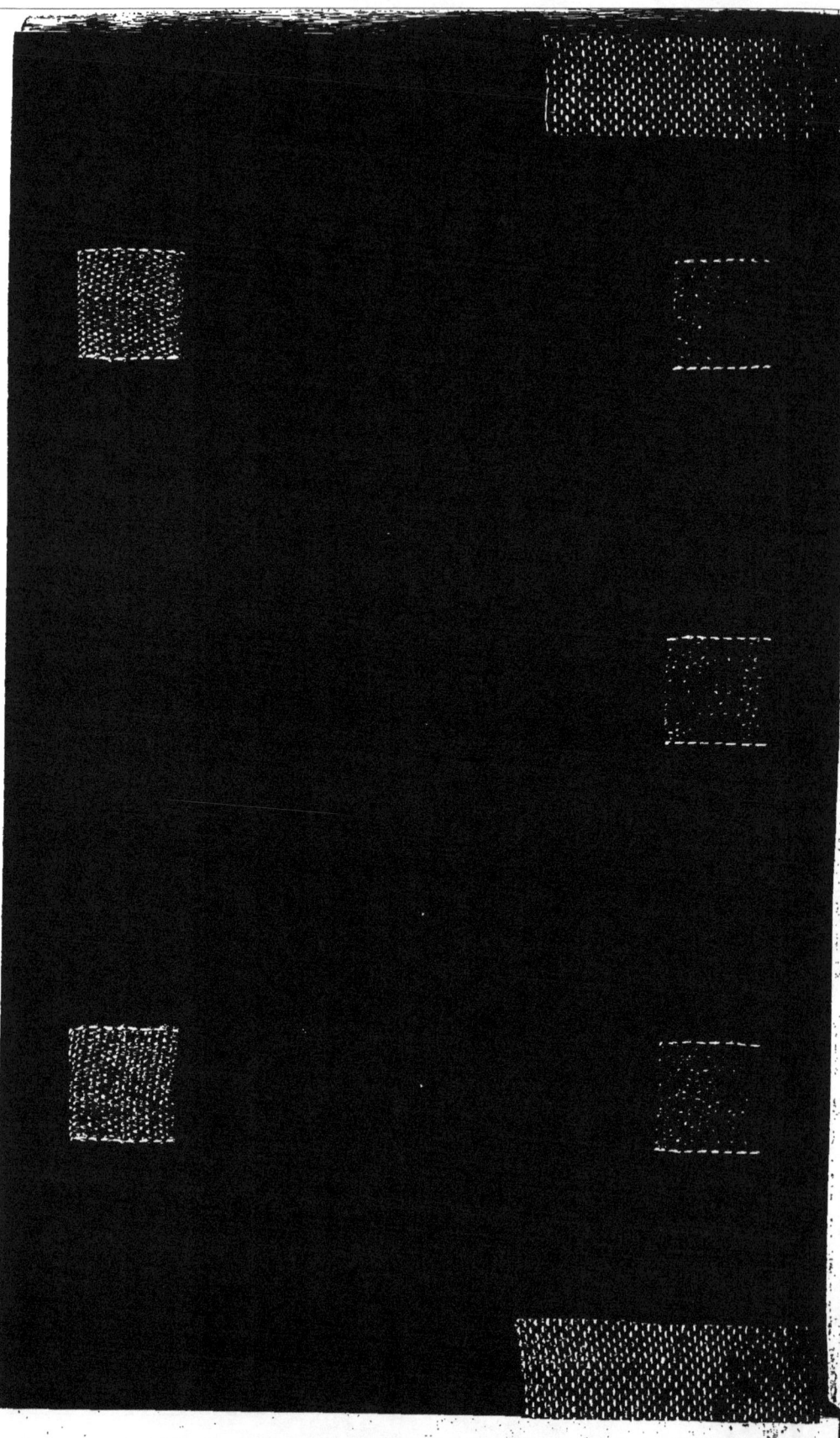

ŒUVRES COMPLÈTES

DE VOLTAIRE

TOME QUARANTE-DEUXIÈME

PARIS
LIBRAIRIE HACHETTE ET Cie
79, BOULEVARD SAINT-GERMAIN, 79

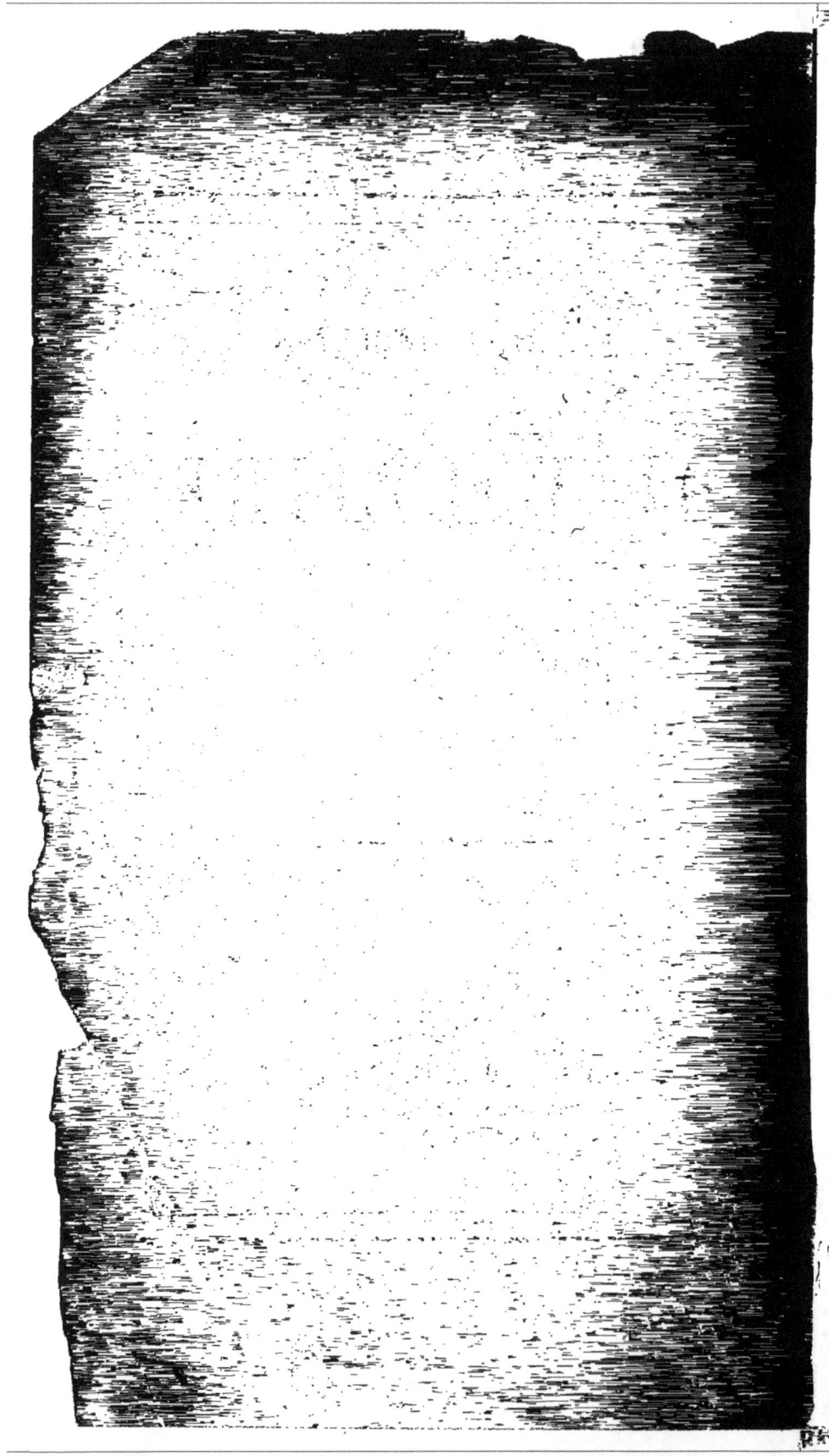

ŒUVRES COMPLÈTES

DE VOLTAIRE

COULOMMIERS
Imprimerie Paul BRODARD

ŒUVRES COMPLÈTES

DE VOLTAIRE

TOME QUARANTE-DEUXIÈME

PARIS
LIBRAIRIE HACHETTE ET Cie
79, BOULEVARD SAINT-GERMAIN, 79

1893

CORRESPONDANCE.

(SUITE.)

MMMMMCCXXI. — A M. DAMILAVILLE.

23 novembre.

Vous n'aviez pas besoin, mon cher ami, de la lettre de M. Dalembert pour m'exciter.

Vous savez bien que, sur un mot de vous, il n'y a rien que je ne hasarde pour vous servir.

Je vous avais déjà prévenu en écrivant la lettre la plus forte à Mme de Sauvigny. Je prendrai aussi, n'en doutez pas, le parti d'implorer la protection de M. le duc de Choiseul; mais sachez qu'il est à présent très-rare qu'un ministre demande des emplois à d'autres ministres.

Il n'y a pas longtemps que j'obtins de M. le duc de Choiseul qu'il parlât à M. le vice-chancelier d'un ancien officier à qui nous avons donné la sœur de M. Dupuits en mariage.

Cet officier, retiré du service avec la croix de Saint-Louis et une pension, avait été forcé, par des arrangements de famille, à prendre une charge de maître des comptes à Dôle; il demandait la vétérance avant le temps prescrit : croiriez-vous bien que M. le vice-chancelier refusa net M. de Choiseul, et lui envoya un beau mémoire pour motiver ses refus?

Vous jugez bien que depuis ce temps-là, le ministre n'est pas trop disposé à demander des choses qui ne dépendent pas de lui. Soyez sûr que je n'aurai réponse de trois mois.

Il y a environ ce temps-là que j'en attends une de lui sur une affaire qui me regarde. Il m'a fait dire, par le commandant de notre petite province, qu'il n'avait pas le temps d'écrire, qu'il était accablé d'affaires : voilà où j'en suis.

Il me paraît de la dernière importance d'apaiser M. de Sauvigny; il faut l'entourer de tous côtés. M. de Montigny, trésorier de France, de l'Académie des sciences, est très à portée de lui parler avec vigueur.

N'avez-vous point quelque ami auprès de M. d'Ormesson? Heureusement la place qui vous est promise n'est point encore vacante; on aura tout le temps de faire valoir vos droits si bien établis.

La tracasserie qu'on vous fait est inouïe. Je me souviens d'un petit dévot, nommé Leleu, qui avait deux crucifix sur sa table : il débuta par me dire qu'il ne voulait pas transiger avec moi, parce que j'étais un impie, et il finit par me voler vingt mille francs. Il s'en faut beaucoup, mon cher ami, que les scènes du *Tartufe* soient outrées : la nature des dévots va beaucoup plus loin que le pinceau de Molière.

J'aurai, dans le courant du mois de décembre, une occasion très-favorable de prier M. le contrôleur général de vous rendre justice. Je ne saurais m'imaginer qu'on pût manquer à sa parole sur un prétexte aussi ridicule. Cela ressemblerait trop au marquis d'O, qui prétendait que le prince Eugène et Marlborough ne nous avaient battus que parce que le duc de Vendôme n'allait pas assez souvent à la messe.

Je vous prie de ne pas oublier le maréchal de Luxembourg[1], qui n'allait pas plus à la messe que le duc de Vendôme. Je suis obligé d'arrêter l'édition du *Siècle de Louis XIV*, jusqu'à ce que j'aie vu ces campagnes du maréchal, où l'on m'a dit qu'il y a des choses fort instructives.

Le petit livre du *Militaire philosophe* vaut assurément mieux que toutes les campagnes. Il est très-estimé en Europe de tous les gens éclairés. J'ai bien de la peine à croire qu'un militaire en soit l'auteur. Nous ne sommes pas comme les anciens Romains, qui étaient à la fois guerriers, jurisconsultes et philosophes.

Vous ne me parlez plus de votre cou; pour moi, je vous écris de mon lit, dont mes maux me permettent rarement de sortir. On ne peut s'intéresser à vos affaires, ni vous embrasser plus tendrement que je le fais.

MMMMMCCXXII. — A M. Marin.

27 novembre.

Vous me demandez, mon cher monsieur, si je m'intéresse aux édits qui favorisent le commerce et les huguenots : je crois être de tous les catholiques celui qui s'y intéresse le plus. Je vous serai très-obligé de me les envoyer. Il me semble que le conseil cherche réellement le bien de l'État : on n'en peut pas dire autant de MM. de Sorbonne.

J'ai lu les *Lettres sur Rabelais* et autres grands personnages. Ce petit ouvrage n'est pas assurément fait à Genève ; il a été imprimé à Bâle, et non point en Hollande, chez Marc-Michel, comme le titre le porte. Il y a, en effet, des choses assez curieuses; mais je voudrais que l'auteur ne fût point tombé quelquefois dans le défaut qu'il semble reprocher aux auteurs hardis dont il parle.

Parmi une grande quantité de livres nouveaux qui paraissent sur cette matière, il y en a un surtout dont on fait un très-grand cas. Il est intitulé *le Militaire philosophe*, et imprimé en effet chez Marc-Michel Rey. Ce sont des lettres écrites au P. Malebranche, qui aurait été fort embarrassé d'y répondre.

On a débité en Hollande, cette année, plus de vingt ouvrages dans ce goût. Je sais que la Fréronaille m'impute toutes ces nouveautés;

---

1. C'est-à-dire les *Mémoires*, que Voltaire croyait imprimés. (Éd.)

mais je m'enveloppe avec sécurité dans mon innocence et dans le *Siècle de Louis XIV*, que je fais réimprimer, augmenté de plus d'un tiers. Je profite de la permission que vous me donnez de vous adresser une copie de l'*errata* que l'exacte et avisée veuve Duchesne a perdu si à propos. Je mets tout cela sous l'enveloppe de M. de Sartine.

Adieu, monsieur; vous ne sauriez croire combien votre commerce m'enchante.

Sera-t-il donc permis au sieur Coger, régent de collége, d'employer le nom du roi pour me calomnier?

MMMMMCCXXIII. — A M. DAMILAVILLE.
27 novembre.

Je suppose, pour ma consolation, mon cher ami, que les campagnes du maréchal de Luxembourg sont en chemin. Il faudra que j'arrête l'impression si elles ne viennent point; car nous en sommes aux batailles de Steinkerque, de Fleurus et de Nerwinde, l'éternel honneur des armes françaises. Il se pourrait que le paquet étant trop gros, on l'eût laissé à la poste, ou qu'on l'eût ouvert.

Toutes les fois que vous aurez la bonté de m'envoyer quelque gros paquet, donnez-m'en avis par une lettre séparée.

Vous ne me parlez point des nouveaux édits en faveur des négociants et des artisans. Il me semble qu'ils font beaucoup d'honneur au ministère. C'est en quelque façon casser la révocation de l'édit de Nantes avec tous les ménagements possibles. Cette sage conduite me fait croire qu'en effet des ordres supérieurs ont empêché les sorboniqueurs d'écrire contre la tolérance. Tout cela me donne une bonne espérance de l'affaire de Sirven, quoiqu'elle languisse beaucoup.

Je n'ai point encore de réponse de M. Chardon. Votre affaire m'intéresse davantage. J'ai pris la liberté d'écrire, comme je vous l'avais mandé, et je fais présenter ma lettre par un homme à portée de la faire réussir. Cependant je me défie toujours de la cour.

Bonsoir, mon cher ami; mandez-moi des nouvelles de votre affaire et de votre santé.

MMMMMCCXXIV. — A M. LE MARÉCHAL DE RICHELIEU.
A Ferney, 28 novembre.

Il y a environ quarante-cinq ans que monseigneur est en possession de se moquer de son humble serviteur. Il y a trois mois que je sors rarement de mon lit, tandis que monseigneur sort tous les jours de son bain pour aller dans le lit d'autrui, et vous êtes tout ébahi que je me sois habillé une fois pour assister à une petite fête. Puissiez-vous insulter encore quarante ans aux faiblesses humaines, en ne perdant jamais ni votre appétit, ni votre vigueur, ni vos grâces, ni vos railleries!

Vous avez laissé choir le *tripot* de la Comédie de Paris. Je m'y intéresse fort médiocrement; mais je suis fâché que tout tombe, excepté l'opéra-comique. J'ai peur d'avoir le défaut des vieillards, qui font toujours l'éloge du temps passé; mais il me semble que le siècle de

Louis XIV, dont on fait actuellement une édition nouvelle fort augmentée, était un peu supérieur à notre siècle.

Comme cet ouvrage est suivi d'un petit abrégé qui va jusqu'à la dernière guerre, je ne manquerai pas de parler de la belle action de M. le duc d'Aiguillon, qui a repoussé les Anglais. J'avais oublié cette consolation dans nos malheurs.

Votre ancien serviteur se recommande toujours à votre bonté et loyauté, et vous présente son tendre et profond respect.

MMMMMCCXXV. — A M. DE CHABANON.

30 novembre.

L'anecdote parlementaire que vous avez la bonté de m'envoyer, mon cher ami, m'est d'autant plus précieuse, qu'aucun écrivain, aucun historien de Louis XIV n'en avait parlé jusqu'à présent.

Et voilà justement comme on écrit l'histoire.
Charlot, acte I, scène VII.

Vous êtes bien plus attentif que le victorieux auteur de l'*Éloge de Charles V*. Il ne m'a point appris d'anecdote, car il ne m'a point écrit du tout. Je présume qu'il passe fort agréablement son temps avec quelque fille d'Aaron-al-Raschild [1].

Je ne sais pas la moindre nouvelle des *tripots* de Paris. J'ignore jusqu'aux succès des doubles croches de Philidor, et je suis toujours très-affligé de l'aventure des croches de notre ami M. de La Borde. J'ai sa *Pandore* à cœur, non parce que j'ai fourni la toile qu'il a bien voulu peindre, mais parce que j'ai trouvé des choses charmantes dans son exécution ; et je souhaite passionnément qu'on joue le péché originel à l'Opéra. Vous me direz qu'il ne mérite d'être joué qu'à la foire Saint-Laurent : cela est vrai, si on le donne sous son véritable nom ; mais, sous le nom de *Pandore*, il mérite le théâtre de l'Académie de musique. Je vous prie toujours d'encourager M. de La Borde ; car, pour vous, mon cher ami, je vous crois assez encouragé à établir votre réputation en détruisant l'empire romain. Mais commencez par établir un théâtre, vous n'en avez point. La Comédie française est plus tombée que l'empire romain.

Nous n'avons plus de soldats dans nos déserts de Ferney. L'arrêt des augustes puissances contre les illustres représentants est arrivé, et a été plus mal reçu qu'une pièce nouvelle. Vous ne vous en souciez guère, ni moi non plus.

Maman et toute la maison vous font les plus tendres compliments ; j'enchéris sur eux tous.

MMMMMCCXXVI. — A M. LEKAIN.

30 novembre.

Mon cher ami, voici le temps où vous m'avez promis de reprendre *les Scythes* : on me mande que votre santé est raffermie, et je vous

---

[1] La Harpe s'occupait de sa tragédie des *Barmécides*. (ÉD.)

somme de votre parole. Il faut faire jouer Obéide par celle qui en est le plus capable : je ne connais aucune actrice ; ce n'est point à moi d'employer des talents dont je ne puis juger. Je sais seulement que le public doit être servi de préférence à tout. On dit que votre théâtre est désert ; c'est à vous de le rétablir ; mais on est actuellement dans la décadence des arts. Plus je vous aime, plus je gémis sur la misère où nous sommes.

V.

MMMMCCXXVII. — A M. DAMILAVILLE.

1ᵉʳ décembre.

J'attends demain une lettre de vous, mon cher ami ; ainsi je vous réponds avant que vous m'ayez écrit, car l'éloignement du bureau de la poste me force toujours de mettre un grand intervalle entre les lettres que je reçois et celles que je réponds.

Je n'ai encore rien reçu de Mme de Sauvigny, rien de M. le duc de Choiseul ; mais j'ai reçu un livre imprimé à Avignon, intitulé : *Dictionnaire antiphilosophique*, qui est assurément très-digne de son titre. Les malheureux y ont rassemblé toutes les ordures qu'on a vomies dans divers temps contre Helvétius et Diderot, et contre quelqu'un que vous connaissez. La fureur de ces misérables est toujours couverte du masque de la religion ; ils sont comme les coupeurs de bourses qui prient Dieu à haute voix en volant dans l'église.

L'ouvrage est sans nom d'auteur, le titre le fait débiter. Il y a des morceaux qui ne sont pas sans éloquence, c'est-à-dire l'éloquence des paroles ; car, pour celle de la raison, il y a longtemps qu'elle est bannie de tous les livres de ce caractère. Trois jésuites, nommés Patouillet, Nonnotte et Cérutti, ont contribué à ce chef-d'œuvre. On m'assure qu'un avocat a déjà daigné répondre à ces marauds, à la fin d'un livre qui roule sur des matières intéressantes.

Par quelle fatalité déplorable faut-il que des ennemis du genre humain, chassés de trois royaumes, et en horreur à la terre entière, soient unis entre eux pour faire le mal, tandis que les sages qui pourraient faire le bien sont séparés, divisés, et peut-être, hélas ! ne connaissent pas l'amitié ? Je reviens toujours à l'ancien objet de mon chagrin : les sages ne sont pas assez sages, ils ne sont pas assez unis, ne sont ni assez adroits, ni assez zélés, ni assez amis. Quoi ! trois jésuites se liguent pour répandre les calomnies les plus atroces, et trois honnêtes gens resteront tranquilles !

Vous ne serez pas tranquille sur les Sirven. Je compte toujours, mon cher ami, que M. Chardon rapportera l'affaire incessamment devant le roi. Il sera comblé de gloire et béni de la patrie.

Avez-vous lu *l'Honnête criminel*[1] ? Il y a quelques beaux vers. L'auteur aurait pu faire de cette pièce un ouvrage excellent ; il aurait fait une très-grande sensation, et aurait servi notre cause.

Je suis toujours très-malade ; je sens de fortes douleurs : mais l'amitié qui m'attache à vous est plus forte encore.

Bonsoir, mon digne et vertueux ami.

1. Par Fenouillot de Falbaire. (ÉD.)

MMMMCCXXVIII. — A M. MARMONTEL.
2 décembre.

Commençons par les empereurs, mon très-cher et illustre confrère, et ensuite nous viendrons aux rois. Je tiens l'empereur Justinien un assez méprisable despote, et Bélisaire un brave capitaine assez pillard, aussi sottement cocu que son maître. Mais, pour la Sorbonne, je suis toujours de l'avis de des Landes, qui assure, à la page 229 de son troisième volume, que c'est le corps le plus méprisable du royaume.

Pour le roi de Pologne, c'est tout autre chose. Je le révère, l'estime et l'aime comme philosophe et comme bienfaisant. Il est vrai que j'eus l'honneur de recevoir sa réponse au mois de mars, et que j'eus la discrétion de ne lui rien répliquer, parce que je craignis d'ennuyer un roi des Sarmates, qui me parut assez embarrassé entre un nonce, des évêques, des Radzivill et des Cracovie : mais, puisqu'il insinue que je dois lui écrire, il aura assurément de mes nouvelles.

Mon cher ami, vive le ministère de France ! vive surtout M. le duc de Choiseul, qui ne veut pas que les sorboniqueurs prêchent l'intolérance dans un siècle aussi éclairé ! On lime les dents à ces monstres, on rogne leurs griffes ; c'est déjà beaucoup. Ils rugiront, et on ne les entendra seulement pas. Votre victoire est entière, mon cher ami : ces drôles-là auraient été plus dangereux que les jésuites, si on les avait laissés faire.

Je suis bien affligé que l'édit en faveur des protestants n'ait point passé. Ce n'est pas que les huguenots ne soient aussi fous que les sorboniqueurs ; mais, pour être fou à lier, on n'en est pas moins citoyen ; et rien ne serait assurément plus sage que de permettre à tout le monde d'être fou à sa manière.

Il me paraît que le public commence à être fou de la musique italienne ; cela ne m'empêchera jamais d'aimer passionnément le récitatif de Lulli. Les Italiens se moqueront de nous, et nous regarderont comme de mauvais singes. Nous prenons aussi les modes des Anglais ; nous n'existons plus par nous-mêmes. Le Théâtre-Français est désert comme les prêches de Genève. La décadence s'annonce de toutes parts. Nous allions nous sauver par la philosophie ; mais on veut nous empêcher de penser. Je me flatte pourtant qu'à la fin on pensera, et que le ministère ne sera pas plus méchant envers les pauvres philosophes qu'envers les pauvres huguenots.

Je vous supplie d'embrasser pour moi le petit nombre de sages qui voudra bien se souvenir du vieux solitaire, votre tendre ami.

MMMMCCXXIX. — A M. DAMILAVILLE.
2 décembre.

Mon cher ami, Mme de Sauvigny, à qui j'avais écrit de la manière la plus pressante, sans vous compromettre en rien, s'explique elle-même sur les choses dont je ne lui avais point parlé ; elle les prévient ; elle me dit que M. Mabille, dont par parenthèse je ne savais pas le nom, n'est point mort ; qu'on ne peut demander la place d'un homme en vie ; que son fils d'ailleurs a exercé cet emploi depuis cinq années, à la satisfaction de ses supérieurs; et que, s'il était dépossédé, sa famille serait à la mendicité.

Ces raisons me paraissent assez fortes. Il n'est point du tout question, dans cette lettre, des impressions qu'on aurait pu donner contre vous à M. de Sauvigny. On n'y parle que des services que Mabille a rendus à l'intendance pendant quarante années. C'est encore une raison de plus pour assurer une récompense à son fils. Que voulez-vous que je réponde? faut-il que j'insiste? faut-il que je demande pour vous une autre place? ou voulez-vous vous borner à conserver la vôtre? Vous savez mieux que moi que les promesses des ministres qui ne sont plus en place ne sont pas une recommandation auprès de leurs successeurs.

Vous savez qu'il n'y a point de survivance pour ces sortes d'emplois. Je vois avec douleur que je ne dois rien attendre de M. le duc de Choiseul dans cette affaire. Je n'ai jamais senti si cruellement le désagrément attaché à la retraite; on n'est plus bon à rien, on ne peut plus servir ses amis.

Je crois être sûr que M. de Sauvigny ne vous nuira pas dans l'emploi qui vous sera conservé; mais je crois être sûr aussi qu'il se fait un devoir de conserver au jeune Mabille la place de son père. En un mot, ce père n'est point mort; et ce serait, à mon avis, une grande indiscrétion de demander son emploi de son vivant.

Mandez-moi, je vous prie, où vous en êtes, et quel parti vous prenez. Celui de la philosophie est digne de vous. Plût à Dieu que vous pussiez avoir un bénéfice simple, et venir philosopher à Ferney! Mais si votre place vous vaut quatre mille livres, il ne faut certainement pas l'abandonner.

Vous êtes trop prudent, mon cher ami, pour mettre dans cette affaire le dépit à la place de la raison. Je ne vous parlerai point aujourd'hui de littérature, quand il s'agit de votre fortune. Je suis d'ailleurs très-malade. Je vous embrasse avec la plus vive tendresse.

MMMMMCCXXX. — A M. LE COMTE DE ROCHEFORT.

A Ferney, le 2 décembre.

Quand vers leur fin mes ans sont emportés,
Vous commencez une belle carrière :
Par les plaisirs vos moments sont comptés.
Goûtez longtemps cette douceur première;
A la raison joignez les voluptés;
Et que je puisse, à mon heure dernière,
Me croire heureux de vos félicités.

Voilà ce qu'un vieux malade, qui n'en peut plus, dit à deux jeunes époux dignes du bonheur qu'il leur souhaite. Monsieur et madame, je me garderai bien de vous séparer.

A moi, du vin de Champagne! à moi, qui suis à l'eau de poulet! à moi, pauvre confisqué! Ah! monsieur et madame, venez le boire vous-mêmes. Je ne puis être que le témoin des plaisirs des autres, et c'est surtout aux vôtres que je m'intéresse. Votre satisfaction mutuelle me ranime un moment pour vous dire à tous deux avec combien de reconnaissance et de respect j'ai l'honneur d'être, etc.

MMMMMCCXXXI. — A STANISLAS-AUGUSTE PONIATOWSKI, ROI DE POLOGNE.

6 décembre.

Sire, on m'apprend que Votre Majesté semble désirer que je lui écrive. Je n'ai osé prendre cette liberté. Un certain Bourdillon[1], qui professe secrètement le droit public à Bâle, prétend que vous êtes accablé d'affaires, et qu'il faut *captare mollia fandi tempora*[2]. Je sais bien, sire, que vous avez beaucoup d'affaires; mais je suis très-sûr que vous n'en êtes pas accablé, et j'ai répondu au sieur Bourdillon : *Rex ille superior est negotiis*.

Ce Bourdillon s'imagine que la Pologne serait beaucoup plus riche, plus peuplée, plus heureuse, si les serfs étaient affranchis, s'ils avaient la liberté du corps et de l'âme, si les restes du gouvernement gothico-sclavonico-romano-sarmatique étaient abolis un jour par un prince qui ne prendrait pas le titre de fils aîné de l'Église, mais celui de fils aîné de la raison. J'ai répondu au grave Bourdillon que je ne me mêlais pas d'affaires d'État, que je me bornais à admirer, à chérir les salutaires intentions de Votre Majesté, votre génie, votre humanité, et que je laissais les Grotius et les Puffendorf ennuyer leurs lecteurs par les citations des anciens, qui n'ont pas fait le moindre bien aux modernes. « Je sais, disais-je à mon ami Bourdillon, que les Polonais seraient cent fois plus heureux si le roi était absolument le maître, et que rien n'est plus doux que de remettre ses intérêts entre les mains d'un souverain qui a justesse dans l'esprit et justice dans le cœur; mais je me garde bien d'aller plus loin. Vous n'ignorez pas, monsieur Bourdillon, qu'un roi est comme un tisserand continuellement occupé à reprendre les fils de sa toile qui se cassent; ou, si vous l'aimez mieux, comme Sisyphe, qui portait toujours son rocher au haut de la montagne, et qui le voyait retomber; ou enfin comme Hercule avec les têtes renaissantes de l'hydre. »

M. Bourdillon me répondit : « Il finira sa toile, il fixera son rocher, il abattra les têtes de l'hydre. »

Je le souhaite, mon cher Bourdillon, et je fais des vœux au ciel avec vous pour qu'il réussisse en tout, et pour que les hommes soient moins asservis à leurs préjugés, et plus dignes d'être heureux. Je ne doute pas qu'un grand jurisconsulte comme vous ne soit en commerce de lettres avec un grand législateur. La première fois que vous l'ennuierez de votre fatras, dites-lui, je vous en prie, que je suis avec un profond respect, avec admiration, avec dévouement, de Sa Majesté, etc.

---

1. C'est le nom sous lequel Voltaire avait publié l'*Essai sur les Dissensions des Églises de Pologne*. (ÉD.)
2. Virgile, *Æn.*, IV, 293-94. (ÉD.)

ANNÉE 1767.

MMMMMCCXXXII. — A M. LE COMTE D'ARGENTAL.

A Ferney, 7 décembre.

Mon cher ange, je vous dépêche mon gendre[1], qui ne va à Paris ni pour l'opéra de Philidor, ni pour l'Opéra-Comique, ni pour le malheureux *tripot* de l'expirante Comédie-Française. Il aura le bonheur de faire sa cour à mes deux anges; cela mérite bien le voyage. De plus, il compte servir le roi, ce qui est la suprême félicité. Puisse-t-il le servir longues années en temps de paix!

J'ai vaincu mon horrible répugnance, en excédant M. le duc de Duras de l'histoire de la falsification de mon testament. Je vois bien que je mourrai avant d'avoir mis ordre à mes affaires comiques, et que cela va produire une file de tracasseries qui ne finira point. Le théâtre de Baron, de Le Couvreur, de Clairon, n'en deviendra pas meilleur. La décadence est venue, il faut s'y soumettre; c'est le sort de toutes les nations qui ont cultivé les lettres; chacune a eu son siècle brillant, et dix siècles de turpitude.

Je finis actuellement par semer du blé, au lieu de semer des vers en terre ingrate; et j'achève, comme je le puis, ma ridicule carrière.

Vivez heureux en santé, en tranquillité.

Adieu, mon ange, que j'aimerai tendrement jusqu'au dernier moment de ma vie.

MMMMCCXXXIII. — A M. DE CHABANON.

A Ferney, 7 décembre.

Ami aussi essentiel qu'aimable, ayez tout pouvoir sur *Pandore*. Vous me donnez le fond de la botte, et j'espère tout de votre goût, de la facilité de M. de La Borde. A l'égard de ma docilité, vous n'en doutez pas.

Je suis bien étonné qu'on ait fait un opéra d'Ernelinde[2], de Rodoald, et de Ricimer; cela pourrait faire souvenir les mauvais plaisants

> *De ce* plaisant projet d'un poëte ignorant
> Qui de tant de héros va choisir Childebrand.
> Boileau, *Art. poét.*, ch. III, v. 241.

Le bizarre a succédé au naturel en tout genre. Nous sommes plus savants sur certains chefs intéressants que dans le siècle passé; mais adieu les talents, le goût, le génie et les grâces.

Mes compliments à Rodoald; je vais relire *Atys*[3]. J'ai peur que vous ne soyez dégoûté de l'empire romain et d'Eudoxie, depuis que vous avez vu la misère où les pauvres acteurs sont tombés. On dit qu'il n'y a que la Sorbonne qui soit plus méprisée que la Comédie-Française.

J'envie le bonheur de M. Dupuits, qui va vous embrasser. Je félicite M. de La Harpe de tous ses succès. Il en est si occupé, qu'il n'a pas daigné m'écrire un mot depuis qu'il est parti de Ferney.

Mme Denis vous regrette tous les jours; elle brave l'hiver, et j'y suc-

---

1. Dupuits, qui avait épousé Mlle Corneille. (ÉD.)
2. Paroles de Poinsinet, musique de Philidor. (ÉD.)
3. Opéra de Quinault. (ÉD.)

combe. Je lis et j'écris des sottises au coin de mon feu, pour me dépiquer.

J'ai reçu d'excellents mémoires sur l'Inde; cela me console des mauvais livres qu'on m'envoie de Paris. Ces mémoires seraient peut-être mal reçus de votre Académie, et encore plus de vos théologiens. Il est prouvé que les Indiens ont des livres écrits il y a cinq mille ans; il nous sied bien après cela de faire les entendus! Les pagodes, qu'on a prises pour des représentations de diables, sont évidemment les vertus personnifiées.

Je suis las des impertinences de l'Europe. Je partirai pour l'Inde, quand j'aurai de la santé et de la vigueur. En attendant, conservez-moi une amitié qui fait ma consolation.

MMMMCCXXXIV. — A M. Peacock, ci-devant fermier général du roi de Patna.

A Ferney, 8 décembre.

Je ne saurais, monsieur, vous remercier en anglais, parce que ma vieillesse et mes maladies me privent absolument de la facilité d'écrire. Je dicte donc en français mes très-sincères remercîments sur le livre instructif que vous avez bien voulu m'envoyer. Vous m'avez confirmé de vive voix une partie des choses que l'auteur dit sur l'Inde, sur ses coutumes antiques, conservées jusqu'à nos jours; sur ses livres, les plus anciens qu'il y ait dans le monde; sur les sciences, dont les brachmanes ont été les dépositaires; sur leur religion emblématique, qui semble être l'origine de toutes les autres religions. Il y a longtemps que je pensais, et que j'ai même écrit, une partie des vérités que ce savant auteur développe. Je possède une copie d'un ancien manuscrit qui est un commentaire du *Veidam*, fait incontestablement avant l'invasion d'Alexandre. J'ai envoyé à la bibliothèque royale de Paris l'original de la traduction faite par un brame, correspondant de notre pauvre compagnie des Indes, qui sait très-bien le français.

Je n'ai point de honte, monsieur, de vous supplier de me gratifier de tout ce que vous pourrez retrouver d'instructions sur ce beau pays où les Zoroastre, les Pythagore, les Apollonius de Tyane, ont voyagé comme vous.

J'avoue que ce peuple, dont nous tenons les échecs, le trictrac, les théorèmes fondamentaux de la géométrie, est malheureusement d'une superstition qui effraye la nature; mais, avec cet horrible et honteux fanatisme, il est vertueux; ce qui prouve bien que les superstitions les plus insensées ne peuvent étouffer la voix de la raison; car la raison vient de Dieu, et la superstition vient des hommes, qui ne peuvent anéantir ce que Dieu a fait.

J'ai l'honneur d'être, monsieur, avec une très-vive reconnaissance, etc.

MMMMCCXXXV. — A M. Fenouillot de Falbaire.

A Ferney, 11 décembre.

Je ne peux trop vous remercier, monsieur, de la bonté que vous avez eue de m'envoyer votre pièce, que l'éloquence et l'humanité ont dictée.

ANNÉE 1767.

Elle est pleine de vers qui parlent au cœur, et qu'on retient malgré soi. Il y a des gens qui ont imprimé que si on avait joué la tragédie de *Mahomet* devant Ravaillac, il n'aurait jamais assassiné Henri IV. Ravaillac pouvait fort bien aller à la comédie; il avait fait ses études, et était un très-bon maître d'école. On dit qu'il y a encore à Angoulême des gens de sa famille qui sont dans les ordres sacrés, et qui par conséquent persécutent les huguenots au nom de Dieu. Il ne serait pas mal qu'on jouât votre pièce devant ces honnêtes gens, et surtout devant le parlement de Toulouse. M. Marmontel vous en demandera probablement une représentation pour la Sorbonne.

Pour moi, monsieur, je vous réponds que je la ferai jouer sur mon petit théâtre.

Je suis fâché que votre prédicant Lisimond[1] ait eu la lâcheté de laisser traîner son fils aux galères. Je voudrais que sa vieille femme s'évanouît à ce spectacle, que le père fût empressé à la secourir, qu'elle mourût de douleur entre ses bras; que pendant ce temps-là la chaîne partît; que le vieux Lisimond, après avoir enterré sa vieille prédicante, allât vite à Toulon se présenter pour dégager son fils. Le fond de votre pièce n'y perdrait rien, et le sentiment y gagnerait.

Je voudrais aussi (permettez-moi de vous le dire) que, dans la scène de la reconnaissance, les deux amants ne se parlassent pas si longtemps sans se reconnaître, ce qui choque absolument la vraisemblance.

N'imputez ces faibles critiques qu'à mon estime. Je crois que vous pouvez rendre au théâtre le lustre qu'il commence à perdre tous les jours; mais soyez bien persuadé que *Phèdre* et *Iphigénie* feront toujours plus d'effet que des bourgeois. Votre style vous appelle au grand.

J'ai l'honneur d'être, avec toute l'estime que vous méritez, votre très-humble, etc.

MMMMCCXXXVI. — A M. CHARDON.
11 décembre.

Monsieur, vous m'étonnez de vouloir lire des bagatelles, quand vous êtes occupé à déployer votre éloquence sur les choses les plus sérieuses; mais Caton allait à cheval sur un bâton avec un enfant, après s'être fait admirer dans le sénat. Je suis un vieil enfant; vous voulez vous amuser de mes rêveries, elles sont à vos ordres; mais la difficulté est de les faire voyager. Les commis à la douane des pensées sont inexorables. Je me ferais d'ailleurs, monsieur, un vrai plaisir de vous procurer quelques livres nouveaux qui valent infiniment mieux que les miens; mais je ne répondrais pas de leur catholicité. Ce qui me rassurerait, c'est que le meilleur rapporteur du conseil doit avoir sous les yeux toutes les pièces des deux parties.

Si vous pouvez, monsieur, m'indiquer une voie sûre, je ne manquerai pas de vous obéir ponctuellement.

J'ose me flatter que vous ferez bientôt triompher l'innocence de Sirven, que vous serez comblé de gloire; soyez sûr que tout le royaume

---

1. Nom d'un personnage dans *l'Honnête criminel*. (ÉD.)

vous bénira; vous détruirez à la fois le préjugé le plus absurde, et la persécution la plus abominable.

J'ai l'honneur d'être, avec autant d'estime que de respect, monsieur, votre, etc.

P. S. Vous me pardonnerez de ne pas vous écrire de ma main; mes maladies et mes yeux ne me le permettent pas.

MMMMMCCXXXVII. — A M. L'ABBÉ MORELLET.
12 décembre.

Vous êtes, mon cher docteur philosophe, le modèle de la générosité; c'est un éloge que les simples docteurs méritent rarement. Vous prévenez mes besoins par vos bienfaits. Je vous dois les belles et bonnes instructions que M. de Malesherbes a bien voulu me donner. Cette interdiction de remontrances sous Louis XIV, pendant près de cinquante années, est une partie curieuse de l'histoire, et par conséquent entièrement négligée par les Limiers et les Reboulet, compilateurs de gazettes et de journaux. Je ne connais qu'une seule remontrance, en 1709, sur la variation des monnaies; encore ne fut-elle présentée qu'après l'enregistrement, et on n'y eut aucun égard.

Je vous supplie, mon cher philosophe, d'ajouter à vos bontés celle de présenter mes très-humbles remercîments au magistrat philosophe[1] qui m'a éclairé. Plût à Dieu qu'il fût encore à la tête de la littérature! Quand on ôta au maréchal de Villars le commandement des armées, nous fûmes battus; et lorsqu'on le lui rendit, nous fûmes vainqueurs.

Je suis accablé de vieillesse, de maladies, de mauvais livres, d'affaires. J'ai le cœur gros de ne pouvoir vous dire, aussi longuement que je le voudrais, tout ce que je pense de vous, et à quel point je suis pénétré de l'estime et de l'amitié que vous m'avez inspirées pour le reste de ma vie.

MMMMMCCXXXVIII. — A M. LE MARÉCHAL DUC DE RICHELIEU.
A Ferney, 13 décembre.

Votre malingre et affligé serviteur ne peut écrire de sa main à son héros. Tout languissant qu'il est, il compte bien donner non-seulement *la Fiancée du roi de Garbes*, quand il aura quatre-vingts ans, mais encore *le Portier des chartreux* pour petite pièce, que monseigneur fera représenter à la cour avec tout l'appareil convenable.

La prison du prince de Condé, la mort de François II, seraient à la vérité un sujet de tragédie; mais je ne réponds pas de l'approbation de la police. La pièce serait très-froide si elle n'était pas très-insolente; et, si elle était insolente, on ne pourrait la jouer qu'en Angleterre.

En attendant, si j'avais quelque chose à demander au *tripot*, ce serait qu'on achevât les représentations des *Scythes*. On ne les a données que quatre fois, et elles ont valu six cents francs à Lekain. Il n'y a plus de lois, plus d'honneur, plus de reconnaissance dans le *tripot*.

J'oserais implorer votre protection comme les Génois; mais mon-

---

1. Malesherbes. (ÉD.)

seigneur vient à Paris passer six semaines, et partager son temps entre les affaires et les plaisirs : ensuite il court dans le royaume du prince Noir[1] pour le reste de l'année, et je ne puis alors recourir aux lois, du fond de mes déserts des Alpes.

On m'a mandé que vous aviez abandonné tout net le département dudit *tripot;* alors je me suis adressé à M. le duc de Duras, afin que mes prières ne sortissent point de famille.

On m'a fait un grand crime dans Paris, c'est-à-dire parmi sept ou huit personnes de Paris, d'avoir ôté un rôle à Mlle Durancy, pour le donner à Mlle Dubois. Le fait est que j'ai écrit une lettre de politesses et de plaisanteries à Mlle Dubois, et qu'il m'est très-indifférent par qui tous mes pauvres rôles soient joués. Je ne connais aucune actrice. Le bruit public est que le c.. de Mlle Durancy n'est ni si blanc ni si ferme que celui de Mlle Dubois ; je m'en rapporte aux connaisseurs, et je n'ai acception de personne.

Vous ne connaissez pas d'ailleurs ma déplorable situation. Si j'avais l'honneur de vous entretenir seulement un quart d'heure, mon héros poufferait de rire. Il sait ce que c'est que l'absence, et combien on dépend quand on est à cent lieues de son *tripot;* mais il sait aussi que je voudrais ne dépendre que de lui, et que c'est à lui que je suis attaché jusqu'au dernier moment de ma vie.

A l'égard du jeune homme dont vous avez eu la bonté de me renvoyer la lettre, il est vrai que c'est un des seigneurs les mieux mis et les plus brillants. J'ai peur que sa magnificence ne lui coûte de tristes moments. Je ne me mêle plus en aucune manière de ses affaires. J'ai eu pour lui, pendant un an, toutes les attentions que je devais à un homme envoyé par vous ; je n'ai rien négligé pour le rendre digne de vos bontés ; c'est maintenant à M. Hennin uniquement à se charger de son sort et de sa conduite. Si vous avez quelques ordres à me donner sur son compte, je les exécuterai avec exactitude ; mais je ne ferai absolument rien sans vos ordres précis.

Agréez, monseigneur, avec autant de bonté que de plaisanterie, mon très-tendre et profond respect.

MMMMMCCXXXIX. — A M. LE CHEVALIER DE TAULÈS.

A Ferney, 14 décembre.

Mes raisons de vous aimer, monsieur, sont que vous avez la franchise et la bonté de mon héros[2], dans le pays duquel vous êtes né. Il faut avoir bien envie de crier, pour trouver mauvais qu'on ait produit les lettres de Jean-Jacques ; je croyais d'ailleurs que des archives étaient faites pour être consultées ; on en use ainsi à la Tour de Londres, et jamais on ne s'est avisé de trouver Rymer[3] indiscret.

Je prendrai la liberté d'en écrire un mot à M. le duc de Choiseul : il y a longtemps que l'anecdote du traité apporté par des gardes du corps

---

1. Richelieu était gouverneur de la Guyenne. (ÉD.)
2. Henri IV. Taules était aussi Béarnais. (ÉD.)
5. A qui l'on doit la collection intitulée *Fœdera, conventiones, litteræ*, etc. (ÉD.)

est imprimée. Un fait aussi peu vraisemblable a besoin d'autorité; il y a une note qui indique que cela est tiré du dépôt. Effectivement, vous savez qu'avant vous il y a un homme fort au fait qui m'apprit cette particularité, et c'est ce que je certifierai à votre principal; mais il n'est pas encore temps.

Vous êtes informé de plus qu'on m'a fait une petite tracasserie avec lui, et qu'on m'a voulu faire passer pour *représentant*[1]; cependant je ne me mêle pas plus des représentations de Genève que de celles des parlements, et je suis comme cet homme qui chantait les psaumes sur l'air: *Tout cela m'est indifférent*. Ce qui ne m'est pas indifférent, c'est votre amitié. Je vous supplie, quand vous verrez M. Thomas, de lui dire qu'il n'a point d'admirateur plus zélé que moi. Je finis là ma lettre, car je suis bien malade, et je la finis sans compliments, ils sont dans mon cœur.

VOLTAIRE.

MMMMCCXL. — A M. DUPONT.

Au château de Ferney, par Genève, 14 décembre.

Monsieur, vous n'ignorez pas qu'après les saisies faites par des marchands de Lyon sur les terres de Richwir au préjudice de mes droits, après les payements exigés par d'autres créanciers postérieurs à moi, j'ai été forcé de recourir aux voies judiciaires pour assurer mes intérêts et ceux de ma famille.

Vous savez que cette démarche était indispensable. Messieurs de la chambre des finances de Montbéliard ont reconnu la justice de mes droits et la circonspection de mes procédés.

Vous êtes avocat de Mgr le duc de Wurtemberg, et vous pensez comme lui; vous ne pouvez désapprouver aucune de mes démarches.

On me devra environ soixante-douze mille livres à la réception de ma lettre; j'en demandais dix au mois de décembre, et dix au mois de janvier, avec le payement de mes frais; et le reste en délégations sur des fermiers.

La chambre des finances m'a mandé qu'il y avait dix mille livres pour moi à Colmar, mais elle ne me les a point envoyées. Ni mon âge de soixante-quatorze ans passés, ni mes besoins pressants, ni ma famille, ne me permettent d'attendre; j'ai l'honneur de vous en donner avis; je vous supplie d'envoyer cette lettre à Montbéliard, et de me croire, avec tous les sentiments que je vous dois, monsieur, votre très-humble et très-obéissant serviteur,

VOLTAIRE, *gentilhomme ordinaire de la chambre du roi*.

MMMMCCXLI. — AU MÊME.

14 décembre.

Vous voyez, mon cher ami, que je mets vos intérêts en sûreté par cette lettre ostensible, après laquelle je poursuivrai mes droits si on ne me rend une très-prompte justice.

---

1. C'est-à-dire attaché au parti de la bourgeoisie. (ÉD.)

Mes frais en Franche-Comté montent à présent à sept cent trente livres. Je vous prie de me dire à quoi montent ceux de Colmar.

Voilà une affaire bien triste à mon âge. Je vous embrasse tendrement.
V.

MMMMMCCXLII. — A M. DAMILAVILLE.

A Ferney, 14 décembre.

Mon cher ami, je reçois votre lettre du 28 de novembre, et vous devez avoir reçu la mienne du 2 de décembre, dans laquelle je vous mandais ce que j'avais fait auprès de M. le duc de Choiseul et de Mme de Sauvigny. Je vous rendais compte de ses intentions et de ses raisons. Je lui envoie aujourd'hui une copie de la lettre de M. le contrôleur général, du 30 de mars. Ma lettre est pour elle et pour M. l'intendant, qui m'a fait aussi l'honneur de me venir voir à Ferney. Mais, encore une fois, vous ferez plus en un quart d'heure à Paris par vous et par vos amis.

Je ne peux encore avoir reçu de réponse de M. le duc de Choiseul.

Vous ne me parlez point des nouveaux édits en faveur des négociants et des artisans. Il me semble qu'ils font beaucoup d'honneur au ministère. C'est, en quelque façon, casser la révocation de l'édit de Nantes avec tous les ménagements possibles. Cette sage conduite me fait croire qu'en effet des ordres supérieurs ont empêché les sorboniqueurs d'écrire contre la tolérance. Tout cela me donne une bonne espérance de l'affaire des Sirven, quoiqu'elle languisse beaucoup.

Je suis bien étonné qu'on ait imprimé à Paris l'*Essai historique sur les dissidents de Pologne*. Je ne crois pas que Son Excellence le nonce de Sa Sainteté ait favorisé cette impression.

On parle de quelques autres ouvrages nouveaux, entre autres de quelques *Lettres* écrites au prince de Brunswick *sur Rabelais*, et sur tous les auteurs italiens, français, anglais, allemands, accusés d'avoir écrit contre notre sainte religion. On dit que ces lettres sont curieuses. Je tâcherai d'en avoir un exemplaire et de vous l'envoyer, supposé qu'on puisse vous le faire tenir par la poste.

Je laisse là l'opéra de Philidor[1]; je ne le verrai jamais. Je ne veux point regretter des plaisirs dont je ne peux jouir. Tout ce que je sais, c'est que le récitatif de Lulli est un chef-d'œuvre de déclamation, comme les opéras de Quinault sont des chefs-d'œuvre de poésie naturelle, de passion, de galanterie, d'esprit et de grâce. Nous sommes aujourd'hui dans la boue, et les doubles croches ne nous en tireront pas.

Voici une réponse que je dois depuis deux mois à un commissaire de marine qui a fait imprimer chez Merlin une ode *Sur la magnanimité*. Je suis assailli tous les jours de vingt lettres dans ce goût. Cela me dérobe tout mon temps, et empoisonne la douceur de ma vie. Plus vos lettres me consolent, plus celles des inconnus me désespèrent : cependant il faut répondre, ou se faire des ennemis. Les ministres sont bien plus à leur aise ; ils ne répondent point.

1. *Ernelinde*. (ÉD.)

Je vous supplie de vouloir bien faire rendre ma lettre par Merlin au magnanime commissaire de marine.

J'attends l'édit[1] du concile perpétuel des Gaules; je sais qu'il n'est pas enregistré par le public.

Adieu; embrassez pour moi Protagoras, et aimez toujours votre très-tendre ami.

Puisse votre santé être en meilleur état que la mienne!

Je n'ai point encore reçu mon *Maréchal de Luxembourg*.

MMMMMCCXLIII. — A M. HENNIN.

Mardi.

Voici un pauvre garçon bien malheureux. Voyez, monsieur, ce que votre compassion peut faire pour lui. Il a eu le malheur d'être capucin. Je l'avais recueilli chez moi; il lui est échappé quelques paroles indiscrètes dans un cabaret. Le curé a soulevé les habitants contre lui; on veut lui faire un procès criminel. Je suis forcé de le renvoyer. Il est fidèle, discret, et sait copier. Si vous pouvez le placer, je ne crois pas que vous en ayez des reproches. S'il peut vous être utile, il vous coûtera peu. Adieu, monsieur, je vous vois toujours trop peu. Vous connaissez mes tendres et respectueux sentiments pour vous.

MMMMCCXLIV. — A M. LE MARQUIS DE THIBOUVILLE.

16 décembre.

Mon cher marquis, je vous ai écrit une lettre bien chagrine; mais j'en ai reçu une de M. le duc de Duras si plaisante, si gaie, si pleine d'esprit, que me voilà tout consolé. Il est bien avéré que Mlle Dubois a joué à la pauvre Durancy un tour de maître Gonin; mais il n'est pas moins avéré que le *tripot* tragique est à tous les diables. Il faut que je sois une bonne pâte d'homme, bien faible, bien sotte, pour m'y intéresser encore. La seule ressource peut-être serait d'engager Mlle Clairon à reparaître; mais où trouver des hommes? Elle serait là comme Mme Gigogne, qui danse avec de petits Polichinelles de trois pouces de haut.

Vous n'avez que Lekain; mais on dit qu'il a une maladie qui n'est pas favorable à la voix.

Je vous recommande à la Providence.

Le théâtre n'est pas la seule chose qui m'embarrasse; j'ai quelques autres chagrins en prose et en arithmétique.

Je vous prie de communiquer ma lettre à M. d'Argental. Adieu, mon cher marquis; le bon temps est passé.

MMMMMCCXLV. — A M. DE POMARET, MINISTRE DU SAINT ÉVANGILE A GANGES EN LANGUEDOC.

18 décembre.

Le solitaire à qui M. de Pomaret a écrit a tenté en effet tout ce qu'il a pu pour servir des citoyens qu'il regarde comme ses frères, quoiqu'il

---

1. La *Censure contre Bélisaire*, par la faculté de théologie. (ÉD.)

ne pense ni comme eux ni comme leurs persécuteurs. On a déjà donné deux arrêts du conseil, en vertu desquels tous les protestants, sans être nommés, peuvent exercer toutes les professions, et surtout celle de négociant. L'édit pour légitimer leurs mariages a été quatre fois sur le tapis au conseil privé du roi. A la fin il n'a point passé, pour ne pas choquer le clergé trop ouvertement; mais on a écrit secrètement une lettre circulaire à tous les intendants du royaume; on leur recommande de traiter les protestants avec une grande indulgence. On a supprimé et saisi tous les exemplaires d'un décret de la Sorbonne, aussi insolent que ridicule, contre la tolérance. Le gouvernement a été assez sage pour ne pas souffrir que des pédants d'une communion osassent damner toutes les autres de leur autorité privée. Les hommes s'éclairent, et le *contrains-les d'entrer*[1] paraît aujourd'hui aussi absurde que tyrannique.

M. de Pomaret peut compter sur la certitude de ces nouvelles, et sur les sentiments de celui qui a l'honneur de lui écrire.

MMMMMCCXLVI. — A M. DE CHABANON.
18 décembre.

Mon cher enfant, mon cher ami, mon cher confrère, je ne me connais pas trop en *C sol ut* et en *F ut fa*. J'ai l'oreille dure, je suis un peu sourd; cependant je vous avoue qu'il y a des airs de *Pandore* qui m'ont fait beaucoup de plaisir. J'ai retenu, par exemple, malgré moi :

Ah! vous avez pour vous la grandeur et la gloire.
Acte III.

D'autres airs m'ont fait une grande impression, et laissent encore un bruit confus dans le tympan de mon oreille.

Pourquoi sait-on par cœur les vers de Racine? c'est qu'ils sont bons. Il faut donc que la musique retenue par les ignorants soit bonne aussi. On me dira que chacun sait par cœur :

J'appelle un chat un chat, et Rolet un fripon.
Boileau, sat. I, v. 52.

Aimez-vous la muscade? on en a mis partout, etc.
Boileau, sat. III, v. 119.

(ce sont des vers du pont Neuf, et cependant tout le monde les sait par cœur); que la plupart des ariettes de Lulli sont des airs du pont Neuf et des barcarolles de Venise, d'accord : aussi ne les a-t-on pas retenus comme bons, mais comme faciles. Mais, pour peu qu'on ait de goût, on grave dans sa mémoire tout l'*Art poétique* et quatre actes entiers d'*Armide*. La déclamation de Lulli est une mélopée si parfaite, que je déclame tout son récitatif en suivant ses notes, et en adoucissant seulement les intonations; je fais alors un très-grand effet sur les auditeurs, et il n'y a personne qui ne soit ému. La déclamation de Lulli est donc dans la nature, elle est adaptée à la langue, elle est l'expression du sentiment.

1. Saint Luc, XIV, 23. (ÉD.)

Si cet admirable récitatif ne fait plus aujourd'hui le même effet que dans le beau siècle de Louis XIV, c'est que nous n'avons plus d'acteurs, nous en manquons dans tous les genres; et, de plus, les ariettes de Lulli ont fait tort à sa mélopée, et ont puni son récitatif de la faiblesse de ses symphonies. Il faut convenir qu'il y a bien de l'arbitraire dans la musique. Tout ce que je sais, c'est qu'il y a, dans la *Pandore* de M. de La Borde, des choses qui m'ont fait un plaisir extrême.

J'ai d'ailleurs de fortes raisons qui m'attachent à cette *Pandore*. Je vous demanderai surtout de faire une bonne brigue, une bonne cabale, pour qu'on ne retranche point

> O Jupiter! ô fureurs inhumaines!
> Éternel persécuteur,
> De l'infortune créateur, etc.

et non pas de *l'infortuné*, comme on l'a imprimé; cela est très-janséniste, par conséquent très-orthodoxe dans le temps présent; ces b...... font Dieu auteur du péché, je veux le dire à l'Opéra. Ce petit blasphème sied d'ailleurs à merveille dans la bouche de Prométhée, qui, après tout, était un très-grand seigneur, fort en droit de dire à Jupiter ses vérités.

Si vous recevez des jansénistes dans votre Académie, tout est perdu, ils vont inonder la face de la France. Je ne connais point de secte plus dangereuse et plus barbare. Ils sont pires que les presbytériens d'Écosse. Recommandez-les à M. Dalembert; qu'il fasse justice de ces monstres ennemis de la raison, de l'État, et des plaisirs.

Je plains beaucoup Mlle Durancy, s'il est vrai qu'elle ait la voix dure et les fesses molles. On dit que Mlle Dubois a un très-beau c..; elle devait se contenter de cet avantage, et ne pas falsifier ma lettre pour faire abandonner le *tripot* de la Comédie à cette pauvre enfant. Ce n'est pas là un tour d'honnête fille, c'est un tour de prêtre; mais, si elle est belle, si elle est bonne actrice, il faut tout lui pardonner. M. le duc de Duras a constaté ce petit artifice, mais il est fort indulgent pour les belles, ainsi qu'on doit l'être; il a établi une petite école de déclamation à Versailles.

Puissiez-vous avoir des acteurs pour votre *Empire romain*[1]! Je m'intéresse à votre gloire comme un père tendre. Je vous aimerai, vous et les beaux-arts, jusqu'au dernier moment de ma vie; maman est de moitié avec moi.

MMMMCCXLVII. — AU MÊME.

21 décembre.

Mon cher ami, vous me faites aimer le péché originel. Saint Augustin en était fou; mais celui qui inventa la fable de Pandore avait plus d'esprit que saint Augustin, et était beaucoup plus raisonnable. Il ne damne point les enfants de notre mère Pandore, il se contente de leur donner la fièvre, la goutte, la gravelle par héritage. J'aime Pandore, vous dis-je, puisque vous l'aimez. Tout malade, et tout héritier de Pan-

---

1. La tragédie d'*Eudoxie* par Chabanon. (ÉD.)

doré que je suis, j'ai passé une journée entière à rapetasser l'opéra dont vous avez la bonté de vous charger. J'envoie le manuscrit, qui est assez gros, à M. de La Borde, en le priant de vous le remettre. Je lui pardonne l'infidélité qu'il m'a faite pour Amphion. Cet Amphion était à coup sûr sorti de la boîte ; il lui reste l'espérance très-légitime de faire un excellent opéra avec votre secours.

Mlle Dubois m'a joué d'un tour d'adresse ; mais si elle est aussi belle qu'on le dit, et si elle a les tetons et le c.. plus durs que Mlle Durancy, je lui pardonne : mais je n'aime point qu'on m'impute d'avoir célébré les amours et le style de M. Dorat, attendu que je ne connais ni sa maîtresse, ni les vers qu'il a faits pour elle [1]. Cette accusation est fort injuste ; mais les gens de bien seront toujours persécutés.

Père Adam est tout ébouriffé qu'on ait chassé les jésuites de Naples, la baïonnette au bout du fusil ; il n'en a pas l'appétit moins dévorant. On dit que ces jésuites ont emmené avec eux deux cents petits garçons et deux cents chèvres ; c'est de la provision jusqu'à Rome. Il ne serait pas mal qu'on envoyât chaque jésuite dans le fond de la mer, avec un janséniste au cou.

Mme Denis mangera demain vos huîtres ; je pourrai bien en manger aussi, pourvu qu'on les grille. Je trouve qu'il y a je ne sais quoi de barbare à manger un aussi joli petit animal tout cru. Si MM. de Sorbonne mangent des huîtres, je les tiens anthropophages.

Je vous recommande, mon cher confrère en Apollon, *l'Empire romain* et *Pandore*. Nous vous aimons tous comme vous méritez d'être aimé.

MMMMMCCXLVIII. — A S. A. MONSEIGNEUR LE DUC DE BOUILLON.

A Ferney, 23 décembre.

Monseigneur, je n'ai appris la perte cruelle que vous avez faite que dans l'intervalle de ma première lettre et celle dont Votre Altesse m'a honoré. Personne ne souhaite plus que moi que le sang des grands hommes et des hommes aimables ne tarisse point sur la terre. Je suis pénétré de votre douleur, et sûr de votre courage.

Je ne crains pas plus les mauléonistes que les jansénistes et les molinistes. Le siècle de Louis XIV était beaucoup plus éloquent que le nôtre, mais bien moins éclairé. Toutes les misérables disputes théologiques sont bafouées aujourd'hui par les honnêtes gens d'un bout de l'Europe à l'autre. La raison a fait plus de progrès en vingt années, que le fanatisme n'en avait fait en quinze cents ans.

Nos mœurs changent, Brutus ; il faut changer nos lois.
La Mort de César, act. III, sc. IV.

Bossuet avait de la science et du génie ; il était le premier des déclamateurs, mais le dernier des philosophes, et je puis vous assurer

---

1. On attribuait à Voltaire une épigramme contre Dorat, commençant par ce vers :
Bon Dieu ! que cet auteur est triste en sa gaîté !
Cette épigramme est de La Harpe. (ÉD.)

quil n'était pas de bonne foi. Le quiétisme était une folie qui passa par la tête périgourdine de Fénelon, mais une folie pardonnable, une folie d'un cœur tendre, et qui devint même héroïque dans lui. Je ne vois dans la conduite du cardinal de Bouillon que celle d'une âme noble, qui fut intrépide dans l'amitié et dans la disgrâce. Je n'aime point Rome, mais je crois qu'il fit très-bien de se retirer à Rome.

J'ai déjà insinué mes sentiments dans les éditions précédentes du *Siècle de Louis XIV*. Je les développerai dans cette édition nouvelle, avec mon amour de la vérité, mon attachement pour votre maison, mon respect pour le trône, et mes ménagements pour l'Église.

Serai-je assez hardi, monseigneur, pour vous supplier de m'envoyer tout ce qui concerne l'impudent et ridicule interrogatoire fait à Mme la duchesse de Bouillon par ce La Reynie, l'âme damnée de Louvois? Le temps de dire la vérité est venu. Soyez sûr de mon zèle et de la discrétion que je dois à votre confiance.

Je garderai le secret à M. Maigrot. Il paraît que ce M. Maigrot a arrangé quelques petites affaires entre Votre Altesse et moi indigne, il y a environ vingt-cinq ans. S'il est parent d'un certain évêque Maigrot, qui alla à la Chine combattre les jésuites, je l'en aime davantage.

Conservez-moi, monseigneur, vos bontés, qui me sont précieuses. Je suis attaché à Votre Altesse avec le plus tendre et le plus profond respect.

MMMMMCCXLIX. — A M. DAMILAVILLE.

24 décembre.

Mon cher ami, je reçois votre lettre du 8 du mois avec votre mémoire. Il n'y a, je crois, rien à répliquer; mais la puissance ne cède pas à la raison :

Sic volo, sic jubeo...,
Juven., sat. VI, v. 223.

est d'ordinaire la raison des gens en place. Il faut absolument entourer M. et Mme de Sauvigny de tous les côtés, et les empêcher surtout de donner contre vous des impressions qu'il ne serait peut-être plus possible de détruire, quand la place qui vous est si bien due viendrait à vaquer.

J'ai écrit encore à Mme de Sauvigny, et je lui ai fait parler. Je me flatte qu'ils ne verront pas votre mémoire, il les mettrait trop dans leur tort, et des reproches si justes ne serviraient qu'à les aigrir.

Je suis très-fâché que vous ayez donné le mémoire à M. Foulon[1]. S'il parvient à M. de Sauvigny, il sera fâché qu'on dévoile qu'il a déjà demandé la place en question pour d'autres, et surtout pour un receveur général des finances, à qui elle ne convient point. Cette démarche, que vous rappelez, a plutôt l'air d'un marché que d'une protection. L'affaire est délicate, et demande à être traitée avec tous les ménagements possibles; heureusement vous avez du temps. Ne pourriez-vous point trouver quelque ami auprès de M. Cochin, qui est un

---

1. Celui qui périt si tristement en 1789. (ÉD.)

homme juste, et qui ferait sentir à M. le contrôleur général le prix de vos longs et utiles services?

Je n'aurai probablement aucune réponse, de longtemps, de M. de Choiseul; il me néglige beaucoup. On m'a fait des tracasseries auprès de lui pour les sottes affaires de Genève, mais c'est ce qui m'inquiète fort peu.

Ne manquez pas, mon cher ami, de m'écrire dès que le titulaire sera près d'aller rendre ses comptes à Dieu; j'écrirai alors sur-le-champ à M. le duc de Choiseul. Malgré tout ce que le sieur Tronchin a fait pour lui persuader que je prenais le parti des représentants, je représenterai très-hardiment pour vous; car vous sentez bien que la place n'étant pas encore vacante, je n'ai pu écrire que de façon à préparer les voies; et encore m'a-t-il été fort difficile de faire venir la chose à propos, dans une lettre où il était question d'autres affaires, écrites à un ministre chargé du poids de la guerre, de la paix, et du détail des provinces. Mais quand il s'agira réellement de donner la place qui vous est due, alors il se souviendra que je lui en ai déjà écrit. Je crois même qu'il serait bon que vous préparassiez à l'avance un mémoire court pour M. le contrôleur général; je l'enverrai à M. de Choiseul, et il serait homme à le donner lui-même.

Je ne sais plus rien de l'affaire des Sirven.

Voici une petite réponse que j'ai cru devoir faire, par mon laquais, au sieur Coger[1], qui m'a fait l'honneur de m'écrire.

Adieu; je vous embrasse, mon très-cher ami. Je suis dans mon lit, accablé de maux et d'affaires.

MMMMMCCL. — A M. OLIVIER DES MONTS, A ANDUZE.

25 décembre.

La personne à qui vous avez bien voulu écrire, monsieur, le 17 de décembre, peut d'abord vous assurer que vous ne serez point pendu. L'horrible absurdité des persécutions, sur des matières où personne ne s'entend, commence à être décriée partout. Nous sortons de la barbarie. Un édit pour légitimer vos mariages a été mis trois fois sur le tapis devant le roi à Versailles : il est vrai qu'il n'a point passé; mais on a écrit à tous les gouverneurs de province, procureurs généraux, intendants, de ne vous point molester. Gardez-vous bien de présenter une requête au conseil, au nom des protestants, sur le nouvel arrêt rendu à Toulouse; elle ne serait pas reçue : mais voici, à mon avis, ce qu'il faut faire.

Un conseiller au parlement de Toulouse fit imprimer, il y a environ quatre mois, une lettre contre le jugement définitif rendu par MM. les maîtres des requêtes en faveur des Calas. Le conseil y est très-maltraité, et on y justifie, autant qu'on le peut, l'assassinat juridique commis par les juges de Toulouse. M. Chardon, maître des requêtes, et fort avant dans la confiance de M. le duc de Choiseul, n'attend

1. *Réponse catégorique au sieur Cogé.* (ÉD.)

que cette pièce pour rapporter l'affaire des Sirven au conseil privé du roi.

Tâchez de vous procurer cet impertinent libelle par vos amis; qu'on l'adresse sur-le-champ à M. Chardon, avec cette apostille sur l'enveloppe : *Pour l'affaire des Sirven*, le tout sous l'enveloppe de Mgr le duc de Choiseul, à Versailles. Cela demande un peu de diligence. Ne me citez point, je vous en prie. Il faut aller au secours de la place sans tambour et sans trompette.

Je vais écrire à M. Chardon que probablement il recevra, dans quelques jours, la pièce qu'il demande. Quand cela sera fait, je me flatte que M. le duc de Choiseul lui-même protégera ceux qu'on exclut des offices municipaux. La chose est un peu délicate, parce que vous n'avez pas les mêmes droits que les luthériens ont en Alsace, et que d'ailleurs M. le duc de Choiseul n'est point le secrétaire d'État de votre province; mais on peut aisément attaquer l'arrêt de votre parlement, en ce qu'il outre-passe ses pouvoirs, et que la police des offices municipaux n'appartient qu'au conseil.

Voilà tout ce qu'un homme qui déteste le fanatisme et la superstition peut avoir l'honneur de vous répondre, en vous assurant de ses obéissances, et en vous demandant le secret.

MMMMMCCLI. — A M. CHARDON.

25 décembre.

Monsieur, je n'ai pu retrouver le petit mémoire fait par un conseiller du parlement de Toulouse, dans lequel on justifie l'assassinat juridique de Jean Calas, et on soutient l'incompétence et l'irrégularité prétendue de l'arrêt de MM. les maîtres des requêtes. Mais je crois que vous recevrez dans une quinzaine de jours, au plus tard, cette pièce de Toulouse même; elle vous sera adressée sous l'enveloppe de M. le duc de Choiseul.

Je crois que les circonstances n'ont jamais été plus favorables pour tirer la famille Sirven de l'oppression cruelle dans laquelle elle gémit depuis six années. Elle a contre elle un juge ignorant, un parlement passionné, un peuple fanatique; mais elle aura pour elle son innocence et M. Chardon.

Cette affaire est bien digne de vous, monsieur. Non-seulement vous serez béni par cinq cent mille protestants, mais tous les catholiques ennemis de la superstition et de l'injustice vous applaudiront. Je me flatte enfin que l'absence de M. Gilbert ne vous empêchera point de rapporter l'affaire devant le roi, et je suis bien sûr que le roi sera touché de la manière dont vous la rapporterez. Je m'intéresse autant à votre gloire qu'à la justification des Sirven.

J'ai lu le livre de M. de La Rivière : je ne sais si c'est parce que je cultive quelques arpents de terre, que je n'aime point que les terres soient seules chargées d'impôts. J'ai peur qu'il ne se trompe avec beaucoup d'esprit; mais je m'en rapporte à vos lumières.

J'ai l'honneur d'être, avec beaucoup de respect et un attachement qui se fortifie tous les jours, monsieur, votre, etc.

P. S. J'apprends dans le moment, monsieur, que vous allez faire le rapport devant le roi. Vous n'aurez point encore reçu le mémoire du conseiller de Toulouse contre MM. les maîtres des requêtes; mais soyez assuré qu'il existe; je l'ai lu, et je suis incapable de vous tromper.

MMMMMCCLII. — A M. DE CHABANON.
25 décembre.

En qualité de vieux faiseur de vers, mon cher ami, je voudrais avoir fait les deux épigrammes qu'on m'a envoyées, et surtout celle contre Piron, qui venge un honnête homme des insultes d'un fou, mais pour les vers contre M. Dorat, je les condamne, quoique bien faits. Il ne faut point troubler les ménages; on doit respecter l'amour, on doit encore plus respecter la société. Il est très-mal de m'imputer ce sacrilège. Je n'aime point d'ailleurs à nourrir les enfants que je n'ai point faits. En un mot, j'ai beaucoup à me plaindre; le procédé n'est pas honnête.

Oui vraiment j'ai lu *le Galérien*[1] : il y a des vers très-heureux, il y en a qui partent du cœur, mais aussi il y en a de pillés. Le style est facile, mais quelquefois trop incorrect. La bourse donnée par le galérien à la dame ressemble trop *à Nanine*. Le vieux prédicant est un infâme d'avoir laissé son fils aux galères si longtemps. La reconnaissance pèche absolument contre la vraisemblance. Le dernier acte est languissant; la pièce n'est pas bien faite; mais il y a des endroits touchants. L'auteur me l'a envoyée; je l'ai loué sur ce qu'il a de louable.

Il paraît une nouvelle *Histoire de Louis XIII*[2], que je n'ai pas encore lue. Celle de Le Vassor doit être dans la bibliothèque du roi, comme Spinosa dans celle de M. l'archevêque.

Je vous ai déjà mandé, mon cher confrère en Melpomène, que j'ai envoyé à M. de La Borde *Pandore*, avec une grande partie des changements que vous désirez, le tout accompagné de quelques réflexions qui me sont communes avec maman. Elle s'est gorgée de vos huîtres. Je suis toujours embarrassé de savoir comment les huîtres font l'amour; cela n'est encore tiré au clair par aucun naturaliste.

J'attends avec bien de l'impatience l'ouvrage de M. Anquetil[3]; j'aime Zoroastre et Brama, et je crois les Indiens le peuple de toute la terre le plus anciennement civilisé. Croiriez-vous que j'ai eu chez moi le fermier général du roi de Patna? Il sait très-bien la langue courante des brahmes, et m'a envoyé des choses fort curieuses. Quand on songe que, chez les Indiens, le premier homme s'appelle Adino, et la première femme d'un nom qui signifie la vie, ainsi que celui d'Ève; quand on fait réflexion que notre article *le* était *a* vers le Gange, et qu'Abrama ressemble prodigieusement à Abram, la foi peut être un peu ébranlée; mais il reste toujours la charité, qui est bien plus né-

---

1. Le drame de Fenouillot de Falbaire. (Éd.) — 2. Par de Bury. (Éd.)
3. Anquetil-Duperron, frère d'Anquetil l'historien, publia, en 1771, *Zend-Avesta, ouvrage de Zoroastre, traduit en français sur l'original zend*. (Éd.)

cessaire que la foi. Ceux qui m'imputent l'épigramme contre M. Dorat n'ont point du tout de charité, l'abbé Guyon encore moins; mais vous en avez, et de celle qu'il me faut. Je vous le rends bien, et je vous aime de tout mon cœur.

MMMMMCCLIII. — A M. D'ALEMBERT.

26 décembre.

Sur une lettre que frère Damilaville m'a écrite, j'ai envoyé, mon cher frère, chercher dans tout Genève les lettres qui pouvaient vous être adressées; on n'a trouvé que l'incluse. Vous savez que je ne vais jamais dans la ville sainte où Jésus-Christ ne passe pas plus pour Dieu que Riballier et Coger ne passent à Paris pour être des gens d'esprit et d'honnêtes gens. Je ne sais quel démon a soufflé depuis quinze ans sur les trois quarts de l'Europe, mais la foi est anéantie. Mon cœur en est aussi navré que le vôtre. Les jansénistes sont aussi méprisés que les jésuites sont abhorrés. La totale interruption du commerce entre Genève et la France a empêché vos sages lettres sur les jansénistes d'entrer dans le royaume. La douane des pensées les a saisies à Lyon. L'imprimeur jette les hauts cris, et s'en prend à moi. Consolons-nous; un temps viendra où il sera permis de penser en honnête homme.

J'ai écrit, il y a longtemps, à M. le duc de Choiseul, en faveur de frère Damilaville; point de réponse. Un Cromelin, agent de Genève, qui va tous les mardis dîner à Versailles, avec deux laquais à cannes derrière son fiacre, a persuadé aux premiers commis que je prenais le parti des représentants; c'est comme si on disait que vous favorisez les capucins contre les cordeliers. Il y a deux ans que je ne bouge de ma chambre, et trois mois que je suis dans mon lit; mais nous autres pauvres diables de gens de lettres, nous sommes faits pour être calomniés.

Ne voilà-t-il pas encore qu'on m'impute une épigramme contre la maîtresse et les vers de M. Dorat! cela est très-impertinent: je ne connais ni sa maîtresse, ni les vers qu'il a faits pour elle. Ce qui me fâche le plus, c'est que les cuistres, les fanatiques, les fripons, sont unis, et que les gens de bien sont dispersés, isolés, tièdes, indifférents, ne pensant qu'à leur petit bien-être; et, comme dit l'autre [1], ils laissent égorger leurs camarades, et lèchent leur sang. Cela n'empêchera pas M. Chardon de rapporter l'affaire des Sirven. C'est un nouveau coup de massue porté au fanatisme, qui lève encore la tête dans la fange où il est plongé. Hercule, ameutez des Hercules. Encore une fois, c'est l'opinion qui gouverne le monde, et c'est à vous de gouverner l'opinion.

Qui vous aime et qui vous regrette plus que moi? personne.

---

1. Troisième livre des *Rois*, ch. XXI, verset 19; et Job, chap. XXXIX, v. 30. (ÉD.)

ANNÉE 1767.

MMMMMCCLIV. — A M. MAIGROT, CHANCELIER DU DUCHÉ SOUVERAIN DE BOUILLON.

A Ferney, 28 décembre.

Monsieur, vous m'imposez le devoir de la reconnaissance pour le reste de ma vie, puisque c'est vous qui m'avez assuré une rente viagère, et qui me faites connaître la vérité, que j'aime encore mieux qu'une rente.

A propos de vérité, je dois vous dire que Mgr l'électeur palatin ne croit ni au prétendu cartel proposé par l'électeur Charles-Louis au vicomte de Turenne, ni à la lettre que M. de Ramsay a imprimée dans son histoire, ni à la réponse. Effectivement la lettre de l'électeur est du style de Ramsay, et ce Ramsay était un peu enthousiaste. Cependant feu M. le cardinal d'Auvergne m'a fait l'honneur de me dire plusieurs fois que le cartel était vrai, et M. le grand prieur de Vendôme disait qu'il en était sûr. Les historiens et le public aiment ces petites anecdotes.

Je me flatte que vous mettrez le comble à votre générosité, en me faisant part de la lettre de Louis XIV au cardinal de Bouillon [1], laquelle doit être des premiers jours d'avril ou des derniers de mars 1699. Cette lettre est nécessaire; elle est le fondement de tout.

Si vous aviez aussi quelques anecdotes intéressantes sur le prince de Turenne, qui donnait de si grandes espérances, et qui fut tué à la bataille de Steinkerque, vous me mettriez en état de déployer encore plus le zèle qui m'attache à cette illustre maison.

J'ai l'honneur d'être, avec tous les sentiments que je vous dois, etc.

MMMMMCCLV. — A MADAME NECKER.

28 décembre.

Madame, il faut que j'implore votre esprit conciliant contre l'esprit de tracasserie : ce n'est pas des tracasseries de Genève que je parle ; on a beau vouloir m'y fourrer, je n'y ai jamais pris part que pour en rire avec la belle Catherine Ferbot, digne objet des amours inconstants de Robert Covelle. Il s'agit d'une autre tracasserie que le tendre amour me fait de Paris au mont Jura, à l'âge de soixante-quatorze ans, temps auquel on a peu de chose à démêler avec ce monsieur.

On m'a envoyé de Paris des vers bien faits sur M. Dorat et sa maîtresse ; on m'a envoyé aussi une réponse de M. Dorat très-bien faite ; mais ce qui est assurément très-mal fait, c'est de m'imputer les vers contre les amours et la poésie de M. Dorat. Je jure, par votre sagesse et par votre bonté, madame, que je n'ai jamais su que M. Dorat eût une nouvelle maîtresse. Je leur souhaite à tous deux beaucoup de plaisir et de constance. Mais il me paraît qu'il y a de l'absurdité à me faire auteur d'un petit madrigal qui tend également à brouiller l'amant et la maîtresse, chose que j'ai regardée toute ma vie comme une méchante action.

Je sais que M. Dorat vient chez vous quelquefois ; je vous prie de lui

1. Relativement à l'affaire du quiétisme. (B.)

dire, pour la décharge de ma conscience, que je suis innocent, et qu'il faudrait être un innocent pour me soupçonner; c'est apparemment le sieur Coger, ou quelque licencié de Sorbonne, qui a débité cette abominable calomnie dans le *prima mensis*. En un mot, je m'en lave les mains. Je ne veux point qu'on me calomnie, et je vous prends pour ma caution. Que celui qui a fait l'épigramme la garde; je ne prends jamais le bien d'autrui.

J'apprends, dans le moment, que la demoiselle qui est l'objet de l'épigramme est une demoiselle de l'Opéra. Je ne sais si elle est danseuse ou chanteuse; j'ai beaucoup de respect pour ces deux talents, et il ne me viendra jamais en pensée de troubler son ménage. On dit qu'elle a beaucoup d'esprit; je la révère encore plus. Mais, madame, si l'esprit, si les grandes connaissances, et la bonté du cœur, méritent les plus grands hommages, vous ne pouvez douter de ceux que je vous rends, et des sentiments respectueux avec lesquels je serai toute ma vie votre, etc.

MMMMMCCLVI. — De Frédéric II, roi de Prusse.

Bonjour et bon an au patriarche de Ferney, qui ne m'envoie ni la prose ni les vers qu'il m'a promis depuis six mois. Il faut que vous autres patriarches vous ayez des usages et des mœurs en tout différents des profanes : avec des bâtons marquetés vous tachetez des brebis et trompez des beaux-pères; vos femmes sont tantôt vos sœurs, tantôt vos femmes, selon que les circonstances le demandent; vous promettez vos ouvrages, et ne les envoyez point : je conclus de tout cela qu'il ne fait pas bon se fier à vous autres, tout grands saints que vous êtes. Et qui vous empêche de donner signe de vie? Le cordon qui entourait Genève et Ferney est levé, vous n'êtes plus bloqué par les troupes françaises, et l'on écrit de Paris que vous êtes le protégé de Choiseul. Que de raisons pour écrire! Sera-t-il dit que je recevrai clandestinement vos ouvrages, et que je ne les tirerai pas de source? Je vous avertis que j'ai imaginé le moyen de me faire payer : je vous bombarderai tant et si longtemps de mes pièces, que, pour vous préserver de leur atteinte, vous m'enverrez des vôtres. Ceci mérite quelques réflexions. Vous vous exposez plus que vous ne le pensez. Souvenez-vous combien le *Dictionnaire de Trévoux* fut fatal au P. Berthier[1]; et si mes pièces ont la même vertu, vous bâillerez en les recevant, puis vous sommeillerez, puis vous tomberez en léthargie, puis on appellera le confesseur, et puis, etc., etc., etc. Ah! patriarche, évitez d'aussi grands dangers, tenez-moi parole, envoyez-moi vos ouvrages, et je vous promets que vous ne recevrez plus de moi ni d'ouvrages soporifiques, ni de poisons léthargiques, ni de médisances sur les patriarches, leurs sœurs, leurs nièces, leurs brebis et leur inexactitude, et que je serai toujours, avec l'admiration due au père des croyants, etc.

---

1. Ce n'est pas le *Dictionnaire*, c'est le *Journal de Trévoux* qui excitait les bâillements de Berthier lors de son voyage à Versailles. (Éd.)

ANNÉE 1767.

MMMMMCCLVII. — A M. P*** DE V*** [1].

Au château de Ferney.

Je suis si vieux et si malade, monsieur, que je n'ai pu vous répondre plus tôt. Vous êtes, ce me semble, du pays de Maynard; vos vers en ont la grâce. Je suis bien loin de mériter tout ce que vous me dites de séduisant; je n'y reconnais qu'une chose de vraie : c'est le vif intérêt que je prends aux progrès des jeunes gens dans les lettres.

Vous voulez, monsieur, faire une pièce de théâtre, et Henri IV est votre héros. Je suis très-peu propre à décider, dans ma retraite, du succès que doit avoir une pièce de théâtre à Paris. On dit que le goût du public est entièrement changé. Le mien, qui ne l'est pas, est trop suranné et trop hors de mode.

Je suis, etc.

MMMMMCCLVIII. — A M. MARMONTEL.

1ᵉʳ janvier 1768.

Que voulez-vous que je vous dise, mon cher confrère? Le pain vaut quatre sous la livre; il y a des gens de mérite qui n'en ont pas assez pour nourrir leur famille, et on a élevé des palais pour loger et nourrir des fainéants qui ont beaucoup moins de bon sens que Panurge, qui sont bien loin de valoir frère Jean des Entomeures, et qui n'ont d'autre soin, après boire, que de replonger les hommes dans la crasse ignorance qui dota autrefois ces polissons.

Tout ce qui m'étonne, c'est qu'on ne se soit pas encore avisé de faire une faculté des Petites-Maisons. Cette institution aurait été beaucoup plus raisonnable; car enfin les Petites-Maisons n'ont jamais fait de mal à personne, et la sacrée Faculté en a fait beaucoup. Cependant, pour la consolation des honnêtes gens, il paraît que la cour fait de ces cuistres fourrés tout le cas qu'ils méritent, et que, si on ne les détruit pas, comme on a détruit les jésuites, on les empêche au moins d'être dangereux.

On n'en fait pas encore assez. Il faudrait leur défendre, sous peine d'être mis au carcan avec un bonnet d'âne, de donner des décrets. Un décret est une espèce d'acte de juridiction. Ils peuvent tout au plus dire leur avis comme les autres citoyens, au risque d'être sifflés; mais ils n'ont pas plus droit que Fréron de donner un décret. Les théologiens ne donnent des décrets ni en Angleterre, ni en Prusse : aussi les Anglais et les Prussiens nous ont bien battus. Il faut de bons laboureurs et de bons soldats, de bons manufacturiers, et le moins de théologiens qu'il soit possible : tous ces petits ergoteurs rendent une nation ridicule et méprisable. Les Romains, nos vainqueurs et nos maîtres, n'ont point eu de sacrée faculté de théologie.

Adieu, mon cher ami; mes respects à Mme Geoffrin.

---

1. M. P. de V***, qui était de Toulouse, s'il était, comme le dit Voltaire, du pays de Maynard, avait demandé à l'auteur de *la Henriade* son avis sur le projet de faire de la réduction de Paris une pièce de théâtre. (ED.)

MMMMMCCLIX. — A M. DAMILAVILLE.

1er janvier.

Mon cher ami, je crains que vous ne soyez malade. Vous ne me parlez point de l'affaire de M. Chardon. Je crains bien qu'elle ne soit funeste aux Sirven. Il se peut que les plaintes du parlement de Paris l'empêchent de rapporter au conseil un procès contre un autre parlement. Il se peut encore que le conseil ne veuille pas ordonner la révision, pour ne pas exposer le roi à de nouvelles remontrances. Il y a dans toute l'aventure des Sirven une fatalité qui m'effraye. Ne me laissez pas, je vous prie, dans l'ignorance profonde où je suis d'une chose à laquelle nous prenons tous deux tant d'intérêt. Serait-il possible qu'après cinq années de soins et de peines, nous fussions moins avancés que le premier jour! Le désastre de la Cayenne s'étend donc bien loin! Voilà comme le malheur est fait : il pousse des racines jusqu'à deux ou trois mille lieues; le bonheur, quand il y en a un peu, ne va pas si loin.

Je n'ai point le décret de la Sorbonne. On dit que c'est une pièce curieuse qu'il faut avoir dans sa bibliothèque.

Vous avez dû recevoir un paquet d'Italie pour notre ami. Je vous souhaite, mon cher ami, une bonne année, et je me souhaite à moi la consolation de vous revoir encore. Pourrait-on avoir un almanach royal par la poste? Je ne crois pas que la Sorbonne s'oppose à l'envoi de ces livres. J'espère avoir demain samedi de vos nouvelles.

MMMMMCCLX. — A M. HENNIN.

A Ferney, 4 janvier.

Lorsque vous prîtes le sieur Galien, monsieur, l'humanité, et l'espérance qu'il se corrigerait sous vos yeux, m'engagèrent à ensevelir dans le silence tous les sujets que je pouvais avoir de me plaindre de lui.

M. le maréchal de Richelieu, qui l'avait fait enfermer à Saint-Lazare pendant une année, me l'envoya, et me pria de veiller sur sa conduite. Toute ma maison sait quelles attentions j'ai eues pour lui. M. le maréchal me recommanda expressément de le faire manger avec les principaux domestiques. J'ai rempli toutes les vues de M. le maréchal, autant qu'il a été en moi, pendant une année entière. J'ai dissimulé tous ses torts.

Depuis qu'il est chez vous, il a écrit à M. le maréchal de Richelieu des lettres dont je ne dois pas assurément être content, et que M. le maréchal m'a renvoyées.

Je me flatte que vous approuverez le silence que j'ai gardé si longtemps avec vous, et l'aveu que je suis obligé de vous faire aujourd'hui.

Je suis bien sûr, au reste, que vous n'avez pas admis ce jeune homme dans vos secrets, et que vous avez bien senti dès le premier jour qu'il n'était pas fait pour être dans votre confidence. Je sais à quel point il est dangereux, et vous ne savez pas ce que j'en ai souffert.

Le parti que vous prenez de le chasser est indispensable. Comptez que vous prévenez par là des chagrins qu'il vous aurait attirés. Il voulait aller chez ses parents au village de Salmoran, dont il est natif. Je pense qu'il est à propos qu'il y retourne incessamment. La plus grande bonté que vous puissiez avoir pour lui est de l'avertir sérieusement qu'il se prépare un avenir bien malheureux, s'il ne réforme pas sa conduite.

L'article de ses dettes sera très-embarrassant. Je pense qu'il serait assez convenable que vous fissiez rendre les bijoux à ceux qui les ont vendus, et qui ne sont pas payés. Je crois qu'il doit beaucoup au sieur Souchai, marchand de drap. M. le maréchal de Richelieu ne veut point entrer dans ses dettes, qu'il avait expressément défendues. Cependant, si on peut faire quelque accommodement, je ne désespère pas qu'il n'accorde une petite somme.

Nous sommes infiniment sensibles, maman et moi, à l'embarras et aux désagréments que sa mauvaise conduite peut vous causer.

Adieu, monsieur; je vous embrasse avec le plus tendre et le plus respectueux attachement. V.

MMMMMCCLXI. — A M. LE COMTE D'ARGENTAL.

4 janvier.

Comme les cuisiniers, mon cher ange, partent toujours de Paris le plus tard qu'ils peuvent, et s'arrêtent en chemin à tous les bouchons, j'ai reçu un peu tard la lettre que vous avez bien voulu m'écrire le 14 de décembre. Ma réponse arrivera gelée; notre thermomètre est à douze degrés au-dessous du terme de la glace; une belle plaine de neige, d'environ quatre-vingts lieues de tour, forme notre horizon; me voilà en Sibérie pour quatre mois. Ce n'est pas assurément cette situation qui me fait désirer de vous revoir et de vous embrasser; je quitterais le paradis terrestre pour jouir de cette consolation. J'espère bien quelque jour venir faire un tour à Paris, uniquement pour vous et pour Mme d'Argental. Il me sera impossible d'abandonner longtemps ma colonie. J'ai fondé Carthage, il faut que je l'habite, sans quoi Carthage périrait; mais je vous réponds bien que, si je suis en vie dans dix-huit mois, vous reverrez un vieux radoteur qui vous aime comme s'il ne radotait point.

M. de Thibouville me dit qu'il faut que je vous envoie la lettre de M. le duc de Duras; je ne sais trop où la retrouver. Elle contenait, en substance, que la belle Dubois m'avait traité comme ses amants, qu'elle m'avait trompé; que la comédie était, comme beaucoup d'autres choses, fort en décadence; qu'il avait établi un petit séminaire de comédiens à Versailles, qui ne promettait pas grand'chose; que Lekain était toujours bien malade, et que la tragédie était tout aussi malade que lui.

Nous manquons d'hommes en bien des genres, mon cher ange, cela est très-vrai; mais les autres nations ne sont pas en meilleur état que nous.

M. Chardon m'avait promis de rapporter l'affaire des Sirven avant la naissance de notre Sauveur; mais les petites niches qu'il a plu au parlement de lui faire ont retardé l'effet de sa bonne volonté. L'affaire n'a point été rapportée; je ne sais plus où j'en suis, après cinq ans de peines. Il faut se résigner à Dieu et au parlement.

Pour mon petit procès avec Mme Gilet, il ne m'inquiète guère; c'est une idiote qui veut quelquefois faire le bel esprit, et qui parle quelquefois à tort et à travers à M. Gilet. Elle est peu écoutée : mais M. Gilet a quelquefois des fantaisies, des lubies; et il y a des affaires dans lesquelles il se rend fort difficile. Il est triste d'avoir des démêlés avec des gens de ce caractère. Je suis sensiblement touché de la bonté que vous avez de songer à redresser l'esprit de M. Gilet.

Mon pauvre Damilaville est tout ébouriffé de la crainte de n'être pas à la tête des vingtièmes. Je vous avoue que je lui souhaiterais une autre place; c'est un lieutenant-colonel dont tout le monde désire que le régiment soit réformé.

N'êtes-vous pas bien aise que l'affaire de Pologne soit accommodée à la plus grande gloire de Dieu et de la raison? Joseph Bourdillon[1], professeur en droit public, n'a pas laissé de servir dans ce procès. Puissé-je réussir comme lui dans celui des Sirven! puissé-je surtout venir un jour vous dire combien je vous aime, combien je vous suis attaché pour le reste de ma languissante vie!

MMMMMCCLXII. — A M. LE MARÉCHAL DUC DE RICHELIEU.

A Ferney, 6 janvier.

M. Hennin, résident à Genève, me mande, monseigneur, qu'il a eu l'honneur de vous écrire au sujet de Galien. Vous avez vu, par mes lettres, que je n'espérais pas que ce jeune homme se maintînt longtemps dans ce poste. Il s'est avisé de faire imprimer une mauvaise pasquinade, dans le style d'un laquais, sur les affaires de Genève; et il a eu la méchanceté inepte de me l'attribuer, en l'imprimant sous le nom d'un *vieillard moribond*, et en ajoutant à ce titre des qualifications peu agréables.

M. Hennin m'a envoyé l'ouvrage, et m'a instruit en même temps qu'il était obligé de le renvoyer, et qu'il vous en écrivait.

Mon respect pour la protection dont vous l'honoriez m'avait fait toujours dévorer dans le silence les perfidies qu'il m'avait faites. Il allait acheter à Genève tous les libelles qu'il pouvait déterrer contre moi, et les vendait à ceux qui venaient dans le château. Je lui remontrai l'énormité et l'ingratitude de ce procédé. Je voulus bien ne l'imputer qu'à sa curiosité et à sa légèreté. Je ne voulus point vous en instruire. J'espérai toujours que le temps et l'envie de vous plaire pourraient corriger son caractère. Je vois, par une triste expérience, que mes ménagements ont été trop grands et mes espérances trop vaines.

Je pense qu'il serait convenable qu'il allât en Dauphiné pour y faire imprimer l'histoire de cette province, qu'il a entreprise. Il est du village de Salmoran, dont il a pris le nom, et il avait toujours témoigné le désir d'y aller voir ses parents.

---

1. C'est sous ce nom que Voltaire a donné son *Essai historique et critique sur les dissensions des Églises de Pologne*. (ÉD.)

Peut-être l'article de ses dettes sera-t-il un peu embarrassant avant qu'il parte de Genève. On prétend qu'elles vont à plus de cent louis; c'est ce que j'ignore : mais je sais qu'il répond aux marchands que c'est à vous à payer la plupart des fournitures. J'ai déjà payé deux cents livres, dont je vous avais envoyé les quittances, et que vous avez eu la bonté de me rembourser.

Je vous ai mandé que je ne payerais rien de plus sans votre ordre précis, et j'ai tenu parole, à un louis près. Peut-être voudriez-vous bien encore accorder une petite somme, afin qu'un jeune homme que vous avez daigné faire élever avec tant de générosité ne partît pas de Genève absolument en banqueroutier.

Tous les esprits sont violemment irrités contre lui à Genève. Cette affaire est très-désagréable; mais, après tout, l'âge peut le mûrir. Tout ce que vous avez daigné faire pour lui peut parler à son cœur; et, quelque chose qui arrive, vous aurez toujours la satisfaction d'avoir exercé les sentiments de votre caractère noble et bienfaisant.

Le thermomètre est ici à treize degrés et un quart au-dessous de la glace; l'encre gèle; mais quoique Galien m'intitule vieillard moribond, je sens que mon cœur a encore quelque chaleur. Elle est tout entière pour vous; elle anime le profond respect avec lequel je vous serai attaché jusqu'au dernier moment de ma vie.

MMMMMCCLXIII. — A M. Henri Panckoucke [1].

A Ferney, le 8 janvier.

Vous ne sauriez croire, monsieur, combien j'aime le stoïcien Caton, tout épicurien que je suis. Vous avez bien raison de penser que l'amour serait fort mal placé dans un pareil sujet. La partie carrée des deux filles de Caton, dans Addison, fait voir que les Anglais ont souvent pris nos ridicules. Je suis très-aise que vous ne vous soyez point laissé entraîner au mauvais goût. Les Français ne sont pas encore dignes d'avoir beaucoup de tragédies sans amour, et je doute même que la mode en vienne jamais; mais vous me paraissez digne de mettre au jour les vertus morales et héroïques sur le théâtre.

J'ai l'honneur d'être, avec tous les sentiments d'estime que vous méritez, monsieur, votre, etc.

MMMMMCCLXIV. — A M. le marquis de Villevieille.

8 janvier.

Il y a des occasions, monsieur, où il faut chanter des *Te Deum* au lieu de *De profundis*. Les âmes de ces deux braves gens sont immortelles sans doute, puisqu'elles ont eu tant de lumières et tant de courage. J'espère bientôt avoir l'honneur de mourir comme eux, quoique des faquins aient poussé la calomnie jusqu'à dire que j'allais à confesse. Il faut être bien méchant et avoir l'âme bien noire pour inventer de pareilles impostures.

1. Henri Panckoucke est auteur de *la Mort de Caton*, tragédie en trois actes et en vers. (ÉD.)

Agréez mes respects et présentez-les, je vous prie, à MM. Duché et Venel. Je serais bien trompé si le titre d'encyclopédiste vous avait nui auprès de M. de Guerchy; mais je vous suis bien caution que le titre d'encyclopédiste ne vous fera aucun tort auprès de M. du Châtelet.

Nous avons essuyé un froid si excessif, et j'ai été si malade, que je n'ai pu répondre encore à Mme Cramer.

On m'a envoyé quelques petites brochures intéressantes échappées aux griffes de l'inquisition. Ayez la bonté de me mander si on pourrait vous faire tenir quelques-unes de ces fariboles sous l'enveloppe de M. l'intendant, ou du premier secrétaire, ou sous une enveloppe quelconque. Gardons-nous la fidélité et le secret que se doivent les initiés aux sacrés mystères. Quand vous irez faire des revues, ce qui est une chose infiniment agréable, n'oubliez pas, monsieur, votre ancienne auberge. L'hôte, l'hôtesse, et toutes les filles du cabaret, sont à vos ordres.

MMMMMCCLXV. — A M. Damilaville.
8 janvier.

Mon cher ami, je n'ai point vu la facétie de la Sorbonne[1], et me soucie fort peu de voir cette platitude; mais j'ai lu l'arrêt du conseil contre le parlement, et la vengeance de M. Chardon, de laquelle j'ai été fort édifié. Pourvu que ces tracasseries parlementaires ne nuisent point aux Sirven, je suis content.

Le froid est excessif. Mes paroles sont gelées, et la main de celui qui écrit est transie.

Je suppose que M. Dalembert a reçu la lettre d'Italie que j'ai fait chercher à Genève. Voulez-vous bien avoir la bonté d'envoyer l'incluse à M. de La Harpe, rue du Battoir?

Portez-vous bien, et quand vous serez à la tête des vingtièmes, *écrasez l'inf....*

MMMMMCCLXVI. — A M. le comte de La Touraille.

Je suis aveugle et sourd; ainsi, monsieur, je ne vois et n'entends plus ce qu'on peut faire et dire contre moi.

Votre estime me dédommage du tort que me font mes ennemis. Ces messieurs m'ont pris pour ainsi dire au maillot, et me poursuivent jusqu'à l'agonie. Vous avez raison, monsieur, de me donner des conseils si honnêtes contre les premiers mouvements de la vengeance : on n'en est pas toujours le maître; mais plus elle est vivement sentie, moins elle est durable, tant le moral dépend du physique de l'homme, presque toujours borné dans ses vices comme dans ses vertus. Je serais seulement fâché que Fréron se fît honneur de ma haine; je ne me suis jamais oublié à ce point-là. Est-ce qu'on ne peut écraser un insecte qui nous jette son venin, sans commettre le péché de la colère, si naturel et si condamnable? Conservez, monsieur, cette aimable philosophie qui fait plaindre les méchants sans les haïr, et qui vient si

---

1. La *Censure de Bélisaire*. (Éd.)

poliment adoucir les tourments de ma caducité dans ma solitude : sur les bords de mon tombeau, j'oppose à mes persécuteurs l'honneur de votre amitié. J'en mourrai plus tranquille. L'Ermite de Ferney.

MMMMMCCLXVII. — A M. DE CHABANON.
11 janvier.

Mon très-cher confrère, vous êtes assurément bien bon, quand vous travaillez à *Eudoxie*, de songer à la maîtresse de Prométhée[1]. Je suis persuadé que vous aurez été un peu en retraite pendant les grands froids, et qu'*Eudoxie* est actuellement bien avancée. L'empire romain est tombé, mais votre pièce ne tombera point.

Vous avez raison assurément sur ce potier de Prométhée qui ferait une fort plate figure lorsqu'on danserait et qu'on chanterait autour de Pandore, et qu'il resterait assis sur une banquette verte sans dire un mot à sa créature. Il n'y a, ce me semble, d'autre parti à prendre que de le faire en aller pendant le divertissement, pour demander à l'Amour quelques nouvelles grâces. Après que le chœur a chanté :

O ciel ! ô ciel ! elle respire.
Dieu d'amour, quel est ton empire !

il faudra que le potier dise ces quatre vers :

Je revole aux autels du plus charmant des dieux.
Son ouvrage m'étonne, et sa beauté m'enflamme.
Amour, descends tout entier dans mon âme,
Comme tu règnes dans ses yeux.

Le musicien même peut répéter le mot d'amour, pour cause d'énergie ; mais ce musicien ne répond point à mes lettres. Ce musicien me traite comme Rameau traitait l'abbé Pellegrin, à qui il n'écrivait jamais. Je le crois fort occupé à Versailles ; mais fût-il premier ministre, il ne faut pas négliger *Pandore*.

Tout paraît tendre aujourd'hui à la réconciliation dans le monde, depuis qu'on a chassé les jésuites de quatre royaumes. La tolérance vient d'être solennellement établie en Pologne comme en Russie, c'est-à-dire dans environ treize cent mille lieues carrées de pays ; ainsi la Sorbonne n'a raison que dans deux mille cinq cents pieds carrés, qui composent la belle salle où elle donne ses beaux décrets. Certainement le genre humain l'emportera à la fin sur la Sorbonne. Ces cuistres-là n'en ont pas encore pour longtemps dans le ventre. C'est une bénédiction de voir comme le bon sens gagne partout du terrain : il n'en est pas de même du bon goût, c'est le partage du petit nombre des élus.

Les perruques de Genève proposent actuellement des accommodements aux tignasses. Ce n'était pas la peine d'appeler à grands frais trois puissances médiatrices, pour ne rien faire de ce qu'elles ont ordonné. M. le duc de Choiseul doit être las de voir des gens qui deman-

---

1. *Pandore*, opéra de Voltaire. (Éd.)

dent à Hercule sa massue pour tuer des mouches. Toute cette affaire de Genève est du plus énorme ridicule.

Tout ce qui est à Ferney vous embrasse assurément de tout son cœur.

MMMMMCCLXVIII. — A madame la duchesse de Choiseul.

Lyon[1], 12 janvier.

Madame, je vous fais ces lignes pour vous dire qu'en conséquence de vos ordres précis, à moi intimés par madame votre petite-fille[2], j'ai l'honneur de vous dépêcher deux petits volumes traduits de l'anglais, du contenu desquels je ne réponds pas plus que les états de Hollande quand ils donnent un privilége pour imprimer la *Bible;* c'est toujours sans garantir ce qu'elle contient.

Ayez la bonté, madame, de noter que, ne sachant pas si messieurs des postes sont assez polis pour vous donner vos ports francs, j'adresse le paquet sous l'enveloppe de monseigneur votre mari, pour la prospérité duquel nous faisons mille vœux dans notre rue. Nous en faisons autant pour vous, madame; car tous ceux qui viennent acheter des livres chez nous disent que vous êtes une brave dame qui vous connaissez mieux qu'eux en bons livres, qui avez considérablement de l'esprit, et qui ne courez jamais après. Vous avez le renom d'être fort bienfaisante; vous ne condamnez pas même les vieux barbouilleurs de papier à mourir, parce qu'ils n'en peuvent plus : cela est d'une bien belle âme.

Enfin, madame, on dit toutes sortes de bien de vous dans notre boutique; mais j'ai peur que cela ne vous fâche, parce qu'on ajoute que vous n'aimez point cela. Je vous demande donc pardon, et suis avec un grand respect, madame, votre très-humble et très-obéissant serviteur,

Guillemet, *typographe de la ville de Lyon.*

MMMMMCCLXIX. — A M. Servan.

13 janvier.

Vous m'avez prévenu, monsieur. Il y a longtemps que mon cœur me disait de vous remercier des deux discours[3] que vous avez prononcés au parlement, et qui ont été imprimés. Je me souviendrai toujours d'avoir répandu des larmes pour cette pauvre femme que son mari trahissait si pieusement en faveur de la religion catholique. Tout ce qui était à Ferney fut attendri comme l'avaient été tous ceux qui vous écoutèrent à Grenoble. Je regarde ce discours, et celui qui concerne les causes criminelles, non-seulement comme des chefs-d'œuvre d'éloquence, mais comme les sources d'une nouvelle jurisprudence dont nous avons besoin.

Vous verrez, monsieur, par le petit fragment que j'ai l'honneur de vous envoyer, combien on vous rend déjà justice. On vous cite comme

---

1. Cette lettre est datée de Lyon, afin que la date se rapporte avec la signature; mais Voltaire était toujours à Ferney. (Éd.)

2. Mme du Deffand appelait Mme la duchesse de Choiseul sa grand'maman. (Éd.)

3. *Discours dans la cause d'une femme protestante,* et *Discours sur l'administration de la justice criminelle en France.* 1767. (Éd.)

un ancien, tout jeune que vous êtes. L'ouvrage que vous entreprenez est digne de vous. Un vieux magistrat n'aurait jamais le temps de le faire; et d'ailleurs un vieux magistrat aurait encore trop de préjugés. Il faut une âme vigoureuse, venue au monde précisément dans le temps où la raison commence à éclairer les hommes, et à se placer entre l'inutile fatras de Grotius et les saillies gasconnes de Montesquieu.

Je pense que vous aurez bien de la peine à rassembler les lois des autres nations, dont la plupart ne valent guère mieux que les nôtres. La jurisprudence d'Espagne est précisément comme celle de France. On change de lois en changeant de chevaux de poste, et on perd à Séville le procès qu'on aurait gagné à Saragosse.

Les historiens, qui ne sont pour la plupart que de froids compilateurs de gazettes, ne savent pas un mot des lois des pays dont ils parlent. Celles d'Allemagne, dans ce qui regarde la justice distributive, sont encore un chaos plus affreux. Il n'y a que Mathusalem qui puisse prendre le parti de plaider devant la chambre de Vetzlar. On dit que le despotisme en fait d'assez bonnes en Danemark, et la liberté, de meilleures en Suède. Je ne sais rien de plus beau que les règlements pour l'éducation des enfants des rois, publiés par le sénat.

La meilleure loi peut-être qui fût au monde était celle de la grande charte d'Angleterre; mais de quoi a-t-elle servi sous des tyrans comme Richard III et Henri VIII?

Il me semble que l'Angleterre n'a de véritablement bonnes lois que depuis que Jacques II alla toucher les écrouelles au couvent des Anglaises à Paris. Ce n'est du moins que depuis ce temps qu'on a entièrement aboli la torture, et ces supplices affreux prodigués encore chez notre nation, aussi atroce quelquefois que frivole, et composée de singes et de tigres.

Louis XIV rendit au moins un grand service à la France, en mettant de l'uniformité dans la procédure civile et criminelle. Cette uniformité était dès longtemps chez les Anglais, qui n'avaient depuis six cents ans qu'un poids et qu'une mesure : c'est à quoi nous n'avons jamais pu parvenir. Mais il me semble que les rédacteurs de notre procédure criminelle ont beaucoup plus songé à trouver des coupables dans les accusés, qu'à trouver des innocents. En Angleterre, c'est précisément tout le contraire; l'accusé est favorisé par la loi : l'Anglais, qu'on croit féroce, est humain dans ses lois; et le Français, qui passe pour si doux, est en effet très-inhumain.

L'abominable aventure du chevalier de La Barre et du jeune d'Étallonde en est bien la preuve. Ils ont été traités comme la Brinvilliers et la Voisin, pour une étourderie qui méritait un an de Saint-Lazare. Celui des deux qui échappa aux bourreaux est actuellement officier chez le roi de Prusse : il a acquis beaucoup de mérite, et pourra bien un jour se venger, à la tête d'un régiment, de la barbarie qu'on a exercée envers lui. Il semble que cette aventure soit du temps des Albigeois.

Nous verrons bientôt si le conseil voudra bien recevoir et réformer le procès des Sirven. Il y a cinq ans que je poursuis cette affaire. J'ai trouvé chaque jour des obstacles, et je ne me suis jamais rebuté; mais je ne suis qu'un citoyen inutile. C'est à vous, monsieur, qu'il appartient de faire le bien : vous êtes en place, et vous êtes digne d'y être, ce qui n'est pas bien commun. Vous servirez votre patrie dans les fonctions de votre belle charge, et vous vous immortaliserez dans vos moments de loisir.

Vous ferez voir combien la jurisprudence est incertaine en France; vous détruirez les traces qui restent encore de l'ancien esclavage où l'Église a tenu l'État. Concevez-vous rien de plus ridicule qu'un promoteur et un official? Mais, en vérité, nous avons des juridictions encore plus étonnantes, des tribunaux pour les greniers à sel, des cours supérieures pour le vin et pour la bière, un auguste sénat pour juger si les fermiers généraux doivent fouiller dans la poche des passants, sénat qui fait presque autant de bien à la nation que les quatre-vingt mille commis qui la pillent.

Enfin, monsieur, dans les premiers corps de l'État, que de droits équivoques et que d'incertitudes! Les pairs sont-ils admis dans le parlement, ou le parlement est-il admis dans la cour des pairs? le parlement est-il substitué aux états généraux? le conseil d'État est-il en droit de faire des lois sans le parlement? le parlement.... (*Le reste manque.*)

MMMMMCCLXX. — A M. Hennin.

13 janvier.

Vous savez, mon très-cher résident, que la place de M. Camp*** ne convient mieux à personne qu'à M. Rieu, qui est né Français, qui a servi le roi longtemps dans les îles, qui vous a été utile pour les passe-ports, et qui vous est attaché. Je suis bien persuadé que vous le protégerez auprès de M. le contrôleur général, et que vous écrirez fortement en sa faveur : vous pouvez même engager M. le duc de Choiseul à dire un mot pour lui. Un homme qui aime autant que lui la comédie mérite assurément de grandes attentions.

Je viens de recevoir une lettre de M. le duc de Choiseul à faire mourir de rire. Je ne manquerai pas de saisir cette occasion pour joindre ma très humble requête aux recommandations que je vous demande. On a toujours grande envie de faire une ville à Versoix; mais avec quoi la nourrira-t-on?

Si vous saviez à peu près le montant des dettes de ce petit polisson de Galien de Salmoran, vous me feriez plaisir de m'en donner part.

On dit que la reine n'est pas bien : en savez-vous des nouvelles? Quand aurons-nous l'honneur de vous voir? On ne peut vous être plus tendrement attaché que V.

MMMMMCCLXXI. — A M. Saurin.

13 janvier.

Mon cher confrère, savez-vous bien que je n'ai point votre *Joueur anglais*[1]? Vos *Mœurs du temps* ont été parfaitement exécutées sur

---

1. *Beverley*, tragédie bourgeoise, imitée de l'anglais, en cinq actes et en vers libres, par Saurin. (Éd.)

otre petit théâtre. Nous tâcherons de ne pas gâter votre *Joueur*. Envoyez-le-nous par le contre-seing de M. Janel, qui aura volontiers la onté de s'en charger. Nous aimons fort les comédies intéressantes : *Multæ sunt mansiones in domo patris mei*[1]; mais il paraît que *pater meus* a une maison à la Comédie-Française dont les acteurs font bien mal les honneurs. *Pater meus* est mal en domestiques; il est servi à la Comédie comme en Sorbonne.

Je suis enchanté que vous m'aimiez toujours un peu ; cela ragaillardit ma vieillesse. Je présente mes respects à celle qui vous rend heureux, et qui vous a donné un enfant, lequel ne sera pas certainement un sot.

Vivez heureusement, gaiement, et longtemps. Je souhaite des apoplexies aux Riballier, aux Larcher, aux Coger; et à vous, mon cher confrère, une santé aussi inaltérable que l'est mon attachement pour vous.

Si M. Duclos se souvient encore de moi, mille amitiés pour lui, je vous prie.

MMMMMCCLXXII. — A M. DAMILAVILLE

13 janvier.

Je reçois votre lettre du 7 janvier, mon cher ami. Ne soyez point étonné de l'extrême ignorance d'un homme qui n'a pas vu Paris depuis vingt ans. J'ai connu autrefois un M. d'Ormesson, qui était conseiller d'État, chargé du département de Saint-Cyr. Il n'était pas jeune ; je ne sais si c'est lui ou son fils de qui dépend votre place. Il y a deux ou trois ans qu'un homme de lettres, qui était précepteur dans la maison, m'envoya des ouvrages de sa façon, dédiés à un M. d'Ormesson, lequel me faisait toujours faire des compliments par cet auteur, et à qui je les rendais bien. J'ai oublié tout net le nom de cet auteur et celui de ses livres; j'ai seulement quelque idée que nous nous aimions beaucoup quand nous nous écrivions. Il me passe par les mains cinq ou six douzaines d'auteurs par an; il faut me pardonner d'en oublier quelques-uns. Mettez-vous au fait de celui-ci. Il avait, autant qu'il m'en souvient, une teinture de bonne philosophie. Il pourrait nous aider très-efficacement dans notre affaire. Mandez-moi à quel d'Ormesson il faut que j'écrive; je vous assure que je ne serai pas honteux. Mais surtout, mon cher ami, ne vous brouillez point avec l'intendant de Paris. Comptez qu'un homme en place peut toujours nuire. Mme de Sauvigny a de très-bonnes intentions, et quoiqu'elle protége M. Mabille, je peux vous répondre qu'elle n'a nulle envie de vous faire tort; sa seule idée est de faire du bien à M. Mabille et à vous.

Encore une fois, n'irritez point une famille puissante. J'ai reçu aujourd'hui une lettre de M. le duc de Choiseul : il ne parle point de votre affaire; tout roule sur le pays de Gex et sur Genève.

M. Dalembert ne m'a point accusé la réception du paquet d'Italie. Je voudrais bien avoir *le Joueur* de Saurin, qu'on va représenter; mais je serais bien plus curieux de lire le rapport que M. Chardon doit faire au conseil. Je compte lui écrire pour lui faire mon compliment de la vic-

---

1. Saint Jean, XIV, 2. (ÉD.)

toire remportée sur le parlement de Paris. J'espère qu'il battra aussi le parlement de Toulouse à plate couture. J'espère que vous triompherez comme lui, et je vous embrasse dans cette douce idée.

MMMMMCCLXXIII. — A M. MARMONTEL.
13 janvier.

Il y a longtemps, mon cher confrère, que je connais l'origine de la querelle des conseillers Coré, Datan et Abiron[1], avec l'évêque du veau d'or; mais le bon de l'affaire, c'est qu'elle fut citée solennellement à un concile de Reims, à l'occasion d'un procès que les chanoines de Reims avaient contre la ville.

Où diable avez-vous trouvé le livre de Gaulmin? savez-vous que rien n'est plus rare, et que j'ai été obligé de le faire venir de Hambourg? Je ne suis pas mal fourni de ces drogues-là.

Il est bien triste qu'on joue encore sur les tréteaux de la Sorbonne, tandis que la Comédie est déserte. Voilà ce qu'a fait la retraite de Mlle Clairon. Elle a laissé le champ libre à Riballier et au singe de Nicolet.

J'ai lu hier le *Venceslas*[2] que vous avez rajeuni. Il me semble que vous avez rendu un très-grand service au théâtre. Mme Denis est bien sensible à votre souvenir; et moi, très-affligé d'être abandonné tout net par M. Dalembert; mais s'il se porte bien, et s'il m'aime toujours un peu, je me console.

Mme Geoffrin doit être fort contente des succès du roi son ami: c'est une grande joie dans tout le Nord. Le nonce s'est enfui la queue entre les jambes, pour l'aller fourrer entre les fesses. *Il santissimo padre* ne sait plus où il en est. Il pourra bien, à la première sottise qu'il fera, perdre la suzeraineté du royaume de Naples. Le monde se déniaise furieusement, les beaux jours de la friponnerie et du fanatisme sont passés.

Illustre profès, écrasez le monstre tout doucement.

MMMMCCLXXIV. — A M. BEAUZÉE.
14 janvier.

Si je demeurais, monsieur, au fond de la Sibérie, je n'aurais pas reçu plus tard le livre que vous avez eu la bonté de m'envoyer. Le commerce a été interrompu jusqu'au commencement de novembre, et depuis ce temps nous avons été ensevelis dans les neiges. Enfin, monsieur, j'ai eu votre paquet et la lettre dont vous m'honorez. Je vois avec beaucoup de plaisir les vues philosophiques qui règnent dans votre *Grammaire*[3]. Il est certain qu'il y a, dans toutes les langues du monde, une logique secrète qui conduit les idées des hommes sans qu'ils s'en aperçoivent, comme il y a une géométrie cachée dans tous les arts de la main, sans que le plus grand nombre des artistes s'en doute. Un

---

1. *Nombres*, chap. XVI. (ÉD.)
2. Tragédie de Rotrou, retouchée par Marmontel. (ÉD.)
3. *Grammaire générale, ou Exposition raisonnée des éléments nécessaires du langage, pour servir de fondement à l'étude de toutes les langues*, 1767. (ÉD.)

instinct heureux fait apercevoir aux femmes d'esprit si on parle bien ou mal : c'est aux philosophes à développer cet instinct. Il me paraît que vous y réussissez mieux que personne. L'usage, malheureusement, l'emporte toujours sur la raison. C'est ce malheureux usage qui a un peu appauvri la langue française, et qui lui a donné plus de clarté que d'énergie et d'abondance : c'est une indigente orgueilleuse qui craint qu'on ne lui fasse l'aumône. Vous êtes parfaitement instruit de sa marche, et vous sentez qu'elle manque quelquefois d'habits. Les philosophes n'ont point fait les langues, et voilà pourquoi elles sont toutes imparfaites.

J'ai déjà lu une grande partie de votre livre. Je vous fais, monsieur, mes sincères remercîments de la satisfaction que j'ai eue, et de celle que j'aurai. J'ai l'honneur d'être, etc.

MMMMMCCLXXV. — A M. DAMILAVILLE.
15 janvier.

Je réponds en hâte, mon cher ami, à votre lettre du 7. Je ne conçois pas comment M. d'Argental peut hésiter un moment à faire parler M. le duc de Praslin. On augmente son crédit quand on l'emploie pour la justice et pour l'amitié. La timidité en pareil cas serait une lâcheté dont il est incapable.

M. Boursier m'a dit que vous vouliez avoir je ne sais quel rogaton d'un nommé Saint-Hyacinthe[1]. Il demande par quelle voie il faut vous le faire tenir. Il dit que, s'il tombait en d'autres mains, cela pourrait vous nuire dans les circonstances présentes. Je vous demande en grâce de ne point trop effaroucher ceux qui protégent le jeune Mabille. Vous connaissez cet excellent vers de La Motte :

Un ennemi nuit plus que cent amis ne servent.

La protectrice de Mabille paraît se rendre à la raison, et ne veut point du tout qu'on vous laisse sans récompense. Que le titulaire vive encore seulement six semaines, et j'ose croire que M. le duc de Choiseul parlera.

Je vous embrasse de tout mon cœur.

MMMMMCCLXXVI. — A M. CHARDON.
A Ferney, 15 janvier.

Monsieur, souffrez qu'en vous renouvelant mes hommages et mes remercîments au commencement de cette année, je vous félicite sur la victoire que vous venez de remporter. Le roi en a usé avec vous comme il le fallait. Il vous rend justice comme vous l'avez rendue. On m'apprend que cette petite tracasserie des chambres assemblées n'a pas ralenti vos bontés pour les Sirven. Tout a conspiré contre cette famille malheureuse, jusqu'à son avocat au conseil, qui est mort lorsque vous alliez rapporter cette affaire. Mais plus elle est persécutée par la na-

1. *Le Dîner du comte de Boulainvilliers.* (ÉD.)

ture, par la fortune et par l'injustice, plus vous daignerez employer votre ministère et votre éloquence à la tirer d'oppression.

Je me flatte que vous avez enfin reçu cette apologie de l'arrêt de Toulouse contre les Calas. Elle ressemble à l'*Apologie de la Saint-Barthélemy*, par l'abbé de Caveyrac, et au *Panégyrique de la vérole*, par M. Robbe.

La famille Sirven trouvera aisément un autre avocat au conseil que M. Cassen [1]; mais elle ne trouvera jamais un rapporteur et un juge plus capable de mettre au grand jour son innocence, et de consoler une calamité si longue et si déplorable.

J'ai l'honneur d'être, avec le plus grand respect et le plus sincère dévouement, monsieur, votre, etc.

MMMMMCCLXXVII. — A M. LE RICHE.

Le 16 janvier.

Je vous suis très-obligé, monsieur, de votre belle consultation sur la retenue du vingtième; aucun avocat n'aurait mieux expliqué l'affaire.

Je me flatte que vous aurez fait parvenir à l'ami Nonnotte la *Lettre d'un avocat* qui ne vous vaut pas. On accommodera plutôt cent affaires avec des princes qu'une seule avec des fanatiques. La ville de Besançon est pleine de ces monstres.

Je ne sais si vous avez apprivoisé ceux d'Orgelet. Je ne connaissais point un livre imprimé à Besançon, intitulé *Histoire du christianisme tirée des auteurs païens*, par un Bullet, professeur en théologie. Je viens de l'acheter. Si quelque impie avait voulu rendre le christianisme ridicule et odieux, il ne s'y serait pas pris autrement. Il ramasse tous les traits de mépris et d'horreur que les Romains et les Grecs ont lancés contre les premiers chrétiens, pour prouver, dit-il, que ces chrétiens étaient fort connus des païens.

Puisse le pauvre Fantet [2] ne pas trouver en Flandre des gens plus superstitieux que les Comtois! Je vous embrasse, etc.

MMMMMCCLXXVIII. — A M. ÉLIE DE BEAUMONT.

Ferney, le 16 janvier.

Ainsi donc mon cher défenseur de l'innocence *in propria venit, et sui eum non receperunt* [3]. Je vous croyais en pleine possession de Canon, et je vois, en jouant sur le mot, qu'il vous faudra du canon pour entrer chez vous. Il faudra cependant bien qu'à la fin Mme de Beaumont jouisse de la maison de ses pères. Il faut qu'elle soit habitée par l'éloquence et par l'esprit, après l'avoir été par la finance, afin qu'elle soit purifiée.

Notre ami M. Damilaville est actuellement plus embarrassé que vous.

---

1. Qui venait de mourir. (ÉD.)
2. Libraire à Besançon, dont l'affaire avait été renvoyée au parlement de Douai. (ÉD.)
3. Saint Jean, I, 11. (ÉD.)

ANNÉE 1768.

On lui conteste une place qui lui a été promise, et qu'il a méritée par vingt ans de travail assidu.

Je suis très-fâché de la mort de M. Cassen. Il sera aisé de trouver un avocat au conseil qui le remplace. M. Chardon n'attend que le moment de rapporter; il est tout prêt. Je pense même que le petit orage que le parlement de Paris lui a fait essuyer ne ralentira pas son zèle contre le parlement de Toulouse.

J'attends avec grande impatience le mémoire que vous avez bien voulu faire pour les accusés de Sainte-Foi; ils sont encore aux fers, et vous les briserez. Il est inconcevable que la jurisprudence soit si barbare dans une nation si légère et si gaie. C'est, je crois, parce que nos agréments sont très-modernes, et notre barbarie très-ancienne.

Je ne savais pas que l'honnête criminel existât en effet, et qu'il s'appelât Favre. Si la chose est comme le dit l'auteur de la pièce, le père est un grand misérable; et l'ouvrage serait plus attendrissant si le père venait se présenter au bout d'un mois, au lieu d'attendre quelques années. Quoi qu'il en soit, il y a trop de fanatiques aux galères, conduits par d'autres fanatiques. La raison et la tolérance vous ont choisi pour leur avocat, elles avaient besoin d'un homme tel que vous.

Je présente mes respects à Mme de Beaumont, et je partage entre vous deux mon attachement inviolable et ma sincère estime.

MMMMCCLXXIX. — A M. HENNIN.

Ferney, 17 janvier.

Savez-vous bien, monsieur, de qui est l'ouvrage [1] que vous m'envoyez? de M. le duc de La Vallière. C'est une histoire du théâtre qui fera plaisir au corsaire, grand amateur, comme moi, de ces coïonneries.

Il y a un livre à Paris qui fait grand bruit, et qu'on dit fort bien fait. On y prouve que le clergé n'est qu'une compagnie, et non le premier corps de l'État. Je souhaite assurément que les finances des Welches se rétablissent; mais le commerce seul peut opérer notre guérison, et les Anglais sont les maîtres du commerce des quatre parties du monde.

Comptez que pour le petit pays de Gex, il restera toujours maudit de Dieu. Mais, en récompense, il bénit la Russie et la Pologne. Ma belle Catherine m'a mandé qu'elle avait consulté dans la même salle des païens, des mahométans, des grecs, des latins, et cinq ou six autres menues sectes, qui ont bu ensemble largement et gaiement. Tout cela nous rend petits et ridicules.

Les ermites entourés de neige vous embrassent bien cordialement.

---

1. *Bibliothèque du Théâtre-Français depuis son origine*, Dresde (Paris), 1768, trois volumes in-8°, dont les auteurs sont Marin, l'abbé Mercier de Saint-Léger, l'abbé Boudot et quelques autres personnes. On en faisait honneur au duc de La Vallière. Voltaire, dans sa dédicace de *Sophonisbe*, dit que le duc présida à sa confection, après avoir fourni les matériaux de l'ouvrage. (*Note de M. Beuchot.*)

MMMMMCCLXXX. — A M. LE MARÉCHAL DUC DE RICHELIEU.

A Ferney, 18 janvier.

Ce n'est aujourd'hui ni au vainqueur de Mahon, ni au libérateur de Gênes, ni au vice-roi de la Guienne, que j'ai l'honneur d'écrire; c'est à un savant dans l'histoire, et surtout dans l'histoire moderne.

Vous devez savoir, monseigneur, si c'était votre beau-père ou le prince son frère qu'on appelait *le sourdaud*. Si ce titre avait été donné à l'aîné, le cadet n'en était assurément pas indigne.

Voici les paroles que je trouve dans les *Mémoires de Mme de Maintenon*[1] :

« La princesse d'Harcourt n'osait proposer à Mlle d'Aubigné son fils aîné, le prince de Guise, surnommé *le sourdaud*. Pour le rendre un plus riche parti, elle lui avait sacrifié le cadet, qu'elle avait fait ecclésiastique. Cet abbé malgré lui ayant depuis trahi son maître, la mère alla se jeter aux pieds du roi, qui, la relevant, lui dit de ce ton majestueux de bonté qui lui était particulier : « Eh bien ! madame, nous « avons perdu, vous, un indigne fils, moi, un mauvais sujet; il faut « nous consoler. »

Je soupçonne que l'auteur parle ici de feu M. le prince de Guise, qui avait été abbé dans sa jeunesse, et dont vous avez épousé la fille. Je n'ai jamais ouï dire qu'il eût trahi l'État. Je ne conçois pas comment cet infâme La Beaumelle a pu débiter une calomnie aussi punissable. Je vous supplie de vouloir bien me dire ce qui a pu servir de prétexte à une pareille imposture. Je m'occupe, dans la nouvelle édition du *Siècle de Louis XIV*, à confondre tous les contes de cette espèce, dont plus de cent gazetiers, sous le nom d'historiens, ont farci leurs impertinentes compilations. Je vous assure que je n'en ai pas vu deux qui aient dit exactement la vérité.

J'espère que vous ne dédaignerez pas de m'aider dans la pénible entreprise de relever la gloire d'un siècle sur la fin duquel vous êtes né, et dont vous êtes l'unique reste; car je compte pour rien ceux qui n'ont fait que vivre et vieillir, et dont l'histoire ne parlera pas.

M. le duc de La Vallière enrichit votre bibliothèque de l'*Histoire du Théâtre*. Ce qu'il a ramassé est prodigieux. Il faut qu'il lui soit passé plus de trois mille pièces par les mains; cela est tout fait pour un premier gentilhomme de la chambre.

Conservez vos bontés, cette année 1768, au plus ancien de vos serviteurs, qui vous sera attaché le reste de sa vie, monseigneur, avec le plus profond respect.

MMMMMCCLXXXI. — A M. DE CHABANON.

18 janvier.

La grippe, en faisant le tour du monde, a passé par notre Sibérie, et s'est emparée un peu de ma vieille et chétive figure. C'est ce qui m'a empêché, mon cher confrère, de répondre sur-le-champ à votre très-bénigne lettre du 4 de janvier. Quoi ! lorsque vous travaillez à

---

1. Liv. XII. chap. I. (ÉD.)

Eudoxie, vous songez à ce paillard de Samson et à cette p..... de Dalila; et de plus, vous nous envoyez du beurre de Bretagne ! il faut que vous ayez une belle âme !

Savez-vous bien que Rameau avait fait une musique délicieuse sur ce *Samson?* Il y avait du terrible et du gracieux. Il en a mis une partie dans l'acte des *Incas*, dans *Castor et Pollux*, dans *Zoroastre*. Je doute que l'homme[1] à qui vous vous êtes adressé ait autant de bonne volonté que vous ; et je serai bien étonné s'il ne fait pas tout le contraire de ce que vous l'avez prié de faire, le tout en douceur, et en cherchant le moyen de plaire. Je pense, ma foi, que vous vous êtes confessé au renard. Je ne sais pourquoi M. de La Borde m'abandonne obstinément. Il aurait bien dû m'accuser la réception de sa *Pandore*, et répondre au moins en deux lignes à deux de mes lettres. Sert-il à présent son quartier? couche-t-il dans la chambre du roi? est-ce par cette raison qu'il ne m'écrit point? est-ce parce que *Amphion*[2] n'a pas été bien reçu des Amphions modernes? est-ce parce qu'il ne se soucie plus de *Pandore?* est-ce caprice de grand musicien, ou négligence de premier valet de chambre?

On dit que les acteurs et les pièces qui se présentent au *tripot* tombent également sur le nez. Jamais la nation n'a eu plus d'esprit, et jamais il n'y eut moins de grands talents.

Je crois que les beaux-arts vont se réfugier à Moscou. Ils y seraient appelés du moins par la tolérance singulière que ma Catherine a mise avec elle sur le trône de Tomyris. Elle me fait l'honneur de me mander qu'elle avait assemblé, dans la grande salle de son Kremlin, de fort honnêtes païens, des grecs instruits, des latins nés ennemis des grecs, des luthériens, des calvinistes ennemis des latins, de bons musulmans, les uns tenant pour Ali, les autres pour Omar; qu'ils avaient tous soupé ensemble, ce qui est le seul moyen de s'entendre ; et qu'elle les avait fait consentir à recevoir des lois moyennant lesquelles ils vivraient tous de bonne amitié. Avant ce temps-là un grec jetait par la fenêtre un plat dans lequel un latin avait mangé, quand il ne pouvait pas jeter le latin lui-même.

Notre Sorbonne ferait bien d'aller faire un tour à Moscou, et d'y rester.

Bonsoir, mon très-cher confrère. Je suis à vous bien tendrement pour le reste de ma vie.

MMMMMCCLXXXII. — A M. LE CHEVALIER DE TAULÈS.

A Ferney, 18 janvier

Mes inquiétudes, monsieur, sur les tracasseries de Genève étant entièrement dissipées, et M. le duc de Choiseul m'ayant fait l'honneur de m'écrire la lettre la plus agréable, je profite de ses bontés pour lui demander la permission d'être instruit par vous de quelques vieilles vérités que vous aurez déterrées dans l'énorme fatras du dépôt des af-

---

1. Moncrif, auteur des *Essais sur la nécessité et sur les moyens de plaire*. (ÉD.)
2. Opéra dont les paroles sont de Thomas. (ÉD.)

faires étrangères. Je lui représente que ces vérités deviennent inutiles si elles ne servent pas à l'histoire, et que le temps est venu de les mettre au jour. Je lui dis que vous lui montrerez vos découvertes, et que je ne ferai usage que de celles qu'il approuvera. Il me paraît que ma proposition est honnête; j'attends donc les lumières que vous voudrez bien me communiquer. On vous aura l'obligation d'avoir fait connaître un siècle qui, dans presque tous les genres, doit être le modèle des siècles à venir.

Pour moi, tant que je respirerai dans le très-médiocre siècle où nous sommes, j'aurai l'honneur d'être, avec la plus sensible reconnaissance, monsieur, votre très-humble et très-obéissant serviteur. VOLTAIRE.

MMMMMCCLXXXIII. — A M. MOREAU.

A Ferney, 18 janvier.

Je vous renouvelle, monsieur, cette année, les justes remercîments que je vous ai déjà faits pour les arbres que j'ai reçus et que j'ai plantés. Ni ma vieillesse, ni mes maladies, ni la rigueur du climat, ne me découragent. Quand je n'aurais défriché qu'un champ, et quand je n'aurais fait réussir que vingt arbres, c'est toujours un bien qui ne sera pas perdu. Je crains bien que la glace, survenant après nos neiges, ne gèle les racines; car notre hiver est celui de Sibérie, attendu que notre horizon est borné par quarante lieues de montagnes de glaces. C'est un spectacle admirable et horrible, dont les Parisiens n'ont assurément aucune idée. La terre gèle souvent jusqu'à deux ou trois pieds, et ensuite des chaleurs, telles qu'on en éprouve à Naples, la dessèchent.

Je compte, si vous m'approuvez, faire enlever la glace autour des nouveaux plants que je vous dois, et faire répandre au pied des arbres du fumier de vache mêlé de sable.

Le ministère nous a fait un beau grand chemin, j'en ai planté les bords d'arbres fruitiers; mangera les fruits qui voudra. Le bois de ces arbres est toujours d'un grand service. Je m'imagine, monsieur, que vous n'avez guère plus profité que moi de tous les livres qu'on fait à Paris, au coin du feu, sur l'agriculture. Ils ne servent pas plus que toutes les rêveries sur le gouvernement: *Experientia rerum magistra.*

J'ai l'honneur d'être, avec bien de la reconnaissance, monsieur, votre, etc.

MMMMMCCLXXXIV. — A M. DAMILAVILLE.

18 janvier.

Je n'aurai point de repos, mon cher ami, que je ne sache l'issue de votre affaire. Je ne comprends rien à M. de Sauvigny. Je l'ai reçu de mon mieux chez moi, lui, sa femme, et son fils. Mme de Sauvigny m'a donné sa parole d'honneur qu'elle travaillerait à vous faire donner une pension, si vous conserviez la place que vous avez exercée si longtemps. Cela ne s'accorde point avec une persécution. Mme de Sauvigny d'ailleurs semblait avoir quelque intérêt de ménager mon amitié. Elle sait combien j'ai été sollicité par son frère, qu'elle a forcé de se réfugier en Suisse; elle sait que j'ai arrêté les factums qu'on voulait faire contre elle.

J'ai prévu, dès le commencement, que M. le duc de Choiseul ne se mêlerait point de cette affaire, puisqu'il m'a répondu sur quatre articles, et qu'il n'a rien dit sur celui qui vous regarde, quoique j'eusse tourné la chose d'une manière qui ne pouvait lui paraître indiscrète : en un mot, je suis affligé au dernier point. Mandez-moi au plus vite où vous en êtes.

M Boursier demande s'il y a sûreté à vous envoyer l'ouvrage de Saint-Hyacinthe.

Vraiment on serait enchanté d'avoir le petit livre qui prouve que le clergé n'est point le premier corps de l'État[1]. Il l'est si peu, qu'il n'a assisté aux grandes assemblées de la nation que sous le père de Charlemagne.

Je ne vous embrasserai qu'avec douleur, jusqu'à ce que je sache que vous ayez la place qui vous est due.

Adieu, mon cher ami.

MMMMMCCLXXXV. — DE M. DALEMBERT.

A Paris, ce 18 janvier.

J'ai reçu, mon cher et illustre maître, la lettre de Genève que vous avez bien voulu m'envoyer, et que j'aurais laissée à la poste de Genève, si j'avais pu deviner le peu d'importance du sujet. J'ai reçu aussi certaines *Lettres sur Rabelais* qui me paraissent de son arrière-petit-fils, à qui le ciel a donné le précieux avantage de se moquer de tout comme son bisaïeul, mais de s'en moquer avec plus de finesse et de goût. Ces lettres me rappellent un certain *Dîner du comte de Boulainvilliers*, auquel j'assistai il y a quelques jours, et dont j'aurais bien voulu que vous eussiez été un des convives ; on y traita fort gaiement des matières très-sérieuses, entre la poire et le fromage. Jean-Jacques n'est pas aussi gai ; il veut à présent retourner en Angleterre : il mande à M. Davenport (c'est le bon M. Hume qui me l'écrit) qu'il est le plus malheureux de tous les hommes, et qu'il désire de retourner avec lui. M. Davenport y a consenti : ainsi l'Angleterre aura le bonheur de le posséder encore une fois, à condition que ce ne sera pas pour longtemps. M. Hume, me mande, dans la même lettre, que ce pauvre fou travaille actuellement à ses mémoires dont le premier volume a été fait en Angleterre, et qui doivent en avoir treize ou quatorze (il ne me dit pas si c'est in-folio ou in-24) ; l'*Histoire romaine* n'en a pas tant. Il est vrai que ce qui regarde ce grand philosophe est absolument la nature entière pour lui, et je lui conseillerais d'intituler son bel ouvrage *Histoire universelle, ou Mémoires de J. J. Rousseau*. M. Hume, dans la même lettre où il me parle de cet homme, me charge de le rappeler dans votre souvenir, et de vous assurer de tous ses sentiments et de son admiration pour vous. Il craint que vous ne soyez mécontent de ce qu'il n'a pas répondu à la lettre que vous lui avez écrite au sujet de Jean-Jacques ; mais il m'assure qu'il n'a eu connaissance de cette lettre

---

1. *Discussion intéressante sur la prétention du clergé d'être le premier corps de l'État*, attribuée au marquis de Puységur, lieutenant général. (ÉD.)

que par l'impression, chez un libraire d'Écosse, où il l'a trouvée longtemps après qu'elle eut paru, et qu'il était alors trop tard pour y répondre, d'autant plus qu'il n'avait aucune preuve que cette lettre lui fût réellement adressée par vous.

Adieu, mon cher et illustre confrère. M. de La Harpe, avec qui j'ai le plaisir de parler souvent de vous, pourra vous dire combien je vous suis attaché, et combien je suis vôtre à la vie et à la mort. *Vale, et me ama.* L'affaire du pauvre Damilaville ne finit point; cela n'est-il pas odieux? Vous devriez bien écrire à M. d'Ormesson, intendant des finances; le succès de cette affaire dépend de lui. *Iterum vale.*

MMMMMCCLXXXVI. — A M. L'ABBÉ MORELLET.

22 janvier.

Vous savez, monsieur, qu'on a donné six cents francs de pension à celui qui a réfuté Fréret[1]; en ce cas, il en fallait donner une de douze cents à Fréret lui-même. On ne peut guère réfuter plus mal. Je n'ai lu cet ouvrage que depuis quelques jours, et j'ai gémi de voir une si bonne cause défendue par de si mauvaises raisons. J'admire comme cet écrivain soutient la vérité par des bévues continuelles, et suppose toujours ce qui est en question. Il n'appartient qu'à vous, monsieur, de combattre avec de bonnes armes, et de faire voir le faible de ces apologies, qui ne trompent que des ignorants. Grotius, Abbadie, Houteville, ont fait plus de tort à notre sainte religion, que milord Shaftesbury, milord Bolingbroke, Collins, Woolston, Spinosa, Boulainvilliers, Boulanger, La Métrie, et tant d'autres.

Je ne sais comment on a renouvelé depuis peu une ancienne plaisanterie[2] de l'auteur de *Mathanasius*. Un de mes amis est au désespoir qu'on ose lui attribuer cette brochure, imprimée en Hollande il y a quarante ans. Ces rumeurs injustes peuvent faire un tort irréparable à mon ami; et vous savez quels sont les droits de l'amitié. C'est au nom de ces droits sacrés que je vous conjure de détruire, autant qu'il sera en vous, une calomnie si dangereuse.

Au reste, je suis tout à vos ordres, et vous pouvez compter sur l'attachement inviolable de votre très-humble et très-obéissant serviteur,

l'abbé YVROYE.

MMMMMCCLXXXVII. — A M. LE MARÉCHAL DUC DE RICHELIEU.

A Ferney, 22 janvier.

En réfutation, monseigneur, de la lettre dont vous m'honorez, du 15 de janvier, voici comme j'argumente. Quiconque vous a dit que j'avais soupçonné ce Galien d'être le fils du plus aimable grand seigneur de l'Europe est un enfant de Satan. Il se peut que ce malheureux l'ait fait entendre à Genève, pour se donner du crédit dans le monde et auprès des marchands; mais, comme j'ai eu chez moi deux de ses frères, dont l'un est soldat, et dont l'autre a été mousse, il est bien impossible

---

1. L'abbé Bergier. (ÉD.)
2. *Le Dîner du comte de Boulainvilliers*, que Voltaire fit imprimer sous le nom de Saint-Hyacinthe. (ÉD.)

qu'il me soit venu dans la tête qu'un pareil polisson fût d'un sang respectable. C'est encore une autre calomnie de dire que Mme Denis et moi nous ayons mangé avec lui. Mme Denis vous demande justice. Il n'a jamais eu à Ferney d'autre table que celle du maître d'hôtel et des copistes, comme vous me l'aviez ordonné. On lui fournissait abondamment tout ce qu'il demandait; mais on ne lui laissait prendre aucun essor dans la maison, et on se conformait en tout aux règles que vous aviez prescrites.

Ses fréquentes absences, qu'on lui reprochait, ne pouvaient être prévenues. On ne pouvait mettre un garde à la porte de sa chambre.

Dès que je sus qu'il prenait à crédit chez les marchands de Genève, je fis écrire des lettres circulaires par lesquelles on les avertissait de ne rien fournir que sur mes billets.

Dès que M. Hennin, résidant à Genève, en eut fait son secrétaire, il le fit manger à sa table, selon son usage; usage qui n'est point établi chez moi. Alors Galien vint en visite à Ferney, il mangea avec la compagnie; mais ni Mme Denis ni moi ne nous mîmes à table; nous mangeâmes dans ma chambre : voilà l'exacte vérité. C'est principalement chez M. Hennin qu'il a acheté des montres ornées de carats, et des bijoux. Le marchand dont je vous ai envoyé le mémoire ne lui a fourni que le nécessaire. Ne craignez point d'ailleurs qu'il soit jamais voleur de grand chemin. Il n'aura jamais le courage d'entreprendre ce métier, qu'il trouve si noble. Il est poltron comme un lézard. Il est difficile à présent de le mettre en prison. Il partit de Genève le lendemain que le résident l'eut chassé, et dit qu'il allait à Berne ordonner aux troupes de venir investir la ville. Le fond de son caractère est la folie. En voilà trop sur ce malheureux objet de vos bontés et de ma patience. Je dois, à votre exemple, l'oublier pour jamais.

J'ai pris la liberté de vous consulter sur les calomnies d'un autre misérable [1] de cette espèce, qui, dans ses mémoires, a insulté indignement les noms de Guise et de Richelieu en plus d'un endroit. Le monde fourmille de ces polissons qui s'érigent en juges des rois et des généraux d'armée, dès qu'ils savent lire et écrire.

Les deux partis de Genève prennent des mesures d'accommodement toutes différentes de l'arrêt des médiateurs. Ce n'était pas la peine de faire venir un ambassadeur de France chez eux, et d'importuner le roi une année entière. Voilà bien du bruit pour peu de chose, mais cela n'est pas rare.

Agréez, monseigneur, mon tendre et profond respect.

MMMMCCLXXXVIII. — A M. MARMONTEL.

Le 22 janvier.

Voici, mon cher ami, un petit rogaton [2] qui m'est tombé entre les mains. Il ne vaut pas grand'chose, mais il mortifiera les cuistres, et c'est tout ce qu'il faut. Je vous demande en grâce de ne jamais dire

---

1. La Beaumelle. (Éd.)
2. Ce doit être l'*Épître écrite de Constantinople aux frères.* (Éd.)

que je suis votre correspondant, cela est essentiel pour vous et pour moi ; on est épié de tous côtés.

J'apprends, avec une extrême surprise, qu'on m'impute un certain *Dîner du comte de Boulainvilliers*, que tous les gens un peu au fait savent être de Saint-Hyacinthe. Il le fit imprimer en Hollande, en 1728 ; c'est un fait connu de tous les écumeurs de la littérature.

J'attends de votre amitié que vous détruirez un bruit si calomnieux et si dangereux. Rien ne me fait plus de peine que de voir les gens de lettres, et mes amis même, m'attribuer à l'envi tout ce qui paraît sur des matières délicates. Ces bruits sont capables de me perdre, et je suis trop vieux pour me transplanter. Pourquoi me donner ce qui est d'un autre ? n'ai-je pas assez de mes propres sottises ? Je vous supplie de dire et de faire dire à M. Suard, dont j'ambitionne l'amitié et la confiance, qu'il est obligé plus que personne à réfuter toutes ces calomnies.

Adieu, vainqueur de la Sorbonne. Personne ne marche avec plus de plaisir que moi après votre char de triomphe.

Gardez-moi un secret inviolable.

MMMMMCCLXXXIX. — A M. LE COMTE D'ARGENTAL.

23 janvier.

Mon cher ange, c'est une grande consolation pour moi que vous ayez été content de M. Dupuits. Il me paraît qu'il vaut mieux que le Dupuis de Desronais[1]. Je souhaite à M. le duc de Choiseul que tous les officiers qu'il emploie soient aussi sages et aussi attachés à leur devoir. Je l'attends avec impatience, dans l'espérance qu'il nous parlera longtemps de vous.

Que je vous remercie de vos bontés pour Sirven ! Il faut être aussi opiniâtre que je le suis, pour avoir poursuivi cette affaire pendant cinq ans entiers, sans jamais me décourager. Vous venez bien à propos à mon secours. Je sais bien que cette petite pièce n'aura pas l'éclat de la tragédie des Calas ; mais nous ne demandons point d'éclat, nous ne voulons que justice.

Votre citation du chien, qui mange comme un autre du dîner qu'il voulait défendre, est bien bonne ; mais je vous supplie de croire par amitié, et de faire croire aux autres par raison et par l'intérêt de la cause commune, que je n'ai point été le cuisinier qui a fait ce dîner[2]. On ne peut servir dans l'Europe un plat de cette espèce, qu'on ne dise qu'il est de ma façon. Les uns prétendent que cette nouvelle cuisine est excellente, qu'elle peut donner la santé, et surtout guérir des vapeurs. Ceux qui tiennent pour l'ancienne cuisine disent que les nouveaux Martialo[3] sont des empoisonneurs. Quoi qu'il en soit, je voudrais bien ne pas passer pour un traiteur public. Il doit être constant que ce petit morceau de haut goût est de feu Saint-Hyacinthe. La description

---

1. C'est-à-dire le personnage de Dupuis, dans la comédie de Collé intitulée *Dupuis et Desronais*. (ÉD.)
2. *Le Dîner du comte de Boulainvilliers*. (ÉD.)
3. Cuisinier que Voltaire a nommé dans le vers 37 du *Mondain*. (ÉD.)

du repas est de 1728. Le nom de Saint-Hyacinthe y est ; comment peut-on, après cela, me l'attribuer? quelle fureur de mettre mon nom à la place d'un autre! Les gens qui aiment ces ragoûts-là devraient bien épargner ma modestie.

Sérieusement vous me ferez le plus sensible plaisir d'engager M. Suard à ne point mettre cette misère sur mon compte. C'est une action d'honnêteté et de charité de ne point accuser son prochain quand il est encore en vie, et de charger les morts, à qui on ne fait nul mal. En un mot, mon cher ange, je n'ai point fait et je n'aurai jamais fait les choses dont la calomnie m'accuse.

Les envieux mourront, mais non jamais l'envie.
Molière, *Tartufe*, acte V, scène III.

Puis-je espérer que mon cher Damilaville aura le poste qui lui est si bien dû? Il est juste qu'il soit curé après avoir été vingt ans vicaire.

J'ai une autre grâce à vous demander; c'est pour ma Catherine. Il faut rétablir sa réputation à Paris chez les honnêtes gens. J'ai de fortes raisons de croire que MM. les ducs de Praslin et de Choiseul ne la regardent pas comme la dame du monde la plus scrupuleuse; cependant je sais, autant qu'on peut savoir, qu'elle n'a nulle part à la mort de son ivrogne de mari : un grand diable d'officier aux gardes, Préobazinsky, en le prenant prisonnier, lui donna un horrible coup de poing qui lui fit vomir du sang; il crut se guérir en buvant continuellement du punch dans sa prison, et il mourut dans ce bel exercice. C'était d'ailleurs le plus grand fou qui ait jamais occupé un trône. L'empereur Venceslas n'approchait pas de lui.

A l'égard du meurtre du prince Yvan, il est clair que ma Catherine n'y a nulle part. On lui a bien de l'obligation d'avoir eu le courage de détrôner son mari, car elle règne avec sagesse et avec gloire; et nous devons bénir une tête couronnée qui fait régner la tolérance universelle dans cent trente-cinq degrés de longitude. Vous n'en avez, vous autres, qu'environ huit ou neuf, et vous êtes encore intolérants. Dites donc beaucoup de bien de Catherine, je vous en prie, et faites-lui une bonne réputation dans Paris.

Je voudrais bien savoir comment Mme d'Argental s'est trouvée de ces grands froids; je suis étonné d'y avoir résisté. Conservez votre santé, mon divin ange; je vous adore de plus en plus.

MMMMMCCXC. — A M. DAMILAVILLE.
27 janvier.

Mon cher ami, il y a deux points importants dans votre lettre du 18, celui de M. le duc de Choiseul et celui de M. d'Ormesson. Je pris la liberté d'écrire à M. le duc de Choiseul, il y a plus de deux mois, à la fin d'une lettre de six pages, ces propres paroles : « J'aurais encore la témérité de vous supplier de recommander un mémoire d'un de mes amis intimes à M. le contrôleur général, si je ne craignais que la dernière aventure de M. le chancelier ne vous eût dégoûté. Mais, si vous m'en donnez la permission, j'aurai l'honneur de vous envoyer le mémoire; c'est pour une chose très-juste, et il ne s'agit que de lui faire tenir sa promesse. » M. le duc de Choiseul ne m'a point fait de réponse à cet article.

Quant à M. d'Ormesson, puisque vous m'apprenez qu'il est le fils de celui que j'avais connu autrefois, je lui écris une lettre qui ne peut faire aucun mal, et qui peut faire quelque bien. En voici la copie.

A l'égard des nouveautés de Hollande, que M. Boursier peut vous faire tenir pour votre petite bibliothèque, il m'a dit qu'il ne pouvait vous les envoyer dans les circonstances présentes qu'autant qu'il serait sûr que vous les recevriez; il craint qu'il n'y en ait quelques-unes de suspectes, et qu'elles ne vous causent quelques chagrins. Comme j'ignore absolument de quoi il s'agit, je ne puis vous en dire davantage.

Notre peine, mon cher ami, ne sera pas perdue, si M. Chardon rapporte enfin l'affaire de Sirven. Que ce soit en janvier ou en février, il n'importe; mais il importe beaucoup que les juges ne s'accoutument pas à se jouer de la vie des hommes.

On dit qu'il y a en Hollande une relation du procès et de la mort du chevalier de La Barre, avec le précis de toutes les pièces adressées au marquis Beccaria. On prétend qu'elle est faite par un avocat au conseil; mais on attribue souvent de pareilles pièces à des gens qui n'y ont pas la moindre part. Cela est horrible. Les gens de lettres se trahissent tous les uns les autres par légèreté. Dès qu'il paraît un ouvrage, ils crient tous : *C'est de lui, c'est de lui!* Ils devraient crier au contraire : *Ce n'est pas de lui, ce n'est pas de lui!* Les gens de lettres, mon cher ami, se font plus de mal que ne leur en font les fanatiques. Je passe ma vie à pleurer sur eux.

Adieu! Consolons-nous l'un l'autre de loin, puisque nous ne pouvons nous consoler de près.

M. Brossier enverra incessamment ce que vous demandez. ÉCRLINF[1].

Voici une lettre d'une fille de Sirven pour son père.

MMMMMCCXCI. — A M. LE BARON GRIMM.

29 janvier.

Puisque votre ami, monsieur, veut absolument avoir les polissonneries que vous méprisez, je les lui envoie sous votre enveloppe[2]. Je n'en fais pas plus de cas que vous, et c'est bien malgré moi que je me suis chargé de ces rogatons.

Votre très-humble et très-obéissant serviteur, BROSSIER.

MMMMMCCXCII. — A M. DE CHABANON.

A Ferney, 29 janvier.

Ami vrai et poëte philosophe, ne vous avais-je pas bien dit que le lecteur[3] ne serait jamais l'approbateur, et qu'il éluderait tous les moyens

---

1. C'est-à-dire *écrasez l'infâme*. (ÉD.)
2. C'était *l'Homme aux quarante écus*, et le *Dîner du comte de Boulainvilliers*. (ÉD.)
3. Moncrif, lecteur de la reine. (ÉD.)

de me plaire, malgré tous les moyens qu'il a trouvés de plaire? Ne trouvez-vous pas qu'il cite bien à propos feu M. le Dauphin, qui, sans doute, reviendra de l'autre monde pour empêcher qu'on ne mette des doubles croches sur la mâchoire d'âne de Samson? Ah! mon fils, mon fils! la petite jalousie est un caractère indélébile.

M. le duc de Choiseul n'est pas, je crois, musicien; c'est la seule chose qui lui manque : mais je suis persuadé que, dans l'occasion, il protégerait la mâchoire d'âne de Samson contre les mâchoires d'ânes qui s'opposeraient à ce divertissement honnête, *ut ut est*. Il faut une terrible musique pour ce Samson qui fait des miracles de diable; et je doute fort que le ridicule mélange de la musique italienne avec la française, dont on est aujourd'hui infatué, puisse parvenir aux beautés vraies, mâles et vigoureuses, et à la déclamation énergique que Samson exige dans les trois quarts de la pièce. Par ma foi, la musique italienne n'est faite que pour faire briller des châtrés à la chapelle du pape. Il n'y aura plus de génie à la Lulli pour la déclamation, je vous le certifie dans l'amertume de mon cœur.

Revenons maintenant à *Pandore*. Oui, vous avez raison, mon fils; le bon homme Prométhée fera une fichue figure, soit qu'il assiste au baptême de Pandore sans dire mot, soit qu'il aille, comme un valet de chambre, chercher les Jeux et les Plaisirs pour donner une sérénade à l'enfant nouveau-né. Le cas est embarrassant, et je n'y sais plus d'autre remède que de lui faire notifier aux spectateurs qu'il veut jouir du plaisir de voir le premier développement de l'âme de Pandore, supposé qu'elle ait une âme.

Cela posé, je voudrais qu'après le chœur :

> Dieu d'amour, quel est ton empire,

Prométhée dît, en s'adressant aux nymphes et aux demi-dieux de sa connaissance, qui sont sur le théâtre :

> Observons ses appas naissants,
> Sa surprise, son trouble, et son premier usage
>   Des célestes présents
>   Dont l'amour a fait son partage.

Après ce petit couplet, qui me paraît tout à fait à sa place, le bonhomme se confondrait dans la foule des petits demi-dieux qui sont sur le théâtre; et ce serait, à ce qu'il me semble, une surprise assez agréable de voir Pandore le démêler dans l'assemblée des sylvains et des faunes, comme Marie-Thérèse, beaucoup moins spirituelle que Pandore, reconnut Louis XIV au milieu de ses courtisans.

Il faut que je vous parle actuellement, mon cher ami, de la musique de M. de La Borde. Je me souviens d'avoir été très-content de ce que j'entendis; mais il me parut que cette musique manquait, en quelques endroits, de cette énergie et de ce sublime que Lulli et Rameau ont seuls connus, et que l'opéra-comique n'inspirera jamais à ceux qui aiment *il gusto grande*.

Mes tendres sentiments à Eudoxie; mes respects à Maxime et à l'ambassadeur. Assurez le bon vieillard, père d'Eudoxie, que je m'intéresse fort à lui.

Maman vous aime de tout son cœur; aussi fais-je, et toutes les puissances ou impuissances de mon âme sont à vous.

MMMMMCCXCIII. — A M. L'ABBÉ D'OLIVET.

29 janvier.

Vous m'écrivez, sans lunettes, des lettres charmantes de votre main potelée, mon cher maître; et moi, votre cadet d'environ dix ans, je suis obligé de dicter d'une voix cassée.

Je n'aimerai jamais *rends-moi guerre pour guerre*[1], par la raison que la guerre est une affaire qui se traite toujours entre deux parties. L'immortel, l'admirable, l'inimitable Racine a dit[2] :

Rendre meurtre pour meurtre, outrage pour outrage.

Pourquoi cela? c'est que je tue votre neveu quand vous avez tué le mien; c'est que, si vous m'avez outragé, je vous outrage. « S'ils me disent pois, je leur répondrai fève, » disait agréablement le correct et l'élégant Corneille. De plus, on ne va pas dire à Dieu : *Rends-moi la guerre*. Peut-être l'aversion vigoureuse que j'ai pour ce misérable sonnet de ce faquin d'abbé de Lavau me rend un peu difficile.

Et dessus quel endroit tombera *ma censure*,
Qui ne soit *ridicule* et tout *pétri d'ennui*[3] ?

Tartara non metuens, non affectatus Olympum,

est un vers admirable; je le prends pour ma devise.

Savez-vous bien que s'il y a des maroufles superstitieux dans votre pays, il y a aussi un grand nombre d'honnêtes gens d'esprit qui souscrivent à ce vers de *Tartara non metuens ?*

Vivez longtemps, moquez-vous du *Tartara*. — Que dis-tu de mon extrême onction? disait le P. Talon au P. Gédoyn, alors jeune jésuite. Va, va, mon ami, continua-t-il, laisse-les dire, et bois sec. » Puis il mourut. Je mourrai bientôt, car je suis faible comme un roseau. C'est à vous à vivre, vous qui êtes fort comme un chêne. Sur ce, je vous embrasse, vous et votre *Prosodie*, le plus tendrement du monde.

N. B. Je suis obligé de vous dire, avant de mourir, qu'une de mes maladies mortelles est l'horrible corruption de la langue, qui infecte tous les livres nouveaux. C'est un jargon que je n'entends plus ni en vers ni en prose. On parle mieux actuellement le *français* ou *françois* à Moscou qu'à Paris. Nous sommes comme la république romaine, qui donnait des lois au dehors, quand elle était déchirée au dedans.

1. C'est le second hémistiche du onzième vers du fameux sonnet de des Barreaux. (ÉD.)
2. *Athalie*, acte II, scène VII. (ÉD.)
3. Parodie de la fin du sonnet de des Barreaux. (ÉD.)

ANNÉE 1768.

MMMMMCCXCIV. — A CATHERINE II.
29 janvier.

Madame, on dit qu'un vieillard, nommé Siméon, en voyant un petit enfant, s'écria dans sa joie : Je n'ai plus qu'à mourir, *puisque j'ai vu mon salutaire*[1]. Ce Siméon était prophète, il voyait de loin tout ce que ce petit Juif devait faire.

MMMMMCCXCV. — A M. PANCKOUCKE.
1ᵉʳ février.

Le froid excessif, la faiblesse excessive, la vieillesse excessive, et le mal aux yeux excessif, ne m'ont pas permis, monsieur, de vous remercier plus tôt des premiers volumes de votre *Vocabulaire*, et du *Don Carlos* de monsieur votre cousin[2]. Toute votre famille paraît consacrée aux lettres. Elle m'est bien chère, et personne n'est plus sensible que moi à votre mérite et à vos attentions.

Plus vous me témoignez d'amitié, moins je conçois comment vous pouvez vous adresser à moi pour vous procurer l'infâme ouvrage intitulé *le Dîner du comte de Boulainvilliers*. J'en ai eu par hasard un exemplaire, et je l'ai jeté dans le feu. C'est un tissu de railleries amères et d'invectives atroces contre notre religion. Il y a plus de quarante ans que cet indigne écrit est connu ; mais ce n'est que depuis quelques mois qu'il paraît en Hollande, avec cent autres ouvrages de cette espèce. Si je ne consumais pas les derniers jours de ma vie à une nouvelle édition du *Siècle de Louis XIV*, augmentée de près de moitié; si je n'épuisais pas le peu de force qui me reste à élever ce monument à la gloire de ma patrie, je réfuterais tous ces livres qu'on fait chaque jour contre la religion.

J'ai lu cette nouvelle édition in-quarto, qu'on débite à Paris, de mes Œuvres. Je ne puis pas dire que je trouve tout beau,

    Papier, dorure, images, caractère,

car je n'ai point encore vu les images; mais je suis très-satisfait de l'exactitude et de la perfection de cette édition. Je trouve que tout en est beau,
  Hormis les vers, qu'il fallait laisser faire
    A Jean Racine[3].

Je souhaite que ceux qui l'ont entreprise ne se ruinent pas, et que les lecteurs ne me fassent pas les mêmes reproches que je me fais; car j'avoue qu'il y a un peu trop de vers et de prose dans ce monde. C'est ce que je signe en connaissance de cause.

---

1. Luc, II, 30. (ÉD.)
2. Henri Panckoucke avait fait une héroïde sur *don Carlos*. (ÉD.)
3. Lorsque Benserade publia ses *Métamorphoses d'Ovide mises en rondeaux*, Prépetit de Grammont publia un rondeau qui se terminait ainsi :

  .... J'en trouve tout fort beau
  Papier, dorure, images, caractère,
  Hormis les vers, qu'il fallait laisser faire
    A La Fontaine.   (ÉD.)

MMMMCCXCVI. — A M. Damilaville.

3 février.

Mon cher ami, je reçois votre consolante lettre du 27 janvier. J'écris à M. le duc de Choiseul et à M. le duc de Praslin. Vous croyez bien que je n'oublie pas M. Chardon.

Mais ne réussirez-vous que dans les affaires des autres, et ne vous rendra-t-on point justice quand vous la faites rendre? Vous ne me parlez que de Sirven, et vous ne me dites rien de vous. Il ne faudra pas manquer de faire répéter aux échos le jugement du procès des Sirven quand il sera rendu. Je vous avoue que je voudrais bien avoir le discours de M. Chardon, mais je n'ose le lui demander.

Je lui avais fourni une bonne pièce que, sans doute, il aura bien fait valoir. C'est une apologie de l'abominable arrêt de Toulouse contre les Calas. Cette apologie insulte les maîtres des requêtes qui cassèrent l'arrêt : elle est faite par un conseiller du parlement. On ne pouvait mieux nous servir. Ces gens-là ont amassé des charbons ardents sur leur tête.

Il me vient une idée : seriez-vous homme à échanger la place que vous devez avoir à Paris contre une place au pays de Gex qui n'exigerait aucun soin? Je crois que cette place vaut environ quatre mille livres de revenu. En ce cas, il faudrait que celui qui aurait à Paris votre emploi vous fît une pension considérable, et que cette pension vous fût assignée sur l'emploi même, et non sur le titulaire, comme on a une pension sur un bénéfice. Vous seriez maître de votre temps, et de vous livrer à votre belle passion pour l'étude. Je ne vous parle point du bonheur que j'aurais de vous voir chez moi.

Tout cela est peut-être une belle chimère; mais on pourrait en faire une réalité.

Je vous embrasse le plus tendrement du monde.

MMMMCCXCVII. — De madame la marquise d'Antremont.

A Aubenas, le 4 février.

Monsieur, une femme qui n'est pas Mme Desforges-Maillard, une femme vraiment femme, et femme dans toute la force du terme, vous prie de lire les pièces renfermées sous cette enveloppe; elle fait des vers parce qu'il faut faire quelque chose, parce qu'il est aussi amusant d'assembler des mots que des nœuds, et qu'il en coûte moins de symétriser des pensées que des pompons. Vous ne vous apercevrez que trop, monsieur, que ces vers lui ont peu coûté, et vous lui direz que

Des vers faits aisément sont rarement aisés.

Elle se rappelle vos préceptes sur ce sujet, et ceux de ce Boileau qui partage avec vous l'avantage de graver ses écrits dans la mémoire de ses lecteurs, et d'instruire l'esprit sans lui demander des efforts. Vos principes et les siens sont admirables; mais ils ne s'accordent pas avec la légèreté d'une personne de vingt et un ans, qui a beaucoup d'antipathie pour tout ce qui est pénible. Heureusement je rime sans préten-

ANNÉE 1768.

tion, et mes ouvrages restent dans mon portefeuille. S'ils en sortent aujourd'hui, c'est parce qu'il y a longtemps que je désirais d'écrire à l'homme de France que je lis avec le plus de plaisir, et que je me suis imaginé que quelques pièces de vers serviraient de passe-port à ma lettre : je n'ai point eu d'autres motifs, monsieur :

> Il est des femmes beaux-esprits ;
> A Pindare autrefois, dans les champs olympiques,
>   Corinne des succès lyriques
>   Très-souvent disputa le prix.
> Pindare assurément ne valait pas Voltaire ;
>   Corinne valait mieux que moi.
>   Qu'il faudrait être téméraire
>   Pour entrer en lice avec toi !
> Mais je le suis assez pour désirer de plaire
>   A l'écrivain dont le goût est ma loi.
>   Si tu daignais sourire à mes ouvrages,
>   Quel sort égalerait le mien ?
>   Tu réunis tous les suffrages,
>   Et moi je n'aspire qu'au tien.

Il serait bien glorieux pour moi de l'obtenir. N'allez pourtant pas croire que j'ose me flatter de le mériter ; mais croyez que rien ne peut égaler les sentiments d'estime et d'admiration avec lesquels j'ai l'honneur d'être, etc.

D'ANTREMONT.

MMMMCCXCXVIII. — A M. DAMILAVILLE.

5 février.

Mon fils adoptif[1] arrive. Je suis bien affligé, mon cher ami. Mon désert me devient plus précieux que jamais. Je serais obligé de le quitter, si la calomnie m'imputait le petit écrit de Saint-Hyacinthe[2].

Voici une lettre que je vous envoie pour M. Saurin. Je vous prie de la lui faire rendre, et de parler fortement à M. l'abbé Morellet, à MM. Dalembert, Grimm, Arnaud, Suard, etc.

Ah ! que de peines dans ce monde !

MMMMMCCXCIX. — A M. SAURIN.

5 février.

Mon cher confrère, mon cher poëte philosophe, je ne suis point de votre avis. On disait autrefois : *les vertus de Henri IV*, et il est permis aujourd'hui de dire : *les vertus d'Henri IV*. Les Italiens se sont défaits des *h*, et nous pourrions bien nous en défaire aussi, comme de tant d'autres choses.

J'aime bien mieux :

> Femme par sa tendresse, héros par son courage[3],

que

> Femme par sa tendresse, et non par son **courage**.

1. M. Dupuits, mari de Mlle Corneille. (ÉD.)
2. *Le Dîner de Boulainvilliers*. (ÉD.)
3. Vers de *Spartacus*, acte I, scène I. (ÉD.)

les adversaires du comte de Morangiés sont au nombre de sept ou huit, qui ameutent le peuple, et qui sont tous intéressés à faire illusion aux juges. M. de Morangiés est seul; il a contre lui ses dettes, sa malheureuse réputation de vouloir faire plus de dépense qu'il ne peut, ses liaisons avilissantes avec des courtières, des prêteuses sur gages, des marchands. Ainsi, plus il est homme de qualité, moins la faveur publique est pour lui; mais la justice ne connaît point cette faveur: il faut juger le fait, et ce fait consiste à savoir, 1° s'il est vraisemblable qu'une femme qui demeurait dans un logis de deux cent cinquante livres ait reçu un fidéicommis de deux cent soixante mille livres et de vaisselle d'argent de la part de son mari mort, lequel, en son vivant, n'était qu'un vil courtier: 2° s'il est possible que maître Gillet, notaire, ait fait de ces deux cent soixante mille livres une somme de cent mille écus, et l'ait rendue à la Verron en 1760, tandis qu'il était mort en 1755; 3° comment la Verron, dans son testament, articule-t-elle cinq cent mille livres, lorsqu'elle dit n'en avoir que trois cent mille, et lorsque, par sa manière de vivre, elle paraît n'avoir presque rien? 4° comment cette femme, au lieu de prêter cent mille écus chez elle à l'emprunteur, qui serait venu les recevoir à genoux, envoie-t-elle son fils en coureur faire cinq lieues à pied, pour porter, en treize voyages, une somme qu'on pourrait si aisément donner en un seul? 5° pourquoi du Jonquai et sa mère ont-ils avoué librement, devant un commissaire, qu'ils étaient des fripons, s'ils étaient d'honnêtes gens?

Enfin de quel côté la raison doit-elle faire pencher sa balance, en attendant que la justice paraisse avec la sienne?

Pardon, mon très-juste et très-éclairé doyen, de tant de verbiage; mais l'affaire en vaut la peine.

Je vous demande en grâce de faire voir ce petit croquis à M. de Combault. Nous parlerons de cette affaire à Ferney, avec votre ami M. Le Vasseur. Je conçois que vos travaux sont bien pénibles, mais ils sont bien respectables; car, après tout, vous passez votre vie à chercher la vérité et à la trouver.

Nous vous embrassons tous bien tendrement, et nous vous attendons avec impatience.

MMMMMCCCLXVIII. — A M. LE COMTE D'ARGENTAL.

19 juillet.

Puisque vous m'avez fait tenir, mon cher ange, le discours de M. de Bréquigny[1] et sa lettre, vous permettrez que je vous adresse les remerciments que je lui dois. Ou je me trompe, ou ce serait une bonne acquisition pour le théâtre de Paris, que cet acteur, nommé Patrat, qui a joué si parfaitement Lusignan, et qui jouerait de même Azémon. Cela ne ferait aucun tort à Brizard : l'un garderait sa couronne, et l'autre sa calotte de vieillard.

Je n'ai point entendu Mlle Camille; elle a de la réputation en province; mais cela ne suffit pas pour Paris : vous en jugerez.

---

1. Oudard Feudrix de Bréquigny, membre de l'Académie des inscriptions et de l'Académie française. (ÉD.)

On ne peut vous être plus tendrement attaché et plus essentiellement dévoué que le solitaire.

MMMMMCCCXCIV. — DE M. DALEMBERT.
15 juin.

Mon cher maître, mon cher confrère, mon cher ami, avez-vous lu une brochure qui a pour titre : *Examen de l'histoire de Henri IV par M. de Buri?* Cet homme semble avoir pris pour devise :

Tros Rutulusve fuat[1] ;

je ne parle point de Buri, qui n'en vaut pas la peine, mais de son critique. Il ne vous a même pas épargné; il prétend que vous avez écrit l'histoire en poëte, et que nous n'avons pas un seul historien. A ces deux sottises près, il me semble que cet ouvrage contient des vérités utiles, mais un peu dangereuses pour celui qui les a dites. Ce qui me console, c'est qu'on ne vous attribuera pas ce livre-là, puisque l'auteur ne vous épargne pas plus que les autres. Avez-vous lu la *Profession de foi des théistes*, adressée au roi de Prusse? cet ouvrage m'a fait plaisir. Si on s'avise de dire qu'il est de vous, il faudra répondre à cette sottise comme on a fait à tant d'autres, et comme le capucin Valérien répondait aux jésuites : *Mentiris impudentissime*[2]. A propos de cet ouvrage et des autres de la même espèce, il me semble qu'on n'a pas fait assez d'attention au chapitre IX d'*Esther*, qui contient une négociation curieuse de cette princesse avec son imbécile mari, pour exterminer les sujets dudit prince imbécile. Je crois que ce chapitre pourrait tenir assez bien sa place dans quelqu'une des brochures que Marc-Michel Rey imprime tous les mois.

On dit, mais je ne saurais le croire, que M. de Choiseul est fort irrité des brocards qu'on lance sur l'apostat La Bletterie. Vous devriez bien lui en dire un mot, et lui faire sentir combien il serait indigne de lui de protéger de pareils hommes. J'avoue que Dieu fait briller son soleil sur les décrotteurs comme sur les rois, mais il n'empêche pas qu'on ne jette de la boue aux décrotteurs insolents.

Nota bene que c'est un honnête docteur en Sorbonne qui m'a indiqué le neuvième chapitre d'*Esther* comme un des endroits les plus édifiants de l'histoire charmante du peuple juif.

Adieu, mon cher ami ; je vous écris au chevet du lit de votre ami Damilaville, qui souffre comme un diable d'une sciatique. Je ne sais pourquoi ce meilleur des mondes possibles est infecté de tant de sciatiques, de tant de v......, et surtout de tant de sottises. *Vale, et me ama.* Je vous embrasse de tout mon cœur.

MMMMMCCCXCV. — A M. DEPARCIEUX.
A Ferney, le 17 juin.

Je déclare, monsieur, les Parisiens des Welches intraitables et de francs badauds, s'ils n'embrassent pas votre projet. Je suis de plus

---

1. *Æn.*, X, 108. (ÉD.) — 2. Pascal, quinzième de ses *Lettres provinciales*. (ÉD.)

assez mécontent de Louis XIV, qui n'avait qu'à dire *Je veux*, et qui, au lieu d'ordonner à l'Yvette de couler dans toutes les maisons de Paris, dépensa tant de millions au canal de Maintenon. Comment les Parisiens ne sont-ils pas un peu piqués d'émulation, quand ils entendent dire que presque toutes les maisons de Londres ont deux sortes d'eau qui servent à tous les usages? Il y a des bourses très-fortes à Paris, mais il y a peu d'âmes *fortes*. Cette entreprise serait digne du gouvernement; mais a-t-il six millions à dépenser, toutes charges payées? c'est de quoi je doute fort. Ce serait à ceux qui ont des millions de *quarante écus*[1] de rente à se charger de ce grand ouvrage; mais l'incertitude du succès les effraye, le travail les rebute, et les filles de l'Opéra l'emportent sur les naïades de l'Yvette : je voudrais qu'on pût les accorder ensemble. Il est très-aisé d'avoir de l'eau et des filles.

Comment M. le prévôt des marchands[2], d'une famille chère aux Parisiens, qui aime le bien public, ne fait-il pas les derniers efforts pour faire réussir un projet si utile? on bénirait sa mémoire. Pour moi, monsieur, qui ne suis qu'un laboureur à *quarante écus*, et au pied des Alpes, que puis-je faire, sinon de plaindre la ville où je suis né, et conserver pour vous une estime très-stérile? Je vous remercie en qualité de Parisien; et quand mes compatriotes cesseront d'être Welches, je les louerai en mauvaise prose et en mauvais vers tant que je pourrai.

MMMMMCCCXCVI. — A M. LE COMTE D'ARGENTAL.

20 juin.

Il faut toujours que j'amuse et que j'ennuie mes anges; c'est ma destinée. Comment veulent-ils que je passe sous silence mon cher La Bletterie? On m'assure qu'il m'a donné quelques coups de patte dans sa préface[3]. Je les lui rends tout chauds. Rien n'est plus honnête. Dupuits avait déjà envoyé ce rogaton à Mme la duchesse de Choiseul. A l'égard de mon vaisseau, c'est un navire qu'une compagnie de Nantes a baptisé de mon nom; apparemment qu'il est chargé de papier, de plumes, et d'encre.

Oui, mes anges, j'enverrai à ce souffleur une édition; mais cela ne servira de rien, tant la troupe m'a mutilé. L'absence a de terribles inconvénients. Mon cœur pourrait, depuis environ vingt ans, vous en dire des nouvelles.

MMMMMCCCXCVII. — A M. DUPONT.

Au château de Ferney, 20 juin.

J'ai compté, mon cher ami, sur votre protection auprès du sieur Roset, fermier ou régisseur de Richwir. Pourriez-vous avoir la bonté de me faire savoir quand et comment il veut me faire toucher au com-

---

1. Allusion à *l'Homme aux quarante écus*. (ÉD.)
2. Le prévôt des marchands était, depuis 1764, Armand-Jérôme Bignon. (ÉD.)
3. De *Tibère, ou les six premiers livres des Annales de Tacite*, par M. l'abbé de la Bletterie. Il n'y a rien contre Voltaire personnellement dans cette préface; mais on avait rapporté à Voltaire que La Bletterie avait imprimé que Voltaire avait oublié de se faire enterrer. Ce n'est pas du moins dans les trois volumes publiés en 1768. (*Note de M. Beuchot.*)

mencement de juillet les sept mille livres qu'il doit me faire compter tous les quartiers? Il faut que dans cette affaire, où j'ai eu tant de peines, je vous doive toutes les consolations.

Je vous fais mes compliments sur la belle entrée de M. de Rochechouart et du parlement d'Aix dans Avignon[1], sur les acclamations du peuple, sur les fleurs dont les filles jonchaient les rues. Jamais sacrilége n'a été plus gai et plus applaudi. Mandez-moi, je vous en prie, si Mme du Fresney est encore souveraine des lettres à Strasbourg, et si je puis m'adresser à elle pour vous faire tenir un petit paquet. Comment vont vos affaires? Êtes-vous content? Je vous embrasse bien fort.

V.

MMMMCCCXCVIII. — A M. LE MARÉCHAL DUC DE RICHELIEU.

A Ferney, 29 juin.

Vous conservez donc des bontés, monseigneur, pour ce vieux solitaire? Je les mets hardiment à l'épreuve. Je vous supplie, si vous pouvez disposer de quelques moments, de vouloir bien me dire ce que vous savez de la fortune qu'a laissée votre malheureux lieutenant général Lally, ou plutôt de la fortune que l'arrêt du parlement a enlevée à sa famille. J'ai les plus fortes raisons de m'en informer. Je sais seulement qu'outre les frais du procès, l'arrêt prend sur la confiscation cent mille écus pour les pauvres de Pondichéri; mais on m'assure qu'on ne put trouver cette somme. On me dit, d'un autre côté, qu'on trouva quinze cent mille francs chez son notaire, et deux millions chez un banquier, ce dont je doute beaucoup. Vous pourriez aisément ordonner à un de vos intendants de prendre connaissance de ce fait.

Je vous demande bien pardon de la liberté que je prends; mais vous savez combien j'aime la vérité, et vous pardonnez aux grandes passions. Je ne vous dirai rien de la sévérité de son arrêt. Vous avez sans doute lu tous les mémoires, et vous savez mieux que moi ce qu'il faut en penser.

Permettez-moi de vous parler d'une chose qui me regarde de plus près. Ma nièce m'a appris l'obligation que je vous ai d'avoir bien voulu parler de moi à M. l'archevêque de Paris. Autrefois il me faisait l'honneur de m'écrire; il n'a point répondu à une lettre que je lui ai adressée il y a trois semaines. Dans cet intervalle, le roi m'a fait écrire, par M. de Saint-Florentin, qu'il était très-mécontent que j'eusse monté en chaire dans ma paroisse, et que j'eusse prêché le jour de Pâques. Qui fut étonné? ce fut le révérend père Voltaire. J'étais malade; j'envoyai la lettre à mon curé, qui fut aussi étonné que moi de cette ridicule calomnie, qui avait été aux oreilles du roi. Il donna sur-le-champ un certificat qui atteste qu'en rendant le pain bénit, selon ma coutume, le jour de Pâques, je l'avertis, et tous ceux qui étaient dans le sanctuaire, qu'il fallait prier tous les dimanches pour la santé de la reine, dont on ignorait la maladie dans mes déserts; et que je dis aussi un mot touchant un vol qui venait de se commettre pendant le service divin.

1. Le 11 juin 1768. (ÉD.)

La même chose a été certifiée par l'aumônier du château et par un notaire, au nom de la communauté. J'ai envoyé le tout à M. de Saint-Florentin, en le conjurant de le montrer au roi, et ne doutant pas qu'il ne remplisse ce devoir de sa place et de l'humanité.

J'ai le malheur d'être un homme public, quoique enseveli dans le fond de ma retraite. Il y a longtemps que je suis accoutumé aux plaisanteries et aux impostures. Il est plaisant qu'un devoir que j'ai très-souvent rempli ait fait tant de bruit à Paris et à Versailles. Mme Denis doit se souvenir qu'elle a communié avec moi à Ferney[1], et qu'elle m'a vu communier à Colmar[2]. Je dois cet exemple à mon village, que j'ai augmenté des trois quarts; je le dois à la province entière, qui s'est empressée de me donner des attestations auxquelles la calomnie ne peut répondre.

Je sais qu'on m'impute plus de petites brochures contre des choses respectables que je n'en pourrais lire en deux ans; mais, Dieu merci, je ne m'occupe que du *Siècle de Louis XIV*; je l'ai augmenté d'un tiers.

La bataille de Fontenoy, le secours de Gênes, la prise de Minorque, ne sont pas oubliés; et je me console de la calomnie en rendant justice au mérite.

Je vous supplie de regarder le compte exact que j'ai pris la liberté de vous rendre, comme une marque de mon respectueux attachement. Le roi doit être persuadé que vous ne m'aimeriez pas un peu si je n'en étais pas digne. Mon cœur sera toujours pénétré de vos bontés pour le peu de temps qui me reste encore à vivre. Vous savez que rarement je peux écrire de ma main; agréez mon tendre et profond respect.

MMMMMCCCXCIX. — A M. LE CHEVALIER DE BOUFFLERS.

Plût au ciel qu'en effet j'eusse été votre père!
Cet honneur n'appartient qu'aux habitants des cieux
Non pas à tous encore : il est des demi-dieux
    Assez sots et très-ennuyeux,
    Indignes d'aimer et de plaire.
Le dieu des beaux esprits, le dieu qui nous éclaire,
    Ce dieu des beaux vers et du jour,
    Est celui qui fit l'amour
    A madame votre mère.
Vous tenez de tous deux; ce mélange est fort beau.
Vous avez (comme ont dit les saintes Écritures)
    Une personne et deux natures :
    De l'Apollon et du Beauvau.

Je suis tendrement dévoué à l'un et à l'autre. La Suisse est émer-

---

1. En 1761. (ÉD.)
2. Colini parle de cette communion de Colmar dans *Mon séjour auprès de Voltaire*, page 128 : « Je jetai, dit-il, un coup d'œil sur le maintien de Voltaire. Il présentait sa langue, et fixait ses yeux bien ouverts sur la physionomie du prêtre. Je connaissais ces yeux-là. » (ÉD.)

veillée de vous. Ferney pleure votre absence. Le bon homme vous regrette, vous aime, vous respecte infiniment.

MMMMMCD. — A M. SAURIN.

1er juillet.

Mon ancien ami, mon philosophe, mon faiseur de beaux vers, je vous remercie tendrement de votre *Béverley*. Le solitaire des Alpes vous a l'obligation d'avoir été ému pendant une grande heure. Il n'est pas ordinaire d'être touché si longtemps. De l'intérêt, de la vigueur, une foule de beaux vers; voilà votre ouvrage. Je n'ai point lu le *Béverley* anglais, mais je ferais *la gageure imprévue*[1] qu'il n'y a que de l'atrocité.

Au reste, j'ai été fort étonné que Mme Béverley ait reçu cent mille écus de Cadix; car, pour moi, je viens d'y perdre vingt mille écus, grâce à MM. Gilli, que probablement vous ne connaissez point.

Oui, sans doute, *multæ sunt mansiones in domo patris nostri*[2], et vous n'êtes pas mal logé. Je voudrais bien savoir ce qu'a dit ce maraud de Fréron, qui demeure dans la cave.

Savez-vous la petite espèce d'épigramme qu'un Lyonnais, lequel est bien loin d'être poëte, a faite, comme par inspiration, en feuilletant le *Tacite* de La Bletterie? Il était en colère de ne pouvoir lire le latin, qui est imprimé en pieds de mouche, et de ne lire que trop bien la traduction française. Voici les vers qu'il fit sur-le-champ :

> Un pédant, dont je tais le nom,
> En inlisible caractère
> Imprime un auteur qu'on révère,
> Tandis que sa traduction
> Aux yeux, du moins, a de quoi plaire.
> Le public est d'opinion
>   Qu'il eût dû faire
>   Tout le contraire.

Cela m'a paru naïf. Cet hypocrite insolent de La Bletterie est berné en province comme à Paris.

Que le bon Dieu bénisse ainsi tous les apostats qui sont trop orgueilleux! car cela n'est pas bien d'être fier.

MMMMMCDI. — A M. DE CHABANON.

4 juillet, par Lyon et Versoix.

Je devrais déjà, mon cher confrère, vous avoir parlé d'Hiéron, de Rhodien Diagoras, et de tous les beaux écarts de votre protégé Pindare. Je vois, Dieu merci, qu'il en était de ce temps-là comme du nôtre. On se plaignait de l'envie en Grèce, on s'en plaignait à Rome, et je m'en moque quelquefois en France; mais ce qui me fait plus de plaisir, c'est

---

1. Comédie de Sedaine. (ÉD.)
2. « In domo patris mei mansiones multæ sunt. » Jean, XIV, 2. (ÉD.)

que je vois dans vos vers énergie et harmonie. Ce n'est pas assez, mon cher ami, pour la muse tragique :

*Non satis est pulchra esse poemata; dulcia sunto,
Et quocumque volent animum auditoris agunto.*
Hor., de Art. poet., v. 99.

On dit que nous aurons des actrices l'année qui vient. Vous aurez tout le temps de mettre *Eudoxie* dans son cadre. Faites comme vous pourrez, mais je vous conjure de rendre Eudoxie prodigieusement intéressante, et de faire des vers qu'on retienne par cœur sans le vouloir. Ce diable de métier est horriblement difficile. Je suis tenté de jeter dans le feu tout ce que j'ai fait, quand je le relis : Jean Racine me désespère. Quel homme que ce Jean Racine ! comme il va au cœur tout droit !

Je suis un bien mauvais correspondant; les travaux et les maladies dont je suis accablé m'empêchent d'être exact, mais ne dérobent rien à la sensibilité avec laquelle je vous aimerai toute ma vie.

MMMMMCDII. — A M. PANCKOUCKE.
A Ferney, 9 juillet.

J'ai reçu, monsieur, votre beau présent. La Fontaine aurait connu la vanité, s'il avait vu cette magnifique édition[1]; c'est le luxe de la typographie. L'auteur ne posséda jamais la moitié de ce que son livre a coûté à imprimer et à graver. Si nous n'avions que cette édition, il n'y aurait que des princes, des fermiers généraux, et des archevêques, qui pussent lire les *Fables* de La Fontaine. Je vous remercie de tout mon cœur, et je souhaite que toutes vos grandes entreprises réussissent.

Vous m'apprenez que je donne beaucoup de ridicule à l'édition de notre ami Gabriel Cramer[2]; je vous assure que je n'en donne qu'à moi. Lorsque je considère tous ces énormes fatras que j'ai composés, je suis tenté de me cacher dessous, et je demeure tout honteux. L'ami Gabriel ne m'a pas trop consulté quand il a ramassé toutes mes sottises pour en faire une effroyable suite d'in-quarto. Je lui ai toujours dit qu'on n'allait pas à la postérité avec un aussi gros bagage. Tirez-vous-en comme vous pourrez. Je crierai toujours que le papier et le caractère sont beaux, que l'édition est très-correcte; mais vous ne la vendrez pas mieux pour cela. Il y a tant de vers et de prose dans le monde, qu'on en est las. On peut s'amuser de quelques pages de vers, mais les in-quarto de bénédictins effrayent.

Il est souvent arrivé que, quand j'avais la manie de faire des pièces de théâtre, et ayant, dans ces accès de folie, le bon sens de n'être jamais content de moi, toutes mes pièces ont été bigarrées de variantes; on m'a fait apercevoir que, de tant de manières différentes, l'éditeur

---

1. *Fables de La Fontaine*, 1755-59, 4 volumes in-folio, avec des figures d'Oudry. (ÉD.)
2. Il avait paru en 1768 sept volumes de l'édition in-4° des *Œuvres de Voltaire*. Les tomes VIII-XII portent le millésime 1769. La collection a quarante-cinq volumes. (ÉD.)

a choisi la pire. Par exemple, dans *Oreste*, la dernière scène ne vaut pas, à beaucoup près, celle qui est imprimée chez Duchesne; et quoique cette édition de Duchesne ne vaille pas le diable, il fallait s'en rapporter à elle dans cette occasion. Il peut arriver par hasard qu'on joue *Oreste*; il peut arriver que quelque curieux qui aura l'in-quarto soit tout étonné de voir cette scène toute différente de l'imprimé, et qu'il donne alors à tous les diables l'édition, l'éditeur, et l'auteur.

On pourrait du moins remédier à ce défaut; il ne s'agirait que de réimprimer une page.

Le Suisse qui imprime pour mon ami Gabriel s'est avisé, dans *Alzire*, de mettre :
        Le bonheur m'aveugla, l'*amour* m'a détrompé,
au lieu de
        Le bonheur m'aveugla, la mort m'a détrompé.

Cette pagnoterie fait rire. Il y a longtemps qu'on rit à mes dépens; mais, par ma foi, je l'ai bien rendu.

Je ne puis rien vous dire des estampes, je ne les ai point encore vues, et j'aime mieux les beaux vers que les belles gravures. Je vous aime encore plus que tout cela, car vous êtes fort aimables, vous et madame votre épouse.

Je vous souhaite toutes sortes de prospérités.

MMMMMCDIII. — A MADAME LA MARQUISE DU DEFFAND.
13 juillet.

Vous me donnez un thème, madame, et je vais le remplir; car vous savez que je ne peux écrire pour écrire : c'est perdre son temps et le faire perdre aux autres. Je vous suis attaché depuis quarante-cinq ans. J'aime passionnément à m'entretenir avec vous; mais, encore une fois, il faut un sujet de conversation.

Je vous remercie d'abord de *Cornélie vestale*[1]. Je me souviens de l'avoir vu jouer, il y a plus de cinquante ans; puisse l'auteur la voir représenter encore dans cinquante ans d'ici ! mais malheureusement ses ouvrages dureront plus que lui; c'est la seule vérité triste qu'on puisse lui dire.

Saint ou profane, dites-vous, madame. Hélas ! je ne suis ni dévot ni impie; je suis un solitaire, un cultivateur enterré dans un pays barbare. Beaucoup d'hommes à Paris ressemblent à des singes; ici ils sont des ours. J'évite, autant que je peux, les uns et les autres; et cependant les dents et les griffes de la persécution se sont allongées jusque dans ma retraite; on a voulu empoisonner mes derniers jours. Ne vous acquittez pas d'un usage prescrit, vous êtes un monstre d'athéisme; acquittez-vous-en, vous êtes un monstre d'hypocrisie. Telle est la logique de l'envie et de la calomnie. Mais le roi, qui certainement n'est jaloux ni de mes mauvais vers ni de ma mauvaise prose, n'en croira

---

[1]. Tragédie du président Hénault, jouée en 1713 sur le Théâtre-Français, sous le nom de Fuzelier; imprimée en 1768, dans l'imprimerie d'Horace Walpole; et en 1769 à Paris, in-8°. (*Note de M. Beuchot.*)

pas ceux qui veulent m'immoler à leur rage. Il ne se servira pas de son pouvoir pour expatrier, dans sa soixante-quinzième année, un malade qui n'a fait que du bien dans le pays sauvage qu'il habite.

Oui, madame, je sais très-bien que le janséniste La Bletterie demande la protection de M. le duc de Choiseul; mais je sais aussi qu'il m'a insulté dans les notes de sa ridicule traduction de *Tacite*. Je n'ai jamais attaqué personne, mais je puis me défendre. C'est le comble de l'insolence janséniste que ce prêtre m'attaque, et trouve mauvais que je le sente. D'ailleurs, s'il demande l'aumône dans la rue à M. le duc de Choiseul, pourquoi me dit-il des injures en passant, à moi pour qui M. le duc de Choiseul a eu de la bonté avant de savoir que La Bletterie existât? Il dit dans sa préface que Tacite et lui ne pouvaient se quitter; il faut apprendre à ce capelan que Tacite n'aimait pas la mauvaise compagnie.

On croira que je suis devenu dévot, car je ne pardonne point; mais à qui refusé-je grâce? c'est aux méchants, c'est aux insolents calomniateurs. La Bletterie est de ce nombre. Il m'impute les ouvrages hardis dont vous me parlez, et que je ne connais ni ne veux connaître. Il s'est mis au rang de mes persécuteurs les plus acharnés.

Quant aux petites pièces innocentes et gaies dont vous me parlez, s'il m'en tombait quelqu'une entre les mains, dans ma profonde retraite, je vous les enverrai sans doute; mais par qui, et comment? et si on vous les lit devant le monde, est-il bien sûr que ce monde ne les envenimera pas? la société à Paris a-t-elle d'autres aliments que la médisance, la plaisanterie, et la malignité? ne s'y fait-on pas un jeu, dans son oisiveté, de déchirer tous ceux dont on parle? y a-t-il une autre ressource contre l'ennui actif et passif dont votre inutile beau monde est accablé sans cesse? Si vous n'étiez pas plongée dans l'horrible malheur d'avoir perdu les yeux (seul malheur que je redoute), je vous dirais: « Lisez, et méprisez; allez au spectacle, et jugez; jouissez des beautés de la nature et de l'art. » Je vous plains tous les jours, madame; je voudrais contribuer à vos consolations. Que ne vous entendez-vous avec Mme la duchesse de Choiseul pour vous amuser des bagatelles que vous désirez? Mais il faut alors que vous soyez seules ensemble; il faut qu'elle me donne des ordres très-positifs, et que je sois à l'abri du poison de la crainte, qui glace le sang dans des veines usées. Montrez-lui ma lettre, je vous en supplie; je sais qu'elle a, outre les grâces, justesse dans l'esprit et justice dans le cœur; je m'en rapporterai entièrement à elle.

Adieu, madame; je vous respecte et je vous aime autant que je vous plains, et je vous aimerai jusqu'au dernier moment de notre courte et misérable durée.

MMMMMCDIV. — A M. Horace Walpole.

A Ferney, le 15 juillet.

Monsieur, il y a quarante ans que je n'ose plus parler anglais, et vous parlez notre langue très-bien. J'ai vu des lettres de vous, écrites comme vous pensez. D'ailleurs mon âge et mes maladies ne me permettent pas d'écrire de ma main. Vous aurez donc mes remercîments dans ma langue.

Je viens de lire la préface de votre *Histoire de Richard III*, elle me paraît trop courte. Quand on a si visiblement raison, et qu'on joint à ses connaissances une philosophie si ferme et un style si mâle, je voudrais qu'on me parlât plus longtemps. Votre père était un grand ministre et un bon orateur, mais je doute qu'il eût pu écrire comme vous. Vous ne pouvez pas dire : *Quia pater major me est* [1].

J'ai toujours pensé comme vous, monsieur, qu'il faut se défier de toutes les histoires anciennes. Fontenelle, le seul homme du siècle de Louis XIV qui fût à la fois poëte, philosophe, et savant, disait qu'elles étaient *des fables convenues* ; et il faut avouer que Rollin a trop compilé de chimères et de contradictions.

Après avoir lu la préface de votre histoire, j'ai lu celle de votre roman [2]. Vous vous y moquez un peu de moi : les Français entendent raillerie ; mais je vais vous répondre sérieusement.

Vous avez presque fait accroire à votre nation que je méprise Shakspeare. Je suis le premier qui aie fait connaître Shakspeare aux Français ; j'en traduisis des passages, il y a quarante ans [3], ainsi que de Milton, de Waller, de Rochester, de Dryden, et de Pope. Je peux vous assurer qu'avant moi personne en France ne connaissait la poésie anglaise ; à peine avait-on entendu parler de Locke. J'ai été persécuté pendant trente ans par une nuée de fanatiques, pour avoir dit que Locke est l'Hercule de la métaphysique, qui a posé les bornes de l'esprit humain.

Ma destinée a encore voulu que je fusse le premier qui aie expliqué à mes concitoyens les découvertes du grand Newton, que quelques personnes parmi nous appellent encore des *systèmes*. J'ai été votre apôtre et votre martyr : en vérité, il n'est pas juste que les Anglais se plaignent de moi.

J'avais dit, il y a très-longtemps, que si Shakspeare était venu dans le siècle d'Addison, il aurait joint à son génie l'élégance et la pureté qui rendent Addison recommandable. J'avais dit *que son génie était à lui, et que ses fautes étaient à son siècle*. Il est précisément, à mon avis, comme le Lope de Vega des Espagnols, et comme le Calderon. C'est une belle nature, mais bien sauvage ; nulle régularité, nulle bienséance, nul art, de la bassesse avec de la grandeur, de la bouffonnerie avec du terrible : c'est le chaos de la tragédie, dans lequel il y a cent traits de lumière.

Les Italiens, qui restaurèrent la tragédie un siècle avant les Anglais et les Espagnols, ne sont point tombés dans ce défaut ; ils ont mieux imité les Grecs. Il n'y a point de bouffons dans l'*Œdipe* et dans l'*Électre* de Sophocle. Je soupçonne fort que cette grossièreté eut son origine dans nos *fous de cour*. Nous étions un peu barbares tous tant que nous sommes en deçà des Alpes. Chaque prince avait son *fou* en titre d'of-

---

1. Jean, XIV, 28. (ÉD.) — 2. *Le Château d'Otrante*. (ÉD.)
3. Dans les *Lettres philosophiques*. (ÉD.)

fice. Des rois ignorants, élevés par des ignorants, ne pouvaient connaître les plaisirs nobles de l'esprit : ils dégradèrent la nature humaine au point de payer des gens pour leur dire des sottises. De là vint notre *Mère sotte*; et, avant Molière, il y avait toujours un fou de cour dans presque toutes les comédies : cette mode est abominable.

J'ai dit, il est vrai, monsieur, ainsi que vous le rapportez, qu'il y a des comédies sérieuses, telles que *le Misanthrope*, lesquelles sont des chefs-d'œuvre; qu'il y en a de très-plaisantes, comme *George Dandin*; que la plaisanterie, le sérieux, l'attendrissement, peuvent très-bien s'accorder dans la même comédie. J'ai dit que tous les genres sont bons, hors le genre ennuyeux[1]. Oui, monsieur; mais la grossièreté n'est point un genre. *Il y a beaucoup de logements dans la maison de mon père;* mais je n'ai pas prétendu qu'il fût honnête de loger dans la même chambre Charles-Quint et don Japhet d'Arménie, Auguste et un matelot ivre, Marc Aurèle et un bouffon des rues. Il me semble qu'Horace pensait ainsi dans le plus beau des siècles : consultez son *Art poétique*. Toute l'Europe éclairée pense de même aujourd'hui; et les Espagnols commencent à se défaire à la fois du mauvais goût comme de l'inquisition; car le bon esprit proscrit également l'un et l'autre.

Vous sentez si bien, monsieur, à quel point le trivial et le bas défigurent la tragédie, que vous reprochez à Racine de faire dire à Antiochus, dans *Bérénice:*

> De son appartement cette porte est prochaine,
> Et cette autre conduit dans celui de la reine.

Ce ne sont pas là certainement des vers héroïques; mais ayez la bonté d'observer qu'ils sont dans une scène d'exposition, laquelle doit être simple. Ce n'est pas là une beauté de poésie, mais c'est une beauté d'exactitude qui fixe le lieu de la scène, qui met tout d'un coup le spectateur au fait, et qui l'avertit que tous les personnages paraîtront dans ce cabinet, lequel est commun aux autres appartements; sans quoi il ne serait point vraisemblable que Titus, Bérénice et Antiochus parlassent toujours dans la même chambre.

> Que le lieu de la scène y soit fixe et marqué,

dit le sage Despréaux, l'oracle du bon goût, dans son *Art poétique*, égal pour le moins à celui d'Horace. Notre excellent Racine n'a presque jamais manqué à cette règle; et c'est une chose digne d'admiration qu'Athalie paraisse dans le temple des Juifs, et dans la même place où l'on a vu le grand prêtre, sans choquer en rien la vraisemblance.

Vous pardonnerez encore plus, monsieur, à l'illustre Racine, quand vous vous souviendrez que la pièce de *Bérénice* était en quelque façon l'histoire de Louis XIV et de votre princesse anglaise, sœur de Charles second. Ils logeaient tous deux de plain-pied à Saint-Germain, et un salon séparait leurs appartements.

Je remarquerai en passant que Racine fit jouer sur le théâtre les amours

---

[1] Dans la préface de *l'Enfant prodigue*. (ÉD.)

de Louis XIV avec sa belle-sœur, et que ce monarque lui en sut très-bon gré : un sot tyran aurait pu le punir. Je remarquerai encore que cette Bérénice si tendre, si délicate, si désintéressée, à qui Racine prétend que Titus devait toutes ses vertus, et qui fut sur le point d'être impératrice, n'était qu'une Juive insolente et débauchée, qui couchait publiquement avec son frère Agrippa second. Juvénal l'appelle barbare incestueuse. J'observe, en troisième lieu, qu'elle avait quarante-quatre ans quand Titus la renvoya. Ma quatrième remarque, c'est qu'il est parlé de cette maîtresse juive de Titus dans les *Actes des Apôtres*[1]. Elle était encore jeune lorsqu'elle vint, selon l'auteur des *Actes*, voir le gouverneur de Judée Festus, et lorsque Paul, étant accusé d'avoir souillé le temple, se défendait en soutenant qu'il était toujours bon pharisien. Mais laissons là le pharisianisme de Paul et les galanteries de Bérénice. Revenons aux règles du théâtre, qui sont plus intéressantes pour les gens de lettres.

Vous n'observez, vous autres libres Bretons, ni *unité de lieu*, ni *unité de temps*, ni *unité d'action*. En vérité, vous n'en faites pas mieux ; la vraisemblance doit être comptée pour quelque chose. L'art en devient plus difficile, et les difficultés vaincues donnent en tout genre du plaisir et de la gloire.

Permettez-moi, tout Anglais que vous êtes, de prendre un peu le parti de ma nation. Je lui dis si souvent ses vérités, qu'il est bien juste que je la caresse quand je crois qu'elle a raison. Oui, monsieur, j'ai cru, je crois, et je croirai que Paris est très-supérieur à Athènes en fait de tragédies et de comédies. Molière, et même Regnard, me paraissent l'emporter sur Aristophane, autant que Démosthène l'emporte sur nos avocats. Je vous dirai hardiment que toutes les tragédies grecques me paraissent des ouvrages d'écoliers, en comparaison des *sublimes scènes* de Corneille, et des *parfaites tragédies* de Racine. C'était ainsi que pensait Boileau lui-même, tout admirateur des anciens qu'il était. Il n'a fait nulle difficulté d'écrire au bas du portrait de Racine que ce grand homme avait surpassé Euripide, et balancé Corneille[2].

Oui, je crois démontrer qu'il y a beaucoup plus d'hommes de goût à Paris que dans Athènes. Nous avons plus de trente mille âmes à Paris qui se plaisent aux beaux-arts, et Athènes n'en avait pas dix mille ; le bas peuple d'Athènes entrait au spectacle, et il n'y entre pas chez nous, excepté qu'on lui donne un spectacle gratis, dans des occasions solennelles ou ridicules. Notre commerce continuel avec les femmes a mis dans nos sentiments beaucoup plus de délicatesse, plus de bienséance dans nos mœurs, et plus de finesse dans notre goût. Laissez-nous notre théâtre, laissez aux Italiens leurs *favole boscareccie* ; vous êtes assez riches d'ailleurs.

De très-mauvaises pièces, il est vrai, ridiculement intriguées, barbarement écrites, ont pendant quelque temps à Paris des succès prodigieux, soutenus par la cabale, l'esprit de parti, la mode, la protection

---

1. Chapitres xxv et xxvi. (ÉD.)
2. C'est le dernier vers du quatrain de Boileau pour le portrait de J. Racine. (ÉD.)

passagère de quelques personnes accréditées. C'est l'ivresse du moment; mais en très-peu d'années l'illusion se dissipe. *Don Japhet d'Arménie* et *Jodelet*[1] sont renvoyés à la populace, et *le Siége de Calais*[2] n'est plus estimé qu'à Calais.

Il faut que je vous dise encore un mot sur la rime que vous nous reprochez. Presque toutes les pièces de Dryden sont rimées; c'est une difficulté de plus. Les vers qu'on retient de lui, et que tout le monde cite, sont rimés : et je soutiens encore que *Cinna*, *Athalie*, *Phèdre*, *Iphigénie*, étant rimées, quiconque voudrait secouer ce joug, en France, serait regardé comme un artiste faible qui n'aurait pas la force de le porter.

En qualité de vieillard, je vous dirai une anecdote. Je demandais un jour à Pope pourquoi Milton n'avait pas rimé son poëme, dans le temps que les autres poëtes rimaient leurs poëmes, à l'imitation des Italiens; il me répondit : *Because he could not*.

Je vous ai dit, monsieur, tout ce que j'avais sur le cœur. J'avoue que j'ai fait une grosse faute, en ne faisant pas attention que le comte Leicester s'était d'abord appelé Dudley; mais, si vous avez la fantaisie d'entrer dans la chambre des pairs et de changer de nom, je me souviendrai toujours du nom de Walpole avec l'estime la plus respectueuse.

Avant le départ de ma lettre, j'ai eu le temps, monsieur, de lire votre *Richard III*. Vous seriez un excellent *attorney general*. Vous pesez toutes les probabilités; mais il paraît que vous avez une inclination secrète pour ce bossu. Vous voulez qu'il ait été beau garçon, et même galant homme. Le bénédictin Calmet a fait une dissertation pour prouver que Jésus-Christ avait un fort beau visage. Je veux croire avec vous que Richard III n'était ni si laid ni si méchant qu'on le dit; mais je n'aurais pas voulu avoir affaire à lui. Votre *rose blanche* et votre *rose rouge* avaient de terribles épines pour la nation.

> Those gracious kings are all a pack of rogues.

En vérité, en lisant l'histoire des York, des Lancastre, et de bien d'autres, on croit lire l'histoire des voleurs de grands chemins. Pour votre Henri VII, il n'était qu'un coupeur de bourse, etc.

Je suis avec respect, etc.

MMMMMCDV. — A MADAME LA DUCHESSE DE CHOISEUL.

15 juillet.

La femme du protecteur est protectrice, la femme du ministre de la France pourra prendre le parti des Français contre les Anglais, avec qui je suis en guerre. Daignez juger, madame, entre M. Walpole et moi. Il m'a envoyé ses ouvrages, dans lesquels il justifie le tyran Richard III, dont ni vous, ni moi, ne nous soucions guère; mais il donne la préférence à son grossier bouffon Shakspeare sur Racine et sur Corneille, et c'est de quoi je me soucie beaucoup.

1. *Comédies* de Scarron. (ÉD.) — 2. Tragédie de de Belloy. (ÉD.)

Je ne sais par quelle voie M. Walpole m'a envoyé sa déclaration de guerre; il faut que ce soit par M. le duc de Choiseul, car elle est très-spirituelle et très-polie. Si vous voulez, madame, être médiatrice de la paix, il ne tient qu'à vous. J'en passerai par ce que vous ordonnerez. Je vous supplie d'être juge du combat. Je prends la liberté de vous envoyer ma réponse. Si vous la trouvez raisonnable, permettez que je prenne encore une autre liberté; c'est de vous supplier de lui faire parvenir ma lettre, soit par la poste, soit par M. le comte du Châtelet.

Vous me trouverez bien hardi; mais vous pardonnerez à un vieux soldat qui combat pour sa patrie, et qui, s'il a du goût, aura combattu sous vos ordres.

MMMMMCDVI. -- A M. LE COMTE DE MILLY, LIEUTENANT-COLONEL D'INFANTERIE.

A Ferney, 20 juillet.

Il y a un mois, monsieur, que je vous dois des remercîments de la lettre dont vous m'avez honoré, si ma vieillesse et mes maladies, qui la rendent très-décrépite, me l'avaient permis. Je vois avec un grand plaisir que vous joignez l'étude des lettres à celle de la guerre, et que vous rendez l'une et l'autre encore plus respectables par la plus saine morale. Quoique je sois très-touché, monsieur, des choses obligeantes que vous me dites, je le suis encore plus de votre philosophie humaine. Il est vrai que j'ai eu l'inadvertance condamnable d'oublier le P. Reyneau de l'Oratoire. Je vous suis obligé de m'avoir fait apercevoir de ma faute. Je vais la réparer dans une nouvelle édition que l'on fait du *Siècle de Louis XIV* et du *Siècle de Louis XV*. Pardonnez, monsieur, à mon triste état, qui a retardé si longtemps les témoignages de tous les sentiments respectueux avec lesquels j'ai l'honneur d'être, etc.

MMMMMCDVII. — A M. LE COMTE D'ARGENTAL.

27 juillet.

Vous savez, mon cher ange, que vos ordres me sont sacrés, et que le souffleur de la Comédie aura son petit recueil, si la douane des pensées le permet. J'ai adressé le paquet à Briasson le libraire, et l'ai prié de le faire rendre audit souffleur. Le succès de cette affaire dépend de la chambre syndicale. Vous savez que j'ai peu de crédit dans ce monde. J'espère en avoir un peu plus dans l'autre, grâce aux bons exemples que je donne.

Je ne suis pas revenu de ma surprise, quand on m'a appris que ce fanatique imbécile d'évêque d'Annecy, soi-disant évêque de Genève, fils d'un très-mauvais maçon, avait envoyé au roi ses lettres et mes réponses. Ces réponses sont d'un Père de l'Église qui instruit un sot. Je ne sais si vous savez que cet animal-là a encore sur sa friperie un décret de prise de corps du parlement de Paris, qu'il s'attira quand il était porte-Dieu à la Sainte-Chapelle basse. En tout cas, je suis très-bien avec mon curé, j'édifie mon peuple; tout le monde est content de moi, hors les filles.

Que Dieu vous ait en sa sainte garde, mes chers anges! Je ne sais pas ce que c'est que la vie éternelle, mais celle-ci est une mauvaise plaisanterie.

A propos, j'ai coupé la tête à des colimaçons[1] : leur tête est revenue au bout de quinze jours, le tonnerre les a tués ; dites à vos savants qu'ils m'expliquent cela.

MMMMMCDVIII. — A M. ***.

A Ferney, 27 juillet.

Ne jugez pas, monsieur, de ma sensibilité par le délai de ma réponse. Je suis quelquefois un malade assez gai ; mais quand mes souffrances redoublent, il n'y a plus moyen de badiner avec son vaisseau, ni de remercier aussitôt qu'on le voudrait ceux qui, comme vous, veulent bien lui souhaiter un bon voyage.

Je suis vieux : je fais quelques gambades sur le bord de mon tombeau, mais je ne peux pas toujours remplir mes devoirs ; c'en est un pour moi de vous dire combien vos vers sont agréables, et à quel point j'en suis reconnaissant.

J'ai l'honneur d'être, monsieur, votre dévoué serviteur, DE VOLTAIRE.

MMMMMCDIX. — A MADAME LA MARQUISE DU DEFFAND.

30 juillet.

Voici des thèmes, Dieu merci, madame. Vous savez que mon imagination est stérile quand elle n'est pas portée par un sujet, et que, malgré mon attachement de plus de quarante années, je suis muet quand on ne m'interroge pas. Je suis un vieux Polichinelle qui a besoin d'un compère.

Vous me dites que le président est à plaindre d'avoir quatre-vingts ans ; ce sont ses amis qui sont à plaindre. D'ailleurs pensez-vous que soixante-quinze ans, avec des maladies continuelles, et des tracasseries plus tristes encore, ne vaillent pas bien quatre-vingts ans ? Nous sommes tous à plaindre, madame ; il faut faire contre nature bon cœur.

Vous me parlez du janséniste ou de l'ex-janséniste La Bletterie : je suis son serviteur. Il logeait autrefois chez ma nièce Florian, et ne cessait de dire du mal de moi. Il imprime aujourd'hui que j'ai oublié de me faire enterrer ; ce tour est neuf, agréable, et très-bien placé dans une traduction de *Tacite*. Ai-je eu tort de lui prouver que je suis encore en vie ? On m'a écrit que, dans une autre note aussi honnête, il se contredit ; il veut qu'on m'enterre à la façon de Mlle Le Couvreur et de Boindin. Vous m'avouerez que, pour peu qu'on ait du goût pour les obsèques, on ne tient point à ces bonnes plaisanteries.

Sérieusement, je ne vous comprends pas, et je ne retrouve ni votre amitié, ni votre équité, quand vous me dites que je devais me laisser insulter par un homme qui a dédié une traduction à M. le duc de Choiseul. Je crois M. le duc de Choiseul et votre grand'mère trop justes pour m'immoler à La Bletterie. Vous m'affligez sensiblement.

1. *Les Colimaçons* du R. P. L'Escarbotier. (Éd.)

Je n'aime ni la traduction de *Tacite*, ni *Tacite* même comme historien. Je regarde Tacite comme un fanatique petillant d'esprit, connaissant les hommes et les cours, disant des choses fortes en peu de paroles, flétrissant en deux mots un empereur jusqu'à la dernière postérité. Mais je suis curieux, je voudrais connaître les droits du sénat, les forces de l'empire, le nombre des citoyens, la forme du gouvernement, les mœurs, les usages : je ne trouve rien de tout cela dans *Tacite*; il m'amuse, et *Tite Live* m'instruit. Il y a d'ailleurs dans *Tacite* ni ordre ni dates; le président m'a accoutumé à ces deux choses essentielles.

M. Walpole est d'une autre espèce que La Bletterie. On fait la guerre honnêtement contre des capitaines qui ont de l'honneur ; mais, pour les pirates, on les pend au mât de son vaisseau.

J'adresserai à votre grand'mère ce que je pourrai faire venir de Hollande. Je sais qu'elle est un très-honnête homme. Je compte d'ailleurs sur sa protection, autant que je suis charmé de son esprit juste et délicat. Sans justesse d'esprit, il n'y a rien.

Souvenez-vous toujours, madame, que lorsque je cherche et que j'envoie ces bagatelles pour vous amuser, je vous conjure, au nom de l'amitié dont vous m'honorez depuis longtemps, de ne les confier qu'à des personnes dont vous soyez aussi sûre que de vous-même, et de ne pas prononcer mon nom. Il y a des gens qui diraient à peu près comme le curé de La Fontaine :

Autant vaut l'avoir *fait* que de *vous l'envoyer*.

Je ne fais rien que mes moissons, et le *Siècle de Louis XIV*, que je pousse jusqu'à 1764. J'y rends justice à tous ceux qui ont servi la patrie, en quelque genre que ce puisse être, à tous ceux qui ont été Français, et non Welches. Je ne suis ni satirique ni flatteur; je dis hardiment la vérité.

Voilà mes seules occupations. Je n'en suis pas moins persécuté par des fanatiques; mais heureusement le fanatisme est sur son déclin, d'un bout de l'Europe à l'autre. La révolution qui s'est faite depuis vingt ans dans l'esprit humain est un phénomène plus admirable et plus utile que les têtes qui reviennent aux limaçons.

A propos, madame, le fait est vrai ; j'en ai fait l'expérience; j'ai eu peine à en croire mes yeux. J'ai vu des limaçons à qui j'avais coupé le cou manger au bout de trois semaines. Saint-Denis porta sa tête, comme vous savez, mais il ne mangea pas.

Adieu, madame; conservez la vôtre. Hélas ! il revient des yeux aux limaçons. Adieu, encore une fois. Que je vous plains ! que je vous aime ! que la vie est courte et triste !

MMMMMCDX. — A M. Bouret.

A Ferney, le 13 auguste.

Monsieur, M. Marmontel, votre ami et le mien, vous a dit sans doute, ou vous dira combien notre langue répugne au style lapidaire, à cause de ses verbes auxiliaires et de ses articles. Il vous dira qu'une épigraphe en vers est encore plus difficile, et que de cent il n'y en a pas une de passable, excepté celles qui sont en style burlesque : tant le génie de la nation est tourné à la plaisanterie !

Il est triste d'emprunter deux vers d'un ancien auteur latin pour Louis XV. Répéter ce que les autres ont dit, c'est ne savoir que dire; de plus, le roi viendra chez vous; il verra votre statue, et n'entendra pas l'inscription. Si quelque savant duc et pair lui dit que cela signifie qu'on souhaite qu'il vive longtemps, on avouera que la pensée n'en est ni neuve ni fine.

Il y a bien pis : si j'ai la hardiesse de vous faire une inscription en vers pour la statue du roi, il faut rencontrer votre goût, il faut rencontrer celui de vos amis; et vous savez que la première idée qui vient à tout convive, soit à table, soit en digérant, c'est de trouver détestable tout ce qu'on nous présente, à moins que ce ne soit d'excellent vin de Tokai. Les choses se passaient ainsi de mon temps, et je doute que les Français se soient corrigés.

Je ne vous enverrai donc point de vers pour le roi. Le temps des vers est passé chez la nation, et surtout chez moi. Tout ce que je vous dirai, c'est que si j'étais encore officier de la chambre du roi, si j'avais posé sa statue de marbre sur un beau piédestal, s'il venait voir sa statue, il verrait au bas ces quatre petits vers-ci, qui ne valent rien, mais qui exprimeraient que c'est un de ses domestiques qui a érigé cette statue, qu'on aime beaucoup celui qu'elle représente, et qu'on craint de choquer son indifférente modestie :

> Qu'il est doux de servir ce maître,
> Et qu'il est juste de l'aimer !
> Mais gardons-nous de le nommer;
> Lui seul pourrait s'y méconnaître.

Je sais bien que les beaux esprits ne trouveraient pas ces vers assez pompeux; et en effet je ne les ferais pas graver dans une place publique; mais je les trouverais très-convenables dans ma maison. Ils le seraient pour moi, ils le seraient pour l'objet de mon quatrain. Cela me suffirait; et les critiques auraient beau dire, mon quatrain subsisterait.

Mais ce que je ferais dans mon petit salon de vingt-quatre pieds, vous ne le ferez pas dans votre salon de cent pieds.

> Mes vers trop familiers seront vus de travers,
> Et pour les grands salons il faut de plus grands vers.

Quoi qu'il en soit, *ognuno faccia secondo il suo cervello*. Je vous réponds que si jamais le roi passe par ma chaumière, et s'il trouve sa statue, il n'y lira pas d'autres vers au bas. J'aurais pu lui donner, comme un autre, de l'héroïque, et *du plus grand roi du monde*, et *de la terre et de l'onde*, par le nez ; mais Dieu m'en préserve, et lui aussi !

Mais, si j'étais à votre place, voici comme je m'y prendrais : je collerais du papier sur mon piédestal, et j'y mettrais, le jour de l'arrivée du roi :

> Juste, simple, modeste, au-dessus des grandeurs,
> Au-dessus de l'éloge, il ne veut que nos cœurs.
> Qui fit ces vers dictés par la reconnaissance?
> Est-ce Bouret? Non, c'est la France.

Le roi aurait le plaisir de la surprise. Enfin, si j'étais Louis XV, je serais plus content de ce quatrain que de l'autre. Mais, je vous le répète, il y a des courtisans qui ne sont jamais contents de rien.

Le résultat de tout ceci, monsieur, c'est que vous n'aurez point de vers de moi pour votre statue; mais je vous aime de tout mon cœur, et cela vaut mieux que des vers. Je vous supplie de dire à M. de La Borde combien je lui suis attaché, et combien mon cœur est plein de ses bontés. Si j'avais son portrait, il aurait une statue dans mon petit salon.

> Avec tous les talents le destin l'a fait naître;
> Il fait tous les plaisirs de la société :
> Il est né pour la liberté,
> Mais il aime bien mieux son maître.

J'ai l'honneur d'être, etc

MMMMMCDXI. — A M. LE COMTE D'ARGENTAL.

14 auguste.

J'ai reçu une lettre véritablement angélique du 4 d'auguste, que les Welches appellent août. Mais voici bien une autre facétie : il vint chez moi, le 1er d'auguste, un jeune homme fort maigre, et qui avait quelque feu dans deux yeux noirs. Il me dit qu'il était possédé du diable; que plusieurs personnes de sa connaissance en avaient été possédées aussi; qu'elles avaient mis sur le théâtre les Américains, les Chinois, les Scythes, les Illinois, les Suisses, et qu'il y voulait mettre les *Guèbres*. Il me demanda un profond secret; je lui dis que je n'en parlerais qu'à vous, et vous jugez bien qu'il y consentit.

Je fus tout étonné qu'au bout de douze jours le jeune possédé m'apportât son ouvrage. Je vous avoue qu'il m'a fait verser des larmes, mais aussi il m'a fait craindre la police. Je serais très-fâché, pour l'édification publique, que la pièce ne fût pas représentée. Elle est dans un goût tout à fait nouveau, quoiqu'on semble avoir épuisé les nouveautés.

Il y a un empereur, un jardinier, un colonel, un lieutenant d'infanterie, un soldat, des prêtres païens, et une petite fille tout à fait aimable.

J'ai dit au jeune homme avec naïveté que je trouvais sa pièce fort supérieure à *Alzire*, qu'il y a plus d'intérêt et plus d'intrigue; mais que je tremble pour les allusions, pour les belles allégories que font toujours messieurs du parterre; qu'il se trouvera quelque plaisant qui prendra les prêtres païens pour des jésuites ou pour des inquisiteurs d'Espagne; que c'est une affaire fort délicate, et qui demandera toute la bonté, toute la dextérité de mes anges.

Le possédé m'a répondu qu'il s'en rapportait entièrement à eux, qu'il allait faire copier sa pièce, qu'il l'intitule *tragédie plus que bourgeoise*; que si on ne peut pas la faire massacrer par les comédiens de Paris, il la fera massacrer par quelque libraire de Genève. Il est fou de sa pièce, parce qu'elle ne ressemble à rien du tout, dans un temps où presque toutes les pièces se ressemblent. J'ai tâché de le calmer; je lui ai dit qu'étant malade comme il est, il se tue avec ses *Guèbres*; qu'il fallait plutôt y mettre douze mois que douze jours; je lui ai conseillé des bouillons rafraîchissants.

Quoi qu'il en soit, je vous enverrai ces *Guèbres* par M. l'abbé Arnaud, à moins que vous ne me donniez une autre adresse.

Une autre fois, mon cher ange, je vous parlerai de Ferney; c'est une bagatelle, et je ne ferai sur cela que ce que mes anges et Mme Denis voudront. Si Mme Denis est encore à Paris quand *les Guèbres* arriveront, je vous prierai de la mettre dans le secret.

Bon! ne voilà-t-il pas mon endiablé qui m'apporte sa pièce brochée et copiée! Je l'envoie à M. l'abbé Arnaud avec une sous-enveloppe. S'il arrivait un malheur, les anges pourraient se servir de toute leur autorité pour avoir leur paquet.

Si ce paquet arrive à bon port, je les aurai du moins amusés pendant une heure; et en vérité c'est beaucoup par le temps qui court.

MMMMCDXII. — A M. Hennin.

A Ferney, 15 auguste.

A propos, monsieur, on dit que vous avez été dîner au château d'Annemasse. Est-ce que vous voulez l'acheter? Vous me feriez plaisir. Mais n'auriez-vous pas vu là un M. de Foncet, un président, qui prétend arranger l'hoirie, et peut-être acheter la terre en payant les créanciers? S'il y a quelque chose sur le tapis, soyez assez bon pour m'en faire confidence. Je suis facile en affaires; et d'ordinaire, quand on me rend les trois quarts et même la moitié de l'argent que j'ai prêté, je crois avoir fait un excellent marché.

On dit que celui du roi de Pologne n'est pas si bon que les miens. S'il jouissait en paix de la moitié de son royaume, je ne le croirais pas encore aussi heureux que moi, à moins qu'il ne digère, chose à laquelle j'ai renoncé. Aimez toujours un peu le solitaire de Ferney; vous ne l'aimerez pas longtemps.

MMMMCDXIII. — Au même.

A Ferney, 18 auguste.

Je ne vous ai point du tout prié, monsieur, de mettre auguste à la place d'août[1], comme en usent tous les peuples de l'Europe, excepté les Welches. Mais je vous prie de croire que j'ai l'hypothèque la plus assurée sur la terre d'Annemasse, attendu que j'ai prêté expressément

---

1. La lettre de Hennin à laquelle répond celle de Voltaire était ainsi datée : « Le 15, qui n'est pas plus auguste que le 16.

« Août peut être barbare comme pain; mais il est seul pour signifier un de nos mois, et auguste a déjà, ce me semble, assez d'étendue. Pardon; c'est peut-être la seule chose en quoi je ne pense pas comme vous. » (Éd.)

pour en faire l'acquisition, et pour prix non payé. J'ai été substitué aux droits de M. de Barol, ci-devant possesseur de cette terre. J'en ai la reconnaissance. Toutes les règles ont été observées dans mon contrat.

Je plains beaucoup Mme de Monthou, et sa rage de se remarier. Je souhaite que ses autres créanciers entrent comme moi dans quelque composition.

Voulez-vous bien avoir la bonté, monsieur, de me marquer si M. de Foncet veut pêcher Annemasse, soit en eau claire, soit en eau trouble? Je n'aurai point à me reprocher d'avoir dépouillé la veuve et l'orphelin : et, si vous accommodez cette affaire, je vous serai très-obligé de me faire rendre quelques sous pour les louis d'or que j'ai donnés.

Je souhaite à Stanislas et à Catau toutes les prospérités imaginables; mais à vous surtout, monsieur, que j'aime mieux que tous les potentats du Nord.
V.

MMMMMCDXIV. — A M. MARIN.

A Ferney, le 19 auguste.

J'ai été un peu à la mort, mon cher monsieur : un petit tour de broche de plus, on aurait dit : *Il est mort, mais cela n'est rien ;* sans cela je vous aurais bien remercié sur-le-champ de la petite réponse de M. Linguet au modeste La Bletterie[1]. M. Linguet me paraît un Français plein d'esprit, et La Bletterie, un Welche assez impertinent. Il prétend que j'ai oublié de me faire enterrer ; c'est ce que je n'oublie point du tout, car je me suis fait bâtir un petit tombeau, fort propre, de bonne pierre de roche, qui d'ailleurs est d'une simplicité convenable ; mais, comme il faut toujours être poli, je dis au sieur de La Bletterie :

Je ne prétends point oublier
Que mes œuvres et moi nous avons peu de vie;
Mais je suis très-poli, je dis à La Blettrie :
« Ah! monsieur, passez le premier! »

On dit que la mortalité est fort grande sur les ouvrages nouveaux; mais, Dieu merci, nous avons un bon *Mercure.* Ce M. La Combe est un homme qui a beaucoup d'esprit; son prédécesseur[2] était un bœuf, qui, dit-on, labourait fort mal sa terre. Je vous souhaite prospérité, santé, argent, et plaisir. Je vous aime une fois plus depuis que je sais que vous avez été visiter les saints lieux.

J'ai vu un petit livret[3] où il me paraît prouvé que notre saint-père le pape n'a nul droit de suzeraineté sur le royaume de Naples.

Non nostrum inter vos tantas componere lites.
Virg., ecl. III, v. 108.

---

1. *Lettre sur la nouvelle traduction de Tacite*, par M. l'abbé de La Bletterie, *avec un petit recueil de phrases élégantes tirées de la même traduction, pour l'usage de ses écoliers.* (ÉD.)
2. La Place. (ÉD.)
3. *Les Droits des hommes et les usurpations des papes.* (ÉD.)

MMMMMCDXV. — A M. Guillaumot, architecte de la généralité de Paris.

Au château de Ferney, 24 auguste.

Si ma mauvaise santé me l'avait permis, monsieur, il y a longtemps que je vous aurais remercié. J'ai trouvé votre ouvrage aussi instructif qu'agréable. J'en suis devenu un peu moins indigne, depuis que je n'ai eu l'honneur de vous voir. J'ai fort augmenté ma petite chaumière, et j'en ai changé l'achitecture; mais j'habite un désert, et je m'intéresse toujours à Paris, comme on aime ses anciens amis avec leurs défauts.

Je suis toujours fâché de voir le faubourg Saint-Germain sans aucune place publique; des rues si mal alignées; des marchés dans les rues; des maisons sans eau, et même des fontaines qui en manquent, et encore quelles fontaines de village! Mais, en récompense, les cordeliers, les capucins, ont de très-grands emplacements. J'espère que dans cinq ou six cents ans tout cela sera corrigé! En attendant, je vous souhaite tous les succès que vos grands talents méritent.

J'ai l'honneur d'être avec toute l'estime qui vous est due, monsieur, votre très-humble et très-obéissant serviteur, VOLTAIRE.

MMMMMCDXVI. — A M. le marquis de Villevieille.

A Ferney, 26 auguste.

Je vous attends au mois de septembre, mon cher marquis; vous ête. assez philosophe pour venir partager ma solitude. Ferney est tout juste dans le chemin de Nancy. En attendant, il faut que je vous fasse mon compliment de ce que vous n'êtes point athée. Votre devancier, le marquis de Vauvenargues, ne l'était pas; et, quoi qu'en disent quelques savants de nos jours, on peut être très-bon philosophe, et croire en Dieu. Les athées n'ont jamais répondu à cette difficulté, qu'une horloge prouve un horloger; et Spinosa lui-même admet une intelligence qui préside à l'univers. Il est du sentiment de Virgile:

Mens agitat molem, et magno se corpore miscet.
Æneid., VI, v. 727.

Quand on a les poëtes pour soi, on est bien fort. Voyez La Fontaine quand il parle de l'enfant que fit une religieuse; il dit:

Si ne s'est-il, après tout, fait lui-même.
Les Lunettes; Contes, t. II.

Je viens de lire un nouveau livre de l'*Existence de Dieu*, par un Bullet, doyen de l'Université de Besançon. Ce doyen est savant, et marche sur les traces des Swammerdam, des Nieuwentyt, et des Derham; mais c'est un vieux soldat à qui il prend des terreurs paniques. Il est tout épouvanté du grand argument des athées, qu'en jetant d'un cornet les lettres de l'alphabet, le hasard peut amener l'*Énéide* dans un certain nombre de coups donnés. Pour amener le premier mot *arma*, il ne faut que vingt-quatre jets; et, pour amener *arma virumque*, il n'en faut que cent vingt millions: c'est une bagatelle; et, dans un nombre innombrable de milliards de siècles, on pourrait à la fin trouver son compte dans un nombre innombrable de hasards; donc dans un nombre innombrable de siècles, il y a l'unité contre un nombre innombrable de chiffres que le monde a pu se former tout seul.

Je ne vois pas dans cet argument ce qui a pu accabler M. Bullet; il n'avait qu'à répondre sans s'effrayer : « Il y a un nombre innombrable de probabilités qu'il existe un Dieu formateur, et vous n'avez, messieurs, tout au plus que l'unité pour vous : jugez donc si la chance n'est pas pour moi. »

De plus, la machine du monde est quelque chose de beaucoup plus compliqué que l'*Énéide*. Deux *Énéides* ensemble n'en feront pas une troisième, au lieu que deux créatures animées font une troisième créature, laquelle en fait à son tour : ce qui augmente prodigieusement l'avantage du pari.

Croiriez-vous bien qu'un jésuite irlandais a fourni en dernier lieu des armes à la philosophie athéistique, en prétendant que les animaux se formaient tout seuls? C'est ce jésuite Needham, déguisé en séculier, qui, se croyant chimiste et observateur, s'imagina avoir produit des anguilles avec de la farine et du jus de mouton. Il poussa même l'illusion jusqu'à croire que ces anguilles en avaient sur-le-champ produit d'autres, comme les enfants de Polichinelle et de Mme Gigogne. Voilà aussitôt un autre fou, nommé Maupertuis, qui adopte ce système, et qui le joint à ses autres méthodes de faire un trou jusqu'au centre de la terre pour connaître la pesanteur, de disséquer des têtes de géants pour connaître l'âme, d'enduire les malades de poix résine pour les guérir, et d'exalter son âme pour voir l'avenir comme le présent. Dieu nous préserve de tels athées! celui-là était gonflé d'un amour-propre féroce, persécuteur et calomniateur; il m'a fait bien du mal; je prie Dieu de lui pardonner, supposé que Dieu entre dans les querelles de Maupertuis et de moi.

Ce qu'il y a de pis, c'est que je viens de voir une très-bonne traduction de *Lucrèce*, avec des remarques fort savantes, dans lesquelles l'auteur allègue les prétendues expériences du jésuite Needham pour prouver que les animaux peuvent naître de pourriture. Si ces messieurs avaient su que Needham était un jésuite, ils se seraient défiés de ses anguilles, et ils auraient dit :

Latet anguis in herba.
Virg., ecl. III, v. 93.

Enfin il a fallu que M. Spallanzani, le meilleur observateur de l'Europe, ait démontré aux yeux le faux des expériences de cet imbécile Needham. Je l'ai comparé à ce Malcrais de La Vigne, gros vilain commis de la douane au Croisic en Bretagne, qui fit accroire aux beaux esprits de Paris qu'il était une jolie fille faisant joliment des vers.

Mon cher marquis, il n'y a rien de bon dans l'athéisme. Ce système est fort mauvais dans le physique et dans le moral. Un honnête homme peut fort bien s'élever contre la superstition et contre le fanatisme : il peut détester la persécution; il rend service au genre humain s'il répand les principes humains de la tolérance; mais quel service peut-il rendre, s'il répand l'athéisme? les hommes en seront-ils plus vertueux, pour ne pas reconnaître un Dieu qui ordonne la vertu? non sans doute. Je veux que les princes et les ministres en reconnaissent un, et même un Dieu qui punisse et qui pardonne. Sans ce frein, je les regarderai comme des animaux féroces qui, à la vérité, ne me mangeront pas lorsqu'ils sortiront d'un long repas, et qu'ils digéreront doucement sur un canapé avec leurs maîtresses; mais qui certainement me mangeront, s'ils me rencontrent sous leurs griffes, quand ils auront faim; et qui, après m'avoir mangé, ne croiront pas seulement avoir fait une mauvaise action; ils ne se souviendront même point du tout de m'avoir mis sous leurs dents, quand ils auront d'autres victimes.

L'athéisme était très-commun en Italie, aux quinze et seizième siècles: aussi, que d'horribles crimes à la cour des Alexandre VI, des Jules II, des Léon X! le trône pontifical et l'Église n'étaient remplis que de rapines, d'assassinats et d'empoisonnements. Il n'y a que le fanatisme qui ait produit tant de crimes.

Les sources les plus fécondes de l'athéisme sont, à mon sens, les disputes théologiques. La plupart des hommes ne raisonnent qu'à demi, et les esprits faux sont innombrables. Un théologien dit : « Je n'ai jamais entendu et je n'ai jamais dit que des sottises sur les bancs; donc ma religion est ridicule. Or ma religion est sans contredit la meilleure de toutes; cette meilleure ne vaut rien; donc il n'y a point de Dieu. » C'est horriblement raisonner. Je dirais plutôt : « Donc il y a un Dieu qui punira les théologiens, et surtout les théologiens persécuteurs. »

Je sais très-bien que je n'aurais pas démontré au Normand de Vire, Le Tellier, qu'il existe un Dieu qui punit les tyrans, les calomniateurs, et les faussaires, confesseurs des rois. Le coquin, pour réponse à mes arguments, m'aurait fait mettre dans un cul de basse-fosse.

Je ne persuaderai pas l'existence d'un Dieu rémunérateur et vengeur à un juge scélérat, à un barbare avide du sang humain, digne d'expirer sous la main des bourreaux qu'il emploie; mais je la persuaderai à des âmes honnêtes; et, si c'est une erreur, c'est la plus belle des erreurs.

Venez dans mon couvent, venez reprendre votre ancienne cellule. Je vous conterai l'aventure d'un prêtre constitué en dignité[1], que je regarde comme un athée de pratique, puisque, faisant tout le contraire de ce qu'il enseigne, il a osé employer contre moi, auprès du roi, la plus lâche et la plus noire calomnie. Le roi s'est moqué de lui, et le monstre en est pour son infamie. Je vous conterai d'autres anecdotes : nous raisonnerons, et surtout je vous dirai combien je vous aime.

MMMMMCDXVII. — A M. LE MARQUIS D'ARGENCE DE DIRAC.

31 auguste.

Je ne puis qu'approuver le patriotisme de M. Fitz-Gérald, qui veut diminuer, autant qu'il le peut, l'horreur de la Saint-Barthélemy d'Irlande. J'en ferais bien autant, si je le pouvais, de la Saint-Barthélemy

---

[1]. Biord, évêque d'Annecy. (ÉD.)

de France. Il a raison de citer M. Brooke, qui paraît prouver en effet que les catholiques n'égorgèrent que quarante mille protestants, en comptant les femmes, et les enfants, et les filles qu'on pendait au cou de leurs mères. Il est vrai que, dans la première chaleur de ce saint événement, le parlement d'Angleterre spécifia expressément le massacre de cent cinquante mille personnes; mais il pouvait avoir été trompé par les plaintes indiscrètes des parents des massacrés. Peut-être on exagérait trop d'un côté, et on diminuait trop de l'autre. La vérité prend d'ordinaire un juste milieu; et quand nous supposerons qu'il n'y eut qu'environ quatre-vingt-dix mille personnes ou brûlées, ou pendues, ou noyées, ou égorgées pour l'amour de Dieu, nous pourrons nous flatter de ne nous être pas beaucoup écartés du vrai. D'ailleurs je ne suis qu'un simple historien, et il ne m'appartient pas de condamner une action qui, ayant la gloire de Dieu pour objet, avait des motifs si purs et si respectables.

Il est bon pourtant, mon cher ami, que de si grands exemples de charité n'arrivent pas souvent. Il est beau de venger la religion; mais, pour peu qu'on lui fît de tels sacrifices deux ou trois fois chaque siècle, il ne resterait enfin personne sur la terre pour servir la messe.

Votre correspondant vous envoie, à l'adresse ordinaire, un petit paquet qu'il a reçu pour vous. Je finis tout doucement ma carrière; mes maux et ma faiblesse augmentent; il faut que ma patience augmente aussi, et que tout finisse.

MMMMMCDXVIII. — A M. LE COMTE D'ARGENTAL.

31 auguste.

Mon cher ange, j'ai montré votre lettre du 25 août ou d'auguste, au possédé. Il vous prie encore de lui renvoyer sa facétie, et donne sa parole de démoniaque qu'il vous renverra la bonne copie au même instant qu'il recevra la mauvaise. Son diable l'a fait raboter sans relâche depuis qu'il fit partir son croquis; mais il jure, comme un possédé qu'il est, qu'il ne fera jamais paraître l'empereur deux fois; qu'il s'en donnera bien de garde; que cela gâterait tout; que l'empereur n'est en aucune manière *Deus in machina*, puisqu'il est annoncé dès la première scène du premier acte, et qu'il est attendu pendant toute la pièce de scène en scène, comme juge du différend entre le commandant du château et les moines de l'abbaye. S'il paraissait deux fois, la première serait non-seulement inutile, mais rendrait la seconde froide et impraticable. C'est uniquement parce qu'on ne connaît point le caractère de l'empereur qu'il doit faire un très-grand effet lorsqu'il vient porter à la fin un jugement tel que n'en a jamais porté Salomon. Le bon de l'affaire, c'est que c'est un jardinier qui fait tout; et cela prouve évidemment qu'il faut cultiver son jardin, comme dit Candide.

Comme cette facétie ne ressemble à rien, Dieu merci, mon possédé croit qu'il faut de la naïveté, que vous appelez familiarité; et il croit que cette naïveté est quelquefois horriblement tragique.

Ne trouvez-vous pas qu'il y a dans cette pièce du remue-ménage comme dans *l'Écossaise?* Je suis persuadé que cela vous aura amusés, vous et Mme d'Argental, pendant une heure. Il est doux de donner du plaisir, à cent lieues de chez soi, à ceux à qui on est attaché.

Je ne répondrais pas que la police ne fît quelques petites allusions qui pourraient empêcher la pièce d'être jouée; mais, après tout, que pourra-t-on soupçonner? que l'auteur a joué l'inquisition sous le nom des prêtres de Pluton? En ce cas, c'est rendre service au genre humain; c'est faire un compliment au roi d'Espagne, et surtout au comte d'Aranda; c'est l'histoire du jour avec toute la bienséance imaginable, et tout le respect possible pour la religion.

Voyez, mon divin ange, ce que votre amitié prudente et active peut faire pour ces pauvres *Guèbres;* mais je n'ai point abandonné *les Scythes* : ils ne sont pas si piquants que *les Guèbres*, d'accord; mais, de par tous les diables, ils valent leur prix. La loi porte qu'ils soient rejoués, puisque les histrions firent beaucoup d'argent à la dernière représentation. Les comédiens sont bien insolents et bien mauvais, je l'avoue; mais il faut obéir à la loi. J'ignore quel est le premier gentilhomme de la loi cette année; mais, en un mot, j'aime *les Scythes.* J'ai envie de finir par *les Corses;* je suis très-fâché qu'on en ait tué cent cinquante d'entrée de jeu; mais M. de Chauvelin m'a promis que cela n'arriverait plus.

Vous êtes bien peu curieux de ne pas demander *les Droits des hommes et les usurpations des papes;* c'est, dit-on, un ouvrage traduit de l'italien, dont un envoyé de Parme doit être très-friand.

Une chose dont je suis bien plus friand, mon cher ange, c'est de vous embrasser avant que je meure. Je suis, à la vérité, un peu sourd et aveugle; mais cela n'y fait rien. Je recommence à voir et à entendre au printemps; et j'ai grande envie, si je suis en vie au mois de mai, de venir présenter un bouquet à Mme d'Argental. Je devais aller cet automne chez l'électeur palatin; mais je me suis trouvé trop faible pour le voyage. Je me sentirai bien plus fort quand il s'agira de venir vous voir. Il est vrai que je n'y voudrais aucune cérémonie. Nous en raisonnerons quand nous aurons fait les affaires des *Scythes* et des *Guèbres.* Vous êtes charmant de désirer de me revoir; j'en suis pénétré, et mon culte de dulie en augmente. Je trouve plaisant qu'on ait imaginé que j'irais voir ma Catau, moi âgé de septante-quatre ans! Non, je ne veux voir que vous.

MMMMMCDXIX. — A M. DALEMBERT.

2 septembre.

Comment donc! il y avait de très-beaux vers dans la pièce de La Harpe; le sujet même en était très-intéressant pour les philosophes[1]; longue et monotone? d'accord; mais celle du couronné est-elle polytone? En un mot, il nous faut des philosophes; tâchez donc que ce M. de Langeac le soit.

Je suis, mon cher ami, aussi malingre que Damilaville, et j'ai d'ail-

---

1. La pièce de vers présentée par La Harpe était intitulée : *Les Avantages de la philosophie.* Le prix fut adjugé à la *Lettre d'un fils parvenu à son père laboureur*, par M. l'abbé de Langeac. (ÉD.)

leurs trente ans plus que lui. Il est vrai que j'ai voulu tromper mes douleurs par un travail un peu forcé, et je n'en suis pas mieux. Est-il vrai que notre doyen d'Olivet a essuyé une apoplexie ? je m'y intéresse. L'abbé d'Olivet est un bon homme, et je l'ai toujours aimé. D'ailleurs il a été mon préfet dans le temps qu'il y avait des jésuites. Savez-vous que j'ai vu passer le P. Le Tellier et le P. Bourdaloue, moi qui vous parle ?

Vous me demandez de ces rogatons imprimés à Amsterdam, chez Marc-Michel Rey, et débités à Genève chez Chirol; mais comment, s'il vous plaît, voulez-vous que je les envoie ? par quelle adresse sûre ? sous quelle enveloppe privilégiée ? Qui veut la fin donne les moyens, et vous n'avez aucun moyen. Je me servais quelquefois de M. Damilaville, et encore fallait-il bien des détours; mais il n'a plus son bureau; le commerce philosophique est interrompu. Si vous voulez être servi, dites-moi donc comment il faut que je vous serve.

J'écrivis, il y a quelques jours, une lettre à Damilaville, qui était autant pour vous que pour lui. J'exprimais ma juste douleur de voir que le traducteur de Lucrèce[1] adopte encore la prétendue création d'anguilles avec du blé ergoté et du jus de mouton. Il est bien plaisant que cette chimère d'un jésuite irlandais, nommé Needham, puisse encore séduire quelques physiciens. Notre nation est trop ridicule. Buffon s'est décrédité à jamais avec ses molécules organiques, fondées sur la prétendue expérience d'un malheureux jésuite. Je ne vois partout que des extravagances, des systèmes de Cyrano de Bergerac dans un style obscur ou ampoulé. En vérité, il n'y a que vous qui ayez le sens commun. Je relisais hier *la Destruction des jésuites*; je suis toujours de mon avis; je ne connais point d'ouvrage où il y ait plus d'esprit et de raison.

A propos, quand je vous dis que j'ai écrit à frère Damilaville, j'ignore s'il a reçu ma lettre, car elle était sous l'enveloppe du bureau où il ne travaille plus. Informez-vous-en, je vous prie; dites-lui combien je l'aime, et combien je souffre de ses maux. Il doit être content, et vous aussi, du mépris où *l'inf...* est tombée chez tous les honnêtes gens de l'Europe. C'était tout ce qu'on voulait et tout ce qui était nécessaire. On n'a jamais prétendu éclairer les cordonniers et les servantes; c'est le partage des apôtres. Il est vrai qu'il y a des gens qui ont risqué le martyre comme eux : mais Dieu en a eu pitié. Aimez-moi, car je vous aime, mon très-cher philosophe, et je vous rends assurément toute la justice qui vous est due.

MMMMCDXX. — A M. DE LA MOTTE GEFFRARD.

A Ferney, 3 septembre.

Je suis, monsieur, dans un état si triste, j'éprouve de si longues et de si cruelles maladies, qui sont la suite de ma vieillesse, que je n'ai pu répondre plus tôt à la lettre dont vous m'avez honoré. C'est

1. Lagrange (mort en 1775, à trente-sept ans). Voyez sa note sur le vers 719 du second chant de Lucrèce. (Éd.)

une grande grâce sans doute, accordée par un grand roi, de permettre qu'on lui érige une statue.

Je trouve l'inscription de M. le comte de Muy fort bonne et fort convenable. Je crois que si je m'avisais d'en faire une[1], il aurait lieu d'être mécontent. Les inscriptions, d'ailleurs, réussissent rarement dans notre langue. Permettez-moi de vous conseiller d'employer celle de M. de Muy. Vous savez que le mieux est l'ennemi du bien; et, de plus, il me serait bien difficile de faire ce mieux. Les bons vers sont des coups de hasard; et à mon âge on n'est pas heureux à ce jeu-là.

Comptez que ni ma vieillesse, ni mes maux, ne diminuent rien de l'estime respectueuse avec laquelle j'ai l'honneur d'être, etc.

MMMMMCDXXI. — A M. DE CHABANON.

9 septembre.

Mon cher ami, mon cher confrère, il y a tantôt deux mois que je n'ai écrit à personne. J'avais fait un travail forcé qui m'a rendu longtemps malade. Mais, en ne vous écrivant point, je ne vous ai pas oublié, et je ne vous oublierai jamais.

Vous avez eu tout le temps de coiffer *Eudoxie*, et je m'imagine qu'à présent c'est une dame des mieux mises que nous ayons. Pour *Pandore*, je ne vous en parle point. Notre Orphée a toujours son procès à soutenir, et son père mourant à soigner. Il n'y a pas moyen de faire de la musique dans de telles circonstances. Est-il vrai que celle du *Huron* soit charmante? Elle est d'un petit Liégeois que vous avez peut-être vu à Ferney[2]. J'ai bien peur que l'opéra-comique ne mette un jour au tombeau le grand opéra tragique. Mais relevez donc la vraie tragédie, qui est, dit-on, anéantie à Paris. On dit qu'il n'y a pas une seule actrice supportable. Je m'intéresse toujours à ce maudit Paris, du bord de mon tombeau.

On dit que l'oraison funèbre[3] de notre ami Jean-George est un prodige de ridicule; et, pendant qu'il la débitait, on lui criait : « Finissez donc! » C'est un terrible Welche que ce Jean-George. On dit qu'il est pire que son frère. Les Pompignan ne sont pas heureux. Je n'ai point vu la pièce; mais on m'en a envoyé de petits morceaux qui sont impayables.

J'ai lu une brochure assez curieuse, intitulée *les Droits des hommes et les usurpations des autres*. Il s'agit des usurpations de notre saint-père le pape sur la suzeraineté du royaume de Naples, sur Ferrare, sur Castro et Ronciglione, etc., etc. Si vous êtes curieux de la lire, je vous l'enverrai, pourvu que vous me donniez une adresse. Adieu, mon cher ami, aimez toujours le vieux solitaire, qui vous aimera jusqu'au temps où l'on n'aime personne.

1. La Motte Geffrard avait demandé à Voltaire une inscription pour la statue pédestre érigée à Louis XV dans l'île de Ré. (ÉD.)
2. André-Ernest-Modeste Grétry, né à Liége en 1741, mort le 27 septembre 1813. (ÉD.)
3. L'oraison funèbre de la reine, prononcée à Saint-Denis, contient des portraits satiriques des philosophes. (ÉD.)

MMMMMCDXXII. — A M. LE PRÉSIDENT HÉNAULT.

Au château de Ferney, ce 13 septembre.

Mon très-illustre et très-aimable confrère, que j'aimerai tant que je vivrai, si vous vous portez bien, si vous êtes libre d'affaires, il faut que vous sachiez qu'il y a un Bury qui croit avoir fait une *Histoire de Henri IV*. Il court une critique[1] de cette histoire, qui fait une très-grande impression par le style audacieux et tranchant dont elle est écrite, et par les fautes qu'elle relève; mais il y a bien autant de fautes dans la critique que dans l'histoire. L'auteur de la critique est visiblement un huguenot, qui ne relève les erreurs de Bury que sur ce qui regarde les huguenots. Cet auteur s'appelle La Beaumelle; il demeure au Carlat, dans le pays de Foix, patrie de Bayle, dont il n'est pas assurément concitoyen. Voici comme il parle du roi dans son libelle, page 24 : « Je voudrais que ceux qui publient des vies particulières des princes ne craignissent point de nous ennuyer en nous apprenant comment ils furent élevés. Par exemple, je vois avec un charme infini, dans l'*Histoire du Mogol*, que le petit-fils de Shah-Abbas[2] fut bercé pendant sept ans par des femmes; qu'ensuite il fut bercé pendant huit ans par des hommes; qu'on l'accoutuma de bonne heure à s'adorer lui-même, et à se croire formé d'un autre limon que ses sujets; que tout ce qui l'environnait avait ordre de lui épargner le pénible soin d'agir, de penser, de vouloir, et de le rendre inhabile à toutes les fonctions du corps et de l'âme; qu'en conséquence un prêtre le dispensait de la fatigue de prier de sa bouche le grand Être; que certains officiers étaient préposés pour lui *mâcher noblement*, comme dit Rabelais, le peu de paroles qu'il avait à prononcer. » Voici maintenant comme ce maraud parle de vous, page 30 : « Du reste, il a copié cette faute de M. le président Hénault, guide peu sûr, abréviateur infidèle, hasardeux dans ses anecdotes; trop court sur les grands événements pour être lu avec utilité; trop long sur des minuties pour être lu sans ennui; trop attentif à ramasser tout ce qui est étranger à son sujet, tout ce qui l'éloigne de son but, pour obtenir grâce sur les réticences affectées, sur les négligences de son style, sur les omissions de faits importants, sur la confusion qui règne dans ses dates; auteur estimable pourtant, sinon par l'exécution, du moins par le projet, mais fort inférieur à Marcel[3], quoiqu'il l'ait fait oublier. »

C'est ce même La Beaumelle qui, dans ses *Mémoires de Maintenon*, insulte toutes les grandes maisons du royaume, et prodigue le mensonge et la calomnie avec l'audace qu'un historien fidèle n'aurait jamais, et que quelques sots ont prise pour la noble hardiesse de la vérité. Je sais qu'il fait actuellement une *Histoire de Henri IV*, dans laquelle il essaye de vous réfuter sur plusieurs points. Cet homme a de l'esprit et de la lecture, un style violent, mais serré et ferme, qui

---

1. *Examen de la Nouvelle histoire de Henri IV*, par *M. de Bury*. (ÉD.)
2. Shah-Abbas est Louis XIV; son petit-fils, Louis XV. (ÉD.)
3. Guillaume Marcel, avocat et chronologiste. (ÉD.)

éblouit le lecteur; il est protégé par deux ou trois dames qui ont été élevées à Saint-Cyr, et dont il tient les *Lettres de Mme de Maintenon*, qu'il a fait imprimer. Le roi, instruit de l'insolence de cet homme, qui a été prédicant à Genève, lui a fait défense, par M. de Saint-Florentin, d'excercer son talent de médire. Cette défense lui a été signifiée par le commandant du pays de Foix.

Mon zèle et mon amitié ne m'ont pas permis de vous laisser ignorer ce qui intéresse également la vérité, la nation, et vous. Je vous crois à portée de faire un usage utile de tout ce que je vous mande; je m'en remets à votre sagesse, et je vous prie de me continuer une amitié qui fait la consolation de ma vie.

Je vous prie, mon cher et illustre confrère, de dire à Mme du Deffand qu'elle sera toujours dans mon cœur.

MMMMMCDXXIII. — A M. RICHARD, NÉGOCIANT A MURCIE.

A Ferney, 13 septembre.

Je vous dois, monsieur, une réponse depuis deux mois. Je suis de ceux que leurs mauvaises affaires empêchent de payer leurs dettes à l'échéance. La vieillesse et les maladies qui m'accablent sont mon excuse auprès de mes créanciers. Il n'y en a point, monsieur, que j'aime mieux payer que vous.

Il y a des ouvrages bien meilleurs que les miens, qui pourront contribuer à donner au génie espagnol la liberté qui lui a manqué jusqu'à présent. Le ministre à qui toute l'Europe, excepté Rome, applaudit, favorise cette précieuse liberté, et encouragera les beaux-arts, après avoir fait naître les arts nécessaires.

Je vous félicite, monsieur, de vivre dans le plus beau pays de la nature, où ceux qui se contentaient de penser commencent à oser parler, et où l'inquisition cesse un peu d'écraser la nature humaine.

MMMMMCDXXIV. — DE M. DALEMBERT.

A Paris, ce 14 septembre.

Je crois, mon cher maître, que la pièce qui a remporté le prix[1] est plus polyplate que polytone; mais je doute que celle de La Harpe, quoique meilleure et mieux écrite, eût fait un grand effet. Le meilleur parti à prendre était celui que j'avais proposé, de ne point donner de prix. Nos sages maîtres en ont jugé autrement; je leur ai prédit qu'ils s'en repentiraient, et c'est ce qui leur arrive.

Quand il y aura dans vos quartiers quelque nouveauté intéressante, vous pourriez en adresser deux exemplaires à l'abbé Morellet par la voie dont vous vous êtes déjà servi; il m'en remettra un. J'ai lu ces jours-ci les réflexions d'un capucin et d'un carme sur les colimaçons. Je ne m'étonne pas qu'ils en parlent si bien, on doit connaître son semblable.

A l'égard des expériences de Needham, répétées et crues par Buf-

---

1. Par l'abbé de Langeac. (ÉD.)
2. *Les Colimaçons du R. P. L'Escarbotier.* (ÉD.)

fon, je n'en dirai rien, ne les ayant pas vues; mais il ne me paraît pas plus évident que *rien ne puisse venir de corruption*, ou plutôt de *transformation*, qu'il ne me paraît démontré que du blé ergoté et du jus de mouton forment des anguilles. *Que sais-je ?* est en physique ma devise générale et continuelle.

Notre ami Damilaville est toujours dans un état fâcheux, ayant de cruelles nuits et des jours qui ne valent guère mieux. Il vous a écrit, et nous parlons souvent de vous. Que dites-vous du Grand-Turc, qui arme contre les Russes pour soutenir la religion catholique? car il ne peut pas avoir un autre objet. Notre saint-père le pape ne se serait pas attendu à cet allié-là : il ne nous manque plus que l'alliance des loups avec les moutons, pour faire absolument revivre l'âge d'or; sans cela nous croirions toujours être à l'âge de fer.

Que pensez-vous de l'expédition de Corse? Je ne sais si nous combattons pour notre compte ou pour celui des Génois, mais j'ai bien peur que ce ne soit ici la fable de la grenouille et du rat emportés par le milan. Adieu, mon cher maître; votre ancien préfet, l'abbé d'Olivet, est mourant, et ne vit peut-être plus au moment où je vous écris; il a tout à la fois apoplexie, paralysie, hydrocèle, et gangrène. C'était un assez bon académicien, mais un assez mauvais confrère. Au reste, il meurt avec beaucoup de tranquillité et presque en philosophe, quoiqu'il ait fait très-décemment les cérémonies ordinaires. Suivez-le fort tard, mon cher ami, pour vous, pour moi, et pour la raison, qui a grand besoin de vous :

Serus in cœlum redeas, diuque
Lætus intersis populo Quirini.
Hor., lib. I, od. II, v. 45.

Ce souhait vous est mieux appliqué qu'à ce tyran cruel et poltron qu'Horace et Virgile flattaient. *Vale iterum, et me ama.*

MMMMMCDXXV. — A M. THIERIOT.
A Ferney, 15 septembre.

Ma foi, mon ami, tout le monde est charlatan; les écoles, les académies, les compagnies les plus braves, ressemblent à l'apothicaire Arnould, dont les sachets guérissent toute apoplexie dès qu'on les porte au cou, et à M. Le Lièvre, qui vend son baume de vie à force gens qui en meurent.

Les jésuites eurent, il y a quelques années, un procès avec les droguistes de Paris, pour je ne sais quel élixir qu'ils vendaient fort cher, après avoir vendu de la grâce suffisante qui ne suffisait point, tandis que les jansénistes vendaient de la grâce efficace qui n'avait point d'efficacité. Ce monde est une grande foire où chaque Polichinelle cherche à s'attirer la foule; chacun enchérit sur son voisin.

Il y a un sage dans notre petit pays qui a découvert que les âmes des puces et des moucherons sont immortelles, et que tous les animaux ne sont nés que pour ressusciter. Il y a des gens qui n'ont pas ces hautes espérances; j'en connais même qui ont peine à croire que les polypes d'eau soient des animaux. Ils ne voient, dans ces petites herbes qui nagent dans des mares infectes, rien autre chose que des herbes qui repoussent, comme toute autre herbe, quand on les a coupées. Ils ne voient point que ces herbes mangent de petits animaux, mais ils voient ces petits animaux entrer dans la substance de l'herbe, et la manger.

Les mêmes incrédules ne pensent pas que le corail soit un composé de petits pucerons marins. Feu M. de La Faye disait qu'il ne se souciait nullement de savoir à fond l'histoire de tous ces gens-là, et qu'il ne fallait pas s'embarrasser des personnes avec qui on ne peut jamais vivre.

Mais nous avons d'autres génies bien plus sublimes; ils vous créent un monde aussi aisément que l'abbé de Lattaignant fait une chanson; ils se servent pour cela de machines qu'on n'a jamais vues : d'autres viennent ensuite, qui vous peuplent ce monde par attraction. Un songe-creux de mon voisinage a imprimé sérieusement qu'il jugeait que notre monde devait durer tant qu'on ferait des systèmes, et que, dès qu'ils seraient épuisés, ce monde finirait ; en ce cas, nous en avons encore pour longtemps.

Vous avez très-grande raison d'être étonné que, dans *l'Homme aux quarante écus*, on ait imputé au grand calculateur Harvey le système des œufs; il est vrai qu'il y croyait; et même il y croyait si bien, qu'il avait pris pour sa devise ces mots : *Tout vient d'un œuf*. Cependant, en assurant que les œufs étaient le principe de toute la nature, il ne voyait, dans la formation des animaux, que le travail d'un tisserand qui ourdit sa toile. D'autres virent ensuite, dans le fluide de la génération, une infinité de petits vermisseaux très-sémillants; quelque temps après on ne les vit plus; ils sont entièrement passés de mode. Tous les systèmes sur la manière dont nous venons au monde ont été détruits les uns par les autres; il n'y a que la manière dont on fait l'amour qui n'a jamais changé.

Vous me demandez, à propos de tous ces romans, si dans le recueil du Lapon, qu'on vient d'imprimer à Lyon[1], on a imprimé ces lettres si étonnantes où l'on proposait de percer un trou jusqu'au centre de la terre, d'y bâtir une ville latine, de disséquer des cervelles de Patagons pour connaître la nature de l'âme, et d'enduire les corps humains de poix résine pour conserver la santé; vous verrez que ces belles choses sont très-adoucies et très-déguisées dans la nouvelle édition. Ainsi il se trouve qu'à la fin du compte c'est moi qui ai corrigé l'ouvrage.

Ridiculum acri
Fortius et melius magnas plerumque secat res.
Hor., lib. I, sat. x.

Ce qu'on imprime sous mon nom me fait un peu plus de peine; mais

---

[1]. On venait d'y publier une édition des *Œuvres de Maupertuis* en quatre volumes in-8°. (ÉD.)

que voulez-vous? je ne suis pas le maître. M. l'apothicaire Arnould peut-il empêcher qu'on ne contrefasse ses sachets? Adieu. *Qui bene latuit bene vixit*[1].

MMMMCDXXVI. — A M. LE COMTE D'ARGENTAL.

15 septembre.

Voici, mon cher ange, un Tronchin, un philosophe, un homme d'esprit, un homme libre, un homme aimable, un homme digne de vous et de Mme d'Argental, un des ci-devant vingt-cinq rois de Genève, qui s'est démis de sa royauté, comme la reine Christine, pour vivre en bonne compagnie.

Je tiens ma parole à mes anges. Je reçus leur paquet hier, et j'en fais partir un autre aujourd'hui. On juge plus à son aise quand il n'y a point de ratures, point d'écriture différente, point de renvois, point de petits brinborions à rajuster, et qui dispersent toutes les idées. J'ai appris enfin le véritable secret de la chose; c'est que cette facétie est de feu M. Desmahis, jeune homme qui promettait beaucoup, et qui est mort à Paris de la poitrine, au service des dames. Il faisait des vers naturels et faciles, précisément comme ceux des *Guèbres*, et il était fort pour les tragédies bourgeoises. Celle-ci est à la fois bourgeoise et impériale. Enfin Desmahis est l'auteur de la pièce; il est mort, il ne nous dédira pas.

Le possédé, ayant été exorcisé par vous, a beaucoup adouci son humeur sur les prêtres. L'empereur en faisait une satire qui n'aurait jamais passé. Il s'explique à présent d'une façon qui serait très-fort de mise en chancellerie. Je commence à croire que la pièce peut passer, surtout si elle est de Desmahis; en ce cas, la chose sera tout à fait plaisante.

Si *les Guèbres* sont bien joués, ils feront un beau fracas; il y a des attitudes pour tout le monde.

A genoux, mes enfants,

doit faire un grand effet, et la déclaration de César n'est pas de paille.

Melpomène avait besoin d'un habit neuf; celui-ci n'est pas de la friperie.

Que cela vous amuse, mon cher ange, c'est là mon grand but; vous êtes tous deux mon parterre et mes loges.

MMMMCDXXVII. — A M. LE COMTE DE LA TOURAILLE.

A Ferney, 16 septembre.

Je reconnais, monsieur, la justesse de votre esprit et la bonté de votre cœur dans la lettre dont vous m'honorez. J'ai toujours pensé que les athées étaient de très-mauvais raisonneurs, et que cette malheureuse philosophie n'est pas moins dangereuse qu'absurde. La plupart des hommes, et encore plus des dames, jugent sans réfléchir, et parlent sans penser. Une femme, dirigée par un janséniste, croit que c'est

---

1. Ovide, *les Tristes*, livre III, élégie IV, vers 25. (ÉD.)

être atnée que de nier la grâce efficace, comme les dévotes des jésuites accusaient d'athéisme ceux qui doutaient de la grâce versatile. Je suis persuadé qu'actuellement les dévotes de Rome regardent le roi de France, le roi d'Espagne, le roi de Naples, et le duc de Parme, comme le francs athées[1].

Le monde est rempli d'automates qui ne méritent pas qu'on leur parle. Le nombre des sages sera toujours extrêmement petit. Vous êtes non-seulement, monsieur, de ce petit nombre des élus, mais encore du plus petit nombre des bienfaisants. Pour moi, à qui mon âge et mes maladies ne laissent que peu de temps à vivre, je serai jusqu'au dernier moment de ma vie au nombre, non moins petit, des reconnaissants.

MMMMMCDXXVIII. — A M. Bordes.

16 septembre.

Mon cher correspondant, si les ouvrages gais guérissent les vapeurs, il faut dire : *Médecin, guéris-toi toi-même*[2] ; vous êtes à la source des remèdes. Qui fait, quand il le veut, des choses plus gaies, plus agréables, plus spirituelles que vous ?

Il est très-vrai que Jean-Jacques a mis tous ses petits bâtards à l'hôpital. Je suis fort aise qu'il fasse une fin, et que la sorcière termine ses amours en épousant son sorcier. Je ne croyais pas qu'il y eût dans le monde quelqu'un qui fût fait pour Jean-Jacques.

Il est bien vrai que j'avais promis, il y a trois mois, à l'électeur palatin, d'aller lui faire ma cour; mais ma détestable santé m'a privé de cet honneur et de ce plaisir.

Je n'ai point entendu parler des prétendues faveurs du parlement de Paris. J'ai un neveu actuellement conseiller à la Tournelle, qui ne m'aurait pas laissé ignorer tant de bontés. On ne fait pas toujours tout ce dont on serait capable.

Je vous embrasse de tout mon cœur, mon cher ami; portez-vous bien. J'espère recevoir encore quelques amusettes pour vous.

MMMMMCDXXIX. — A M. de La Tourette.

A Ferney, 18 septembre.

Vous allez vous réjouir, monsieur, et vous faites fort bien. On ne peut mieux prendre son temps pour aller voir le pape, que lorsqu'on lui donne des nasardes en lui baisant les pieds. Je ne suis lié à présent avec personne en Italie, et je me suis retranché presque toutes mes correspondances. Il n'y a peut-être que deux personnes à qui je pourrais écrire : l'une est le marquis Beccaria, à Milan; l'autre, le marquis Albergati, à Vérone. Celui-là joue la comédie tant qu'il peut, et est, dit-on, bon acteur. Si vous voulez, je leur écrirai, et je me vanterai d'avoir l'honneur de vous connaître. J'attends sur cela vos ordres. Pour moi, je ne dois attendre de Rome que des excommunications. Vous recevrez plus de bénédictions des dames que du pape. Vous entendrez

---

1. Tous ces princes avaient chassé les jésuites de leurs États. (Éd.)
2. Luc, IV, 23. (Éd.)

de la belle musique, qui n'est plus faite pour mes oreilles dures; vous verrez de beaux tableaux dont mes yeux affaiblis ne pourraient plus juger; et vous rencontrerez des Arlequins en soutane, qui ne me feraient plus rire.

Je vous souhaite un bon voyage. J'ai l'honneur d'être avec les sentiments les plus respectueux et les plus tendres, monsieur, votre très-humble et très-obéissant serviteur.

Je présente mes respects à toute votre famille.

MMMMMCDXXX. — A M. LE COMTE D'ARGENTAL.

18 septembre.

Il y a un Tronchin[1], mon cher ange, qui, lassé des tracasseries de son pays, va voyager à Paris et à Londres, et qui n'est pas indigne de vous. Il a souhaité passionnément de vous être présenté, et je vous le présente. Il doit vous remettre deux paquets qu'on lui a donnés pour vous. Je crois qu'ils sont destinés à cette pauvre sœur d'un brave marin[2] tué en Irlande, laquelle fit, comme vous savez, un petit voyage sur terre, presque aussi funeste que celui de son frère sur mer. Apparemment qu'on a voulu la dédommager un peu de ses pertes, et qu'on a cru qu'avec votre protection elle pourrait continuer plus heureusement son petit commerce. Je crois qu'il y a un de ces paquets venu d'Italie, car l'adresse est en italien; l'autre est avec une surenveloppe à M. le duc de Praslin.

Pour le paquet du petit Desmahis, je le crois venu à bon port; il fut adressé il y a quinze jours à l'abbé Arnaud, et je vous en donnai avis par une lettre particulière.

Je crois notre pauvre père Thoulier[3], dit l'abbé d'Olivet, mort actuellement, car, par mes dernières lettres, il était à l'agonie. Je crois qu'il avait quatre-vingt-quatre ans. Tâchez d'aller par delà, vous et Mme d'Argental, quoique, après tout, la vieillesse ne soit pas une chose aussi plaisante que le dit Cicéron.

Vous devez actuellement avoir Lekain à vos ordres. C'est à vous à voir si vous lui donnerez le commandement du fort d'Apamée[4], et si vous croyez qu'on puisse tenir bon dans cette citadelle contre les sifflets. Je me flatte, après tout, que les plus dangereux ennemis d'Apamée seraient ceux qui vous ont pris, il y a cent ans, Castro et Ronciglione; mais, supposé qu'ils dressassent quelque batterie, n'auriez-vous pas des alliés qui combattraient pour vous? Je m'en flatte beaucoup, mais je ne suis nullement au fait de la politique présente; je m'en remets entièrement à votre sagesse et à votre bonne volonté.

Je n'ai point vu le chef-d'œuvre d'éloquence de l'évêque du Puy[5]; je sais seulement que les bâillements se faisaient entendre à une lieue à la ronde.

Dites-moi pourquoi, depuis Bossuet et Fléchier, nous n'avons point

---

1. Jacob Tronchin. (ÉD.) — 2. M. Thurot. (ÉD.)
3. L'abbé d'Olivet n'est mort que le 8 octobre 1768. (ÉD.)
4. Lieu de la scène des *Guèbres*. (ÉD.)
5. L'oraison funèbre de la reine, par J. G. Le Franc de Pompignan. (ÉD.)

eu de bonne oraison funèbre? est-ce la faute des morts ou des vivants? les pièces qui pèchent par le sujet et par le style sont d'ordinaire sifflées.

Auriez-vous lu un *Examen de l'histoire de Henri IV*, écrite par un Bury? Cet *Examen* fait une grande fortune, parce qu'il est extrêmement audacieux, et que, si le temps passé y est un peu loué, ce n'est qu'aux dépens du temps présent. Mais il y a une petite remarque à faire, c'est qu'il y a beaucoup plus d'erreurs dans cet *Examen* que dans l'*Histoire de Henri IV*. Il y a deux hommes bien maltraités dans cet *Examen* : l'un est le président Hénault en le nommant, et l'autre que je n'ose nommer[1]. Le peu de personnes qui ont fait venir cet *Examen* à Paris en paraissent enthousiasmées; mais, si elles savaient avec quelle impudence l'auteur a menti, elles rabattraient de leurs louanges.

Adieu, mon cher ange; adieu, la consolation de ma très-languissante vieillesse.

MMMMCDXXXI. — A M. Hennin.

Dimanche au matin, 25 septembre.

Je vous remercie de tout mon cœur, monsieur, du bon gros paquet que vous avez bien voulu me faire tenir. Je vous demande encore une autre grâce, et même deux. La première est de me dire comment on écrit à ce brave jurisconsulte[2] qui est devenu à peu près premier ministre à Naples, et qui soutient si bien les droits de la couronne contre Rezzonico.

La seconde est de vouloir bien me dire si les enfants de France ne sont précisément entre les mains des femmes que jusqu'à l'âge de sept ans. Ces sept ans sont-ils comptés à six ans et un jour, comme la majorité à treize ans et un jour? Vous devez savoir cela sur le bout de votre doigt, vous qui êtes de Versailles[3].

Avez-vous lu l'*Examen de l'histoire de Henri IV*, imprimé à Genève chez Philibert? On y dit que le petit-fils du grand Shah-Abbas a été bercé pendant sept ans par les femmes et huit ans par les hommes, pour en faire un automate. On y dit encore plus de mal du président Hénault, en le nommant par son nom. Il serait mieux de savoir le nom de l'auteur bénévole.

Adieu, monsieur; je vous embrasse de tout mon cœur. Vous avez beau faire et beau dire, le roi de Pologne restera toujours roi de Pologne, et moi je resterai toujours votre très-attaché pour le peu de temps que j'ai à végéter.

V.

MMMMCDXXXII. — A M. le maréchal duc de Richelieu.

A Ferney, 26 septembre.

Je prends le parti, monseigneur, de vous envoyer quelques feuilles de la nouvelle édition du *Siècle de Louis XIV*, avant qu'elle soit achevée. Non-seulement je vous dois des prémices, mais je dois vous faire

1. Louis XV, désigné sous le nom de *petit-fils de Shah-Abbas*. (Éd.)
2. Bernard Tanucci, ministre de Ferdinand IV. (Éd.)
3. Hennin était de Magny. (Éd.)

voir la manière dont j'ai parlé de vous et de M. le duc d'Aiguillon. Vous me reprochâtes de n'avoir point fait mention de l'affaire de Saint-Cast; il ne s'agissait alors que du règne de Louis XIV, et les principaux événements qui ont suivi ce beau siècle n'étaient traités que sommairement. Je ne pouvais entrer dans aucun détail, et mon principal but étant de peindre l'esprit et les mœurs de la nation, je n'avais point traité les opérations militaires; mais, donnant dans cette édition nouvelle un *Précis du Siècle de Louis XV*, je me fais un plaisir, un devoir, et un honneur, de vous obéir.

Peut-être l'importance des derniers événements fera passer à la postérité cet ouvrage, qui ne mériterait pas ses regards par son style trop simple et trop négligé. Du moins les nations étrangères le demandent avec empressement, et les libraires leur ont déjà vendu toute leur édition par avance. Ce sera une grande consolation pour moi, si la justice que je vous ai rendue, et la circonspection avec laquelle j'ai parlé sur d'autres objets, sans blesser la vérité, peuvent trouver grâce devant vous et devant le public. La gloire, après tout, est l'unique récompense des belles actions; tous les autres avantages passent, ou même sont mêlés d'amertume : la gloire reste, quand elle est pure.

J'ai beaucoup envié le bonheur qu'a eu Mme Denis de vous renouveler ses hommages à Paris. J'ai cru que dans la résolution que j'ai prise de vivre avec moi-même, et de n'être plus l'aubergiste de tous les voyageurs de l'Europe, une Parisienne eût trop souffert en partageant ma solitude.

Je me suis dépouillé d'une partie de mon bien, pour la rendre heureuse à Paris. J'ai pensé qu'à l'âge de près de soixante-quinze ans, assujetti par mes maladies à un régime qui ne convient qu'à moi, et condamné par la nature à la retraite, je ne devais pas faire souffrir les autres de mon état.

Les médecins m'avaient conseillé les eaux de Barèges, je ne sais pas trop pourquoi. Je n'ai point les maladies de Lekain, qui y est allé par leur ordre. Je n'espère point guérir, puisqu'il faudrait changer en moi la nature; mais j'aurais fait volontiers le voyage pour être à portée de vous faire ma cour. J'aurais été consolé du moins en vous présentant encore, avant de mourir, mon tendre et respectueux attachement; c'est un avantage dont j'ai été malheureusement privé. Il ne me reste qu'à vous souhaiter une vie aussi heureuse et aussi longue qu'elle a été brillante. Je me flatte que vous daignerez toujours me conserver des bontés auxquelles vous m'avez accoutumé pendant plus de quarante années.

Notre doyen [1] de l'Académie française va mourir, s'il n'est déjà mort. J'espère que le nouveau doyen sera plus alerte que lui, quand il aura quatre-vingt-cinq ans comme le sous-doyen.

Agréez, monseigneur, mon respect, mon dévouement inviolable, et mes souhaits ardents pour votre conservation comme pour vos plaisirs.

1. D'Olivet. (Éd.)

MMMMCDXXXIII. — A M. LE PRÉSIDENT HÉNAULT.

Ferney, 28 septembre.

Mon cher et illustre confrère, j'ai reçu vos deux lettres, dont l'une rectifie l'autre. Vivez, et portez-vous bien. Le cardinal de Fleury avait, à votre âge, une tête capable d'affaires; Huet, Fontenelle, ont écrit à quatre-vingts ans. Il y a de très-beaux soleils couchants; mais couchez-vous très-tard.

Laissons là l'éloquent Bossuet et son *Histoire* prétendue *universelle*, où il rapporte tout aux Juifs, où les Perses, les Égyptiens, les Grecs et les Romains sont subordonnés aux Juifs, où ils n'agissent que pour les Juifs. On en rit aujourd'hui; mais ce n'est pas des Juifs dont il est question ici, c'est de vous. J'avais déjà prévenu plusieurs de mes amis, qui m'ont pressé de leur faire parvenir cet *Examen de l'histoire de Henri IV*, duquel il y a déjà trois éditions. Je l'ai envoyé chargé de mes notes, dans lesquelles je fais voir qu'il y a presque autant d'erreurs dans l'*Examen* que dans le livre examiné. L'erreur que j'ai le plus relevée est celle où il tombe à votre égard. Vous connaissez mon amitié et mon estime également constantes. Vous pensez bien que je n'ai pas vu de sang-froid une telle injustice. J'avais même préparé une dissertation pour être envoyée à tous les journaux; mais j'ai été arrêté par l'assurance qu'on m'a donnée que c'est un marquis de Belloste[1] qui est l'auteur de l'ouvrage. On dit qu'en effet il y a un homme de ce nom en Languedoc. Je ne connaissais que les pilules de Belloste, et point de marquis si profond et en même temps si fautif dans l'histoire de France. Si c'est lui qui est le coupable, il ne convient pas de le traiter comme un La Beaumelle; il faut le faire rougir poliment de son tort. J'avoue que j'ai cru reconnaître le style, les phrases de ce La Beaumelle, son ton décisif, son audace à citer à tort et à travers, son tour d'esprit, ses termes favoris. Il se peut qu'il ait travaillé avec M. de Belloste. Je fais ce que je puis pour m'en éclaircir.

Il y a une chose très-curieuse et très-importante sur laquelle vous pourriez m'instruire avant que j'ose être votre champion; c'est à vous de me fournir des armes. Le marquis vrai ou prétendu assure qu'aux premiers états de Blois, les députés des trois ordres déclarèrent, avec l'approbation du roi, de Catherine, et du duc d'Alençon, *que les parlements sont des états généraux au petit pied*. Il ajoute qu'il est étrange qu'aucun historien n'ait parlé d'un fait si public. Il vous serait aisé de faire chercher dans la bibliothèque du roi s'il reste quelque trace de cette anecdote, qui semblerait donner quelque atteinte à l'autorité royale. C'est une matière très-délicate, sur laquelle il ne serait pas permis de s'expliquer sans avoir des cautions sûres.

Parmi les fautes qui règnent dans cet *Examen*, il faut avouer qu'on trouve des recherches profondes. Il est vrai qu'il suffit d'avoir lu des anecdotes pour les copier; mais enfin cela tient lieu de mérite auprès de la plupart des lecteurs, séduits d'ailleurs par la licence et par la

---

1. Belestat. (ÉD.)

satire. La plupart des gens lisent sans attention; très-peu sont en état de juger. C'est ce qui donne une assez grande vogue à ce petit ouvrage. Il me paraît nécessaire de le réfuter. J'attendrai vos instructions et vos ordres; et si vous chargez un autre que moi de combattre sous vos drapeaux, je n'aurai point de jalousie, et je n'en aurai pas moins de zèle.

Ce qui affaiblit beaucoup mes soupçons sur La Beaumelle, c'est qu'il ne dit point de mal de moi. Quel que soit l'auteur, je persiste à croire qu'une réfutation est nécessaire. Je pense qu'en fait d'ouvrage de génie il ne faut jamais répondre aux critiques, attendu qu'on ne peut disputer des goûts; mais en fait d'histoire il faut répondre, parce que lorsqu'on m'accuse d'avoir menti, il faut que je me lave. Le R. P. Nonotte m'a accusé auprès du pape d'avoir menti, en soutenant (ange a) que Charlemagne n'avait jamais donné Ravenne au pape. Mon bon découvert une lettre par laquelle Charlemagne institue un gouverneur dans Ravenne. Me voilà lavé, mais non absous. J'espère que le R. P. Nonotte n'empêchera pas qu'on ne nomme bientôt un gouverneur dans Castro.

A propos de Castro, j'ai envoyé à Mme du Deffand des anecdotes très-curieuses, touchant les droits de Sa Sainteté[1]. C'est à un Vénitien que nous en sommes redevables. Cela n'est peut-être pas trop amusant pour une dame de Paris; il n'y a point là d'esprit, point de traits saillants; mais vous y trouverez des particularités aussi vraies qu'intéressantes. Les yeux s'ouvrent dans toute l'Europe. Il s'est fait une révolution dans l'esprit humain qui aura de grandes suites. Puissions-nous, vous et moi, en être témoins! Comptez que rien ne peut diminuer l'estime infinie et le tendre attachement que je vous ai voués pour le reste de ma vie.

MMMMMCDXXXIV. — A M. LE COMTE D'ARGENTAL.

28 septembre.

Le possédé[2] cède toujours à vos exorcismes, et voici une preuve, mon divin ange, de la docilité du jeune étourdi. Il est d'accord avec vous sur presque tous les points, et il vous prie très-instamment de faire porter sur le corps de l'ouvrage les changements que vous avez eu la bonté d'indiquer. Il sera très-aisé de les mettre proprement à leur place. Je vous prierai de laisser prendre une copie à Mme Denis, qui est engagée au secret, et qui le gardera comme vous.

Je crois que la pièce est faite pour avoir un prodigieux succès, grâce à ces allusions mêmes que je crains; et je pense en même temps que la pièce est assez sage pour qu'on puisse la jouer, malgré les inductions qu'on en peut tirer. Cela dépendra absolument de la bonne volonté du censeur, ou du magistrat que le censeur se croira peut-être obligé de consulter.

Enfin, après qu'on a joué *le Tartufe* et *Mahomet*, il ne faut désespé-

---

1. *Les Droits des hommes et les usurpations des papes.* (ÉD.)
2. Voy. la lettre du 14 août 1768. (ÉD.)

rer de rien. On pourra mettre un jour Caïphe et Pilate sur la scène; mais, avant que cette négociation soit consommée, il faut bien que Lekain paraisse un peu en Scythe; cela est juste, c'est une attention qu'il me doit; et, quoique les comédiens soient presque aussi ingrats que des prêtres, ils ne peuvent me priver d'un droit que j'ai acquis par cinquante ans de travaux.

Je me mets aux pieds de Mme d'Argental.

A propos, vraiment oui je pense comme vous sur l'Académie et sur La Harpe, sans même avoir vu l'ouvrage couronné.

MMMMMCDXXXV. — A M. HENNIN.

A Ferney, samedi au soir.

Mon très-aimable et très-cher résident, voici un paquet qu'on m'adresse. Il me semble que monsieur votre frère peut beaucoup dans cette affaire : il s'agit des vivants et des morts[1], ils vous auront tous obligation. Pour moi, tant que je serai au nombre des vivants, je vous serai bien tendrement attaché.

MMMMMCDXXXVI. — A MADAME DE SAINT-JULIEN.

A Ferney, 30 septembre.

Si Mme Papillon-Philosophe garde les secrets aussi bien que les paquets, je me confesserai à elle à Pâques. Non, madame, mon cœur n'a pas renoncé au genre humain, dont vous êtes une très-aimable partie. Je suis vieux, malade, et dégoûtant, mais je ne suis point du tout dégoûté; et vous seule, madame, me réconcilierez avec le monde.

Voici le secret dont il s'agit. Mme Denis m'a mandé qu'un jeune homme a tourné en opéra-comique[2] un certain conte intitulé *l'Éducation d'un prince*. Je n'ai point vu cette facétie, mais elle prétend qu'elle prête beaucoup à la musique. J'ai songé alors à votre protégé, et j'ai cru que je vous ferais ma cour en priant Mme Denis d'avoir l'honneur de vous en parler. Tout ce que je crains, c'est qu'elle ne se soit déjà engagée. Ne connaissant ni la pièce ni les talents des musiciens, j'ai saisi seulement cette occasion pour vous renouveler mes hommages. L'état triste où je suis ne me permet guère de m'amuser d'un opéra-comique. Il y a loin entre la gaieté et moi; mais mon respectueux attachement pour vous, madame, ne vieillira jamais, et rien ne contribuera plus à me faire supporter ma très-languissante vie que la continuation de vos bontés.

J'ignore en quel endroit M. le chevalier de Pezay prend actuellement le bain avec Zélis[3]. S'il s'est toujours baigné depuis qu'il vous remit cette affaire entre les mains, il doit être fort affaibli.

Vous tirez toujours des perdrix, sans doute, et vous n'êtes pas une personne à tirer votre poudre aux moineaux. Rassemblez le plus de

---

1. Il s'agit de l'ouvrage de Pacou. (ÉD.)
2. *Le Baron d'Otrante*, que Voltaire avait envoyé à Grétry. (ÉD.)
3. Pezay avait publié *Zélis au bain*, poëme en quatre chants. (ÉD.)

plaisir que vous pourrez, et soyez heureuse autant que vous méritez de l'être

Agréez, madame, mon tendre respect.

MMMMMCDXXXVII. — A MADAME LA COMTESSE DE SAINT-POINT.

Au château de Ferney, 1er octobre.

J'ai reçu presque en même temps, madame, la lettre dont vous m'honorez, et les fromages que monsieur votre fils[1] veut bien m'envoyer. Il m'accable de présents, et il me fait rougir de ne pouvoir reconnaître tant de bontés. J'habite un pays qui a l'air du paradis terrestre, mais qui, en effet, est maudit de Dieu, et qui ne produit rien d'agréable. Un des plus grands plaisirs qui m'y aient consolé a été d'y voir monsieur votre fils; mais c'est un plaisir dont j'ai joui trop peu de temps. Si ma vieillesse et ma mauvaise santé me l'avaient permis, je lui aurais certainement rendu sa visite. J'aurais été charmé de vous faire ma cour.

J'ai l'honneur d'être avec respect, madame, etc.

VOLTAIRE, *gentilhomme ordinaire de la chambre du roi.*

MMMMMCDXXXVIII. — A M. DE LALANDE.

1er octobre.

Les intendants, monsieur, sont faits, à ce que je vois, pour vexer les pauvres cultivateurs; ils vous ont enlevé à moi. Je ne peux pourtant pas blâmer M. l'intendant de Bourgogne. Si j'avais été à sa place, je vous assure que j'en aurais fait autant que lui. Comme il est de très-bonne compagnie, il est bien juste qu'il l'aime.

C'est bien dommage, monsieur, que ce qui arrive aujourd'hui en Italie ne soit pas arrivé quand vous y étiez. Vous auriez ajouté un tome bien curieux à vos huit volumes[2]. La bulle *In cœna Domini*, proscrite par la dévote reine de Hongrie; le pape enrôlant des soldats, les femmes poursuivant les enrôleurs à coups de pierres, et criant qu'on enrôle des jésuites, et qu'on leur rende leurs amants; les Romains se moquant universellement de Rezzonico; le pape s'amusant à faire des saints dans le temps qu'on lui prend ses villes : tout cela forme un tableau qui méritait d'être peint par vous, puisque vous avez eu la bonté de mêler l'étude des folies de la terre à celle des phénomènes du ciel.

Nous saurons donc, l'année qui vient, à quelle distance nous sommes du soleil; j'espère que nous saurons aussi à quel point nous sommes éloignés de la superstition.

Si vous voyez votre très-aimable commandant[3], je vous prie de me mettre à ses pieds.

Vous ne doutez pas que j'ai l'honneur d'être. etc.

1. Le chevalier de Rochefort. (ÉD.)
2. *Voyage d'un Français en Italie, fait dans les années 1765 et 1766.* (ÉD.)
3. M. de Jaucourt. (ÉD.)

MMMMCDXXXIX. — A M. Hennin.

A Ferney, lundi matin, 2 octobre.

Puisque vous mettez, monsieur, ce pauvre malade dans la nécessité de mettre un habit et des souliers, et de recevoir un duc de Bragance, il est juste que ce soit vous qui fassiez les honneurs du pays, et qui le receviez dans ma chaumière. J'avais pris le parti de le prier pour mardi; mais comme malheureusement mardi est jour de casse, je lui demande en grâce, à lui comme à vous, que ce soit pour mercredi. Ayez la charité de réussir dans cette négociation. Je vous remercie de tout mon cœur de vos reccommandations en faveur des pestiférés de Versailles.
V.

MMMMCDXL — Au même

Lundi au soir, 2 octobre.

Vous daignez venir sans doute, monsieur, chez le vieux malade entre une ou deux heures, mercredi. Connaissez-vous M. de Menon, le nouveau contrôleur général? Ah! que la *Riforma d'Italia*[1] est un bon livre! Qu'on laisse faire les Italiens, ils iront à bride abattue. Que vous êtes heureux! vous verrez le jour de la révolution dont je n'ai vu que l'aurore, et cela sera fort plaisant.

MMMMCDXLI. — De M. Hennin.

Mardi 3 octobre.

J'avais dit, monsieur, à votre commissionnaire, qui me trouva sur le pont de Saint-Gervais, que ce que vous proposiez était décidé, et serait comme il vous plairait. Nous nous rendrons demain à votre invitation à l'heure indiquée.

M. le baron de Swieten, ci-devant résident de l'empereur à Varsovie, a cru s'apercevoir que, dans tout ce que vous avez écrit ici, il n'est fait nulle mention de lui; il en a conclu qu'à vos yeux les iniquités des pères retombaient sur les enfants. Je n'ai vu ce procédé autorisé dans aucun de vos ouvrages, et me suis souvenu d'ailleurs que depuis peu vous aviez donné dans la personne de M. le duc de S.... M....[2] une preuve de votre façon de penser sur les branches qui ne tiennent de leur tronc que le nom. Mon baron ne veut pas absolument s'exposer à vous déplaire, et exige que nous le laissions seul. Tirez-moi d'embarras, je vous prie, en me disant de vous l'amener. Il est très-digne de vous être présenté.

On m'a nommé le nouveau contrôleur général, M. d'Invault, ci-devant intendant d'Amiens. Je ne le connais pas plus que M. Menon, qui est peut-être le même[3], pas plus que M. de Laverdi. Je souhaite que ce soit un homme clair, et qui débrouille les fusées de ses prédécesseurs.

Les choses curieuses sont bonnes à voir, mais j'aimerais encore

---

1. Par Pilati de Tassulo. Traduit en français par Lebrun et par J. Manzon. (Éd.)
2. Saint-Mégrin. (Éd.)
3. Maynon d'Invault, nommé contrôleur général des finances le 27 septembre 1768, se retira en décembre 1769, et eut pour successeur l'abbé Terray. (Éd.)

ANNÉE 1768.

mieux les choses utiles : et qui est-ce qui se chargera de les mettre à la place de nos folies françaises ou italiennes? Ni vous, ni moi, monsieur, ne verrons cela, ni malheureusement, je crois, ceux qui viendront après nous. Le monde ne fera jamais que changer de lisières.

MMMMMCDXLII. — A M. Hennin.

Mardi, à deux heures, 3 octobre.

Je ne savais point du tout, monsieur, quelle compagnie M. le duc de Bragance mène avec lui. Je l'avais supplié seulement de venir avec les personnes qui sont de son voyage. J'apprends que M. le baron de Van Swieten est avec lui à Genève; son nom et son mérite redoublent l'envie que j'avais de faire ma cour à tout ce qui accompagne M. le duc de Bragance, et j'irais moi-même me présenter à M. de Van Swieten, si le triste état où je suis me permettait de sortir. Voulez-vous bien avoir la bonté, monsieur, de l'instruire de mes sentiments? Vous connaissez ceux que j'aurai toute ma vie pour vous.

MMMMMCDXLIII. — A M. Pacou, a Versailles.

Au château de Ferney, ce 3 octobre.

Votre *mémoire*[1], monsieur, en faveur des morts, qui sont très-mal à leur aise, et des vivants, qui sont empestés, est assurément la cause du genre humain; et il n'y a que les ennemis des vivants et des morts qui puissent s'opposer à votre requête. Je l'ai fait lire à M. Hennin, résident à Genève; il est frère de M. le procureur du roi de Versailles; les deux frères pensent comme vous. M. le chancelier a fait rendre un arrêt du parlement contre les morts, qui empuantissent les villes; ainsi je crois qu'ils perdront leur procès. J'attends avec impatience un édit qui me permettra d'être enterré en plein air; c'est une des choses pour lesquelles j'ai le plus de goût. Tant de choses se font contre notre gré à notre naissance et pendant notre vie, qu'il serait bien consolant de pouvoir au moins être enterré à son plaisir.

Je suis en attendant, avec toute l'estime que vous m'avez inspirée de mon vivant, monsieur etc.

MMMMMCDXLIV. — A M. Dalembert.

15 octobre.

Je ne sais plus où j'en suis, mon très-cher et très-aimable philosophe. J'écrivis, il y a quinze jours, à l'ami Damilaville, que des gens qui revenaient de Baréges prétendaient ces eaux souveraines pour les dérangements que les loupes et les autres excroissances peuvent causer dans la machine; je le mandai sur-le-champ à notre ami. Je lui offris d'aller le prendre à Lyon, et de faire le voyage ensemble. J'adressai ma lettre à son ancien bureau du vingtième, adresse qu'il m'a-

1. *Mémoire concernant le cimetière de la paroisse Saint-Louis de la ville de Versailles*, imprimé dans l'opuscule intitulé : *Mémoire sur les sépultures hors des villes, ou Recueil de pièces concernant les cimetières de la ville de Versailles*. (Éd.)

vait donnée; je n'ai eu de lui aucune nouvelle. Ce silence me fait tremble : il faut qu'il ne soit pas plus en état d'écrire que de voyager. Je vous demande en grâce de me dire en quel état il est. Et vous, mon cher philosophe, comment vous portez-vous, que faites-vous? La pluie des livres contre la prêtraille continue toujours à verse. Avez-vous lu la *Riforma d'Italia*, dans laquelle le terme de canaille est le seul dont on se serve pour caractériser les moines, *per genus proprium et differentiam proximam?*

Vous connaissez le petit abrégé des usurpations papales, sous le nom des *Droits des hommes?* Les philosophes finiront un jour par faire rendre aux princes tout ce que les prêtres leur ont volé; mais les princes n'en mettront pas moins les philosophes à la Bastille, comme nous tuons les bœufs qui ont labouré nos terres.

Il paraît des *Lettres philosophiques*[1], où l'on croit démontrer que le mouvement est essentiel à la matière. Tout ce qui est pourrait bien être essentiel, car autrement pourquoi serait-il? Pour moi, je cesserai bientôt d'être, car j'ai soixante-quinze ans, et je ne suis pas de la pâte de Moncrif. Quel cicéronien donnez-vous pour successeur à mon ancien préfet d'Olivet, et qui me donnerez-vous à moi? Je me recommande à vous, et je vous embrasse de tout mon cœur.

MMMMMCDXLV. — A M. Dupont.

Au château de Ferney, 15 octobre.

Je crois bien, mon cher ami, que les chiens qu'on a fessés aboient; mais je vous assure que tous les honnêtes gens en rient, à commencer par ceux qui composent le conseil du roi, et par le roi lui-même; je pourrais vous en dire des nouvelles. Soyez sûr que d'un bout de l'Europe à l'autre il s'est fait depuis quelque temps dans les esprits une révolution qui n'est ignorée peut-être que des capucins de Colmar et des chanoines de Porentruy. Le gendre du premier ministre d'Espagne[2], qui est venu chez moi, m'a appris qu'on venait de limer les dents et de couper les griffes à l'inquisition; on lui a ôté jusqu'au privilège de juger les livres et d'empêcher les Espagnols de lire. Ce qui se passe en Italie doit vous faire voir combien les temps sont changés. On débite actuellement dans Rome la cinquième édition *della Riforma d'Italia*, livre dans lequel il est démontré qu'il faut très-peu de prêtres et point de moines, et où les moines ne sont jamais traités que de canaille. Il faut une religion au peuple, mon ami; mais il la faut plus pure et plus dépendante de l'autorité civile : c'est à quoi l'on travaille doucement dans tous les États. Il n'y a presque aucun prince qui ne soit convaincu de cette vérité; il y en a quelques-uns qui vont bien plus loin. Tout cela n'empêche pas qu'on ne doive être sage; il ne faut triompher que quand la victoire sera complète. Les

1. *Lettres philosophiques sur l'origine des préjugés du dogme de l'immortalité de l'âme*, etc. (par Toland traduit par le baron d'Holbach, avec deux notes de Naigeon). (ÉD.)
2. Le marquis de Mora. (ÉD.)

chiens qui jappent encore pourraient mordre. J'aurais plus d'une chose à vous dire si j'avais le bonheur de vous voir dans mon heureuse retraite avec celle que j'en ai faite la souveraine. Faites comme vous voudrez; mais je ne veux point mourir sans vous avoir embrassé. En attendant, je vous prie, mon cher ami, de contribuer à me faire vivre, en voulant bien recommander à M. Roset de me payer le quartier qu'il me doit; j'ai trente personnes à nourrir, et trente mille francs à donner par an à ma famille : vous concevez bien qu'il faut que M. Roset m'aide. Je vous embrasse le plus tendrement du monde. V.

MMMMMCDXLVI. — A M. LE MARQUIS DE BELESTAT, DE L'ACADÉMIE DE TOULOUSE.

Ferney, 15 octobre.

Vous n'ignorez pas sans doute, monsieur, qu'on vend publiquement, sous votre nom, à Genève et dans tous les pays voisins, un *Examen de l'histoire de Henri IV*, du sieur Bury. L'examen est assurément beaucoup plus lu que l'histoire. Oserais-je vous demander dans quelle source est puisée l'anecdote singulière qu'on trouve à la page 31, que les états de Blois dressèrent une instruction, par laquelle il est dit *que les cours de parlement sont des états généraux au petit pied?* Cette anecdote est si importante pour l'histoire, que vous me pardonnerez sans doute la liberté que je prends. Si vous n'êtes pas l'auteur de cet examen imprimé sous votre nom, souffrez que je vous supplie de me dire à qui je dois m'adresser pour être instruit d'un fait si unique et si peu connu. V.

MMMMMCDXLVII. — AU MÊME.

Ferney, 17 octobre.

Quoique je sois très-malade, monsieur, l'envie de servir, et l'importance des choses dont il s'agit, me forcent de vous écrire encore, dans l'incertitude si ma première lettre vous parviendra. J'ai déjà eu l'honneur de vous dire qu'on débite à Genève, sous votre nom, un petit livre dont voici le titre : *Examen de la nouvelle histoire de Henri IV, de M. de Bury, par M. le marquis de B...., lu dans une séance d'Académie*, etc.

On trouve à la page 24 le passage que je fais copier, et que je vous envoie. On sent aisément l'allusion coupable qui règne dans ce passage. Le président Hénault est d'ailleurs cruellement outragé dans une autre page de ce libelle. Il y en a plusieurs exemplaires à Paris; mais il passe pour être de vous; cette calomnie peut vous faire des ennemis puissants, et vous nuire le reste de votre vie. Le nommé La Beaumelle est noté chez les ministres; il lui est défendu de venir à Paris; et, en dernier lieu, M. le comte de Gudanne, commandant du pays de Foix, où ce malheureux habite, lui a intimé les défenses du roi de ne rien imprimer. C'est à vous, monsieur, à consulter vos amis et vos parents sur cette aventure, et à voir si vous devez écrire à M. le comte de Saint-Florentin, pour vous justifier, et pour faire connaître que ce n'est pas vous, mais La Beaumelle, qui a composé et imprimé cet écrit. J'ai cru devoir à votre mérite et à l'estime que vous m'avez inspirée les informations que je vous donne, et desquelles vous ferez l'usage le plus convenable.   V.

MMMMMCDXLVIII. — A M. LE PRÉSIDENT HÉNAULT.

A Ferney, 17 octobre.

Vous négligez trop, mon cher et illustre confrère, une affaire importante et un ami qui prend vos intérêts plus que vous-même. Le petit livre en question [1] est débité sous le nom de M. le marquis de Belestat, et non de Belloste; le résident de France à Genève s'était trompé sur le nom. L'ouvrage passe pour être savant et écrit d'un style vigoureux, dans le goût de celui de La Bruyère. Il se fait des partisans par son audace, et par des anecdotes historiques inconnues jusqu'aujourd'hui : pour moi, je crois la plupart de ces anecdotes fausses, et le style plus insolent que ferme et ingénieux.

Je suis lié avec le marquis de Belestat, jeune homme de mérite, académicien de Toulouse et de Montpellier. Je puis vous assurer qu'il n'est point l'auteur de cet écrit, et qu'il en est incapable de toute manière : je crois connaître l'auteur. Que vous coûterait-il de faire chercher, par l'abbé Boudot, à la bibliothèque du roi, 1° si l'on trouve dans les premiers états de Blois que les états chargèrent leurs députés de dire au roi et à la reine mère *que les parlements sont les états généraux du royaume au petit pied;*

2° S'il est vrai que, dans le contrat de mariage de Jeanne de Bourbon avec le père de Henri IV, elle prit le titre de majesté *fidélissime*.

Je supprime les autres anecdotes, sur lesquelles je suis assez instruit. Encore une fois, ne méprisez ni mon zèle, ni ces points d'histoire; vous savez combien votre gloire m'est chère, je l'aime presque autant que la vérité; mais certainement je ne prendrai pas la liberté de combattre pour vous sans votre ordre : je suis de ces officiers subalternes qui ne font rien sans l'agrément de leur général. Je vous embrasse très-tendrement, et vous souhaite toujours les jours les plus longs et les plus heureux, s'il y a du bonheur à nos âges.

MMMMMCDXLIX. — A M. DUPONT.

A Ferney, près Versoix, 18 octobre.

Mon cher ami, le sieur Roset me paraît un virtuose. Il me mande que je suis fils d'Apollon et de Plutus; mais, s'il ne m'envoie point d'argent, Plutus me déshéritera, et Apollon ne me consolera pas. Il dit qu'il a dépensé son argent à fouiller des mines; mais il allonge beaucoup la mienne. Il n'est point dit dans notre marché qu'il cherchera de l'or, mais qu'il m'en donnera; et le vrai moyen de n'avoir pas à m'en donner, c'est d'imaginer qu'il y en a dans les montagnes des Vosges. Les véritables mines sont dans ses vignes bien cultivées; elles font de

---

1. *L'Examen de la nouvelle histoire de Henri IV.* (ÉD.)

fort bon vin, qu'on vend très-bien à Bâle, où on le vendrait encore mieux s'il y avait encore un concile. Le chapitre seul de Porentruy en boit assez pour que M. Roset ait de quoi me payer.

Puisqu'il est un bel esprit, j'implore auprès de lui la protection de Bacchus, le dieu des raisins, celle d'Apollon qui doit me donner des lettres de recommandation pour lui, et point du tout celle de Pluton, quoiqu'il soit le dieu des mines; j'implore surtout la vôtre, qui savez ce que vaut une délégation acceptée. Je ne vis plus que de ces délégations : j'ai donné le reste à ma famille; M. Roset doit considérer que, m'étant dépouillé de mon justaucorps et de mon manteau, il ne me reste que ma veste et ma culotte; que s'il m'en prive, j'irai tout nu, et que je mourrai de froid l'hiver prochain. Je lui demande en grâce qu'il m'envoie ce qu'il pourra au plus tôt, et que le reste ne vienne pas trop tard.

Voici une petite lettre galante que je lui écris; je vous supplie de la lui faire tenir. Vous avez dû recevoir des paquets pour vous amuser. Père Adam gagne toujours aux échecs; il vous fait bien ses compliments.

Je vous aime de tout mon cœur.   V.

MMMMMCDL. — A M. LE COMTE D'ARGENTAL.

19 octobre.

Il faut amuser ses anges tant qu'on peut, c'est mon avis. Sur ce principe, j'ai l'honneur de leur envoyer ce petit chiffon [1] qui m'est tombé par hasard entre les mains.

Mais de quoi s'est avisé M. Jacob Tronchin de dire à M. Damilaville que j'avais fait une tragédie? Certainement je ne lui en ai jamais fait la confidence, non plus qu'au duc et au marquis de Cramer. Si vous voyez Jacob, je vous prie de laver la tête à Jacob. L'idée seule que je peux faire une tragédie suffirait pour tout gâter. Je vais, de mon côté, laver la tête à Jacob.

Mais pourquoi n'avez-vous pas conservé une copie des *Guèbres?* Je suis si indulgent, si tolérant, que je crois que ces *Guèbres* pourraient être joués; mais la volonté de Dieu soit faite!

Je pense qu'il était nécessaire que j'écrivisse au président sur le beau portrait qu'on a fait de lui : on disait trop que j'étais le peintre.

On a imprimé cet ouvrage sous le nom d'un marquis de Belestat, qui demeure dans ses terres en Languedoc; mais enfin celui qui l'a fait imprimer m'a avoué qu'il était de La Beaumelle : je m'en étais bien douté. Le maraud a quelquefois le bec retors et la griffe tranchante; mais aussi on n'a jamais débité des mensonges avec une impudence aussi effrontée. Le président sera sans doute bien aise que ces traits soient partis d'un homme décrié.

Comment pourrai-je vous envoyer le *Siècle de Louis XIV* et le *Précis* du suivant, poussé jusqu'à l'expulsion des révérends pères jésuites? Mon culte de dulie ne finira qu'avec moi.

1. Peut-être les *Trois Empereurs en Sorbonne.* (Éd.)

MMMMMCDLI. — A M. DE LALANDE.

19 octobre:

Vous pardonnerez, mon cher philosophe, à un pauvre malade sa négligence à vous répondre, car un vrai philosophe est compatissant. Ce pauvre Ferney a été un hôpital.

Si Mme de Marron l'honore de sa présence, elle sera comme Philoctète, qui vint à Thèbes en temps de peste.

Il est vrai que rien n'est plus étrange pour une dame que de faire trois tragédies en quatre mois, et de composer la quatrième. Il est très-difficile d'en faire une bonne en un an. *Phèdre* coûta deux années à Racine. Mais quand il y aurait des défauts dans les ouvrages précipités de Mme de Marron, cette précipitation et cette facilité seraient encore un prodige. J'irais l'admirer chez elle, si je pouvais sortir; mais si elle veut que je voie ses pièces, il faudra bien qu'elle vienne à Ferney. Vous savez bien que les déesses prenaient la peine autrefois de descendre sur leurs autels pour y recevoir l'encens de leurs adorateurs. Elle me verra malade, mais je suis le malade le plus sensible au mérite et aux beaux vers.

Je ne sais si vous êtes actuellement occupé avec les astres; pour moi, je suis fort mécontent de la terre; nous ne pouvons semer; on n'aura point de récolte l'année prochaine, si Dieu n'y met la main.

MMMMMCDLII. — A M. MAILLET DU BOULLAY.

A Ferney, 20 octobre.

Monsieur, la lettre dont vous m'honorez, au nom de votre illustre Académie, est le prix le plus honorable que je puisse jamais recevoir de mon zèle pour la gloire du grand Corneille, et pour les restes de sa famille. L'éloge de ce grandhomme devait être proposé par ceux qui font aujourd'hui le plus d'honneur à sa patrie. Je ne doute pas que ceux qui ont remporté le prix, ou qui en ont approché [1], n'aient pleinement rempli les vues de l'Académie; un si beau sujet a dû animer les auteurs d'un noble enthousiasme. Il me semble que le respect pour ce grandhomme est encore augmenté par les petites persécutions du cardinal de Richelieu, par la haine d'un Bois-Robert, par les invectives d'un Claveret, d'un Scudéri, et d'un abbé d'Aubignac, prédicateur du roi. Corneille est assurément le premier qui donna de l'élévation à notre langue, et qui apprit aux Français à penser et à parler noblement. Cela seul lui mériterait une éternelle reconnaissance; mais quand ce mérite se trouve dans des tragédies conduites avec un art inconnu jusqu'à lui, et remplies de morceaux qui occuperont la mémoire des hommes dans tous les siècles, alors l'admiration se joint à la reconnaissance. Personne ne lui a payé ces deux tributs plus volontiers que moi, et c'est toujours en lui rendant le plus sincère hommage que j'ai été forcé de relever des fautes.

1. Le prix avait été donné à Gaillard; l'accessit à La Harpe. (ÉD.)

ANNÉE 1768.

Quas aut incuria fudit,
Aut humana parum cavit natura.
Hor., *de Art. poet.*, v. 352.

Ces fautes, inévitables dans celui qui ouvrit la carrière, instruisent les jeunes gens sans rien diminuer de sa gloire. J'ai eu soin d'avertir plusieurs fois qu'on ne doit juger les grands hommes que par leurs chefs-d'œuvre.

Les Anglais lui opposent leur Shakspeare; mais les nations ont jugé ce procès en faveur de la France. Corneille imita quelque chose des Espagnols; mais il les surpassa, de l'aveu des Espagnols mêmes.

Faites agréer, je vous prie, monsieur, à l'Académie mes très-humbles et respectueux remerciments des deux *Éloges* qu'elle daigne me faire tenir. Je les lirai avec le même transport qu'un officier de l'armée de Turenne devait lire l'*Éloge* de son général, prononcé par Fléchier. Je suis extrêmement sensible au souvenir de M. de Cideville; il y a plus de soixante ans que je lui suis tendrement attaché. La plus grande consolation de mon âge est de retrouver de vieux amis. Je crois en avoir un autre dans votre Académie, si j'en juge par mes sentiments pour lui; c'est M. Le Cat, qui joint la plus saine philosophie aux connaissances approfondies de son art.

J'ai l'honneur d'être, etc.

MMMMMCDLIII. — DE M. DALEMBERT.

A Paris, ce 22 octobre.

Vous devez, mon cher maître, avoir reçu une lettre de notre ami Damilaville; il m'a assuré vous avoir écrit. Son état est toujours bien fâcheux; depuis quelques jours cependant il a de meilleures nuits; mais son estomac se dérange de plus en plus, et ses glandes ne se dégonflent guère. Il lui est impossible de se soutenir sur ses jambes, et à peine peut-il se traîner de son lit à son fauteuil, avec le secours de son domestique. Quant à moi, mon cher ami, ma santé est assez bonne; mais j'ai le cœur navré des sottises de toute espèce dont je suis témoin. Avez-vous su que la chambre des vacations, à laquelle président le janséniste de Saint-Fargeau et le dévôt politique Pasquier, a condamné au carcan et aux galères un pauvre diable (qui est mort de désespoir le lendemain de l'exécution), pour avoir prié un libraire de le défaire de quelques volumes qu'il ne connaissait pas, et qu'on lui avait donnés en payement?

Vous noterez que parmi ces volumes on nomme dans l'arrêt *l'Homme aux quarante écus*, et une tragédie de *la Vestale*[1] (imprimée avec permission tacite), comme impies et contraires aux bonnes mœurs. Cette atrocité absurde fait à la fois horreur et pitié; mais quel remède y apporter, quand on est placé à la gueule du loup?

Ce sera l'abbé de Condillac qui succédera à l'abbé d'Olivet; je crois que nous n'aurons pas à nous plaindre de l'échange. A propos de

1. *Ericie ou la Vestale*, tragédie de Fontanelle, en trois actes et en vers. (ÉD.)

l'abbé d'Olivet, pourriez-vous m'envoyer quelques anecdotes à son sujet, si vous en savez d'intéressantes? L'abbé Batteux, notre directeur, qui se trouve chargé de son éloge, m'a prié de vous les demander, et de vous dire qu'il se serait adressé directement à vous-même, s'il avait l'honneur d'en être connu. Adieu, mon cher maître; on dit que vous travaillez nuit et jour : tant mieux pour le public, mais que ce ne soit pas tant pis pour votre santé, qui est, comme disait Newton du repos, *res prorsus substantialis. Vale, et me ama.*

MMMMMCDLIV. — A M. TABAREAU.

Octobre.

Il est étonnant, monsieur, que les Chinois sachent au juste le nombre de leurs concitoyens, et que nous, qui avons tant d'esprit et qui sommes si drôles, nous soyons encore dans l'incertitude ou plutôt dans l'ignorance sur un objet aussi important. Je ne garantis pas le calcul de M. de La Michodière; mais s'il y a vingt millions d'hommes en France, chaque individu doit prétendre à *quarante écus* de rente; et si nous n'avons que seize millions d'animaux à deux pieds et à deux mains, il nous revient à chacun cent quarante-quatre livres ou environ. Cela est fort honnête; mais les hommes ne savent pas borner leurs désirs.

Il y a une chose qui me fâche davantage, c'est que quand vous avez la bonté de donner cours à mes paquets pour Paris, vos commis mettent *Genève* sur l'enveloppe; cela est cause qu'ils sont ouverts à Paris. Les tracasseries génevoises ont probablement été l'objet de cette recherche; mais je ne suis point Génevois *représentant*. J'ai cru que ma correspondance, favorisée par vous, serait en sûreté. Je vous prie en grâce de me dire si les paquets pareils à ceux que je vous ai fait tenir pour vous-même ont été marqués, dans vos bureaux, de ce mot funeste *Genève*. Il serait possible que, dans la multiplicité de mes correspondances, j'eusse envoyé quelques-unes de ces brochures imprimées en Hollande, qu'on me demande quelquefois ; il serait bien cruel qu'elles fussent tombées dans des mains dangereuses.

Tout le monde paraît content du débusquement de M. *del Averdi*, et on ne l'appelle plus que M. Laverdi. Cela semble prouver qu'il voulait de l'ordre et de l'économie; on n'aime ni l'un ni l'autre à la cour, mais il en faut pour le pauvre peuple. Cependant ce ministre avait fait du bien; on lui devait la liberté du commerce des grains, celle de l'exercice de toutes les professions, la noblesse donnée aux commerçants, la suppression des recherches sur le centième denier après deux années, le privilége des corps de villes, l'établissement de la caisse d'amortissement. Le public est soupçonné quelquefois d'être injuste et ingrat.

Comme nous allons bientôt entrer dans l'avent, votre bibliothécaire, monsieur, vous envoie un sermon. Il est vrai que ce sermon est d'un huguenot; mais la morale est de toutes les religions. Je ne manquerai pas de vous faire parvenir tous les ouvrages de dévotion qui paraîtront dans ce saint temps.

Vous savez combien je vous suis attaché

ANNÉE 1768.

MMMMMCDLV. — A M. LE CHEVALIER DE LORRI.

Au château de Ferney, le 26 octobre.

Monsieur, je vous aurais remercié sur-le-champ, si mon âge et mes maladies me l'avaient permis. Je suis bien affligé de n'avoir pas su plus tôt l'étonnante action qui doit immortaliser votre régiment et la mémoire de M. d'Assas. Je n'aurais pas manqué d'en parler dans le *Siècle de Louis XIV* et *de Louis XV*, que l'on vient d'imprimer; j'en suis si touché, que je vais faire une addition qui sera envoyée à tous les libraires qui débitent ce livre. Je ne veux point mourir sans avoir rendu justice à un homme mort si généreusement pour la patrie.

VOLTAIRE.

MMMMMCDLVI. — A M. LE PRÉSIDENT HÉNAULT.

A Ferney, 31 octobre.

Ah! nous voilà d'accord, mon cher et illustre confrère. Oui, sans doute, j'y mettrai mon nom[1], quoique je ne l'aie jamais mis à aucun de mes ouvrages. Mon amour-propre se réserve pour les grandes occasions, et je n'en sais point de plus honorable que celle de défendre la vérité et votre gloire.

J'avais déjà prié M. Marin de vous engager à prêter les armes d'Achille à votre Patrocle, qui espère ne pas trouver d'Hector. Je lui ai même envoyé en dernier lieu une liste des faits qu'on ne peut guère vérifier que dans la bibliothèque du roi, me flattant que M. l'abbé Boudot voudrait bien se donner cette peine. Je vous envoie un double de cette liste; elle consiste en dix articles principaux qui méritent des éclaircissements[2].

Vous jugerez par ces articles mêmes que le critique a de profondes

---

1. Dans sa lettre du 17 octobre Voltaire parlait de publier une défense de Hénault contre l'*Examen de la nouvelle histoire de Henri IV*. Mais il fit seulement quelques notes. (ÉD.)

2. 1º Voir dans l'*Avis aux bons catholiques*, imprimé à Toulouse, et qui est à la bibliothèque du roi, parmi les recueils de la Ligue, si, dans cet écrit, la validité du mariage de Jeanne d'Albret avec Antoine de Bourbon est contestée; et s'il est vrai que le pape Grégoire XIII signifia qu'il ne regardait pas ce mariage comme légitime. Cette dernière partie de l'anecdote me paraît entièrement fausse.

2º Voir si, dans le contrat de mariage de Marguerite de Valois et du prince de Béarn, Jeanne d'Albret prit la qualité de majesté *fidélissime*.

3º Consulter les manuscrits concernant les premiers états de Blois; et voir si les députés furent chargés d'une instruction portant *que les cours de parlement sont les états généraux au petit pied*.

4º Savoir si Marguerite de Valois eut en dot les sénéchaussées du Querci et de l'Agénois, avec le pouvoir de nommer *aux évêchés et aux abbayes*.

5º Savoir s'il est vrai que la sentence rendue par le juge de Saint-Jean d'Angély porte *que la princesse de Condé sera appliquée à la question*.

6º Savoir si, par l'édit de mars 1552 et l'édit de décembre 1563, la nouvelle religion est véritablement *autorisée*, et si elle y est appelée *religion prétendue réformée*;

7º S'il est vrai que Jeanne d'Albret se soit opposée longtemps au mariage du prince de Béarn son fils, depuis Henri IV, avec Marguerite;

8º S'il est vrai qu'en dernier lieu on ait retrouvé, au greffe du parlement de Rouen, un édit de Henri IV, de janvier 1595, qui chassait tous les jésuites du

et de singulières connaissances de notre histoire, quoiqu'il se trompe en bien des endroits.

Il serait convenable que vous lussiez cet ouvrage; vous seriez bien plus à portée alors de m'éclairer. Vous verriez combien le style, quoique inégal, peut faire d'illusion. Je sais qu'on a envoyé à Paris six cents exemplaires de la première édition, et que le débit n'en a pas été permis; mais l'ouvrage est répandu dans les provinces et dans les pays étrangers; il est surtout vanté par les protestants; et, comme l'auteur semble vouloir défendre la mémoire d'Henri IV, il devient par là cher aux lecteurs qui n'approfondissent rien.

Vous voyez évidemment, par toutes ces raisons, qu'il est absolument nécessaire de le réfuter.

M. Marin a entre les mains une carte sur laquelle l'imprimeur m'a écrit que l'ouvrage est de M. le marquis de Belestat; mais je suis persuadé que ce libraire m'a trompé, et que l'auteur a joint à toutes ses hardiesses celle de mettre ses critiques sous un nom qui s'attire de la considération.

M. le marquis de Belestat est un jeune homme de mérite qui m'a fait l'honneur de m'écrire quelquefois. Le style de ses lettres est absolument différent de celui de la critique qu'on lui impute; mais on peut avoir un style épistolaire naturel et faible, et un style plus fort et plus recherché pour un ouvrage destiné au public.

Quoi qu'il en soit, je lui ai écrit en dernier lieu pour l'avertir qu'on lui attribue cette pièce; je n'en ai point eu de réponse. Peut-être n'est-il plus à Montpellier, d'où il avait daté les dernières lettres que j'ai reçues de lui.

Vous voilà bien au fait, mon cher et illustre confrère; vous jugerez si j'ai cette affaire à cœur, si votre gloire m'est chère, si un attachement de quarante années peut se démentir. Je vous répéterai ici mon ancienne maxime : en fait d'ouvrages de goût, il ne faut jamais répondre; en fait d'histoire, il faut répondre toujours, j'entends sur les choses qui en valent la peine, et principalement celles qui intéressent la nation.

Si vous m'envoyez les instructions qui me sont nécessaires, je vous prie de me les adresser par M. Marin, qui me les fera tenir contre-signées.

Il ne me reste qu'à vous embrasser avec la tendresse la plus vive, et à vous souhaiter une vie longue et heureuse, que vous méritez si bien. Tant que la mienne durera, vous n'aurez point de serviteur qui vous soit plus inviolablement attaché.

---

royaume. Il est sûr que Henri IV assura le pape qu'il ne donnerait point cet édit. De Thou dit que cet édit ne fut point accordé; ce fait est très-important.

9° Savoir s'il est vrai que le roi Charles VI ne fut déclaré majeur qu'à l'âge de vingt-deux ans; il fut pourtant sacré en 1380, âgé de treize ans et quelques jours, et le sacre faisait cesser la régence.

10° N'est-il pas vrai qu'avant l'édit de Charles V les rois étaient majeurs à vingt et un ans, et non à vingt-deux?

ANNÉE 1768.

MMMMMCDLVII. — A M. DE LA HARPE.

31 octobre.

Je ne sais pas ce que vous voulez dire, mon cher enfant, avec le prix de l'Académie ; il est certain que vous l'avez eu, car tout le public éclairé vous l'a donné, et il n'y a, je crois, pas un seul de mes confrères qui n'ait souscrit à la fin au jugement du public. Il est démontré en rigueur que vous avez eu le prix ; et si vous n'avez pas reçu la médaille, ce n'était assurément qu'une méprise.

Est-ce qu'en voyant la fortune de votre fils aîné, *le Comte de Warwick*, vous n'avez pas envie de lui donner un petit frère cadet ? Je vous assure que cela ferait une très-jolie famille.

Nous avons perdu un très-bon académicien dans l'abbé d'Olivet. Il était le premier homme de Paris pour la valeur des mots ; mais je crois son successeur, l'abbé de Condillac, un des premiers hommes de l'Europe pour la valeur des idées. Il aurait fait le livre de *l'Entendement humain*, si Locke ne l'avait pas fait, et, Dieu merci, il l'aurait fait plus court. Nous avons fait là une bonne acquisition. Il y a quelque temps que je n'ai vu M. Hennin. Je ne puis vous dire quand il partira. Je ne sais nulle nouvelle ni du monde, ni de mes voisins : je suis enterré. Il y a huit mois que je n'ai mis le pied hors de chez moi. Quand on est vieux malade, on se retire bien volontiers du monde. C'est un grand bal où il ne faut pas s'aviser de paraître lorsqu'on ne peut plus danser. Pour Mme de La Harpe et vous, je vous conseille de danser de toute votre force.

Le vieux malade vous embrasse de tout son cœur.

MMMMMCDLVIII. — A M. GAILLARD.

A Ferney, 2 novembre.

Il est vrai, mon cher et illustre ami, que l'Académie de Rouen m'a fait l'honneur de m'écrire qu'elle m'envoyait l'ouvrage couronné[1], sans me dire qu'il était de vous. Vous me comblez de joie en m'apprenant que vous en êtes l'auteur. Ce ne sera donc pas seulement une *pièce couronnée*, mais une excellente pièce. Le sieur Panckoucke, qui a fait si longtemps la litière de Fréron[2], et qui fait actuellement la mienne[3], était chargé de m'envoyer votre discours ; mais il est devenu un homme si important depuis qu'il débite les malsemaines de ce Fréron, qu'il ne s'est mis nullement en peine de me faire parvenir l'ouvrage après lequel je soupire.

Je suis réduit à vous faire des compliments à vide ; j'ai remercié l'Académie normande sans savoir de quoi ; et je brûle d'envie de vous remercier en connaissance de cause.

Je vois bien que nous n'aurons pas la partie ecclésiastique[4] de ce

---
1. *Éloge de P. Corneille*, par Gaillard. (ÉD.)
2. Il avait été le libraire de *l'Année littéraire*. (ÉD.)
3. Il publiait l'édition in-4° des *Œuvres de Voltaire*. (ÉD.)
4. Les tomes V, VI et VII de la première édition de l'*Histoire de François Ier*, par Gaillard, ne parurent qu'en 1769. L'*Histoire ecclésiastique* forme le livre septième de cette *Histoire*. (ÉD.)

brave chevalier et de ce pauvre roi François Ier; cette partie est la honteuse. Charles-Quint, son supérieur en tout, ne faisait pas brûler les luthériens à petit feu; il leur accordait la liberté de conscience, après les avoir battus en rase campagne. C'est dommage que, de ces deux héros, l'un soit mort fou, et l'autre soit mort de la vérole.

Permettez à l'estime et à l'amitié de vous embrasser sans cérémonie.

MMMMMCDLIX. — A M. DE CHABANON.

2 novembre.

Je ne sais où vous prendre, mon cher et aimable ami; mais ce sera sans doute au milieu des plaisirs. Vous êtes tantôt à la campagne, tantôt à Fontainebleau; et moi, du fond de ma solitude, n'étant pas sorti deux fois de chez moi depuis votre départ, ayant seulement ouï dire à mes domestiques que l'on fait la guerre en Corse, et que le roi de Danemark est en France, je vous adresse mon *De profundis* à votre maison de Paris, à tout hasard.

Je ne sais si, depuis votre dernière lettre, vous avez fait une tragédie ou une jouissance. Je ne sais ce qu'est devenu l'Orphée[1] de *Pandore* depuis le gain de son procès contre son détestable prêtre; j'ignore tout; je sais seulement que je vous suis attaché comme si j'étais vivant. N'oubliez pas tout à fait ce pauvre antipode. Quand vous aurez fait des vers, envoyez-les-moi, je vous prie, car j'aime toujours les beaux vers à la folie, quoique je sois actuellement plongé dans la physique[2]. La nature est furieusement déroutée depuis que j'ai coupé des têtes à des colimaçons, et que j'ai vu ces têtes revenir. Depuis saint Denis, on n'avait jamais rien vu de plus mirifique. Cette expérience me porte fort à croire que nous ne savons rien du tout des premiers principes, et que le plus sage est celui qui se réjouit le plus.

On ne peut vous être plus tendrement dévoué que le mort V.

MMMMMCDLX. — A M. LE COMTE DE ROCHEFORT.

A Ferney, 2 novembre.

L'enterré ressuscite un moment, monsieur, pour vous dire que, s'il vivait une éternité, il vous aimerait pendant tout ce temps-là. Il est comblé de vos bontés : il lui est encore arrivé deux gros fromages par votre munificence. S'il avait de la santé, il trouverait son sort très-préférable à celui du rat retiré du monde dans un fromage de Hollande; mais, quand on est vieux et malade, tout ce qu'on peut faire c'est de supporter la vie et de se cacher.

Je vous ai envoyé quatre volumes du *Siècle de Louis XIV*, et *de Louis XV*; mais, en France, les fromages arrivent beaucoup plus sûrement par le coche que les livres. Je crois qu'il faudra tout votre crédit pour que les commis à la douane des pensées vous délivrent le récit de la bataille de Fontenoy et la prise de Minorque. La société s'est si bien perfectionnée, qu'on ne peut plus rien lire sans la permis-

---

1. M. de La Borde. (ÉD.)
2. Voy. l'ouvrage *Des singularités de la nature*. (ÉD.)

sion de la chambre syndicale des libraires. On dit qu'un célèbre jan-séniste a proposé un édit par lequel il sera défendu à tous les philosophes de parler, à moins que ce ne soit en présence de deux députés de Sorbonne, qui rendront compte au *prima mensis* de tout ce qui aura été dit dans Paris dans le cours du mois.

Pour moi, je pense qu'il serait beaucoup plus utile et plus convenable de leur *couper la main droite*, pour les empêcher d'écrire, et de leur *arracher la langue*, de peur qu'ils ne parlent. C'est une excellente précaution dont on s'est déjà servi, et qui a fait beaucoup d'honneur à notre nation. Ce petit préservatif a même été essayé avec succès dans Abbeville sur le petit-fils d'un lieutenant général; mais ce ne sont là que des palliatifs. Mon avis serait qu'on fit une Saint-Barthélemy de tous les philosophes, et qu'on égorgeât dans leur lit tous ceux qui auraient Locke, Montaigne, Bayle, dans leur bibliothèque. Je voudrais même qu'on brûlât tous les livres, excepté la *Gazette ecclésiastique* et le *Journal chrétien*.

Je resterai constamment dans ma solitude jusqu'à ce que je voie ces jours heureux où la pensée sera bannie du monde, et où les hommes seront parvenus au noble état des brutes. Cependant, monsieur, tant que je penserai et que j'aurai du sentiment, soyez sûr que je vous serai tendrement attaché. Si on faisait une Saint-Barthélemy de ceux qui ont les idées justes et nobles, vous seriez sûrement massacré un des premiers. En attendant, conservez-moi vos bontés. Je me mets aux pieds de Mme de Rochefort.

MMMMMCDLXI. — A M. Gabriel Cramer.

A Ferney, 3 novembre.

Je vous prie, mon cher ami, de me procurer ces trois volumes de *Mélanges*, où vous dites qu'on a inséré plusieurs balivernes de ma façon, comme tragédies médiocres, comédies de société, petits vers de société, qui ne sont jamais bons qu'aux yeux de ceux pour qui ils ont été faits. Si la folie de faire des vers est un peu épidémique, la rage de les imprimer est beaucoup plus grande. On dit qu'on a mêlé à ces fadaises des ouvrages licencieux de plusieurs auteurs. Je suis comme les gens de mauvaise compagnie, qui sont fâchés de se trouver en mauvaise compagnie. Faites-moi venir, je vous prie, par vos correspondants de Hollande, deux exemplaires de ce recueil intitulé, dit-on, *Nouveaux mélanges*. Je veux en juger.

> La faiblesse humaine est d'apprendre
> Ce qu'on ne voudrait pas savoir.

Il y a tantôt cinquante ans qu'on se plaît à mettre sous mon nom beaucoup de sottises qui, jointes avec les miennes, composent en papier bleu une bibliothèque très-considérable; mais la calomnie y mêle quelquefois des ouvrages sérieux qui font bien de la peine. Ces impostures sont d'autant plus désagréables qu'on ne peut guère les repousser; on ne sait d'où elles partent; on se bat contre des fantômes. J'ai beau me mettre en colère comme Ragotin, et jurer que cela n'est pas de moi, et que cela est détestable, on me répond que mon style est très-reconnaissable ; et voilà comme on juge. La condition d'un homme de lettres ressemble à celle de l'âne du public ; chacun le charge à sa volonté, et il faut que le pauvre animal porte tout.

Mettez-moi au fait, je vous prie, de ce recueil de *Nouveaux mélanges;* je vous serai très-obligé. J'attends ce service de votre amitié

MMMMMCDLXII. — A M. LE CHEVALIER DE BEAUTEVILLE.

A Ferney, 4 novembre.

Monsieur, je suis obligé en honneur de vous rendre compte de ce qui vient de m'arriver. Une dame fort jolie et fort affligée est venue chez moi ; je n'ai pas, à mon âge, de quoi la consoler ; elle m'a assuré qu'il n'y avait que vous qui puissiez lui donner de la consolation. « J'ai le malheur, m'a-t-elle dit, d'être la femme d'un poëte. — Votre mari est-il jeune, madame ? fait-il bien des vers ? — Ah ! monsieur, il les fait détestables. — Cela est fort commun, madame ; mais que peut un ambassadeur de France contre la rage de faire de mauvais vers ? — Monsieur, je suis Génevoise, et mon mari est un jeune étourdi nommé Lamande. — Eh bien ! madame, envoyez-le chez J. J. Rousseau, ils travailleront du même métier. — Monsieur, il y a renoncé pour sa vie. Il s'avisa, il y a deux ans, pendant les troubles de Genève, où personne ne s'entendait, de faire une mauvaise brochure en vers qu'on n'entendait pas davantage ; il a été banni pour neuf ans par un arrêt du conseil magnifique ; il a un père encore plus vieux que vous, qui est aveugle, et qui se trouve sans secours ; ma mère, vieille et infirme, a besoin de mes soins : je passe ma vie à courir pour me partager entre ma mère et mon mari : monsieur l'ambassadeur de France est le seul qui puisse finir mes malheurs. »

J'ai répondu alors de Votre Excellence ; j'ai assuré la désolée que, si elle venait à votre lever, elle s'en trouverait fort bien ; mais que vous étiez actuellement occupé avec les dames de Saint-Omer.

« Hélas ! monsieur, m'a-t-elle répliqué, il peut de Saint-Omer pardonner à mon mari, et me le rendre. On a prétendu que mon mari lui avait manqué de respect dans son impertinent ouvrage, où personne n'a jamais rien compris.... — Madame, ai-je dit, si votre mari avait été citoyen de Berg-op-Zoom, M. le chevalier de Beauteville lui aurait très-mal fait passer son temps ; mais, s'il est citoyen de Genève, et s'il a écrit des sottises, soyez très-persuadée que monsieur l'ambassadeur de France n'en sait rien, qu'il ne lit point ces pauvretés, ou qu'il ne s'en souvient plus. » Alors elle s'est remise à pleurer. « Ah ! que monsieur l'ambassadeur pourrait faire une belle action ! disait-elle. — Il la fera, madame, n'en doutez pas ; c'est une de ses habitudes. De quoi s'agit-il ? — Ce serait, monsieur, qu'il trouvât bon que mon magnifique conseil abrégeât le temps du bannissement de mon sot mari, qui a voulu faire le bel esprit. Il ne faudrait pour cela qu'un mot de la main de Son Excellence. La grâce de mon mari sera accordée, si l'ambassadeur daigne seulement vous témoigner qu'il sera satisfait que ce magnifique conseil laisse revenir mon mari Lamande dans sa patrie, et que je puisse y soulager la vieillesse de mes parents. Prenez la liberté de lui demander cette faveur, il ne vous refusera pas; car c'est sans doute une chose très-indifférente pour lui que le sieur Lamande et moi nous soyons à Genève ou en Savoie. »

Enfin, monsieur, elle m'a tant pressé, tant conjuré, que j'ose vous conjurer aussi. Une nombreuse famille vous aura l'obligation de la fin de ses peines. Votre Excellence peut avoir la bonté de m'écrire qu'elle est satisfaite de deux ans d'expiation de Lamande, et qu'elle verra avec plaisir qu'il soit rappelé dans sa ville.

Voyez, monsieur, si j'ai trop présumé en vous demandant cette grâce, et si vous pardonnez à Lamande et à mon importunité. Le plus grand plaisir que m'ait fait la jolie pleureuse a été de me fournir cette occasion de vous renouveler le respect et l'attachement avec lesquels je suis, etc.

MMMMMCDLXIII. — A M. LE DUC DE SAINT-MÉGRIN.

A Ferney, le 4 novembre.

Monsieur le duc, le vieux malade solitaire a été pénétré de l'honneur de votre visite et de votre souvenir. Il vous écrit à Paris, comme vous le lui avez ordonné. En quelque lieu que vous soyez, vous y faites du bien, vous acquérez continuellement de nouvelles lumières, et vous fortifiez votre belle âme contre les préjugés de toute espèce. Vous avez voyagé, dans la plus grande jeunesse, dans le même esprit que voyageaient autrefois les vieux sages, pour connaître les hommes et pour leur être utile; vous vous êtes mis en état de rendre un jour les plus grands services à votre nation; vous avez parcouru les provinces et les frontières en philosophe et en homme d'État : la raison et la patrie en sentiront un jour les effets. Je ne verrai pas ces jours heureux, mais je mourrai avec la consolation d'avoir vu celui qui les fera naître.

Votre philosophie bienfaisante est déjà connue, elle a été ornée des grâces de votre esprit; tous les gens de lettres vous ont applaudi : il viendra un temps où la nation entière pourra vous avoir de plus grandes obligations. Vous êtes né dans un siècle éclairé; mais la lumière qui s'est étendue depuis quelques années n'a encore servi qu'à nous faire voir nos abus, et non pas à les corriger; elle a même révolté quelques esprits qui, faits pour les erreurs, pensent qu'elles sont nécessaires. Plus la raison se développe, plus elle effraye le fanatisme. On tient en esclavage les corps et les esprits autant qu'on le peut. Pour comble de malheur, la fausse politique protége ce fanatisme funeste. Il en est de certaines superstitions comme des déprédations autorisées dans la finance : elles sont anciennes, elles sont en usage; donc il les faut soutenir. Voilà comme l'on raisonne; on agit en conséquence, et il y en a eu des exemples bien funestes.

Si quelqu'un peut contribuer un jour à rendre la France aussi heureuse qu'elle commence à être éclairée, c'est assurément vous, monsieur le duc. Les Montausier ont rendu leur nom célèbre dans le siècle des beaux-arts, vous pourrez rendre le vôtre immortel dans celui de la philosophie; c'est ce que je souhaite et que j'espère du fond de mon cœur. Vous m'avez inspiré une tendre vénération; je ferai des vœux, dans le peu de temps qui me reste à vivre, pour que vous soyez à portée de déployer vos grands talents, et de faire tout le bien dont la France a encore besoin.

Agréez mon profond respect. Si vous avez quelque ordre à me donner, signez seulement une L et un V. Permettez-moi de faire mes compliments à M. Dupont, qui est si digne de votre amitié.

MMMMMCDLXIV. — A M. D'ALEMBERT.
7 novembre.

Mon cher et illustre philosophe, je ne sais d'autre anecdote sur M. l'abbé d'Olivet, sinon que, quand il était notre préfet aux Jésuites, il nous donnait des claques sur les fesses par amusement. Si M. l'abbé de Condillac veut placer cela dans son éloge, il faudra qu'il fasse une petite dissertation sur l'amour platonique.

Depuis ce temps-là, il fut éditeur, commentateur, traducteur de Cicéron, et a vécu vingt ans plus que lui. C'était sans doute le plus grand cicéronien de tous les Francs-Comtois, sans même en excepter l'abbé Bergier, malgré sa catilinaire contre Fréret.

M. l'abbé Caille m'a chargé de vous envoyer *Trois empereurs*. Ce jeune abbé Caille promet quelque chose; il pourra aller loin en théologie. L'abbé *Mords-les* doit en avoir fourni un exemplaire à notre confrère Marmontel, qui est fort bien dans la cour de ces trois empereurs damnés. Ces secrets ne sont que pour les adeptes. Il doit y avoir à présent pour vous un *Siècle de Louis XIV* et *a? Louis XV* à la chambre syndicale : il y a huit jours qu'il est parti par la diligence.

Mon Dieu, que les articles de physique de M. O¹ sont bien faits! On me lit l'*Encyclopédie* tous les soirs. Si tout était dans le goût de M. O, quel excellent livre! Et voilà ce qu'on a persécuté! ah, infâmes Welches! Et le quinzième chapitre de *Bélisaire* aussi persécuté! ah, les monstres! L'abbé Caille grince des dents; toutefois il vous prie instamment, mon cher philosophe, d'engager les adeptes à ne point prodiguer ces *Trois empereurs*;

> *Hic est panis angelorum,*
> *Non mittendus canibus*².

Ayons seulement la consolation de voir avec l'excès de l'horreur et du mépris de méprisables et d'horribles coquins; je ne sais si je m'explique. Je vous aime autant que je les abhorre

MMMMMCDLXV. — DE M. D'ALEMBERT.
Ce 12 novembre.

J'ai reçu, mon cher maître, il y a quelques jours, le *Siècle de Louis XIV*, augmenté du *Siècle de Louis XV*, et les *Trois empereurs* de M. l'abbé Caille. Je vous prie de recevoir tous mes remercîments du premier, et de faire à M. l'abbé Caille tous mes remercîments du se-

---

1. L'O est la lettre indicative des articles de Dalembert dans l'*Encyclopédie*. (Éd.) — 2. Prose du saint-sacrement. (Éd.)

cond. Ce jeune abbé me paraît en effet, comme à vous, promettre beaucoup par cet échantillon, qui pourtant a bien l'air de n'en être pas un; car je gagerais bien que ce n'est pas là un coup d'essai, et qu'il a déjà fait d'excellents vers. Je ne manquerai pas de faire ses compliments à Riballier, ou Ribaudier, qui, par parenthèse, vient de donner à une brochure sur l'inoculation une approbation qu'on dirait presque d'un philosophe [1].

Quid domini facient, audent quum talia fures?
Virg., ecl. III, v. 16.

A l'égard du *Siècle de Louis XIV*, il me paraît augmenté de plusieurs morceaux bien intéressants; et je ne m'étonne pas de ce que le roi de Danemark a eu le courage de dire à Fontainebleau que l'auteur *lui avait appris à penser*. On écrase ici ce jeune prince de fêtes et de plaisirs qui l'ennuient. Il voudrait, à ce qu'on assure, voir les gens de lettres à son aise, et converser avec eux; mais le conseil supérieur a décidé, dit-on, qu'il fallait qu'il ne les vît pas. De toutes les académies, il n'a encore vu que celle de peinture. On lui est, je crois, bien obligé de venir faire diversion à l'affaire de Corse, où vous savez nos succès, qui viennent d'être couronnés par de nouveaux. Si Paoli venait ici, je ne connais de roi que le roi de Prusse qui attirât autant de curiosité.

Notre pauvre Damilaville est toujours dans un bien misérable état, souffrant de tous ses membres, sans appétit, ne pouvant se remuer, et digérer sans douleurs le peu qu'il mange pour se soutenir. Il me paraît à bout de patience, et je suis pénétré de sa triste situation. Je ne manquerai pas de donner à l'abbé de Condillac l'anecdote que vous m'envoyez sur l'abbé d'Olivet, dont les mânes vous doivent bien de la reconnaissance de l'avoir placé dans votre ouvrage [2]. C'était un passable académicien, mais un bien mauvais confrère, qui haïssait tout le monde, et qui, entre nous, ne vous aimait pas plus qu'un autre. Je sais qu'il envoyait à Fréron toutes les brochures contre vous qui lui tombaient entre les mains; mais,

Seigneur, Laïus est mort, laissons en paix sa cendre.

Adieu, mon cher et illustre confrère; portez-vous bien, et continuez à vous moquer de toutes nos sottises.

1. Dans l'*approbation* de l'*Opinion d'un médecin de la faculté de Paris sur l'inoculation de la petite vérole* (1768), Riballier, syndic de la faculté de théologie et censeur royal, dit:
« J'ai trouvé cet écrit sage et bien réfléchi. Il me semble que c'est à quoi se réduit tout ce que l'on doit penser sur cette grande question. Quant aux considérations tirées de la religion, je crois que c'est mal à propos qu'on voudrait l'intéresser dans cette affaire. Bien loin d'aller contre les ordres de la Providence, c'est entrer dans ses vues que de recourir à un préservatif dont la bonté paraît constatée par des épreuves si souvent réitérées, et par les succès les plus constants. Tel est mon avis particulier. A Paris, le 6 octobre 1768. » (*Note de M. Beuchot.*)
2. L'abbé d'Olivet et le président Hénault étaient les seuls auteurs vivants alors à qui Voltaire eût donné place, en 1768, dans le *Catalogue des écrivains* placé en tête du *Siècle de Louis XIV*. (ÉD.)

MMMMMCDLXVI. — A M. LE DUC DE CHOISEUL.

12 novembre.

Mon protecteur, daignez lire ceci, car ceci en vaut la peine. Ce n'est pas parce que la marmotte des Alpes a bientôt soixante-quinze ans, ce n'est pas parce qu'elle radote, qu'il s'est glissé un galimatias absurde dans le *Siècle de Louis XIV et de Louis XV*, touchant la paix que nous vous devons : pendant que je passe la vie dans mon lit, l'éditeur a mis, à la page 202 du quatrième tome, une addition que je lui avais envoyée pour la page 142. Il a ajouté à votre paix ce qu'il devait ajouter à la paix d'Aix-la-Chapelle. Il vous sera aisé de faire placer adroitement ce carton ci-joint : vous êtes accoutumé à réparer quelquefois les fautes d'autrui. J'ai voulu finir par la gloire de la nation et par la vôtre.

Quand l'édition est finie, quelques officiers m'apprennent des choses étonnantes, dignes de l'ancienne Rome.

Le prince héréditaire de Brunswick veut surprendre M. de Castries, qui en veut faire autant. On envoie à l'entrée de la nuit M. d'Assas, capitaine d'Auvergne, à la découverte; le régiment le suit en silence : il trouve, à vingt pas, des grenadiers ennemis couchés sur le ventre; ils se lèvent, ils l'entourent, lui mettent vingt baïonnettes sur la poitrine : *Si vous criez, vous êtes mort;* il retient son souffle un moment pour crier plus fort : *A moi, Auvergne, les voilà!* et il tombe percé de coups : Décius en a-t-il plus fait?

On me prend pour le greffier de la gloire; on me fournit de beaux traits, mais trop tard; c'est pour une belle édition in-quarto.

Je vous demande en grâce de lire la page 177, tome IV; vous y verrez une action très-supérieure à celle des Thermopyles, et très-vraie.

N. B. J'ai envoyé un *Siècle* à M. de Saint-Florentin. Il m'a mandé qu'il croyait que je pouvais le présenter au roi, et qu'il s'en chargerait. Je vais lui mander que je crois que vous lui avez donné le vôtre, et j'aurai l'honneur de vous en renvoyer un autre. M'approuvez-vous? Je prêche gloire et paix dans cet ouvrage.

N. B. Il s'est fait une grande révolution dans les esprits. Voici ce qu'un homme très-sage[1] me mande de Toulouse :

« Les trois quarts du parlement ont ouvert les yeux, et gémissent du jugement des Calas. Il n'y a plus que les vieux endurcis qui ne soient pas pour la tolérance. »

Il en sera bientôt de même dans le parlement de Paris, je vous en réponds. On ne sera plus homicide pour paraître chrétien aux yeux du peuple. J'aurai contribué à cette bonne œuvre.

N. B. Ce changement dans les mœurs ne sera pas inutile à votre colonie de Versoix.

Permettez-moi de vous écrire un jour, à fond, sur votre colonie. Vous protégez votre vieille marmotte; cet établissement touche à mon pauvre trou; je suis de la colonie.

L'évêque d'Annecy est un fou, vous avez bien dû le voir. Le voilà

---

1. L'abbé Audra. (ÉD.)

disgracié à sa cour pour ses sottises. Le fanatisme n'a jamais fait que du mal.

Mon protecteur, vous avez beau jeu. Le duc de Grafton[1] n'est pas une tête à résister à la vôtre.

Me pardonnez-vous de vous écrire une si longue lettre?

La vieille marmotte est à vos pieds; elle vous adore; elle vous souhaite prospérité et gloire; elle vous présente d'ailleurs son profond respect

MMMMMCDLXVII. — A M. VERNES.

13 novembre.

J'ai fait tout juste avec vous, mon cher philosophe, comme on faisait autrefois avec les théologiens vos devanciers; on les croyait plus qu'on ne se croyait soi-même. J'avais beau être persuadé que M. le chevalier de Beauteville était en Suisse; vous m'assurâtes si positivement qu'il était à Saint-Omer, que c'est à Saint-Omer que j'ai adressé ma lettre. Elle partit dès le lendemain de votre visite; car, dès qu'il s'agit de rendre service, il faut songer que la vie est courte, et qu'il n'y a pas un moment à perdre. Cependant nous avons perdu trois semaines au moins, grâce à la foi implicite que j'ai eue en vous.

On vous avait trompé de même sur les quatre cents hommes pris en débarquant en Corse; c'est bien, par tous les diables, au beau milieu de la terre ferme qu'ils ont été déconfits. Vous avez mis ma foi à de rudes épreuves; cependant j'aurai toujours foi en vous, je veux dire en votre caractère de franchise et de droiture, et en votre esprit plein de grâces. Si Athanase vous avait ressemblé, nous ne serions pas où nous en sommes.

Sur ce, je vous donne ma bénédiction et reçois la vôtre.

P. S. J'aime mieux mille fois cette *Purification*[2] que la fête de la Purification de la Vierge. Les parfums dont on s'est servi montent furieusement au nez. Le purificateur n'a pas physiquement six pieds de haut, mais moralement il en a plus de trente. Tudieu! quel homme! je voudrais bien qu'il vînt quelque jour nous parfumer. Si jamais je suis syndic, je me garderai bien d'avoir affaire à si forte partie.

MMMMMCDLXVIII. — A M. CHRISTIN.

13 novembre.

Vous ne savez pas, mon cher petit philosophe, combien je vous regrette. Je ne peux plus parler qu'aux gens qui pensent comme vous; il n'y a que la communication de la philosophie qui console.

On[3] me mande de Toulouse ce que vous allez lire : « Je connais actuellement assez Toulouse pour vous assurer qu'il n'est peut-être aucune ville du royaume où il y ait autant de gens éclairés. Il est vrai qu'il s'y trouve plus qu'ailleurs des hommes durs et opiniâtres, incapables de se prêter un seul moment à la raison; mais leur nombre di-

---

1. Auguste-Henri Fitzroy, duc de Grafton, né vers 1735, était alors premier lord de la trésorerie. Il est mort en 1811. (ÉD.)
2. *Purification des trois points de droit*, par l'avocat Delolme le jeune. (ÉD.)
3. C'était l'abbé Audra. (ÉD.)

minue chaque jour; et non-seulement toute la jeunesse du parlement, mais une grande partie du centre et plusieurs hommes de la tête vous sont entièrement dévoués. Vous ne sauriez croire combien tout a changé depuis la malheureuse aventure de Calas. On va jusqu'à se reprocher le jugement rendu contre M. Rochette[1] et les trois gentilshommes; on regarde le premier comme injuste, et le second comme trop sévère. »

Mon cher ami, attisez bien le feu sacré dans votre Franche-Comté. Voici un petit *A B C* qui m'est tombé entre les mains; je vous en ferai passer quelques-uns à mesure; recommandez seulement au postillon de passer chez moi, et je le garnirai à chaque voyage. Je vous supplie de me faire venir le *Spectacle de la nature*, les *Révolutions* de Vertot, les *Lettres américaines sur l'histoire naturelle* de M. de Buffon; le plus tôt c'est toujours le mieux: je vous serai très-obligé. Je vous embrasse le plus tendrement qu'il est possible.

MMMMMCDLXIX. — A M. LE COMTE DE FÉKÉTÉ.

14 novembre.

Monsieur, ces deux petites pièces m'étant tombées entre les mains, j'ai cru en devoir faire part à celui qui s'amuse quelquefois à en faire de meilleures. Il y a eu peut-être un M. de Saint-Didier[2] et un abbé Caille[3]; mais je vous suis plus attaché que tous les abbés du monde. Je crois que vous me prenez pour un abbé allemand, ou pour l'abbé de Saint-Gall en Suisse, à l'énorme quantité de vin que vous m'envoyez. Vous me faites trop d'honneur, et vous avez trop de bonté pour un vieillard forcé à être sobre. Si j'étais jeune, je viendrais vous faire ma cour, et boire avec vous votre bon vin; mais je ne boirai bientôt que de l'eau du Styx. Agréez, monsieur, mes remercîments et mes sentiments respectueux.

MMMMMCDLXX. — A MADAME LA MARQUISE DU DEFFAND.

Novembre.

Madame, un officier de dragons me mande que vous lui avez demandé cela[4]. Je vous envoie cela. Si votre ami[5] avait lu cela, et bien d'autres choses faites comme cela, il ne serait pas tourmenté, sur la fin de sa vie, par les idées les plus absurdes et les plus détestables que la fureur et la folie aient jamais inventées; il changerait avec tous les honnêtes gens de l'Europe qui ont changé.

Je l'aime malgré sa faiblesse, et je prends vivement son parti contre un marquis de Belestat, qui le traite avec la plus cruelle injustice dans un ouvrage qui a trop de vogue, et qu'il faut absolument réfuter.

Je vous souhaite, madame, santé et fermeté: méprisez le monde et la vie, tout cela n'est qu'un fantôme d'un moment.

---

1. Ministre protestant qui avait été pendu en 1762. (ÉD.)
2. Nom sous lequel Voltaire a publié sa satire intitulée *le Marseillais et le Lion*. (ÉD.)
3. Voltaire a mis ce nom à ses *Trois empereurs en Sorbonne*. (ÉD.)
4. L'*A B C*. (ÉD.) — 5. Le président Hénault. (ÉD.)

ANNÉE 1768.

MMMMMCDLXXI. — A M. COLMAN.
14 novembre.

Si je pouvais écrire de ma main, monsieur, je prendrais la liberté de vous remercier en anglais du présent que vous me faites de vos charmantes comédies; et, si j'étais jeune, je viendrais les voir jouer à Londres.

Vous avez furieusement embelli *l'Écossaise*, que vous avez donnée sous le nom de *Freeport*, qui est en effet le meilleur personnage de la pièce. Vous avez fait ce que je n'ai osé faire; vous punissez votre Fréron à la fin de la comédie. J'avais quelque répugnance à faire paraître plus longtemps ce polisson sur le théâtre; mais vous êtes un meilleur shérif que moi, vous voulez que justice soit rendue, et vous avez raison.

Lorsque je m'amusai à composer cette petite comédie, pour la faire représenter sur mon théâtre, à Ferney, notre société d'acteurs et d'actrices me conseilla de mettre ce Fréron sur la scène, comme un personnage dont il n'y avait point encore d'exemple. Je ne le connais point, je ne l'ai jamais vu; mais on m'a dit que je l'avais peint trait pour trait.

Lorsqu'on joua, depuis, cette pièce à Paris, ce croquant était à la première représentation. Il fut reconnu dès les premières lignes; on ne cessa de battre des mains, de le huer, et de le bafouer; et tout le public, à la fin de la pièce, le reconduisit hors de la salle avec des éclats de rire. Il a eu l'avantage d'être joué et berné sur tous les théâtres de l'Europe, depuis Pétersbourg jusqu'à Bruxelles. Il est bon de nettoyer quelquefois le temple des Muses de ses araignées. Il me paraît que vous avez aussi vos Frérons à Londres, mais ils ne sont pas si plats que le nôtre. Au temps du *colloque de Poissy*, un bon catholique écrivait à un bon protestant : « Monsieur, les choses sont entièrement égales des deux côtés : il est vrai que votre savant est bien plus savant que notre savant, mais, en récompense, notre ignorant est bien plus ignorant que votre ignorant. »

Continuez, monsieur, à enrichir le public de vos très-agréables ouvrages. J'ai l'honneur d'être, avec toute l'estime que vous méritez, etc.

MMMMMCDLXXII. — A CATHERINE II.
A Ferney, 15 novembre.

Madame, j'eus l'honneur de dépêcher à Votre Majesté Impériale, le 15 mars dernier, à l'adresse du sieur B. Le Maistre, à Hambourg, un assez gros ballot, marqué I. D. R., N° 1.

Votre Majesté a des affaires un peu plus importantes que celles de ce ballot. D'un côté elle force les Polonais à être tolérants et heureux, en dépit du nonce du pape; et de l'autre elle paraît avoir affaire aux musulmans, malgré Mahomet. S'ils vous font la guerre, madame, il pourra bien leur arriver ce que Pierre le Grand avait eu autrefois en vue, c'était de faire de Constantinople la capitale de l'empire russe. Ces barbares méritent d'être punis, par une héroïne, du peu d'attention qu'ils ont eu jusqu'ici pour les dames. Il est clair que des gens qui négligent tous les beaux-arts, et qui enferment les femmes, méritent d'être exterminés. J'espère tout de votre génie et de votre destinée. Moustapha ne doit pas tenir contre Catherine. On dit que Moustapha n'a point d'esprit, qu'il n'aime point les vers, qu'il n'a jamais été à la comédie, et qu'il n'entend point le français : il sera battu, sur ma parole. Je demande à Votre Majesté Impériale la permission de venir me mettre à ses pieds, et de passer quelques jours à sa cour dès qu'elle sera établie à Constantinople; car je pense très-sérieusement que si jamais les Turcs doivent être chassés de l'Europe, ce sera par les Russes. L'envie de vous plaire les rendra invincibles.

Que Votre Majesté daigne agréer les souhaits et le profond respect de votre admirateur, de votre très-zélé, très-ardent serviteur.

MMMMMCDLXXIII. — A M. LE COMTE D'ARGENTAL.

18 novembre.

Mes anges avaient très-grande raison de s'endormir, comme au sermon, aux deux premières scènes du cinquième acte des *Guèbres;* le diable qui affligeait alors le petit possédé était un diable très-soporatif, un diable froid, un diable à la mode. Ces scènes n'étaient que des jérémiades où l'on ne faisait que répéter ce qui s'était passé, et ce que le spectateur savait déjà. Il faut toujours, dans une tragédie, que l'on craigne, qu'on espère à chaque scène; il faut quelque petit incident nouveau qui augmente ce trouble; on doit faire naître à chaque moment, dans l'âme du lecteur, une curiosité inquiète. Le possédé était si rempli de l'idée de la dernière scène, quand il brocha cette besogne, qu'il allait à bride abattue dans le commencement de l'acte, pour arriver à ce dénoûment, qui était son unique objet.

A peine eut-il lu la lettre céleste des anges, qu'il refit sur-le-champ les trois premières scènes qu'il vous envoie. Il ne s'en est pas tenu là; il a fait, au quatrième acte, des changements pareils : il polit tout l'ouvrage. Ce n'est plus le seul Arzémon qui tue le prêtre, c'est toute la troupe honnête qui le perce de coups. Il n'y a pas une seule de vos critiques à laquelle votre exorcisé ne se soit rendu avec autant d'empressement que de reconnaissance. Le diable de *la Chose impossible* [1] n'était pas plus docile.

A l'égard des adoucissements sur la prêtraille, c'est là véritablement la chose impossible, qui est au-dessus des talents du diable. La pièce n'est fondée que sur l'horreur que la prêtraille inspire; mais c'est une prêtraille païenne. *Mahomet* a bien passé, pourquoi *les Guèbres* ne passeraient-ils pas? Si on craint les allusions, il y en avait cent fois plus dans *le Tartufe.*

Trouveriez-vous à propos que Marin montrât la pièce au chancelier [2], ou plutôt que quelqu'un de ses amis la lui confiât comme un ouvrage posthume de feu Latouche, auteur de l'*Iphigénie en Tauride?* Un homme fraîchement sorti du parlement ne s'effrayera pas de l'humilia-

---

1. Titre d'un conte de La Fontaine. (ÉD.) — 2. Maupeou. (ÉD.)

tion des prêtres. Il m'a écrit une lettre charmante sur le *Siècle de Louis XIV*.

A l'égard des acteurs, j'oserais presque dire que la pièce n'en a pas besoin ; c'est une tragédie qu'il faut plutôt parler que déclamer. Les situations y feraient tout, les comédiens peu de chose, et le sujet est si piquant, si intéressant, si neuf, si conforme à l'esprit philosophique du temps, que la pièce aurait peut-être le succès du *Siége de Calais*, et du *Catilina* de Crébillon, quoique ces deux pièces soient inimitables.

Il y a plus encore : c'est que cette tragédie pourrait faire du bien à la nation ; elle contribuera peut-être à éteindre la flamme où le chevalier de La Barre a péri, à la honte éternelle de ce siècle infâme.

Si on ne peut jouer *les Guèbres*, il se trouvera un éditeur qui la fera imprimer avec une préface sage, dans laquelle on ira au-devant de toutes les allusions malignes. Un jour viendra que les Welches seront assez sages pour jouer *les Guèbres*. C'est dans cette douce espérance que je me mets à l'ombre de vos ailes avec toute la tendresse imaginable.

Est-ce Villars qu'on appelle aujourd'hui Praslin? ou est-ce Praslin auprès de Châlons?

Croyez-vous que Moustapha l'imbécile déclare la guerre à ma Catau-Sémiramis? ne pensez-vous pas que le pape aide sous main les Corses? Si vous ne faites pas rentrer l'infant dans Castro, je vous coupe une aile.

Et du blé, en aurez-vous? je vous avertis que j'ai été obligé de semer trois fois le même champ. L'Évangile ne sait ce qu'il dit, quand il prétend que ce blé doit pourrir pour germer [1] ; les pluies avaient pourri mes semences, et, malgré l'Évangile, je n'aurais pas eu un épi. Je suis un rude laboureur.

MMMMMCDLXXIV. — AU MÊME.

21 novembre.

Il vaut mieux servir tout à la fois que plat à plat ; ainsi j'envoie à mon divin ange *les Guèbres* tout entiers, sous le couvert de M. le duc de Praslin. Il m'a paru impossible d'adoucir les traits contre *messieurs* de Pluton. Si ce sont en effet des prêtres païens, des prêtres des enfers, on ne peut trop les rendre odieux. Si les malintentionnés s'obstinent à traiter cela d'allégories, rien ne les en empêchera, quelque tour que l'on prenne.

Je sens bien que mon nom est plus à craindre que la pièce même. Ce serait mon nom qui ferait naître toutes les allusions; il porte toujours malheur à la sacro-sainte. Il est constant que la chose en elle-même est non-seulement de la plus grande innocence, mais de la meilleure morale. Si les allusions qu'on peut faire devaient empêcher les pièces d'être jouées, il n'y en aurait aucune qu'on pût représenter. Le possédé a pris son parti ; si on ne peut avoir une approbation, il s'en passera très-bien ; il fera imprimer la facétie, qui déplaira beaucoup aux persécuteurs, mais qui plaira infiniment aux persécutés.

---

1. Jean, XII, 24 ; et Paul, Ire *aux Corinth.*, XV, 36. (ÉD.)

192   CORRESPONDANCE.

Et, après tout, comme il n'y a point aujourd'hui d'inquisiteurs en France qui fassent brûler les peintres qui les dessinent, je ne vois pas qu'il y ait plus de danger à imprimer cette pièce que celle du *Royaume en interdit*[1], ou de *l'Honnête criminel*.

Je vous demande en grâce, mon cher ange, de lire l'article *Lally*, au quatrième volume du *Siècle*. Je suis convaincu qu'il était aussi innocent que brutal, et que rien n'est aussi injuste que la justice.

L'abbé de Chauvelin, cette fois-ci, ne doit pas être mécontent; au reste, il est bien difficile de *contenter tout le monde et son père*.

Respect et tendresse.

MMMMMCDLXXV. — A M. MARMONTEL.

28 novembre

Point du tout, mon cher ami, le patriarche est toujours malingre; et, s'il est goguenard dans les intervalles de ses souffrances, il ne doit la vie qu'à ce régime de gaieté, qui est le meilleur de tous.

Tout gai que je suis par accès, je suis au fond très-affligé pour l'Espagne que l'université de Salamanque succède aux jésuites dans le ministère de la persécution. Je l'avais bien prévu avec frère Lembertad[2]; et je dis, quand on chassa les renards : « On nous laissera manger aux loups. »

J'ai toujours votre quinzième chapitre[3] dans le cœur et dans la tête, et la censure *contre*, dans le cul. Je ne crois pas qu'il y ait rien de si déshonorant pour notre siècle. Sans votre quinzième chapitre, ce siècle était dans la boue. Vous devez aller remercier la Sorbonne en cérémonie; elle a rassemblé les pensées d'un grand écrivain et d'un grand citoyen; elle démontre au roi que vous êtes un sujet fidèle, et à l'Église, que vous êtes un homme très-religieux. Il était impossible de travailler plus heureusement à votre justification et à votre gloire.

Votre idée de l'*Histoire politique de l'Église* est très-belle, mais c'est l'histoire du monde entier. Il n'y a point de royaume en Europe que le pape n'ait donné ou cru donner; il n'y en a point où il n'ait levé des impôts, où il n'ait excité des guerres : j'en ai dit quelques mots dans l'*Essai sur les mœurs et l'esprit des nations*.

L'*Examen* dans lequel le président Hénault est si maltraité est un tour de maître Gonin, que je n'ai pas encore éclairci. L'ouvrage est assurément d'un homme très-profond dans l'histoire de France. Il y a des erreurs, mais il y a aussi des recherches savantes. Le style court après celui de Montesquieu; il l'attrape quelquefois, mais avec des solécismes et des barbarismes dont Montesquieu avait aussi sa part. On a imprimé ce petit livre sous le nom d'un marquis de Belestat. J'ai reçu moi-même de Montpellier deux lettres signées de ce nom; et il se trouve à fin de compte qu'il n'y a point de marquis de Belestat; c'est l'aventure du faux Arnauld.

Je crois, après m'être bien tourmenté à deviner, que je dois finir

---

1. *Lothaire et Valrade, ou le Royaume mis en interdit*, tragédie en cinq actes et en vers, par Gudin de La Brenellerie. (ÉD.)
2. Dalembert. (ÉD.) — 3. De *Bélisaire*. (ÉD.)

par rire. Plût à Dieu qu'il n'y eût dans le monde que ces petites méchancetés! Mais je reprends mon air grave et triste quand je songe à certaines choses qui se sont passées dans mon siècle; je ne les oublie point, je les garde pour les posthumes, et je veux que la postérité déteste les persécuteurs.

Je vous embrasse bien tendrement, mon très-cher confrère.

MMMMMCDLXXVI. — A M. COLINI.

A Ferney, 28 novembre.

C'est votre ami, qui n'est pas encore mort, qui écrit à son cher ami par la main de son secrétaire. J'ai envoyé deux exemplaires de la nouvelle édition du *Siècle de Louis XIV* à Son Altesse Électorale et à vous. Vous trouverez que je fais mention de vous à l'article du cartel. Mon nom sera désormais confondu avec le vôtre; ce sera pour moi, mon cher ami, une vraie consolation. Je vous embrasse du meilleur de mon cœur.

MMMMMCDLXXVII. — A M. LE PRINCE DE LIGNE.

A Ferney, 3 décembre.

Monsieur le prince, je suis enchanté de votre lettre, de votre souvenir; vous réveillez l'assoupissement mortel dans lequel mon âge et mes maladies m'ont plongé. J'ai quelquefois combattu ma langueur par des plaisanteries qui sont, à ce que je vois, parvenues jusqu'à vous; elles m'ont valu la jolie lettre dont vous m'honorez. Je m'aperçois que certaines plaisanteries sont bonnes à quelque chose : il y a trente ans qu'aucun gouvernement catholique n'aurait osé faire ce qu'ils font tous aujourd'hui. La raison est venue; elle rend à la superstition les fers qu'elle avait reçus d'elle.

J'ai eu l'honneur d'avoir chez moi M. le duc de Bragance, que je crois votre beau-frère ou votre oncle, et qui me paraît bien digne de vous être quelque chose. Il pense comme vous; et il n'y a plus que des universités comme celle de Louvain où l'on pense autrement. Le monde est bien changé.

Je crois M. Dermenches actuellement à Paris : il ne doit pas être jusqu'ici trop content de l'expédition de Corse.

Puissiez-vous, monsieur le prince, ne vous faire jamais tuer par des montagnards ou par des housards! vivez très-longtemps pour les intérêts de l'esprit, des grâces, et de la raison.

Agréez mon sincère et tendre respect.

MMMMMCDLXXVIII. — A M. LE COMTE DE SCHOWALOW.

A Ferney, 3 décembre.

Voilà, monsieur, deux beaux ouvrages[1] contre le fanatisme; voilà deux engagements pris, à la face du ciel et de la terre, de ne jamais permettre à la religion de persécuter la probité. Il est temps que le

---

1. L'un de ces deux ouvrages doit être *l'Instruction donnée par Catherine II à la commission établie pour travailler à la rédaction d'un nouveau code de lois*. (ÉD.)

monstre de la superstition soit enchaîné. Les princes catholiques commencent un peu à réprimer ses entreprises; mais, au lieu de couper les têtes de l'hydre, ils se bornent à lui mordre la queue; ils reconnaissent encore deux puissances, ou du moins ils feignent de les reconnaître : ils ne sont pas assez hardis pour déclarer que l'Église doit dépendre uniquement des lois du souverain; leurs sujets achètent encore des dispenses à Rome; les évêques payent des annates à la chambre qu'on nomme apostolique; les archevêques achètent chèrement un licou de laine qu'on nomme un pallium. Il n'y a que votre illustre souveraine qui ait raison; elle paye les prêtres, elle ouvre leur bouche, et la ferme; ils sont à ses ordres, et tout est tranquille.

Je souhaite passionnément qu'elle triomphe de l'Alcoran comme elle a su diriger l'Évangile. Je suis persuadé que vos troupes battront les Ottomans amollis. Il me semble que toutes les grandes destinées se tournent vers vos climats. Il sera beau qu'une femme détrône des barbares qui enferment les femmes, et que la protectrice des sciences batte complétement les ennemis des beaux-arts. Puissé-je vivre assez longtemps pour apprendre que les eunuques du sérail de Constantinople sont allés filer en Sibérie! Tout ce que je crains, c'est qu'on ne négocie avec Moustapha, au lieu de le chasser de l'Europe. J'espère qu'elle punira ces brigands de Tartarie, qui se croient en droit de mettre en prison les ministres des souverains. Le beau moment, monsieur, que celui où la Grèce verrait ses fers brisés! Je voudrais recevoir une lettre de vous, datée de Corinthe ou d'Athènes. Tout cela est possible. Si Mahomet II a vaincu un sot empereur chrétien, Catherine II peut bien chasser un sot empereur turc. Vos armées ont battu des armées plus disciplinées que les janissaires. Vous avez pris déjà la Crimée, pourquoi ne prendriez-vous pas la Thrace? Vous vous entendrez avec le prince Héraclius, et vous reviendrez après mettre à la raison les bons serviteurs du nonce du pape en Pologne.

Voilà quel est mon roman. Le courage de l'impératrice en fera une histoire véritable; elle a commencé sa gloire par les lois, elle l'achèvera par les armes. Vivez heureux auprès d'elle, monsieur le comte : servez-la dans ses grandes idées, et chantez ses actions,

Je présente mes respects à Mme la comtesse de Schowalow.

MMMMMCDLXXIX. — A M. LE COMTE D'ARGENTAL.

5 décembre.

Le petit possédé demande bien pardon à son ange de le fatiguer continuellement des détails de son obsession. Voici un petit chiffon qui contient les changements demandés, ou du moins ceux qu'on a pu faire. Mais, quelque adoucissement qu'on puisse mettre au portrait des prêtres d'Apamée, le fond restera toujours le même, et c'est ce fond qui est à craindre. J'interpelle ici mes deux anges, et je m'en rapporte à leur conscience. N'est-il pas vrai que le nom du diable qui a fait cet ouvrage leur a fait peur? n'est-il pas vrai que ce nom fatal a fait la même impression sur le philosophe Marin? n'ont-ils pas jugé de la pièce par l'auteur, sans même s'en apercevoir? Ce sont là les tristes effets de la mauvaise réputation; autrement comment, auraient-ils pu soupçonner des païens de Syrie d'avoir la moindre ressemblance avec le clergé de France? Ce clergé n'a aucun tribunal, ne condamne personne à mort, ne persécute aujourd'hui personne.

Si les Guèbres pouvaient ressembler à quelque chose, ce ne serait qu'aux premiers chrétiens poursuivis par les pontifes païens, pour n'avoir adoré qu'un seul Dieu; et même on pourrait dire que la pièce de Latouche[1] était originairement une tragédie chrétienne, mais que la crainte de retomber dans le sujet de *Polyeucte*, et le respect pour notre sainte religion, qui ne doit pas être prodiguée sur le théâtre, engagèrent l'auteur à déguiser le sujet sous d'autres noms.

La pièce même, présentée à la police sous ce point de vue avec un avertissement, serait-elle rejetée sous prétexte qu'il y a des prêtres en France, comme il y en a eu de tout temps dans tous les États du monde? il n'y a certainement pas un mot qui puisse désigner nos évêques, nos curés, ou même nos moines. On pourrait, tout au plus, chercher quelque analogie entre les prêtres d'Apamée et ceux de l'inquisition; mais l'inquisition est abhorrée en France, et réprimée en Espagne; et certainement M. le comte d'Aranda ne demandera pas qu'on supprime cet ouvrage à Paris.

Si on reproche à feu M. Guymond de Latouche d'avoir rendu les prêtres d'Apamée trop odieux, il semble qu'on peut répondre que, s'ils ne l'étaient pas, l'empereur aurait tort de les abolir; que d'ailleurs la loi contre les Guèbres a été portée, non par les prêtres, mais par l'empereur lui-même; que tous les personnages ont tort dans la pièce, excepté le vieux jardinier et sa fille; que l'empereur, en leur pardonnant à tous, fait un grand acte de clémence, et que le dénoûment est fondé sur l'amour de la justice et du bien public.

Si, avec ces raisons, la pièce ne passe point à la police, il faudra s'en consoler, en l'imprimant soit sous le nom de Latouche, soit sous un autre.

J'ai bien de l'inquiétude sur un objet beaucoup plus important, qui est la vie ou la mort de M. le comte de Coigny, que nos malheureuses gazettes étrangères ont tué en Corse. Il était venu coucher quelques jours à Ferney, l'année passée; il m'avait paru très-aimable, fort instruit, et fort au-dessus de son âge; il passait déjà pour un excellent officier. Je veux encore me flatter que les gazettes ne savent ce qu'elles disent: cela leur arrive fort souvent.

Je ne suis que trop sûr de la mort du chevalier de Béthizy, qui était bien attaché à la bonne cause, et que je regrette beaucoup; mais je veux douter de celle de M. de Coigny.

Donnez-moi donc, pour me consoler, quelques espérances sur un certain duché[2] qui ne vaut pas celui de Milan, mais pour lequel j'ai pris un vif intérêt.

Je persiste plus que jamais dans mon culte de dulie.

1 Voltaire voulait donner *les Guèbres* sous ce nom. (ÉD.)
2. Castro et Ronciglione, que M. de Voltaire désirait de voir réunis au duché de Parme. (*Éd. de Kehl.*)

MMMMCDLXXX. — De M. D'ALEMBERT.

A Paris, le 6 décembre.

Vous ne m'écrivez plus que de petits billets, mon cher et ancien ami; je vous sais fort occupé, et je respecte votre temps. Je crois vous avoir remercié du *Siècle de Louis XIV*. Vous en avez envoyé un exemplaire à notre secrétaire, M. Duclos, qui, étant malade d'une fluxion de poitrine, m'a chargé de vous en remercier pour lui. Quant à notre pauvre Damilaville, il est dans un état affreux, ne pouvant ni vivre ni mourir, et n'ayant de connaissance que pour sentir toute l'horreur de sa situation. Il reçut l'extrême-onction, il y a quelques jours, sans savoir ce qu'on lui faisait. Je vais le voir tous les jours, et j'ai besoin de tout mon attachement pour lui pour soutenir ce spectacle. J'ai bien peur que son agonie ne soit longue et affreuse. Que le sort de la condition humaine est déplorable!

Le roi de Danemark a été samedi dernier aux Académies. Il donnera son portrait à l'Académie française, comme la reine Christine. Je lui ai fait de mon mieux les honneurs de celle des sciences par un discours dont mes confrères m'ont fort remercié, et où j'ai tâché de faire parler la philosophie avec la dignité qui lui convient. J'avais vu, il y a quinze jours, ce prince chez lui avec plusieurs autres de vos amis. Il me parla beaucoup de vous, des services que vos ouvrages avaient rendus, des préjugés que vous avez détruits, des ennemis que votre liberté de penser vous avait faits; vous vous doutez bien de mes réponses.

Adieu, mon cher et illustre maître; je vous aime et vous embrasse de tout mon cœur.

MMMMCDLXXXI. — A madame la marquise du Deffand.

7 décembre.

Puisque vous vous êtes amusée de *cela*[1], madame, amusez-vous de *ceci* : c'est un ouvrage de l'abbé Caille[2], que vous avez tant connu, et qui vous était bien tendrement attaché.

Eh, pardieu! madame, comment pouvais-je faire avec le président? Mille gens charitables, dans Paris, m'attribuaient cet ouvrage contre lui; on me le mandait de tous côtés. Jamais Ragotin n'a été plus en colère que moi. Je n'ai découvert l'auteur que d'aujourd'hui, après trois mois de recherches. Ce n'est point le marquis de Belestat, c'est un gentilhomme de la province, qu'on appelle aussi M. le marquis. Il est très-profond dans l'histoire de France, c'est une espèce de comte de Boulainvilliers, très-poli dans la conversation, mais hardi et tranchant la plume à la main.

Il est bien injuste envers M. le président Hénault, et bien téméraire envers le petit-fils de Shah-Abbas. Si j'ai assez de matériaux pour le réfuter, j'en userai avec toute la circonspection possible. Je veux que l'ouvrage soit utile, et qu'il vous amuse. Il s'agit d'Henri IV; j'ai quelque droit sur ce temps-là; je compte même dédier mon ouvrage à l'Aca-

---

1. L'*A B C*. (ÉD.) — 2. *Les Trois empereurs en Sorbonne*. (ÉD.)

démie française, parce que j'y prends le parti d'un de ses membres. La plupart des gens voient déchirer leurs confrères avec une espèce de plaisir; je prétends leur apprendre à vivre.

Vous savez sans doute que quand l'évêque du Puy ennuyait son monde à Saint-Denis, une centaine d'auditeurs se détacha pour aller visiter le tombeau d'Henri IV. Ils se mirent tous à genoux autour du cercueil, et, attendris les uns par les autres, ils l'arrosèrent de leurs larmes. Voilà une belle oraison funèbre et une belle anecdote. Cela ne tombera pas à terre.

Je me flatte, madame, que votre *petite mère*[1] n'a rien à craindre des sots contes que l'on débite dans Paris contre son mari, que je regarde comme un homme de génie, et par conséquent comme un homme unique dans le petit siècle qui a succédé au plus grand des siècles.

Oui, sans doute, la paix vaut encore mieux que la vérité; c'est-à-dire qu'il ne faut pas contrister son voisin pour des arguments; mais il faut chercher la paix de l'âme dans la vérité, et fouler aux pieds des erreurs monstrueuses qui bouleverseraient cette âme, et qui la rendraient le jouet des fripons.

Soyez très-sûre qu'on passe des moments bien tristes à quatre-vingts ans, quand on nage dans le doute. Vos amis les Chaulieu et les Saint-Aulaire sont morts en paix.

MMMMMCDLXXXII. — A M. Hennin.
7 décembre.

M. Hennin est supplié de vouloir bien se souvenir de l'agréable promesse qu'il a faite de prêter la réfutation du système mis en lumière par le Solon de l'empire russe. On le lui rendra avec la plus grande fidélité du monde. Il ne tient qu'à lui de le donner au porteur, ou de l'envoyer chez M. Souchay.

MMMMMCDLXXXIII. — A M. Dalembert.
12 décembre.

Mon cher philosophe, mon cher ami, je suis étonné et affligé de ne point recevoir de vos nouvelles dans le tombeau où le cher La Bletterie m'a condamné.

J'avais écrit à Damilaville sous l'ancienne enveloppe de M. Gaudet, quai Saint-Bernard, comme il me l'avait recommandé. Je l'avais prié dans ma lettre de vous engager à m'instruire de son état, s'il ne pouvait m'en informer lui-même. Je vous demande en grâce de me faire savoir dans quel état il est. J'ai besoin d'être rassuré; ayez pitié de mon inquiétude.

M. de Rochefort, votre ami, a été assez bon pour venir passer trois jours dans ma solitude avec madame sa femme, dont le joli visage n'a à la vérité que dix-huit ans, mais dont l'esprit est très-majeur. Je doute qu'aucun des capitaines des gardes du corps, de quelque roi que ce

---

1. Mme de Choiseul, que Mme du Deffand appelait sa grand'maman. (Éd.)

puisse être, soit plus instruit que ce chef de brigade. Il n'y a point, à mon gré, de place qui ne soit au-dessous de son mérite.

Je ne sais si vous avez connaissance de toutes les manœuvres qu'a faites votre hypocrite La Bletterie pour armer le gouvernement contre tous ceux qui ont trouvé sa traduction de Tacite ridicule. Vous devez, en ce cas, être puni plus sévèrement que personne. Au reste, s'il veut absolument qu'on m'enterre, je vous demande en grâce de ne lui point donner ma place à l'Académie. J'ai lu, dans une gazette suisse, que vous avez été présenté au roi danois avec une volée de philosophes, tels que les Saurin, les Diderot, les Helvétius, les Duclos, les Marmontel, et que les Ribaudier n'en étaient pas.

Dites, je vous en prie, au premier secrétaire de Bélisaire, que son ouvrage est traduit en russe, et qu'une partie du quinzième chapitre est de la façon de l'impératrice. On a prêché devant elle un sermon sur la tolérance qui mérite d'être connu, quand ce ne serait que pour le sujet. Dieu bénisse les Welches! ils viennent les derniers en tout.

On dit que vous avez enfin une salle de Vauxhall, mais que vous n'avez point encore de salle de *Magna charta*[1].

Ayez la bonté, je vous en prie, de mettre *Marie de Médicis* au lieu de *Catherine de Médicis* à la page 285 du premier volume du *Siècle de Louis XIV*.

Ce beau siècle a eu ses sottises comme les autres, mais du moins il y avait de grands talents.

Je vous embrasse bien tendrement, mon cher ami, vous qui empêchez que ce siècle ne soit la chiasse du genre humain.

MMMMCDLXXXIV. — A MADAME LA MARQUISE DU DEFFAND.

12 décembre.

Madame, les imaginations ne dorment point; et, quand même elles prendraient, en se couchant, une dose des oraisons funèbres de l'évêque du Puy et de l'évêque de Troyes[2], le diable les bercerait toujours. Quand la marâtre nature nous prive de la vue, elle peint les objets avec plus de force dans le cerveau; c'est ce que la coquine me fait éprouver.

Je suis votre confrère des Quinze-Vingts, dès que la neige est sur mon horizon de quatre-vingts lieues de tour; le diable alors me berce beaucoup plus que dans les autres saisons. Je n'ai trouvé à cela d'autre exorcisme que celui de boire : je bois beaucoup, c'est-à-dire demi-setier à chaque repas, et je vous conseille d'en faire autant; il faut que ce soit d'excellent vin; personne, de mon temps, n'en avait de bon à Paris.

L'aventure du président Hénault est assurément bien singulière. On s'est moqué de moi avec des Belloste et des Belestat, grands noms que vous connaissez. Je ne veux ni rien croire, ni même chercher à croire.

1. Que Voltaire appelle *la Charte des libertés d'Angleterre*. (ÉD.)
2. Poncet de La Rivière. (ÉD.)

ANNÉE 1768.

L'abbé Boudot a eu la bonté de fureter dans la bibliothèque du roi. Il en résulte qu'il est très-vrai qu'aux premiers états de Blois, dont vous ne vous souvenez guère, on donna trois fois aux parlements le titre d'*états généraux au petit pied*. Je ne pense point du tout que les parlements représentent les états généraux, sur quelque *pied* que ce puisse être; et quand même j'aurais acheté une charge de conseiller au parlement pour quarante mille francs, je ne me croirais point du tout partie des états généraux de France.

Mais je ne veux point entrer dans cette discussion, et m'aller brouiller avec tous les parlements du royaume, à moins que le roi ne me donne quatre ou cinq régiments à mes ordres. De toutes les facéties qui sont venues troubler mon repos dans ma retraite, celle-ci est la plus extraordinaire.

L'*A B C* est un ancien ouvrage traduit de l'anglais, imprimé en 1762[1]. Cela est fier, profond et hardi; cette lecture demande de l'attention. Il n'y a point de ministre, point d'évêque en deçà de la mer, à qui cet *A B C* puisse plaire; cela est insolent, vous dis-je, pour des têtes françaises. Si vous voulez le lire, vous qui avez une tête de tout pays, j'en chercherai un exemplaire, et je vous l'enverrai; mais l'ouvrage a un pouce d'épaisseur. Si votre grand'maman a ses ports francs, comme son mari, je le lui adresserai pour vous.

Il faut que je vous conte ce qu'on ne sait pas à Paris. Le singe de Nicolet, qui demeure à Rome, s'est avisé de canoniser, non-seulement Mme de Chantal, à qui saint François de Sales avait fait deux enfants, mais il a encore canonisé un frère capucin, nommé frère Cucufin[2] d'Ascoli. J'ai vu le procès-verbal de sa canonisation; il y est dit qu'il se plaisait fort à à se faire donner des coups de pied dans le cul par humilité, et qu'il répandait exprès des œufs frais et de la bouillie sur sa barbe, afin que les profanes se moquassent de lui, et qu'il offrait à Dieu leurs railleries. Raillerie à part, il faut que Rezzonico soit un grand imbécile; il ne sait pas encore que l'Europe entière rit de Rome comme de frère Cucufin.

Je sais pourtant qu'il y a encore des Hottentots, même à Paris; mais, dans dix ans, il n'y en aura plus : croyez-moi sur ma parole.

Quoi qu'il en soit, madame, buvez et dormez; amusez-vous le moins mal que vous le pourrez, supportez la vie, ne craignez point la mort, que Cicéron appelle la fin de toutes les douleurs. Cicéron était un homme de fort bon sens. Je déteste les poules mouillées et les âmes faibles. Il est trop honteux d'asservir son âme à la démence et à la bêtise de gens dont on n'aurait pas voulu pour ses palefreniers. Souvenons-nous des vers de l'abbé de Chaulieu :

> Plus j'approche du terme, et moins je le redoute.
> Sur des principes sûrs mon esprit affermi,
> Content, persuadé, ne connaît plus de doute :
> Des suites de ma fin je n'ai jamais frémi.

1. Voltaire mit en effet cette date à l'une des éditions de l'*A B C*. (ÉD.)
2. Voy. la *Canonisation de saint Cucufin*. (ÉD.)

Adieu, madame; je baise vos mains avec mes lèvres plates, et je vous serai attaché jusqu'au dernier moment.

MMMMMCDLXXXV. — A M. Bordes.
17 décembre.

Il y a mille ans que je ne vous ai écrit, mon cher ami. Voici un petit livre qui m'est tombé entre les mains; je vous prie de m'en dire votre avis. Je ne vous ai point envoyé les *Siècles*, parce qu'ils sont pleins de fautes typographiques : mon sort est d'être ridiculement imprimé.

Vous m'abandonnez. J'ai besoin que vous me disiez ce que vous pensez des trois premières lettres de l'alphabet de M. Huet. Je ne vous demande point de nouvelles des Corses ni de Mme Dubarri, mais je vous en demande de l'*A B C*.

Il paraît, par la dernière émeute, que votre peuple de Lyon n'est pas philosophe; mais pourvu que les honnêtes gens le soient, je suis fort content. Il s'est fait un prodigieux changement dans Toulouse. La révolution s'opère sensiblement dans les esprits, malgré les cris des fanatiques. La lumière vient par cent trous qu'il leur sera impossible de boucher.

Que dites-vous de Catherine, qui se fait inoculer sans que personne en sache rien, et qui va se mettre à la tête de son armée? Je souhaite passionnément qu'elle détrône Moustapha. Je voudrais avoir assez de force pour l'aller trouver à Constantinople; mais je suis plus près d'aller trouver Pierre III, quoique je ne sois pas si ivrogne que lui.

Avez-vous lu la *Riforma d'Italia*? il n'y a guère d'ouvrage plus fort et plus hardi; il fait trembler tous les prêtres, et inspire du courage aux laïques. L'idole de Sérapis tombe en pièces; on ne verra que des rats et des araignées dans le creux de sa tête; il se peut très-bien faire que les Italiens nous devancent; car vous savez que les Welches arrivent toujours les derniers en tout, excepté en falbalas et en pompons.

Je n'ai point entendu parler des prétendues faveurs du parlement de Paris[1]. J'ai un neveu actuellement conseiller à la Tournelle, qui ne m'aurait pas laissé ignorer tant de bontés. On ne fait pas toujours tout ce qu'on serait capable de faire.

Portez-vous bien, mon cher vrai philosophe, et cultivez tout doucement la vigne du Seigneur.

MMMMMCDLXXXVI. — De Catherine II.
A Pétersbourg, 6/17 décembre.

Monsieur, je suppose que vous me croyez un peu d'inconséquence : je vous ai prié, il y a environ un an, de m'envoyer tout ce qui a jamais été écrit par l'auteur dont j'aime le mieux à lire les ouvrages; j'ai reçu au mois de mai passé le ballot que j'ai désiré, accompagné du buste de l'homme le plus illustre de notre siècle.

---

1. On avait sans doute parlé à Voltaire de la condamnation de quelqu'un de ses ouvrages par le parlement. (Éd.)

ANNÉE 1768.

J'ai senti une égale satisfaction de l'un et de l'autre envoi : ils font depuis six mois le plus bel ornement de mon appartement, et mon étude journalière; mais jusqu'ici je ne vous en ai accusé ni la réception, ni fait mes remercîments. Voici comme je raisonnais : « Un morceau de papier mal griffonné, rempli de mauvais français, est un remercîment stérile pour un tel homme; il faut lui faire mon compliment par quelque action qui puisse lui plaire. » Différents faits se sont présentés; mais le détail en serait trop long; enfin j'ai cru que le meilleur serait de donner par moi-même un exemple qui pût devenir utile aux hommes. Je me suis souvenue que par bonheur je n'avais pas eu la petite vérole. J'ai fait écrire en Angleterre pour avoir un inoculateur : le fameux docteur Dimsdale s'est résolu de passer en Russie. Il m'a inoculée le 12 octobre. Je n'ai pas été au lit un seul instant, et j'ai reçu du monde tous les jours. Je vais tout de suite faire inoculer mon fils unique.

Le grand maître de l'artillerie, le comte Orlof, ce héros qui ressemble aux anciens Romains du beau temps de la république, et qui en a le courage et la générosité, doutant s'il avait eu cette maladie, est à présent entre les mains de notre Anglais, et le lendemain de l'opération il s'en alla à la chasse dans une très-grande neige. Nombre de courtisans ont suivi son exemple, et beaucoup d'autres s'y préparent. Outre cela on inocule à présent à Pétersbourg dans trois maisons d'éducation, et dans un hôpital établi sous les yeux de M. Dimsdale.

Voilà, monsieur, les nouvelles du pôle. J'espère qu'elles ne vous seront point indifférentes.

Les écrits nouveaux sont plus rares. Cependant il vient de paraître une traduction française de l'instruction russe donnée aux députés qui doivent composer le projet de notre code. On n'a pas eu le temps de l'imprimer. Je me hâte de vous en envoyer le manuscrit, afin que vous voyiez mieux de quel point nous partons. J'espère qu'il n'y a pas une ligne qu'un honnête homme ne puisse avouer.

J'aimerais bien de vous envoyer des vers en échange des vôtres; mais qui n'a pas assez de cervelle pour en faire de bons fait mieux de travailler de ses mains. Voilà ce que j'ai mis en pratique : j'ai tourné une tabatière que je vous prie d'accepter. Elle porte l'empreinte de la personne qui a pour vous le plus de considération; je n'ai pas besoin de la nommer, vous la reconnaîtrez aisément.

J'oubliais, monsieur, de vous dire que j'ai augmenté le peu ou point de médecine qu'on donne pendant l'inoculation, de trois ou quatre excellents spécifiques que je recommande à tout homme de bon sens de ne point négliger en pareille occasion. C'est de se faire lire *l'Écossaise*, *Candide*, *l'Ingénu*, *l'Homme aux quarante écus* et *la Princesse de Babylone*. Il n'y a pas moyen, après cela, de sentir le moindre mal.

P. S. La lettre ci-jointe était écrite il y a trois semaines. Elle attendait le manuscrit; on a été si longtemps à le transcrire et à le rectifier, que j'ai eu le temps, monsieur, de recevoir votre lettre du 15 novembre. Si je fais aussi aisément la guerre contre les Turcs que j'ai eu de facilité à introduire l'inoculation, vous courrez risque d'être sommé à tenir bientôt la promesse que vous me faites de venir me trouver dans un gîte où, dit-on, se sont perdus tous ceux qui en ont fait la conquête. Voilà de quoi faire passer cette tentation à qui la prendra.

Je ne sais si Moustapha a de l'esprit; mais j'ai lieu de croire qu'il dit : « Mahomet, ferme les yeux! » quand il veut faire des guerres injustes à ses voisins. Si le succès de cette guerre se déclare pour nous, j'aurai beaucoup d'obligation à mes envieux : ils m'auront procuré une gloire à laquelle je ne pensais pas.

Tant pis pour Moustapha s'il n'aime ni la comédie ni les vers. Il sera bien attrapé si je parviens à mener les Turcs au même spectacle auquel la troupe de Paoli joue si bien. Je ne sais si ce dernier parle français, mais il sait combattre pour ses foyers et son indépendance.

Pour nouvelle d'ici, je vous dirai, monsieur, que tout le monde généralement veut être inoculé, qu'il y a un évêque qui va subir cette opération, et qu'on a inoculé ici dans un mois plus de personnes qu'à Vienne dans huit.

Je ne saurais, monsieur, vous témoigner assez ma reconnaissance pour toutes les choses obligeantes que vous voulez bien me dire, mais surtout pour le vif intérêt que vous prenez à tout ce qui me regarde. Soyez persuadé que je sens tout le prix de votre estime, et qu'il n'y a personne qui ait pour vous plus de considération que CATERINE.

Je prends encore une fois la plume pour vous prier de vous servir de cette fourrure contre le vent de bise et la fraîcheur des Alpes, qu'on m'a dit vous incommoder quelquefois. Adieu, monsieur; lors de votre entrée à Constantinople, j'aurai soin de faire porter à votre rencontre un bel habit à la grecque, doublé des plus riches dépouilles de la Sibérie. Cet habit est bien plus commode et plus beau que les habits étriqués dont toute l'Europe fait usage, et dont aucun scuplteur ne veut ni ne peut vêtir ses statues, crainte de les faire paraître ridicules et mesquines.

MMMMMCDLXXXVII. — DE M. D'ALEMBERT.

A Paris, ce 17 décembre.

Je suis dans mon lit avec un rhume, mon cher et illustre maître, et je me sers d'un secrétaire pour vous répondre sur-le-champ. Je suis étonné que vous n'ayez point reçu une lettre que je vous ai écrite il y a quinze jours, et dans laquelle je vous mandais le triste état de notre pauvre ami Damilaville, qui a cessé de vivre, ou plutôt de souffrir, le 13 de ce mois. Il y avait plus de trois semaines qu'il existait avec douleur, et presque sans connaissance; et sa mort n'est un malheur que pour ses amis. Il a été confessé sans rien entendre, et a reçu l'extrême-onction sans s'en apercevoir.

Je vous disais aussi, dans la même lettre, que notre secrétaire Duclos, étant malade d'une fluxion de poitrine, m'avait chargé de vous remercier pour lui de l'exemplaire de votre ouvrage, que vous lui avez envoyé. Il est mieux à présent, mais encore bien faible; et il m'a chargé de vous réitérer ses remercîments, et de vous dire que l'Académie recevrait avec grand plaisir l'exemplaire que vous lui destinez.

Je vous félicite d'avoir eu M. de Rochefort dans votre solitude pendant quelques jours; c'est un très-galant homme, fort instruit, et ami zélé de la philosophie et des lettres.

Le roi de Danemark ne m'a presque parlé que de vous dans la conversation de deux minutes que j'ai eu l'honneur d'avoir avec lui : je vous assure qu'il aurait mieux aimé vous voir à Paris que toutes les fêtes dont on l'a accablé. J'ai fait à l'Académie des sciences, le jour qu'il est venu, un discours dont tous mes confrères et le public m'ont paru fort contents; j'y ai parlé de la philosophie et des lettres avec la dignité convenable. Le roi m'en a remercié; mais les ennemis de la philosophie et des lettres ont fait la mine; je vous laisse à penser si je m'en soucie.

J'ignore les intrigues de La Bletterie, et je les méprise autant que sa traduction et sa personne. Je ne vous mande rien de toutes les sottises qui se font et qui se disent; vous les savez sans doute par d'autres, et sûrement vous en pensez comme moi. J'ai lu, il y a quelques jours, une brochure intitulée l'*A B C*; j'ai été charmé surtout de ce qu'on y dit sur la guerre et sur la liberté naturelle. Adieu, mon cher et ancien ami; pensez quelquefois, dans votre retraite, à un confrère qui vous aime de tout son cœur, et qui vous embrasse de même.

MMMMCDLXXXVIII. — A M. LE COMTE D'ARGENTAL.
19 décembre.

Mon cher ange, les mânes de Latouche se recommandent à votre bonté habile et courageuse. Je me trompe fort, ou il ne reste plus aucun prétexte à l'allégorie. La fin du troisième acte pouvait en fournir; on l'a entièrement retranchée. Ces prêtres mêmes étaient trop odieux, et n'attiraient que de l'indignation, lorsqu'il fallait inspirer de l'attendrissement. C'était à la jeune Guèbre à rester sur le théâtre, et non à ces vilains prêtres qu'on déteste. Elle tire des larmes; elle est orthodoxe dans toutes les religions; son monologue est un des moins mauvais qu'ait jamais faits Latouche. Les prêtres ne paraissent plus dans les trois derniers actes; et leur rôle infâme étant fort adouci dans les deux premiers, il me paraît qu'un inquisiteur même ne pourrait s'élever contre la pièce.

Voici donc les trois premiers actes, dans lesquels vous trouverez beaucoup de changements. Les deux derniers étant sans prêtres, il n'y a plus rien à changer que le titre de la tragédie. Latouche l'avait intitulée *les Guèbres;* cela seul pourrait donner des soupçons. Ce titre des *Guèbres* rappellerait celui des *Scythes*, et présenterait d'ailleurs une idée de religion qu'il faut absolument écarter. Je l'appelle donc *les Deux frères*. On pourra l'annoncer sous ce nom, après quoi on lui en donnera un plus convenable.

Lekain peut donc la lire hardiment à la Comédie. Il ne s'agit plus que d'anéantir dans la tête de Marin le préjugé qui pourrait encore lui donner de la timidité : c'est un coup de partie, mon cher ange; il faut ressusciter le théâtre, qui faisait presque seul la gloire des Welches. Je vous avouerai de plus que ce serait une occasion de faire certaines démarches que sans cela je n'aurais jamais faites. Je n'ai plus que deux passions, celle de faire jouer *les Deux frères*, et celle de revoir les deux anges.

J'ai encore une demi-passion, c'est que l'opéra[1] de M. de La Borde soit donné pour la fête du mariage du Dauphin. La musique est certainement fort agréable. Je doute que M. le duc de Duras puisse trouver rien de mieux. Dites-moi si vous voulez lui en parler, et si vous voulez que je lui en écrive.

Sub umbra alarum tuarum.

MMMMMCDLXXXIX. — DE CATHERINE II.

8-19 décembre.

Monsieur, le porteur de celle-ci vous remettra de ma part trois paquets numérotés 1, 2 et 3.

En ouvrant le premier, vous saurez ce que contiennent les deux autres. Je vous fais mille excuses d'avoir tardé si longtemps : cent choses ensemble m'ont empêchée de vous envoyer ces papiers. Le prince Kosloftsky, lieutenant de mes gardes, a regardé comme une faveur distinguée d'être envoyé à Ferney. Je lui en sais gré. Si j'étais à sa place, j'en ferais autant.

Adieu, monsieur; portez-vous bien, et soyez assuré que personne ne s'intéresse plus à tout ce qui vous regarde que   CATERINE.

MMMMMCDXC. — A M. LE MARQUIS DE VILLEVIEILLE.

20 décembre.

Non, mon cher marquis, non, les Socrates modernes ne boiront point la ciguë. Le Socrate d'Athènes était, entre nous, un homme très-imprudent, un ergoteur impitoyable, qui s'était fait mille ennemis, et qui brava ses juges très-mal à propos.

Nos philosophes aujourd'hui sont plus adroits, ils n'ont point la sotte et dangereuse vanité de mettre leurs noms à leurs ouvrages; ce sont des mains invisibles qui percent le fanatisme d'un bout de l'Europe à l'autre avec les flèches de la vérité. Damilaville vient de mourir; il était l'auteur du *Christianisme dévoilé* et de beaucoup d'autres écrits. On ne l'a jamais su; ses amis lui ont gardé le secret tant qu'il a vécu, avec une fidélité digne de la philosophie. Personne ne sait encore qui est l'auteur du livre donné sous le nom de Fréret[1]. On a imprimé en Hollande, depuis deux ans, plus de soixante volumes contre la superstition. Les auteurs en sont absolument inconnus, quoiqu'ils puissent hardiment se découvrir. L'Italien qui a fait *la Riforma d'Italia* n'a eu garde d'aller présenter son ouvrage à Rezzonico; mais son livre a fait un effet prodigieux. Mille plumes écrivent, et cent mille voix s'élèvent contre les abus et en faveur de la tolérance. Soyez très-sûr que la révolution qui s'est faite depuis environ douze ans dans les esprits n'a pas peu servi à chasser les jésuites de tant d'États, et a bien encouragé les princes à frapper l'idole de Rome, qui les faisait trembler tous autre-

---

1. *Pandore.* (ÉD.)
2. *L'Examen critique des apologistes de la religion chrétienne.* (ÉD.)

fois. Le peuple est bien sot, et cependant la lumière pénètre jusqu'à lui. Soyez bien sûr, par exemple, qu'il n'y a pas vingt personnes dans Genève qui n'abjurent Calvin autant que le pape, et qu'il y a des philosophes jusque dans les boutiques de Paris.

Je mourrai consolé en voyant la véritable religion, c'est-à-dire celle du cœur, établie sur la ruine des simagrées. Je n'ai jamais prêché que l'adoration d'un Dieu, la bienfaisance et l'indulgence. Avec ces sentiments, je brave le diable, qui n'existe point, et les vrais diables fanatiques, qui n'existent que trop. Quand vous irez à votre régiment, n'oubliez pas mon petit château, qui est votre étape.

Je ne veux point mourir sans vous avoir embrassé.

MMMMMCDXCI. — A M. LE COMTE D'ARGENTAL.

21 décembre.

Mais, mon cher ange, l'empereur dit à la dernière scène [1] précisément ce que vous voulez qu'on dise dans votre lettre du 15; mais cela est annoncé dès la première scène dans les dernières additions; mais le troisième acte finit par la prière la plus touchante et la plus orthodoxe; mais il n'y a plus le moindre prétexte à l'allégorie. Oubliez-moi; que Marin m'oublie; mettez-vous bien tous deux Latouche dans la tête, et vous verrez qu'il n'y a pas la moindre ombre de difficulté à la chose. Me trompé-je? ai-je un bandeau sur les yeux? *Mahomet* et *le Tartufe* n'étaient-ils pas cent fois plus hardis? Quel est l'homme dans le parterre et dans les loges qui ne soit pas de l'avis de l'auteur, et qui ne le bénisse? quel est dans la capitale des Welches le porte-Dieu ou le gobe-Dieu qui ose dire : « C'est moi qu'on a voulu désigner par les prêtres de Pluton? » Quel rapport peut-on jamais trouver entre les juges d'Apamée et les chanoines de Notre-Dame? Vous avez toujours l'auteur sur le bout du nez, et vous croyez l'ouvrage hardi, parce que cet auteur a une fort méchante réputation.

Mais, au nom de Dieu, ne pensez qu'à Latouche; il vous a écrit un petit mot, en vous envoyant les trois premiers actes retouchés, sous l'enveloppe de M. le duc de Praslin. Vous trouverez sa lettre dans le paquet. Ma foi, ces trois actes raccommodent tout, et les deux anges doivent être très-édifiés.

Je suis très-fâché que votre fromage de Parmesan ne puisse être arrondi par Castro et Ronciglione. Je m'imaginais que l'aîné laisserait ces rognures à son cadet, d'autant plus qu'elles sont extrêmement à sa bienséance.

Je suis encore plus fâché que ce Tanucci soit une poule mouillée. Que peut-il craindre? est-ce qu'il n'entend pas les cris de l'Europe? est-ce qu'il ne sait pas que cent millions de voix s'élèveront en sa faveur?

Avez-vous vu *la Riforma d'Italia*, mes divins anges? les livres français sont tous circonspects et honnêtes en comparaison. Quand l'auteur parle des moines, il ne les appelle jamais que canailles. Enfin tous les

1. Dans la tragédie des *Guèbres*. (ÉD.)

yeux sont éclairés, toutes les langues déliées, toutes les plumes taillées en faveur de la raison.

Damilaville était le plus intrépide soutien de cette raison persécutée; c'était une âme d'airain, et aussi tendre que ferme pour ses amis. J'ai fait une cruelle perte, et je la sens jusqu'au fond de mon cœur. Faut-il qu'un tel homme périsse, et que Fréron vive!

Vivez longtemps, mon cher ange. Vous devez, s'il m'en souvient, n'avoir que soixante-sept ans; j'étais bien votre aîné, et je le suis encore. Je vous aimerai jusqu'à ce que ma drôle de vie finisse.

Cependant que penseriez-vous si, au premier acte [1], Iradan parlait ainsi à ces coquins de prêtres:

Nous sommes ses soldats, *j'obéis à mon* maître;
Il peut tout.
LE GRAND PRÊTRE.
Oui, sur vous.
IRADAN.
Sur vous aussi peut-être.
Les pontifes divins, *des peuples* respectés,
Condamnent *tous* l'orgueil, et plus, les cruautés.
Jamais le sang humain ne coula dans leurs temples.
Ils font des vœux pour nous, imitez leurs exemples.
Tant qu'en ces lieux surtout je pourrai commander,
N'espérez pas me nuire et me déposséder
Des droits que Rome *attache* aux tribuns militaires.
Scène III.

Que peut-on dire de plus honnête et même de plus fort en faveur des prêtres? cela ne prévient-il pas toutes les allusions? et, s'il faut qu'on en fasse, ces allusions ne sont-elles pas alors favorables?

Ces quatre vers ajoutés ne s'accordent-ils pas parfaitement avec les additions déjà faites dans la première édition? n'êtes-vous pas parfaitement content?

Toute cette affaire-ci ne sera-t-elle pas extrêmement plaisante? Ma foi, ce Latouche était un bon garçon. Voici le papier tout musqué pour le premier acte; il n'y aura qu'à l'ajuster avec quatre petits pains.

MMMMCDXCII. — A M. LE COMTE DE MILLY.

A Ferney, 21 décembre.

J'ai été malade deux mois entiers, monsieur; on m'a cru mort; il s'en faut peu que je ne le sois. C'est ce qui fait que je ne vous ai point répondu. J'ai soixante-quinze ans: il y en a environ vingt-cinq que je n'ai vu M. le duc de N***. Je n'ai aucune relation avec lui, encore moins avec le ministre: vous avez le droit de demander de l'emploi. Vous êtes à portée de mettre M. le duc de N*** dans vos intérêts, étant dans sa ville. Que peut un homme mort au monde, et enterré sous les

---

1. Scène III des *Guèbres*. (ÉD.)

montagnes des Alpes? J'ai l'honneur d'être avec tous les regrets possibles de n'être qu'un mort inutile, etc.

MMMMMCDXCIII. — A M. Dupuits.
23 décembre.

En vous remerciant, mon cher capitaine, de m'avoir envoyé copie de la jolie lettre de cette dame que Mme du Deffand appelle sa petite mère[1]. Je dirais volontiers à Mme du Deffand :

> Il se peut bien qu'elle soit votre mère ;
> Elle eut un fils assez connu de tous :
> Méchant enfant, aveugle comme vous,
> Dont vous aviez (soit dit sans vous déplaire)
> Et la malice et les attraits si doux,
> Quand vous étiez dans l'âge heureux de plaire.

Quoi qu'il en soit, je sais que la petite mère et la petite fille sont la meilleure compagnie de l'Europe.

Cette dame prétend qu'elle a volé le *Siècle de Louis XIV;* elle ne sait donc pas que c'était son bien : j'avais d'abord imaginé que M. le duc de Choiseul pourrait avoir la bonté d'en faire présenter un exemplaire à quelqu'un qui n'a pas le temps de lire[2]. Mais j'envoyai ce même exemplaire pour être donné à celle qui daigne lire, et il y avait même quatre petits versiculets qui ne valent pas grand'chose. Cela sera perdu dans l'énorme quantité de paperasses qu'on reçoit à chaque poste. La perte n'est pas grande.

Il est vrai que je lui ai envoyé *le Marseillais* de Saint-Didier, et que je n'ai pas osé risquer *les Trois empereurs en Sorbonne*, de l'abbé Caille, à cause des notes.

Dieu me garde d'avoir la moindre part à *l'A B C!* C'est un ouvrage anglais, traduit et imprimé en 1762. Rien n'est plus hardi, et peut-être plus dangereux dans votre pays. C'est un cadran qui n'est fait que pour le méridien de Londres. On m'a fait étranger, et puis on me reproche de penser comme un étranger; cela n'est pas juste.

On m'a su mauvais gré, par exemple, d'avoir dit des fadeurs à Catherine. Je crois qu'on a eu très-grand tort. Catherine avait fourni *cinq mille livres* pour le *Corneille* de madame votre femme. Catherine m'accablait de bontés, m'écrivait des lettres charmantes : il faut un peu de reconnaissance; les muses n'ont rien à démêler avec la politique. Tout cela m'effarouche. Cependant, si on le veut, si on l'ordonne, s'il n'y a nul risque, je chercherai un *A B C*, et j'en ferai tenir un à la personne du monde qui fait le meilleur usage des vingt-quatre lettres de l'alphabet quand elle parle et quand elle écrit.

Pour La Bletterie, il est très-certain qu'il a voulu me désigner en deux endroits, et qu'il a désigné cruellement Marmontel dans le temps qu'il était persécuté par l'archevêque et par la Sorbonne. Il a attaqué Linguet : il a insulté de même le président Hénault (page 235, t. II) :

---

1. Mme de Choiseul. (Éd.) — 2. Louis XV. (Éd.)

« En revanche, fixer l'époque des plus petits faits avec exactitude, c'est le sublime de plusieurs prétendus historiens modernes. Cela leur tient lieu de génie et des talents historiques. »

Peut-on appliquer un soufflet plus fort sur la joue du président? Et puis comment trouvez-vous les *talents historiques?* Ne reconnaissez-vous pas à tous ces traits un janséniste de l'Université, gonflé d'orgueil, pétri d'âcreté, et qui frappe à droite et à gauche?

Je ne savais point du tout qu'il eût surpris la protection de Mme la duchesse de Choiseul. Quelqu'un a dit de moi que je n'avais jamais attaqué personne, mais que je n'avais pardonné à personne. Cependant je pardonne à La Bletterie, puisqu'il est protégé par l'esprit et par les grâces; j'ai même proposé un accord. La Bletterie veut qu'on m'enterre, parce que j'ai soixante-quinze ans; rien ne paraît plus plausible au premier aspect : je demande qu'il me permette seulement de vivre encore deux ans. C'est beaucoup, dira-t-il; mais je voudrais bien savoir quel âge il a, et pourquoi il veut que je passe le premier.

Mon cher capitaine, vous êtes jeune, riez des barbons qui font des façons à la porte du néant. Je vous embrasse vous et votre petite femme.

MMMMMCDXCIV. — A M. DALEMBERT.

23 décembre.

Nos lettres s'étaient croisées, mon très-cher philosophe. Je regretterai Damilaville toute la vie. J'aimais l'intrépidité de son âme; j'espérais qu'à la fin il viendrait partager ma retraite. Je ne savais pas qu'il fût marié et cocu. J'apprends avec étonnement qu'il était séparé de sa femme depuis douze ans. Il ne lui aura pas assurément laissé un gros douaire.

Povera e nuda vai, filosofia.

Si vous pouviez me faire lire votre discours prononcé devant le roi danois, vous me feriez un grand plaisir; vous pourriez me le faire parvenir par Marin.

On dit qu'il y a un premier gentilhomme de la chambre[1] non danoise qui a tenu un étrange discours. Je ne veux pas le croire pour l'honneur de votre pays.

Croiriez-vous bien que le traducteur de Tacite m'a fait écrire par un homme très-considérable, pour me reprocher de n'être pas encore enterré, et de trouver son style pincé et ridicule? Le croquant veut être de l'Académie je vous le recommande.

Mais qu'est-ce qu'un Linguet? pourquoi a-t-il fait une si longue *Réponse aux docteurs modernes?* pourquoi n'a-t-il pas été aussi plaisant qu'il pouvait l'être? Il avait beau jeu, mais il n'a pas joué assez adroitement sa partie; il a de l'esprit pourtant, et a quelquefois la serre assez forte; mais il n'entend pas comme il faut le secret de rendre les gens parfaitement ridicules : c'est un don de la nature qu'il faut soigneusement cultiver; d'ailleurs rien n'est meilleur pour la santé. Si

---

1. Le duc de Duras. (ÉD.)

vous êtes encore enrhumé, servez-vous de cette recette, et vous vous en trouverez à merveille.

On dit que vous faites un grand diable d'ouvrage de géométrie; cela ne nuira point à votre gaieté; vous possédez tous les tons.

Que dites-vous de la collection des ouvrages de Leibnitz? ne trouvez-vous pas que cet homme était un charlatan, et le Gascon de l'Allemagne? mais Descartes était bien un autre charlatan. Adieu, vous qui n'êtes point un charlatan; je vous embrasse aussi tendrement qu'on peut embrasser un philosophe.

P. S. Vous sentez bien que l'*A B C* n'est pas de moi, et ne peut en être; il serait même très-cruel qu'il en fût : il est traduit de l'anglais par un avocat nommé Échiniac.

MMMMMCDXCV. — A M. L. C.
23 décembre.

Si vous voulez, monsieur, vous appliquer sérieusement à l'étude de la nature, permettez-moi de vous dire qu'il faut commencer par ne faire aucun système. Il faut se conduire comme les Boyle, les Galilée, les Newton; examiner, peser, calculer, et mesurer, mais jamais deviner.

Newton n'a jamais fait de système; il a vu, il a fait voir, mais il n'a pas mis ses imaginations à la place de la vérité. Ce que nos yeux et les mathématiques nous démontrent, il faut le tenir pour vrai; dans tout le reste, il n'y a qu'à dire *j'ignore*.

Il est incontestable que les marées suivent exactement le cours du soleil et de la lune; il est mathématiquement démontré que ces deux astres pèsent sur notre globe, et en quelle proportion ils pèsent. De là Newton a non-seulement calculé l'action du soleil et de la lune sur les marées de l'Océan, mais encore l'action de la terre et du soleil sur les eaux de la lune (supposé qu'il y ait des eaux). Il est étrange, à la vérité, qu'un homme ait pu faire de telles découvertes; mais cet homme s'est servi du flambeau des mathématiques, le seul flambeau qui éclaire.

Gardez-vous donc bien, monsieur, de vous laisser séduire par l'imagination; il faut la renvoyer à la poésie, et la bannir de la physique. Imaginer un feu central pour expliquer le flux de la mer, c'est comme si on résolvait un problème par un madrigal.

Qu'il y ait du feu dans tous les corps, c'est une vérité dont il n'est pas permis de douter; il y en a dans la glace même, et l'expérience le démontre : mais qu'il y ait une fournaise précisément dans le centre de la terre, c'est une chose que personne ne peut savoir, qui n'est nullement probable, et que par conséquent on ne peut admettre en physique.

Quand même ce feu existerait, il ne rendrait raison ni des grandes marées des équinoxes et des solstices, ni de celles des pleines lunes, ni pourquoi les mers qui ne communiquent point à l'Océan n'ont aucune marée, ni pourquoi les marées retardent avec la lune, etc. Donc il n'y aurait pas la moindre raison d'admettre ce prétendu foyer pour cause du gonflement des eaux.

Vous demandez, monsieur, ce que deviennent les eaux des fleuves portées à la mer. Ignorez-vous qu'on a calculé combien l'action du soleil, à un degré de chaleur donné, en un temps donné, enlève d'eau, pour la résoudre ensuite en pluie par le secours des vents?

Vous dites, monsieur, que vous trouvez très-mal imaginé ce que plusieurs auteurs avancent, que les neiges et les pluies suffisent à la formation des rivières. Comptez que cela n'est ni bien ni mal imaginé; mais que c'est une vérité reconnue par le calcul. Vous pouvez consulter sur cela Mariotte et les *Transactions d'Angleterre*.

En un mot, monsieur, s'il m'est permis de répondre à l'honneur de votre lettre par des conseils, lisez les bons auteurs, qui n'ont que l'expérience et le calcul pour guides, et ne regardez tout le reste que comme des romans indignes d'occuper un homme qui veut s'instruire. Je suis, etc.

MMMMMCDXCVI. — Au même.

Sur les qualités occultes.

Oui, monsieur, je l'ai dit, je le redis, et je le redirai, malgré la certitude d'ennuyer, que la doctrine des qualités occultes est ce que l'antiquité a produit de plus sage et de plus vrai. La formation des éléments, l'émission de la lumière, animaux, végétaux, minéraux, notre naissance, notre vie, notre mort, la veille, le sommeil, les sensations, la pensée, tout est qualité occulte.

Descartes se crut fort au-dessus d'Aristote, lorsqu'il répéta en français ce que ce sage avait dit en grec : *Il faut commencer par douter*. Il ne devait pas, après avoir douté, créer un monde avec des dés; faire de ces dés une matière globuleuse, une rameuse, et une subtile; composer des astres avec de tels ingrédients, et imaginer, dans la nature, une mécanique contraire à toutes les lois du mouvement.

Cet extravagant roman réussit quelque temps, parce que les romans étaient alors à la mode. *Cyrus* et *Clélie* valaient beaucoup mieux, car ils n'induisaient personne en erreur. Apprenez-moi l'histoire du monde, si vous la savez; mais gardez-vous de l'inventer.

Voyez, tâtez, mesurez, pesez, nombrez, assemblez, séparez, et soyez sûr que vous ne ferez jamais rien de plus.

Newton a calculé la gravitation, mais il n'en a pas découvert la cause. Pourquoi cette cause est-elle occulte? c'est qu'elle est premier principe.

Nous savons les lois du mouvement; mais la cause du mouvement, étant premier principe, sera éternellement cachée. Vous êtes en vie, mais comment? vous n'en saurez jamais rien. Vous avez des sensations, des idées, mais devinerez-vous ce qui vous les donne? cela n'est-il pas la chose du monde la plus occulte?

On a donné des noms à un certain nombre de facultés qui se développent en nous, à mesure que nos organes prennent un peu de force au sortir des téguments où nous avons été renfermés neuf mois (sans qu'on sache même ce que c'est que cette force). Si nous nous souvenons de quelque chose, on dit : C'est de la mémoire; si nous mettons quelques idées en ordre : C'est du jugement; si nous formons un tableau suivi de quelques autres idées éparses, dont le souvenir s'est présenté à nous, cela s'appelle de l'imagination; et le résultat ou le principe de ces qualités est appelé *âme*, chose mille fois plus occulte encore.

Or, s'il vous plaît, puisqu'il est très-vrai qu'il n'est point dans vous un être à part qui s'appelle *sensibilité*, un autre qui soit *mémoire*, un troisième qui s'appelle *jugement*, un quatrième qui s'appelle *imagination*, concevrez-vous aisément que vous en ayez un cinquième composé de quatre autres qui n'existent point?

Qu'entendait-on autrefois quand on prononçait en grec le mot de ψυχή, ou celui de νοῦς? entendait-on une propriété de l'homme, ou un être particulier caché dans l'homme? n'était-ce pas l'expression occulte d'une chose très-occulte?

Toutes les ontologies, toutes les psychologies, ne sont-elles pas des rêves? On s'ignore dans le ventre de sa mère; c'est là pourtant que les idées devraient être les plus pures, car on est moins distrait. On s'ignore en naissant, en croissant, en vivant, en mourant.

Le premier raisonneur qui s'écarta de cette ancienne philosophie des qualités occultes corrompit l'esprit du genre humain. Il nous plongea dans un labyrinthe dont il nous est aujourd'hui impossible de nous tirer.

Combien plus sage avait été le premier ignorant qui avait dit à l'Être auteur de tout : « Tu m'as fait sans que j'en eusse connaissance, et tu me conserves sans que je puisse deviner comment je subsiste. J'ai accompli une des lois les plus abstruses de la physique, en suçant le teton de ma nourrice; et j'en accomplis une beaucoup plus ignorée, en mangeant et en digérant les aliments dont tu me nourris. Je sais encore moins comment des idées entrent dans ma tête pour en sortir le moment d'après sans jamais reparaître, et comment d'autres y restent toute ma vie, quelque effort que je fasse pour les en chasser. Je suis un effet de ton pouvoir occulte et suprême, à qui les astres obéissent comme moi. Un grain de poussière que le vent agite ne dit point: C'est moi qui commande aux vents. *In te vivimus, movemur et sumus*[1]; tu es le seul Être, tout le reste est mode. »

C'est là cette philosophie des qualités occultes que le P. Malebranche entrevit dans le dernier siècle. S'il avait pu s'arrêter sur le bord de l'abîme, il eût été le plus grand ou plutôt le seul métaphysicien; mais il voulut parler au Verbe : il sauta dans l'abîme, et il disparut.

Il avait, dans ses deux premiers livres, frappé aux portes de la vérité. L'auteur de *l'Action de Dieu sur les créatures*[2] tourna tout autour, mais comme un aveugle tourne la meule. Un peu avant ce temps, il y avait un philosophe qui était leur maître, sans qu'ils le sussent : Dieu me garde de le nommer[3].

Depuis ce temps, nous n'avons eu que des gens d'esprit, desqueis il faut excepter le grand Locke, qui avait plus que de l'esprit, etc.

---

1. *Actes des Apôtres*, XVII, 28. (ÉD.) — 2. Boursier. (ÉD.) — 3. Bayle. (ÉD.)

MMMMMCDXCVII. — A MADAME LA MARQUISE DU DEFFAND.

26 décembre.

Ce n'est pas assurément, madame, une lettre de bonne année que je vous écris, car tous les jours m'ont paru fort égaux, et il n'y en a point où je ne vous sois très-tendrement attaché.

Je vous écris pour vous dire que votre petite mère ou grand'mère (je ne sais comment vous l'appelez), a écrit à son protégé Dupuits une lettre où elle met, sans y songer, tout l'esprit et les grâces que vous lui connaissez. Elle prétend qu'elle est disgraciée à ma cour, parce que je ne lui ai envoyé que *le Marseillais et le Lion*, de Saint-Didier, et qu'elle n'a point eu *les Trois empereurs*, de l'abbé Caille; mais je n'ai pas osé lui envoyer par la poste ces trois têtes couronnées, à cause des notes, qui sont un peu insolentes; et, de plus, il m'a paru que vous aimiez mieux *le Marseillais et le Lion;* c'est pourquoi elle n'a eu que ces deux animaux. Il y a pourtant un vers dans *les Trois empereurs* qui est le meilleur que l'abbé Caille fera de sa vie. C'est quand Trajan dit aux chats fourrés de Sorbonne[1] :

Dieu n'est ni si méchant ni si sot que vous dites.

Quand un homme comme Trajan prononce une telle maxime, elle doit faire un très-grand effet sur les cœurs honnêtes.

Votre petite mère ou grand'mère a un cœur généreux et compatissant; elle daigne proposer la paix entre La Bletterie et moi. Je demande, pour premier article, qu'il me permette de vivre encore deux ans, attendu que je n'en ai que soixante-quinze; et que, pendant ces deux années, il me soit loisible de faire une épigramme contre lui tous les six mois; pour lui, il mourra quand il voudra.

Saviez-vous qu'il a outragé le président Hénault autant que moi? Tout ceci est la guerre des vieillards. Voici comme cet apostat janséniste s'exprime, page 235, tome II : « En revanche, fixer l'époque des plus petits faits avec exactitude, c'est le sublime de plusieurs prétendus historiens modernes. Cela leur tient lieu de génie et des talents historiques. »

Je vous demande, madame, si on peut désigner plus clairement votre ami? ne devait-il pas l'excepter de cette censure aussi générale qu'injuste? ne devait-il pas faire comme moi, qui n'ai perdu aucune occasion de rendre justice à M. Hénault, et qui l'ai cité trois fois dans le *Siècle de Louis XIV*, avec les plus grands éloges? Par quelle rage ce traducteur pincé du nerveux Tacite outrage-t-il le président Hénault, Marmontel, un avocat Linguet, et moi, dans des notes sur Tibère? qu'avons-nous à démêler avec Tibère? Quelle pitié! et pourquoi votre petite mère n'avoue-t-elle pas tout net que l'abbé de La Bletterie est un malavisé?

Et vous, madame, il faut que je vous gronde. Pourquoi haïssez-vous les philosophes quand vous pensez comme eux? vous devriez être

1. Vers 101 des *Trois empereurs en Sorbonne*. (Éd.)

leur reine, et vous vous faites leur ennemie. Il y en a un[1] dont vous avez été mécontente; mais faut-il que le corps en souffre? est-ce à vous de décrier vos sujets?

Permettez-moi de vous faire cette remontrance, en qualité de votre avocat général. Tout notre parlement sera à vos genoux quand vous voudrez; mais ne le foulez pas aux pieds, quand il s'y jette de bonne grâce.

Votre petite mère et vous, vous me demandez l'*A B C*. Je vous proteste à toutes deux, et à l'archevêque de Paris, et au syndic de la Sorbonne, que l'*A B C* est un ouvrage anglais, composé par un M. Huet, très-connu, traduit il y a dix ans, imprimé en 1762; que c'est un *roast-beef* anglais, très-difficile à digérer par beaucoup de petits estomacs de Paris. Et sérieusement je serais au désespoir qu'on me soupçonnât d'avoir été le traducteur de ce livre hardi dans mon jeune âge, car, en 1762, je n'avais que soixante-neuf ans. Vous n'aurez jamais cette infamie, qu'à condition que vous rendrez partout justice à mon innocence, qui sera furieusement attaquée par les méchants jusqu'à mon dernier jour.

Au reste, il y a depuis longtemps un déluge de pareils livres. La *Théologie portative*, pleine d'excellentes plaisanteries, et d'assez mauvaises; l'*Imposture sacerdotale*, traduite de Gordon; *la Riforma d'Italia*, ouvrage trop déclamatoire, qui n'est pas encore traduit, mais qui sonne le tocsin contre tous les moines; *les Droits des hommes et les usurpations des papes*, *le Christianisme dévoilé*, par feu Damilaville; *le Militaire philosophe*, de Saint-Hyacinthe, livres tous pleins de raisonnements, et capables d'ennuyer une tête qui ne voudrait que s'amuser. Enfin il y a cent mains invisibles qui lancent des flèches contre la superstition.

Je souhaite passionnément que leurs traits ne se méprennent point, et ne détruisent pas la religion, que je respecte infiniment, et que je pratique.

Un de mes articles de foi, madame, est de croire que vous avez un esprit supérieur. Ma charité consiste à vous aimer, quand même vous ne m'aimeriez plus; mais malheureusement je n'ai pas l'espérance de vous revoir.

MMMMMCDXCVIII. — A M. LE BARON GRIMM.

27 décembre.

L'affligé solitaire des Alpes a reçu la lettre consolante du prophète de Bohême[2]. Ils pleurent ensemble, quoique à cent lieues l'un de l'autre; le défenseur intrépide de la raison et le vertueux ennemi du fanatisme, Damilaville, est mort, et Fréron est gros et gras; mais que voulez-vous? Thersite a survécu à Achille, et les bourreaux du chevalier de La Barre sont encore vivants. On passe sa vie à s'indigner et à gémir.

Il y a des barbares qui imputent la traduction de l'*A B C* à l'ami du

1. Dalembert. (ÉD.)
2. Grimm est auteur du *Petit Prophète de Boehmischbroda*. (ÉD.)

prophète bohémien; c'est une imputation atroce. La traduction est d'un avocat nommé La Bastide-Chiniac, auteur d'un commentaire sur les discours de l'abbé Fleury. L'original anglais fut imprimé à Londres en 1761, et la traduction, en 1762, chez Robert Freemann, où tout le monde peut l'acheter. Voilà de ces vérités dont il faut que les adeptes soient instruits, et qu'ils instruisent le monde. Les prophètes doivent se secourir les uns les autres, et ne se pas donner des soufflets, comme Sédéchias en donnait à Michée [1].

Je prie le prophète de me mettre aux pieds de ma belle philosophe [2].

On dit du bien de Mlle Vestris, mais il faut savoir si ses talents sont en elle, ou s'ils sont infusés par Lekain; si elle est *ens per se*, ou *ens per aliud*.

Vous reconnaîtrez l'écriture d'Élisée sous la dictée du vieil Élie : je lui laisserai bientôt mon manteau [3]; mais ce ne sera pas pour m'en aller dans un char de feu.

Adieu, mon cher philosophe; je vous embrasse en Confucius, en Épictète, en Marc Aurèle, et je me recommande à l'assemblée des fidèles.

MMMMMCDXCIX. — A M. LE THINOIS, AVOCAT.

27 décembre.

Je vous remercie, monsieur, de l'éloquent mémoire [4] que vous avez bien voulu m'envoyer. Ce bel ouvrage aurait été soutenu de preuves, si votre nègre des Moluques avait voulu vous instruire de l'âge auquel le roi son père le fit voyager; du nombre et des noms des grands de sa cour, qui sans doute accompagnèrent le Dauphin de Timor; des particularités de ce pays, de sa religion, de la manière dont le révérend père dominicain, son précepteur, s'y prit pour vendre le duc et pair nègre, les écuyers et les gentilshommes de la chambre du Dauphin, et pour changer Son Altesse Royale en garçon de cuisine.

L'île de Timor a toujours passé pour un pays assez pauvre, dont toute la richesse consiste en bois de sandal. Franchement, monsieur, l'histoire de ce prince n'est pas de la plus grande vraisemblance : tout ce qu'on vous accordera, c'est que le P. Ignace est un fripon, mais il est bien étonnant qu'un dominicain s'appelle Ignace; vous savez que les jésuites et les jacobins se sont toujours détestés eux et leurs saints.

Quoi qu'il en soit, monsieur, si le conseil n'a point eu d'égard à votre requête, il a sans doute rendu justice à votre manière d'écrire; il n'a pu vous refuser son estime, et je pense comme tout le conseil.

J'ai l'honneur d'être avec tous les sentiments que je vous dois, monsieur, votre, etc.

MMMMMD. — A M. SAURIN.

28 décembre.

Premièrement, mon cher confrère, je vous ai envoyé un *Siècle*, et je suis étonné et confondu que vous ne l'ayez pas reçu.

---

1. *III Rois*, XXII, 24. (ÉD.) — 2. Mme d'Épinai. (ÉD.)
3. *IV Rois*, II, 13. (ÉD.)
4. *Requête au roi pour Balthazar-Pascal Celze, fils aîné du roi et héritier présomptif du royaume de Timor et de Solor dans les Moluques*; Paris, 1768. (ÉD.)

En second lieu, vos vers sont très-jolis.

Troisièmement, votre équation est de fausse position. Ce n'est point moi qui ai traduit *l'A B C ;* Dieu m'en garde! Je sais trop qu'il y a des monstres qu'on ne peut apprivoiser. Ceux qui ont trempé leurs mains dans le sang du chevalier de La Barre sont des gens avec qui je ne voudrais me commettre qu'en cas que j'eusse dix mille serviteurs de Dieu avec moi, ayant l'épée sur la cuisse, et *combattant les combats du Seigneur* [1].

Il y a présentement cinq cent mille Israélites en France qui détestent l'idole de Baal; mais il n'y en a pas un qui voulût perdre l'ongle du petit doigt pour la bonne cause. Ils disent : « Dieu bénisse le prophète ! » et si on le lapidait comme Ézéchiel, ou si on le sciait en deux comme Jérémie, ils le laisseraient scier ou lapider, et iraient souper gaiement.

Tout ce que peuvent faire les adeptes, c'est de s'aider un peu les uns les autres, de peur d'être sciés : et si un monstre vient nous demander : « Votre ami l'adepte a-t-il fait cela ? » il faut mentir à ce monstre.

Il me paraît que M. Huet, auteur de *l'A B C*, est visiblement un Anglais qui n'a acception de personne. Il trouve Fénelon trop languissant, et Montesquieu trop sautillant. Un Anglais est libre, il parle librement; il trouve la *Politique tirée de l'Écriture sainte*, de Bossuet, et tous ses ouvrages polémiques, détestables; il le regarde comme un déclamateur de très-mauvaise foi. Pour moi, je vous avoue que je suis pour Mme du Deffand, qui disait que *l'Esprit des lois était de l'esprit sur les lois*. Je ne vois de vrai génie que dans *Cinna* et dans les pièces de Racine, et je fais plus de cas d'*Armide* et du quatrième acte de *Roland* que de tous nos livres de prose.

Montesquieu, dans ses *Lettres persanes*, se tue à rabaisser les poëtes. Il voulait renverser un trône où il sentait qu'il ne pouvait s'asseoir. Il insulte violemment, dans ses lettres, l'Académie, dans laquelle il sollicita depuis une place. Il est vrai qu'il avait quelquefois beaucoup d'imagination dans l'expression; c'est, à mon sens, son principal mérite. Il est ridicule de faire le goguenard dans un livre de jurisprudence universelle. Je ne peux souffrir qu'on soit plaisant si hors de propos; ensuite chacun a son avis : le mien est de vous aimer et de vous estimer toujours.

MMMMMDI. — A M. L'ABBÉ BOUDOT.

A Ferney, par Genève, 28 décembre.

Je vous remercie, monsieur, des instructions que vous avez bien voulu me donner; si j'étais aussi savant que vous, M. le président Hénault serait bientôt vengé.

Heureusement l'ouvrage du marquis de B..... [2] n'a point passé à Paris, il n'est connu que dans les provinces et dans les pays étrangers; mais il ne fera jamais de tort à l'*Abrégé chronologique* dont vous avez vérifié toutes les dates.

---

1. *I Rois*, XVIII, 17. (ÉD.) — 2. Belestat. (ÉD.)

L'abbé de La Bletterie a beau vouloir jeter du ridicule sur cette exactitude si estimable, le ridicule est d'oser la mépriser; mon devoir est de vous estimer; c'est un devoir que je remplis dans toute son étendue.

J'ai l'honneur d'être avec bien de la reconnaissance, monsieur, votre très-humble, etc.

MMMMMDII. — A MADAME DE POMMEREUL [1].

A Ferney, le 29 décembre.

Madame, si je n'avais pas été très-malade sur la fin de cette courte vie, je vous aurais sans doute remercié sur-le-champ de la longue vie que vous voulez bien me procurer. Il faut que vous descendiez d'Apollon en droite ligne, vous et Mme d'Antremont.

> Vous ne démentez pas votre illustre origine;
> Il est le dieu des vers et de la médecine,
> Il prolonge nos jours, il en fait l'agrément.
> Ce dieu vous a donné l'un et l'autre talent :
> Ils sont rares tous deux. J'apprends dans mes retraites
> Qu'on a dans Paris maintenant
> Moins de bons médecins que de mauvais poëtes.

Grand merci, madame, de votre recette de longue vie. Je me doute que vous en avez pour rendre la vie très-agréable; mais j'ai peur que vous ne soyez très-avare de cette recette-là. Le cardinal de Fleury prenait tous les matins d'un baume qui ressemblait fort à votre élixir; il avait beaucoup usé, dans son temps, de cette autre recette que vous ne donnez pas. Je crois que c'est ce qui l'a fait vivre quatre-vingt-dix ans assez joyeusement. Ce bonheur n'appartient qu'à des gens d'Église : Dieu ne bénit pas ainsi les pauvres profanes.

Quoi qu'il en soit, daignez agréer le respect et la reconnaissance avec lesquels j'ai l'honneur d'être, etc.

MMMMMDIII. — A M. DALEMBERT.

31 décembre.

Mon cher philosophe, le démon de la discorde et de la calomnie souffle terriblement sur la littérature. Voyez ce qu'on a imprimé dans plusieurs journaux du mois de novembre : il est nécessaire que vous en soyez instruit; je ne crois pas que ces journaux soient fort connus à Paris, mais ils le sont dans l'Europe.

Croiriez-vous que M. le duc et Mme la duchesse de Choiseul ont daigné m'écrire pour disculper La Bletterie? mais comment se justifiera-t-il, non-seulement d'avoir traduit Tacite en style pincé, mais de n'avoir fait des notes que pour insulter tous les gens de lettres? Je ne parle pas de Linguet, qui s'est défendu un peu trop longuement : mais pourquoi désigner Marmontel dans le temps de la persécution qu'il essuyait? N'a-t-il pas désigné de la manière la plus outrageante le président Hé-

---

1. Mme de Pommereul avait adressé à l'auteur la recette de l'élixir de longue vie, avec une lettre mêlée de prose et de vers. (ÉD.)

nault, par ces paroles que vous trouverez page 235 du second tome ? « Fixer l'époque des plus petits faits avec la plus grande exactitude, c'est le sublime de nos prétendus historiens modernes. Cela leur tient lieu de génie et des talents historiques. »

Quoi! cet homme attaque tout le monde, et il trouve la plus forte protection et les plus grands encouragements! Est-ce pour l'éducation des enfants de France qu'il a publié son Tacite? Je sais certainement qu'il veut être de l'Académie, et probablement il en sera.

Je crois connaître enfin le beau marquis[1] qui a peint le président Hénault et le petit-fils de Shah-Abbas d'un pinceau si rembruni et si dur; mais par quelle rage m'imputer cet ouvrage, dans lequel je suis moi-même maltraité? Il faut donc combattre jusqu'au dernier jour de sa vie? Eh bien! combattons.

Avez-vous jamais lu *le Catéchumène*[2], une ode contre tous les rois dans la dernière guerre, une *Lettre au docteur Pansophe?* tout cela est de la même main. On a cru le reconnaître mon style. L'auteur n'a jamais eu l'honnêteté de détourner ces injustes soupçons; et moi, qui le connais parfaitement aussi bien que Marin, j'ai eu la discrétion de ne le jamais nommer. Je sais très-bien quel est l'auteur du livre attribué à Fréret, et je lui garde une fidélité inviolable. Je sais qui a fait *le Christianisme dévoilé*, *le Despotisme oriental*, *Énoch et Élie*, etc., et je ne l'ai jamais dit. Par quelle fureur veut-on m'attribuer *l'A B C?* C'est un livre fait pour remettre le feu et le fer aux mains des assassins du chevalier de La Barre.

Je compte sur votre amitié, mon cher philosophe. Qu'elle soit mon bouclier contre la calomnie, et la consolation de mes derniers jours.

Je vous embrasse très-tendrement.

MMMMMDIV. — A M. LE COMTE DE ROCHEFORT.

1er janvier 1769.

Je présente mes tendres et sincères respects au couple aimable qui a honoré de sa présence pendant quelques jours l'ermitage d'un vieux solitaire malingre. Je ne leur souhaite point la bonne année, parce que je sais qu'ils font les beaux jours l'un de l'autre. On ne souhaite point le bonheur à qui le possède et à qui le donne.

Je me flatte qu'un jour Dixhuitans[3] sera le meilleur comme le plus bel appui de la bonne cause. La raison et l'esprit introduiront leur empire dans le Gévaudan, et on sera bien étonné. La bonne cause commence à se faire connaître sourdement partout, et c'est de quoi je bénis Dieu dans ma retraite. J'achève ma vie en travaillant à la vigne du Seigneur, dans l'espérance qu'il viendra de meilleurs apôtres, plus puissants en œuvres et en paroles.

Quoiqu'on dise à Paris que la fête de la Présentation de Notre-Dame doit se célébrer au commencement de janvier, je n'en crois encore rien; car à qui présenter? à des vierges? cela ne serait pas dans l'ordre.

---

1. De Belestat. (ÉD.) — 2. Par Bordes, ainsi que l'*Ode sur la guerre*. (ÉD.)
3. Mme de Rochefort avait dix-huit ans. (ÉD.)

On parle de grandes tracasseries. Je ne connais que celles de Corse. Elles ne réussissent pas plus dans l'Europe que le *Tacite* de La Bletterie en France. Mais le mal est médiocre; et, après la guerre de 1756, on ne peut marcher que sur des roses. Pour le parlement, il fait naître le plus d'épines qu'il peut.

MMMMMDV. — DE M. DALEMBERT.

A Paris, ce 2 janvier.

Je ne suis plus enrhumé, mon cher maître; mais je me sers d'un scribe pour ménager mes yeux, qui sont très-faibles aux lumières. Je vous envoie mon discours, puisque vous lui faites l'honneur de vouloir le lire. Je vous l'ai fait attendre quelques jours, et beaucoup plus longtemps qu'il ne mérite, parce qu'il était à courir le monde, et que je n'ai pu le ravoir qu'aujourd'hui; voulez-vous bien me le renvoyer sous l'enveloppe de Marin? Il n'est que trop vrai qu'un certain gentilhomme a tenu au roi de Danemark le ridicule propos qu'on vous a dit. Vous verrez dans mon discours un petit mot de correction fraternelle pour ce gentilhomme, qui était présent, et qui, à ce que je crois, l'aura sentie; car je ne gâte pas ces messieurs. Vous voyez, mon cher ami, ce qui en arrive quand on les flatte : ils trouvent mauvais qu'on se moque des plats auteurs qu'ils protégent; on s'expose à de tels reproches quand on caresse ceux qui les font. La critique de Linguet aurait pu être meilleure et de meilleur goût ; cependant, comme il a raison presque en tout, elle a beaucoup chagriné son maussade adversaire; la liste des phrases tirées de la traduction est bien ridicule, et peut-être aurait suffi.

Vous devez des regrets au pauvre Damilaville; il vous était bien attaché. Je savais qu'il était marié, mais non par lui, car il ne me disait rien de ses affaires. J'ai vu sa femme une seule fois, et, d'après cette vue, je doute fort qu'il ait été cocu; mais ce qui me fâche le plus, c'est que cette vilaine mégère (car c'en était une) emporte tout le peu qu'il laisse, et qu'il ne restera pas même de quoi payer un excellent domestique qu'il avait.

Je n'ai point lu la collection des ouvrages de Lebnitz ; je crois que c'est un fatras où il y a bien peu de choses à apprendre.

Il est vrai que j'ai donné cette année deux gros volumes in-quarto de géométrie; ce sont vraisemblablement les derniers.

Notre secrétaire, toujours convalescent et assez faible, vous fait mille compliments. Quant à *l'A B C*, personne n'ignore qu'il est en effet traduit de l'anglais par un avocat. *Vale, et me ama.*

MMMMMDVI. — A MADAME DE SAUVIGNY.

A Ferney, 3 janvier.

Madame, il y a dans la lettre dont vous m'honorez, du 27 de décembre, un mot qui m'étonne et qui m'afflige. Vous dites que monsieur votre frère[1]

---

1. Durey de Morsan. (ÉD.)

« vous menace, et que vous ne devez plus rien faire pour empêcher ses menaces d'être effectuées. »

Je serais inconsolable, si, ayant voulu l'engager à se confier à vos bontés, j'avais pu laisser échapper dans sa dernière lettre quelque expression qui pût faire soupçonner qu'il vous menaçât, et qui pût jeter l'amertume dans le cœur d'un frère et d'une sœur.

Je vous ai obéi avec la plus grande exactitude. Vous m'avez pressé par deux lettres consécutives de l'attirer chez moi, et de savoir de lui ce qu'il voulait.

Je vous ai instruite de toutes ses prétentions; je vous ai dit que, dans le pays qu'il habite, il ne manquait pas de prétendus amis qui lui conseillaient d'éclater et de se pourvoir en justice; je vous ai dit que je craignais qu'il ne prît enfin ce parti; je vous ai offert mes services; je n'ai eu et je n'ai pu avoir en vue que votre repos et le sien. Non-seulement je n'ai point cru qu'il vous menaçât, mais il ne m'a pas dit un seul mot qui pût le faire entendre.

Je vous avoue, madame, que j'ai été touché de voir le frère de Mme l'intendante de Paris arriver chez moi à pied, sans domestique, et vêtu d'une manière indigne de sa condition.

Je lui ai prêté cinq cents francs; et, s'il m'en avait demandé deux mille, je les lui aurais donnés.

Je vous ai mandé qu'il a de l'esprit, et qu'il est considéré dans le malheureux pays qu'il habite. Ces deux choses sont très-conciliables avec une mauvaise conduite en affaires.

Si le récit qu'il m'a fait de ses fautes et de ses disgrâces est vrai, il est sans contredit un des plus malheureux hommes qui soient au monde.

Mais que voulez-vous que je fasse? S'il n'a point d'argent, et s'il m'en demande encore dans l'occasion, faudra-t-il que je refuse le frère de Mme l'intendante de Paris? faudra-t-il que je lui dise : « Votre sœur m'a ordonné de ne vous point secourir; » après que je lui ai dit, pour montrer votre générosité, que vous m'aviez permis de lui prêter de l'argent dans l'occasion, lorsque vous étiez à Genève? Ceux que nous avons obligés une fois semblent avoir des droits sur nous, et lorsque nous nous retirons d'eux, ils se croient offensés.

Vous savez, madame, que depuis quatorze ans il a auprès de lui une nièce de l'abbé Nollet. Ils se sont séparés, et il ne faut pas qu'il la laisse sans pain. Toute cette situation est critique et embarrassante. Cette Nollet est venue chez moi fondre en larmes. Ne pourrait-on pas, en fixant ce que monsieur votre frère peut toucher par an, fixer aussi quelque chose pour cette fille infortunée?

Je ne suis environné que de malheureux. Ce n'est point à moi de solliciter la noblesse de votre cœur, ni de faire des représentations à votre prudence. Monsieur votre frère prétend qu'il doit lui revenir quarante-deux mille livres de rente, et qu'il n'en a que six; je crois, en rassemblant tout ce qu'il m'a dit, qu'il se trompe beaucoup. Il vous serait aisé de m'envoyer un simple relevé de ce qu'il peut prétendre; cela fixerait ses idées, et fermerait la bouche à ceux qui lui donnent des conseils dangereux.

Il me paraît convenable que ses plaintes ne se fassent point entendre dans les pays étrangers.

Au reste, madame, je vous supplie d'observer que je n'ai jamais rien fait dans cette malheureuse affaire que ce que vous m'avez expressément ordonné. Soyez très-persuadée que je ne manquerai jamais à votre confiance, que j'en sens tout le prix, et que je vous suis entièrement dévoué.

MMMMMDVII. — A M. L'ABBÉ AUDRA.

A Ferney, le 3 janvier.

Il s'agit, monsieur, de faire une bonne œuvre ; je m'adresse donc à vous. Vous m'avez mandé que le parlement de Toulouse commence à ouvrir les yeux, que la plus grande partie de ce corps se repent de l'absurde barbarie exercée contre les Calas. Il peut réparer cette barbarie, et montrer sa foi par ses œuvres[1].

Les Sirven sont à peu près dans le cas des Calas. Le père et la mère Sirven furent condamnés à la mort par le juge de Mazamet, dans le temps qu'on dressait à Toulouse la roue sur laquelle le vertueux Calas expira. Cette famille infortunée est encore dans mon canton ; elle a voulu se pourvoir au conseil privé du roi ; elle a été plainte et déboutée. La loi qui ordonne de purger son décret, et qui renvoie le jugement au parlement, est trop précise pour qu'on puisse l'enfreindre. La mère est morte de douleur, le père reste avec ses filles, condamnées comme lui. Il a toujours craint de comparaître devant le parlement de Toulouse, et de mourir sur le même échafaud que Calas ; il a même manifesté cette crainte aux yeux du conseil.

Il s'agit maintenant de voir s'il pourrait se présenter à Toulouse avec sûreté. Il est bien clair qu'il n'a pas plus noyé sa fille que Calas n'avait pendu son fils. Les gens sensés du parlement de Toulouse seront-ils assez hardis pour prendre le parti de la raison et de l'innocence contre le fanatisme le plus abominable et le plus fou ? se trouvera-t-il quelque magistrat qui veuille se charger de protéger le malheureux Sirven, et acquérir par là de la véritable gloire ? En ce cas, je déterminerai Sirven à venir purger son décret, et à voir, sans mourir de peur, la place où Calas est mort.

La sentence rendue contre lui par contumace lui a ôté son bien, dont on s'est emparé. Cette malheureuse famille vous devra sa fortune, son honneur, et la vie ; et le parlement de Toulouse vous devra la réhabilitation de son honneur, flétri dans l'Europe.

Vous devez avoir vu, monsieur, le factum des dix-sept avocats du parlement de Paris en faveur des Sirven. Il est très-bien fait ; mais Sirven vous devra beaucoup plus qu'aux dix-sept avocats, et vous ferez une action digne de la philosophie et de vous.

Pouvez-vous me nommer un conseiller à qui j'adresserai Sirven ?

Permettez-moi de vous embrasser avec la tendresse d'un frère.

---

1. Épître de saint Jacques, II, 18. (ÉD.)

MMMMMDVIII. — A M. LE COMTE DE LA TOURAILLE.

À Ferney, 5 janvier.

Vous êtes bien bon, monsieur, de parler de microscope à un pauvre vieillard qui a presque perdu la vue. Il y a longtemps que je suis accoutumé à voir grossir des objets fort minces. La sottise, la calomnie, et la renommée, leur très-humble servante, grossissent tout. On avait fort grossi les fautes du comte de Lally, et les indécences du chevalier de La Barre; il leur en a coûté la vie. On a grossi les panégyriques de gens qui ne méritaient pas qu'on parlât d'eux. On voit tout avec des verres qui diminuent ou qui augmentent les objets, et presque rien avec les lunettes de la vérité.

Il n'en sera pas ainsi sans doute du livre de M. l'abbé Régley, que vous estimez. Je me flatte qu'il n'aura pas vu du jus de mouton produire des anguilles qui accouchent sur-le-champ d'autres anguilles.

J'attends son livre avec d'autant plus d'impatience, que je viens d'en lire un à peu près sur le même sujet. En me le donnant, ayez la bonté, monsieur, de me faire avoir les *Découvertes microscopiques*, et je vous enverrai les *Singularités de la nature*.

Cette nature est bien plus singulière dans nos Alpes qu'ailleurs; c'est tout un autre monde. Le vôtre est plus brillant. Je remercie le digne petit-fils du grand Condé de daigner se souvenir de moi du sein de sa gloire. Je me mets à ses pieds avec la plus respectueuse reconnaissance, et je vous demande instamment la continuation de vos bontés.

MMMMMDIX. — A M. LE MARQUIS DE BELESTAT DE GARDUCH.

5 janvier.

Votre lettre du 20 de décembre, monsieur, n'est point du style de vos autres lettres; et votre critique de Bury est encore moins du style de l'éloge de Clémence Isaure. C'est une énigme que vous m'expliquerez quand vous aurez en moi plus de confiance.

Le libraire de Genève qui imprimera votre dissertation étant le même qui avait imprimé les mémoires de La Beaumelle, on crut que ce petit ouvrage était de lui; et ce nom le rendit suspect. Le public ne regarda l'intitulé, *Par M. le marquis de B....*, que comme un masque sous lequel La Beaumelle se cachait. L'article du petit-fils de Shah-Abbas parut à tout le monde un portrait trop ressemblant. Le libraire de Genève envoya à Paris six cents exemplaires que M. de Sartines fit mettre au pilon, et il en informa M. de Saint-Florentin.

Ce n'est pas tout, monsieur; comme le livre venait de Genève, on me l'attribua; et cette calomnie en imposa d'autant plus, que dans ce temps-là même je faisais imprimer publiquement à Genève une nouvelle édition du *Siècle de Louis XIV*.

Le président Hénault, si durement traité dans votre brochure, est mon ami depuis plus de quarante ans; je lui ai toujours donné des marques publiques de mon attachement et de mon estime. Ses nombreux amis m'ont regardé comme un traître qui avait flatté publiquement le président Hénault, pour le déchirer avec plus de cruauté en prenant un nom supposé.

Si vous m'aviez fait l'honneur de répondre plus tôt à mes lettres, vous m'auriez épargné des chagrins que je ne méritais pas. Lorsque je vous écrivis, j'étais persuadé, avec toute la ville de Genève, que La Beaumelle était l'auteur de cet écrit, et tout Paris croyait qu'il était de moi. Voilà, monsieur, l'exacte vérité.

Vous pouvez me rendre plus de services que vous ne m'avez fait de peine; il s'agit d'une affaire plus importante.

J'ai auprès de moi la famille des Sirven; vous n'ignorez peut-être pas que cette famille entière a été condamnée à la mort dans le temps même qu'on faisait expirer Calas sur la roue. La sentence qui condamne les Sirven est plus absurde encore que l'abominable arrêt contre les Calas. J'ai fait présenter au nom des Sirven une requête au conseil privé du roi; cette famille malheureuse, jugée par contumace, et dont le bien est confisqué, demandait au roi d'autres juges, et ne voulait point purger son décret au parlement de Toulouse, qu'elle regardait comme trop prévenu, et trop irrité même de la justification des Calas; le conseil privé, en plaignant les Sirven, a décidé qu'ils ne pouvaient purger le décret qu'à Toulouse.

Un homme très-instruit[1] me mande de cette ville même que le parlement commence à ouvrir les yeux; que plusieurs jeunes conseillers embrassent le parti de la tolérance; « qu'on va jusqu'à se reprocher l'arrêt contre M. Rochette et les trois gentilshommes. » Ces circonstances m'encourageraient, monsieur, à envoyer les Sirven dans votre pays, si je pouvais compter sur quelque conseiller au parlement qui voulût se faire un honneur de protéger et de conduire cette famille aussi innocente que malheureuse. Je serais bien sûr alors qu'elle serait réhabilitée, et qu'elle rentrerait dans ses biens. Voyez, monsieur, si vous connaissez quelque magistrat qui soit capable de cette belle action, et qui, ayant vu les pièces, puisse prendre sur lui de confondre la fanatique ignorance des premiers juges, et tirer l'innocence de la plus injuste oppression.

« Combien que le parlement ne soit qu'une forme des trois états raccourcis au petit pied[2], » ce sera à vous seul, monsieur, qu'on sera redevable d'une action si généreuse et si juste; le parlement même vous en devra de la reconnaissance; vous lui aurez fourni une occasion de montrer sa justice, et d'expier le sang des Calas.

Pour moi, je n'oublierai jamais ce service que vous aurez rendu à l'humanité, et j'aurai l'honneur d'être avec la plus vive reconnaissance, avec l'estime que je dois à vos talents, et toute l'amitié d'un confrère, votre très-humble, etc.

1. L'abbé Audra. (ÉD.)
2. Ce sont les termes des premiers états de Blois, page 445.

ANNÉE 1769.

MMMMMDX. — A M. DE LA HARPE.
5 janvier.

Oui, mon cher enfant, *le Mercure* est devenu un très-bon livre, grâce à vous et à M. La Combe. Je vous en fais mon compliment à tous deux. Je lui ai envoyé un *Siècle* et même deux, ainsi qu'à vous; le grand siècle et le petit, celui du bon goût et celui du dégoût. Vous aurez vu dans celui-ci la mort du comte de Lally, dont le seul crime a été d'être brutal. Quelque autre main y ajoutera la mort d'un enfant innocent, dont l'arrêt porte qu'on lui arrachera la langue, qu'on lui coupera la main, et qu'on brûlera son corps, pour avoir chanté une ancienne chanson de corps de garde. Cela se passa chez les Hottentots il y a environ trois ans.

J'attends votre *Henri IV* avec la même ardeur qu'il attendait Gabrielle.

Puisque vous avez une Vestris[1], donnez-lui donc de beaux vers à réciter. Les polissons qui ne savent que mettre des tours de passe-passe sur le théâtre ignorent que, quand on fait une tragédie en vers, il faut que les vers soient bons; mais savent-ils ce que c'est qu'un vers? Ah! quels Welches!

L'A B C est réellement un ouvrage anglais, traduit par l'avocat La Bastide de Chiniac, et ce Chiniac est un homme à qui je ne prends nul intérêt.

Je vous embrasse de tout mon cœur.

MMMMMDXI. — A MADAME LA MARQUISE DU DEFFAND.
6 janvier.

Madame, voilà encore un thème; j'écris donc. Par une lettre d'un mercredi, c'est-à-dire il y a huit jours, vous me demandez le commencement de l'alphabet; mais savez-vous bien qu'il sera brûlé, et peut-être l'auteur aussi? Le traducteur est un La Bastide de Chiniac, avocat de son métier. Il sera brûlé, vous dis-je, comme Chausson.

C'est avec une peine extrême que je fais venir ces abominations de Hollande. Vous voulez que je fasse un gros paquet à votre petite mère ou grand'mère[2]; vous ne dites point si elle paye des ports de lettres, et s'il faut adresser le paquet sous l'enveloppe de son mari, qui ne sera point du tout content de l'ouvrage.

L'A B C est trop l'éloge du gouvernement anglais. On sait combien je hais la liberté, et que je suis incapable d'en avoir fait le fondement des droits des hommes; mais si j'envoie cet ouvrage, on pourra m'en croire l'auteur; il ne faut qu'un mot pour me perdre.

Voyez, madame, si on peut s'adresser directement à votre petite mère; et, si elle répond qu'il n'y a nul danger, alors on vous en dépêchera tant que vous voudrez.

Je puis vous faire tenir directement par la poste de Lyon, à très-peu de frais, *les Droits des uns et les usurpations des autres*, *l'Épître aux Romains*.

1. Marie-Rose Dugazon, femme de Vestris, actrice du Théâtre-Français. (ÉD.)
2. Mme de Choiseul. (ÉD.)

Si vous n'avez pas l'*Examen important de milord Bolingbroke*, on vous le fera tenir par votre grand'mère.

On n'a pas un seul exemplaire du *Supplément*, elle le demande comme vous. Il faut qu'elle fasse écrire par Corby à Marc-Michel Rey, libraire d'Amsterdam, et qu'il lui ordonne d'en envoyer deux par la poste.

Vous me parlez d'un buste, madame. Comment avez-vous pu penser que je fusse assez impertinent pour me faire dresser un buste? Cela est bon pour Jean-Jacques, qui imprime ingénument que l'Europe lui doit une statue.

Pour les deux *Siècles*, dont l'un est celui du goût et l'autre celui du dégoût, le libraire a eu ordre de vous les présenter, et doit s'être acquitté de son devoir. Mme de Luxembourg y verra une belle réponse du maréchal de Luxembourg, quand on l'interrogea à la Bastille. C'est une anecdote dont elle est sans doute instruite.

Le procès de cet infortuné Lally est quelque chose de bien extraordinaire; mais vous n'aimez l'histoire que très-médiocrement. Vous ne vous souciez pas de La Bourdonnais, enfermé trois ans à la Bastille pour avoir pris Madras; mais vous souciez-vous des cabales affreuses qu'on fait contre le mari de votre grand'mère? Je l'aimerai, je le respecterai, je le vanterai, fût-il traité comme La Bourdonnais. Il a une grande âme, avec beaucoup d'esprit. S'il lui arrive le moindre malheur, je le mettrai aux nues. Je n'y mets pas tout le monde, il s'en faut beaucoup.

Adieu, madame; quand vous me donnerez des thèmes, je vous dirai toujours ce que j'ai sur le cœur. Comptez que ce cœur est plein de vous.

MMMMMDXII. — A M. BORDES.

A Ferney, 10 janvier.

Je trouve, mon cher ami, beaucoup de philosophie dans le discours de M. l'abbé de Condillac[1]. On dira peut-être que ce mérite n'est pas à sa place, dans une compagnie consacrée uniquement à l'éloquence et à la poésie; mais je ne vois pas pourquoi on exclurait d'un discours de réception des idées vraies et profondes, qui sont elles-mêmes la source cachée de l'éloquence.

Il y a dans le discours de M. Le Batteux des anecdotes sur mon ancien préfet l'abbé d'Olivet, dont je connais parfaitement la fausseté; mais la satire ment sur les gens de lettres pendant leur vie, et l'éloge ment après leur mort.

Il serait à désirer que les lettres concernant Nonotte fussent réimprimées à Lyon, puisque les injures de ce maraud y ont été audacieusement imprimées: c'est d'ailleurs un factum dans une espèce de procès criminel. Il n'y a point de petit ennemi, quand il s'agit de superstition. Les fanatiques lisent Nonotte, et pensent qu'il a raison. Je crois que les PP. de l'Oratoire en seraient très-aises, et qu'il y a bien d'honnêtes gens qui seraient charmés de voir l'insolente absurdité d'un ex-jésuite

1. Pour sa réception à l'Académie française à la place de l'abbé d'Olivet, le 22 décembre 1768. (ÉD.)

confondue. Voyez ce que vous pouvez faire pour la bonne cause. L'ouvrage d'ailleurs est très-respectueux pour la religion, en écrasant le fanatisme.

Bonsoir, mon très-cher confrère. J'attends de Bâle un petit livre sur l'histoire naturelle, où il y a, dit-on, des choses curieuses; je ne manquerai pas de vous l'envoyer.

MMMMMDXIII. — A M. Hennin.
A Ferney, 11 janvier.

Pardon, pardon, mon très-cher et très-aimable résident. Il y a huit jours que j'aurais dû vous répondre, et un mois que j'aurais dû vous prévenir. Si vous aviez malheureusement mon âge, vous trouveriez les choses encore bien plus changées qu'elles ne vous l'ont paru. J'ai bu autrefois la lie d'un vin qui était encore assez bon. Le tonneau nouvellement percé est de Brie. Votre principal[1] est presque le seul homme qui soutienne l'honneur du pays, et qui joigne la grandeur d'âme à l'esprit et à la gaieté. On me mande que ses ennemis se démènent beaucoup. Tant pis s'ils réussissent. C'est un des plus grands malheurs qui puissent arriver à feu ma patrie.

Vraiment il est vrai que madame sa femme s'est donné les airs de prétendre être mal à ma cour. Mais j'ai de quoi rabattre son caquet, car je serais homme à lui signifier combien je respecte la vertu douce et sans faste, combien j'aime l'esprit naturel et vrai dans un temps où il y a tant d'esprits faux. Enfin, si je m'y mettais, je la ferais rougir jusqu'au blanc des yeux. Qu'elle ne se joue pas à moi.

Vous ne reviendrez sans doute qu'au printemps, mais j'ai bien peur que vous ne trouviez un printemps fort vilain. Nous avons un hiver si doux qu'il en devient fade. Il faut avoir sa dose de bise chaque année; nous l'aurons malheureusement au mois de mai. Vous gèlerez de froid dans le jardin que vous avez si joliment planté. Je me suis promené aujourd'hui dans le mien pendant une heure, et j'avais chaud. Nous serons en fourrure à la Pentecôte.

On dit que Catau a déjà battu les infidèles; cela leur apprendra à renfermer les femmes. Ces marauds-là ne sont bons qu'à être renvoyés au delà de l'Oxus, dont ils viennent. Je ne m'accoutume point à voir la Grèce gouvernée par des gens qui ne savent ni lire, ni écrire, ni danser, ni chanter. Si la Grèce était libre, j'irais mourir à Corinthe, quoiqu'il ne soit pas permis à tout le monde d'y aller. Je déteste également les Turcs et la bise. Pour votre Pologne, je la plains; c'est pis que jamais.

Adieu; soyez heureux autant que vous méritez de l'être, et conservez-moi vos bontés.
V.

1. Le duc de Choiseul. (Éd.)

MMMMDXIV. — A M. TABAREAU.

12 janvier.

Je suis très-sensiblement touché, monsieur, de tout ce qui vous arrive. Voilà une aventure bien étrange que celle de ce dévot caissier! qui vous emporte votre argent! On dit qu'il portait un cilice, ou du moins qu'il le faisait porter par son laquais. Je suis bien sûr que, si vous en aviez été informé, vous ne lui auriez pas confié un sou; mais enfin il faudra bien que l'argent se retrouve, puisqu'on a sa personne. Je vous prie d'avoir la bonté de m'instruire de votre bonne ou mauvaise fortune dans cette singulière affaire.

Est-il bien vrai qu'il y a cinq banqueroutiers qui se sont tués dans Paris? Comment peut-on avoir la lâcheté de voler et le courage de se donner la mort? Voilà de plaisants Catons d'Utique que ces drôles-là!

La banqueroute est-elle aussi considérable qu'on le dit? M. Janel exerce-t-il toujours son emploi? Voilà bien des questions que je vous fais. J'y ajouterai encore une importunité sur le roi de Portugal. On m'avait mandé que son aventure n'était qu'une galanterie, qu'un cocu lui avait donné quelques coups de bâton, et que cela n'était rien.

En voilà trop pour un homme accablé d'affaires, comme vous l'êtes. Ne me répondez point.

Mais vous, monsieur Vasselier, si vous avez un moment à vous, répondez-moi sur toutes mes demandes.

Votre bibliothécaire ne pourra augmenter votre cabinet de livres qu'au printemps; en attendant, conservez-moi tous deux une amitié qui fait ma consolation dans ma très-infirme vieillesse.

MMMMDXV. — A M. DALEMBERT

13 janvier.

Je vous renvoie, mon cher philosophe, votre chien danois[1]; il est beau, bien fait, hardi, vigoureux, et vaut mieux que tous les petits chiens de manchon qui lèchent et qui jappent à Paris.

Votre discours est excellent; vous êtes presque le seul qui n'alliez jamais ni en deçà ni en delà de votre pensée. Je vous avertis que j'en ai tiré copie.

Le Mercure devient bon. Il y a des extraits de livres fort bien faits. Pourquoi ne pas y insérer ce discours dont le public a besoin? La Bletterie a juré à son protecteur et à sa protectrice qu'il ne m'avait point eu en vue, et qu'il me permettait de ne pas me faire enterrer. Il dit aussi qu'il n'a point songé à Marmontel quand il a parlé de *Bélisaire*, ni au président Hénault quand il a dit que « la précision des dates est le sublime des historiens sans talents. » J'ai tourné le tout en plaisanterie.

A propos du président Hénault, le marquis de Belestat m'a écrit enfin qu'il était très-fâché que j'eusse douté un moment que le portrait de Shah-Abbas et du président fussent de lui; qu'ils sont très-ressem-

---

1. Billard. (ÉD.)
2. Le *Discours* prononcé devant le roi de Danemark. (ÉD.)

blants; que tout le monde est de son avis, et qu'il n'en démordra pas. J'ai envoyé sa lettre à notre ami Marin. On a fait trois éditions de ce petit ouvrage en province; car la province pense depuis quelques années. Il s'est fait un prodigieux changement, par exemple, dans le parlement de Tolouse; la moitié est devenue philosophe, et les vieilles têtes rongées de la teigne de la barbarie mourront bientôt.

Oui, sans doute, j'ai regretté Damilaville; il avait l'enthousiasme de saint Paul, et n'en avait ni l'extravagance ni la fourberie : c'était un homme nécessaire.

Oui, oui, *l'A B C* est d'un membre du parlement d'Angleterre, nommé Huet, parent de l'évêque d'Avranches, et connu par de pareils ouvrages. Le traducteur est un avocat nommé La Bastide; ils sont trois de ce nom-là : il est difficile qu'ils soient égorgés tous les trois par les assassins du chevalier de La Barre.

Vous n'avez point les bons livres à Paris : *le Militaire philosophe*, *les Doutes*[1], *l'Imposture sacerdotale*, *le Polissonisme dévoilé*[2]. Il paraît tous les jours un livre dans ce goût en Hollande. La *Riforma d'Italia*, qui n'est pourtant qu'une déclamation, a fait un prodigieux effet en Italie. Nous aurons bientôt de nouveaux cieux et une nouvelle terre, j'entends pour les honnêtes gens; car, pour la canaille, le plus sot ciel et la plus sotte terre est ce qu'il lui faut.

Je prends le ciel et la terre à témoin que je vous aime de tout mon cœur.

Pardieu, vous êtes bien injuste de me reprocher des ménagements pour gens puissants, que je n'ai connus jadis que pour gens aimables à qui j'ai les dernières obligations, et qui même m'ont défendu contre les monstres. En quoi puis-je me plaindre d'eux? est-ce parce qu'ils m'écrivent pour me jurer que La Bletterie jure qu'il n'a pas pensé à moi? Faudrait-il que je me brûlasse toujours les pattes pour tirer les marrons du feu? Ce sont les assassins que je ne ménage pas. Voyez comme ils sont fêtés tome I et tome IV du *Siècle*.

MMMMMDXVI. — DE M. THIERIOT.

A Paris, ce vendredi 13 de janvier.

Nec, si plura velim, tu dare deneges[3].

Il n'y a que vous au monde, mon ancien ami, mon honneur et mon soutien, avec qui je puisse prendre l'air et le ton dont je vous écris.

Frontis ad urbanæ descendi præmia[4].

Il y a deux ans que je paye habituellement les tributs que la vieillesse doit à la nature. L'asthme était mon incommodité dominante et

---

1. *Les Doutes sur la religion*, suivis de *l'analyse du Traité théologi-politique de Spinosa*. *L'Analyse* est du comte de Boulainvilliers; les *Doutes*, de Guéroult de Pival. (ÉD.)
2. C'est-à-dire *le Christianisme dévoilé*. (ÉD.)
3. Horace, liv. III, ode XVI, vers 38. (ÉD.)
4. *Id.*, liv. I, épître IX, vers 11. (ÉD.)

familière; mais un régime austère et une plante que j'ignore et dont je n'use plus, mais dont j'ai heureusement une bonne provision, en ont fait disparaître tous les symptômes à la fin de l'été. Ma santé est donc aussi bonne que je pouvais le souhaiter; mais ma petite fortune et mes affaires sont dans le plus grand dérangement. J'ai payé trois années, de six cents livres chacune, pour remplir les engagements que j'avais pris pour le mariage de ma fille.

Voici mes revenus: douze cents livres du roi de Prusse, dont il ne me reste que mille livres, les deux cents livres payant tous les papiers littéraires dont je lève mes extraits, payant aussi des copies des pièces et autres ouvrages qu'il faut y joindre. Ces mille livres du roi de Prusse, avec deux mille six cents livres viagères sur l'hôtel de ville, et quatre cents livres par an sur M. le comte de Lauraguais, me donnaient l'espérance de me tirer d'affaire, en payant même mon engagement de six cents livres. Mais une nouvelle charge perpétuelle m'est survenue, par la nécessité de prendre une seconde femme pour me servir et me secourir dans mes infirmités.

Vous me fîtes l'amitié de m'écrire, au commencement de 1766, lorsque je vous demandais d'être inscrit sur la feuille de vos bienfaits, que j'avais attendu trop tard, que j'en serais puni, que j'attendrais; qu'il aurait fallu vous parler de mon grenier dans le temps de la moisson; que tout le monde avait glané, hors moi, parce que je ne m'étais pas présenté. Vous me promettiez de réparer ma négligence; vous ajoutiez de la manière la plus agréable et la plus consolante, que vous m'aimiez comme on aime dans la jeunesse.

Cela m'a rappelé avec quelle vivacité vous entreprîtes et vous poursuivîtes, sur la fin de la régence, de faire mettre sur ma tête la moitié de votre pension, et comme, par vos instances, M. le duc de Melun s'intéressa au succès de ce projet, sous le ministère de M. le duc. Mais les tristes événements qui se succédèrent coup sur coup renversèrent une si rare marque d'amitié et de bienfaisance, dont la gazette de Hollande fit une mention particulière. C'est ce qui m'a toujours encouragé de vous dire, s'il en était besoin, comme Horace le dit à Mécène en lui rappelant ses bienfaits: *Nec, si plura velim, tu dare denegcs;* et c'est ce qui me faisait dire dernièrement à table, chez M. le lieutenant civil, qu'il n'y avait que M. de Voltaire à qui je pusse demander avec plaisir, et de qui je pusse recevoir de même.

Je ne vous écrirai point de nouvelles de littérature, parce que je suis trop plein de petits chagrins domestiques.   THIERIOT.

MMMMMDXVII. — A M. DE POMARET, A GANGES.
15 janvier.

Je vois, monsieur, que vous pensez en homme de bien et en sage; vous servez Dieu sans superstition, et les hommes sans les tromper. Il n'en est pas ainsi de l'adversaire que vous daignez combattre. S'il y avait dans vos cantons plusieurs têtes aussi chaudes que la sienne, et des cœurs aussi injustes, ils seraient bien capables de détruire tout le bien que l'on cherche à faire depuis plus de quinze ans. On a obtenu enfin qu'on bâtirait sur les frontières une ville dans laquelle seule tous les protestants pourront se marier légitimement[1].

Il y aura certainement en France autant de tolérance que la politique et la circonspection pourront le permettre. Je ne jouirai pas de ces beaux jours, mais vous aurez la consolation de les voir naître. Il faudra bien qu'il vienne enfin un temps où la religion ne puisse faire que du bien. La raison, qui doit toujours paraître sans éclat, fait sourdement des progrès immenses. Je vous prie de lire avec attention ce que m'écrit de Toulouse un homme constitué en dignité, et très-instruit.

« Vous ne sauriez croire combien augmente dans cette ville le zèle des gens de bien, et leur amour et leur respect pour[2]... Quant au parlement et à l'ordre des avocats, presque tous ceux qui sont au-dessous de trente-cinq ans sont pleins de zèle et de lumières, et il ne manque pas de gens instruits parmi les personnes de condition. Il est vrai qu'il s'y trouve plus qu'ailleurs des hommes durs et opiniâtres, incapables de se prêter un seul moment à la raison; mais leur nombre diminue chaque jour, et non-seulement toute la jeunesse du parlement, mais une grande partie du centre, et plusieurs hommes de la tête, vous sont entièrement dévoués. Vous ne sauriez croire combien tout a changé depuis la malheureuse aventure de l'innocent Calas. On va jusqu'à se reprocher l'arrêt contre M. Rochette et les trois gentilshommes : on regarde le premier comme injuste, et le second comme trop sévère, etc. »

Vous voyez, monsieur, qu'il n'était pas possible d'introduire la raison autrement que sur les ruines du fanatisme. Le sang coulera tant que les hommes auront la folie atroce de penser que nous devons détester ceux qui ne croient pas ce que nous croyons. Plût à Dieu que l'évêque de Soissons, Fitz-James, vécût encore, lui qui a dit dans son mandement[3] que nous devons regarder les Turcs mêmes comme nos frères! Quiconque dit : « Tu n'as pas ma foi, donc je dois te haïr, » dira bientôt : « Donc je dois t'égorger. » Proscrivons, monsieur, ces maximes infernales; si le diable faisait une religion, voilà celle qu'il ferait.

Je vous dois de tendres remercîments des sentiments que vous avez bien voulu me témoigner; comptez qu'ils sont dans le fond de mon cœur.

MMMMMDXVIII. — DE M. DALEMBERT.

A Paris, ce 19 janvier

Vous aimez la raison et la liberté, mon cher et illustre confrère, et on ne peut guère aimer l'une sans l'autre. Eh bien! voilà un digne philosophe républicain que je vous présente, et qui parlera avec vous philosophie et liberté; c'est M. Jennings, chambellan du roi de Suède, homme du plus grand mérite, et de la plus grande réputation dans sa patrie. Il est digne de vous connaître et par lui-même et par le cas

---

1. Versoix : ce projet ne fut point exécuté. (*Éd. de Kehl.*)
2. M. de Voltaire supprime ici le mot *vous*, qui se trouve dans la lettre de M. l'abbé Audra, baron de Saint-Just, chanoine de la métropole, et professeur royal d'histoire à Toulouse. Il a été depuis si violemment persécuté par les dévots, qu'il en est mort de chagrin. (*Éd. de Kehl.*)
3. Du 21 mars 1757. (ÉD.)

qu'il fait de vos ouvrages, qui ont tant contribué à répandre ces deux sentiments parmi ceux qui sont dignes de les éprouver. Il a d'ailleurs des compliments à vous faire de la part de la reine de Suède et du prince royal, qui protégent dans le Nord la philosophie, si mal accueillie par les princes du Midi. M. Jennings vous dira combien la raison fait de progrès en Suède sous ces heureux auspices. Les prêtres n'ont garde d'y faire comme le roi, et d'offrir aux peuples leur démission; ils craindraient d'être pris au mot. Adieu, mon cher et illustre confrère; continuez à combattre, comme vous faites, *pro aris et focis*. Pour moi, qui ai les mains liées par le despotisme ministériel et sacerdotal, je ne puis que faire comme Moïse[1], les lever au ciel pendant que vous combattez. Je vous embrasse de tout mon cœur.

MMMMMDXIX. — A MADAME LA MARQUISE DU DEFFAND.

20 janvier.

Je vous avais bien dit, madame, que j'écrivais quand j'avais des thèmes. J'ai hasardé d'envoyer à votre grand'maman ce que vous demandiez; cela lui a été adressé par la poste de Lyon, sous l'enveloppe de son mari. Vous n'avez jamais voulu me dire si messieurs de la poste faisaient à votre grand'maman la galanterie d'affranchir ses ports de lettres. Il y a longtemps que je sais que les femmes ne sont pas infiniment exactes en affaires.

Vous ne me paraissez pas profonde en théologie, quoique vous soyez sœur d'un trésorier de la Sainte-Chapelle. Vous me dites que vous ne voulez pas être aimée par charité : vous ne savez donc pas, madame, que ce grand mot signifie originairement *amour* en latin et en grec; c'est de là que vient mon *cher*, ma *chère*. Les barbares Welches ont avili cette expression divine; et de *charitas* ils ont fait le terme infâme qui parmi nous signifie l'aumône.

Vous n'avez point pour les philosophes cette charité qui veut dire le tendre amour; mais, en vérité, il y en a qui méritent qu'on les aime. La mort vient de me priver d'un vrai philosophe[2] dans le goût de M. de Formont; je vous réponds que vous l'auriez aimé de tout votre cœur.

Il est plaisant que vous vous donniez le droit de haïr tous ces messieurs, et que vous ne vouliez pas que j'aie la même passion pour La Bletterie. Vous voulez donc avoir le privilége exclusif de la haine? Eh bien! madame, je vous avertis que je ne hais plus La Bletterie, que je lui pardonne, et que vous aurez le plaisir de haïr toute seule.

Vous ne m'avez rien répondu sur l'étrange lettre du marquis de Belestat. Je lui sais gré de m'avoir justifié; sans cela, tous ceux qui lisent ces petits ouvrages m'auraient imputé le compliment fait au président Hénault. Vous voyez comme on est juste.

Je m'applaudis tous les jours de m'être retiré à la campagne depuis quinze ans. Si j'étais à Paris, les tracasseries me poursuivraient deux fois par jour. Heureux qui jouit agréablement du monde! plus heureux

---

1. *Exode*, XVII, 11. (ÉD.)
2. Damilaville. (ÉD.)

qui s'en moque et qui le fuit! Il y a, je l'avoue, un grand mal dans cette privation; c'est qu'en quittant le monde je vous ai quittée; je ne peux m'en consoler que par vos bontés et par vos lettres. Dès que vous me donnerez des thèmes, soyez sûre que vous entendrez parler de moi, que je suis à vos ordres, et que je vous enverrai tous les rogatons qui me tomberont sous la main. Mille tendres respects.

MMMMMDXX. — A MADAME DE SAUVIGNY.
20 janvier.

Je commence, madame, par vous remercier de la boîte que vous voulez bien avoir la bonté de me faire parvenir par M. Lullin.

Permettez-moi ensuite d'en appeler à tous les commentateurs passés et à venir. Certainement, madame, vous dire qu'il est à craindre que des réfugiés, et surtout un banqueroutier chicaneur, ne déterminent monsieur votre frère à se plaindre, ce n'est pas vous dire qu'il vous menace et qu'il plaidera. Certainement vous exposer ses douleurs et son malheur, solliciter votre pitié naturelle pour votre frère, ce n'est pas vous animer l'un contre l'autre. Je ne connais point d'homme de son état qui soit plus à plaindre, et je n'ai pas douté un moment, quand vous avez voulu que je le fisse venir chez moi, que vous n'eussiez intention de soulager autant qu'il est en vous des infortunes si longues et si cruelles : il se les est attirées, je l'avoue, mais il en est bien puni.

Je ne savais qu'une petite partie de ses fautes et de ses disgrâces. J'ai tout appris; vous m'en avez chargé; je lui ai fait quelques reproches, et il s'en fait cent fois davantage. Je crois que l'âge et le malheur l'ont mûri; mais il est d'une facilité étonnante. C'est cette malheureuse facilité qui l'a plongé dans l'abîme où il est.

Voilà pourquoi j'ai pensé qu'il est à propos de le tirer des mains de l'homme[1] qui semble le gouverner dans le pays de Neuchâtel, et qui lui mange le peu qui lui reste. J'ai cru que ce serait lui rendre un très-grand service, et ne pas vous désobliger. Cet homme a été autrefois connu de monsieur votre père[2], et ensuite receveur en Franche-Comté. Il a perdu tout son bien, et vit absolument aux dépens de M. de Morsan. Enfin monsieur votre frère me mande qu'il ne lui reste plus que dix-huit francs. C'est sans doute un grand et triste exemple, qu'un homme, né pour avoir deux millions de bien, soit réduit à cette extrémité. Ses fautes ont creusé son précipice; mais enfin vous êtes sa sœur, et votre cœur est bienfaisant

Il m'a envoyé un exemplaire de l'arrêt du conseil, du 2 août 1760. Je vois que ses dettes se montaient alors, tant en principaux qu'en intérêts, à plus de onze cent vingt mille livres. Assurément il n'avait pas brillé pour sa dépense.

Je vois, par un mémoire intitulé *Succession de M. et de Mme d'Harnoncourt*, que, tout payé, il lui reste encore quatre cent vingt-quatre mille et tant de livres substituées, indépendamment des effets restés en

---

1. Guérin. (ÉD.) — 2. Pierre Durey d'Harnoncourt. (ÉD.)

commun, qui ne sont pas spécifiés. Ainsi je ne vois pas comment on lui a fait entendre qu'il pouvait avoir quarante-deux mille livres de revenu.

Quel que soit son bien, je l'exhorte tous les jours à être sage et économe. Mais je crois, comme j'ai eu l'honneur de vous le mander, madame, qu'il est de son devoir d'assurer, autant qu'il le pourra, une petite pension à la nièce de l'abbé Nollet, qui s'est sacrifiée pendant quatorze ans pour lui. Je conçois bien que ce n'est pas à vous de ratifier cette pension, puisque vous n'êtes pas son héritière, et que c'est une affaire de pure conciliation entre lui et Mlle Nollet, dans laquelle vous ne devez pas entrer. Je n'insiste donc que sur votre compassion pour les malheureux, surtout pour un frère. Je ne lui connais, depuis qu'il est mon voisin, d'autre défaut que celui de cette facilité qui le plonge souvent dans l'indigence. Le premier aventurier qui paraît puise dans sa bourse. Ce serait une vertu s'il était riche; mais c'est un vice, quand on s'est appauvri par sa faute.

Je crois vous avoir ponctuellement obéi, et vous avoir assez détaillé tout ce qui est venu à ma connaissance. Ma conclusion est qu'il faudrait qu'il se jetât entre vos bras, que vous lui tinssiez lieu de mère, quoique vous soyez plus jeune que lui; qu'il sortît de Neuchâtel, et qu'il ne fût plus gouverné par un homme qui peut le ruiner et l'aigrir; qu'il vécût dans quelque terre, comme madame sa femme. Il a besoin qu'on gouverne ses affaires et sa personne. Il faut surtout qu'il tombe en bonnes mains. Il aime les lettres, il a des connaissances; l'étude pourrait faire sa consolation. Enfin je voudrais pouvoir diminuer les malheurs du frère, et témoigner à la sœur mon attachement inviolable et mon zèle. J'ai l'honneur d'être, etc.

MMMMMDXXI. — A M. LE COMTE D'ARGENTAL.

23 janvier.

J'avouerai à mon divin ange qu'en faisant usage de tous les petits papiers retrouvés dans la succession de Latouche [1], je pense que le tout mis au net pourra n'être pas inutile à la vénérable compagnie; mais permettez-moi de penser que ces brouillons de Latouche peuvent procurer encore un autre avantage, celui de rendre toute persécution odieuse, et d'amener insensiblement les hommes à la tolérance. C'était le but de ce pauvre Guymond, qui n'a pas été assez connu. Il faut qu'à ce propos je prenne la liberté de vous faire part de l'effet qu'ont produit certains petits ouvrages dans Toulouse même. Voici ce que me mande un homme en place très-instruit [2] :

« Vous ne sauriez croire combien augmente dans cette ville le zèle des gens de bien, et leur amour et leur respect pour le patriarche de la tolérance et de la vertu. Vous savez que le colonel de mon régiment et ses majors généraux sont tous dévoués à la bonne doctrine. Ils la disséminent avec circonspection et sagesse, et j'espère que dans quelques années elle fera une grande explosion. Quant au parlement et à l'ordre des avocats, presque tous ceux qui sont au-dessous de l'âge de trente-

---

1. Pseudonyme de Voltaire. (ÉD.) — 2. L'abbé Audra. (ÉD.)

cinq ans sont pleins de zèle et de lumières, et il ne manque pas de gens instruits parmi les personnes de condition. »

Par une autre lettre, on me mande que le parlement regarde aujourd'hui la mort de Calas comme un crime qu'il doit expier, et que Sirven ne risquerait rien à venir purger sa contumace à Toulouse. Il me semble, mon cher ange, que c'était votre avis. Si je peux compter sur ce qu'on m'écrit, certainement j'enverrai Sirven se justifier, et rentrer dans son bien.

Je suis tous les jours témoin du mal que l'intolérance de Louis XIV, ou plutôt de ses confesseurs, a fait à la France. Le gain que vous ferez en prenant la Corse ne compensera pas vos pertes.

Il est bon que la persécution soit décriée jusque dans le *tripot* de la Comédie; mais malheureusement les assassins du chevalier de La Barre n'entendront jamais ni Lekain, ni Mlle Vestris.

Vous ne m'avez point instruit du nom des dames qui doivent passer avant *la Fille du jardinier*[1]. Je crois que ce sont de hautes et puissantes dames à qui il faut faire tous les honneurs. Je ne vous dissimule pas que j'ai grande envie que *la Jardinière* soit bien reçue à son tour. N'avez-vous point quelque ami qui pût engager le lieutenant de police à lui accorder la permission de vendre des bouquets? Il me semble qu'à présent l'odeur de ses fleurs n'est pas trop forte, et ne doit pas monter au nez d'un magistrat. Quelque chose qui arrive, songez que je vous suis plus attaché qu'à ma *Jardinière*.

Mille tendres respects aux deux anges.

MMMMMDXXII. — A M. GAILLARD.

A Ferney, 23 janvier.

Vous me demandez pardon bien mal à propos, mon grand historien; et moi je vous remercie très à propos. Je suis étonné qu'il n'y ait pas encore plus de fautes grossières dans l'édition du *Siècle de Louis XIV*. Je suis enterré depuis trois ans dans mon tombeau de Ferney, sans en être sorti. Cramer, qui a imprimé l'ouvrage, court toujours, et n'a point relu les feuilles. Vous verrez dans la petite plaisanterie que je vous envoie, que Cramer est homme de bonne compagnie, et point du tout libraire. Son compositeur est un gros Suisse qui sait très-bien l'allemand, et fort peu de français. Jugez ce que j'ai pu faire, étant aveugle trois ou quatre mois de l'année, dès qu'il y a de la neige sur la terre.

Vous avez donc connu Lally. Non-seulement je l'ai connu, mais j'ai travaillé avec lui chez M. d'Argenson, lorsqu'on voulait faire sur les côtes d'Angleterre une descente que cet Irlandais proposa, et qui manqua très-heureusement pour nous. Il est très-certain que sa mauvaise humeur l'a conduit à l'échafaud. C'est le seul homme à qui on ait coupé la tête pour avoir été brutal. Il se promène probablement dans les champs Élysées, avec les ombres de Langlade, de la femme Sirven, de Calas, de la maréchale d'Ancre, du maréchal de Marillac, de Va-

1. La tragédie des *Guèbres*. (ÉD.)

nini, d'Urbain Grandier, et, si vous le voulez encore, de Montecuculli ou Montecucullo, à qui les commissaires persuadèrent qu'il avait donné la pleurésie à son maître le Dauphin François. On dit que le chevalier de La Barre est dans cette troupe : je n'en sais rien; mais si on lui a coupé la main et arraché la langue, si on a jeté son corps dans le feu pour avoir chanté deux chansons de corps de garde, et si Rabelais a eu les bonnes grâces d'un cardinal pour avoir fait les litanies du c.., il faut avouer que la justice humaine est une étrange chose.

Vittorio Siri, dont vous me parlez, jeta en fonte la statue d'Henri IV, qu'il composa d'or, de plomb, et d'ordures. Nous avons ôté les ordures et le plomb, l'or est resté. Nous avons fait comme ceux qui canonisent les saints, on attend que tous les témoins de leurs sottises soient morts.

Le bon Dieu bénisse cet avocat général de Bordeaux [1], qui a fait frapper la médaille d'Henri IV! On dit qu'il est aussi éloquent que généreux. Les parquets de province se sont mis, depuis quelque temps, à écrire beaucoup mieux que le parquet de Paris. Il n'en est pas ainsi des académies de province, il faut toujours que ce soit des Parisiens qui remportent leurs prix; tantôt c'est M. de La Harpe, tantôt c'est vous. Vous marchez tous deux sur les talons l'un de l'autre, quand vous courez. Je suis charmé que vous ayez eu le prix, et qu'il ait eu l'accessit. Quiconque vous suit de près est un très-bon coureur.

Vous sentez quelle est mon impatience de voir un Henri IV de votre façon. Vous aurez embelli son menton et sa bouche, il sera beau comme le jour.

Si je vous aime! oui, sans doute, je vous aime, et autant que je vous estime; car vous êtes un très-bel esprit et une très-belle âme. Je vous fais encore une fois mes remercîments du fond de mon cœur.

MMMMMDXXIII. — A M. LE PRINCE GALLITZIN.

25 janvier.

Monsieur le prince, l'inoculation dont l'impératrice a tâté en bonne fortune, et sa générosité envers son médecin, ont retenti dans toute l'Europe. Il y a longtemps que j'admire son courage, et son mépris pour les préjugés. Je ne crois pas que Moustapha soit un génie à lui résister; jamais un philosophe ne s'est appelé *Moustapha*. On me dira peut-être qu'avant ce siècle il n'y avait point de philosophe nommée *Catherine;* mais aussi je veux qu'elle s'appelle *Tomyris*, et qu'elle donne bien fort sur les oreilles à celui qui possède aujourd'hui une partie des États de Cyrus. J'ai eu l'honneur de lui marquer que, si elle prend Constantinople, j'irai avec sa permission m'établir sur la Propontide; car il n'y a pas moyen qu'à soixante-quinze ans j'aille affronter les glaces de la mer Baltique.

Je crois qu'il y a un prince de votre nom qui commandera une armée contre les musulmans. Le nom de Gallitzin est d'un bon augure pour la gloire de la Russie.

Je ne crois point ce que j'ai lu dans des gazettes, que des canonniers

---

[1]. Dupaty. (ÉD.)

français sont allés servir dans l'armée ottomane. Les Français ont tiré leur poudre aux moineaux dans la dernière guerre; oseront-ils tirer contre l'aigle de Catherine-Tomyris?

MMMMMDXXIV. — A M. THIERIOT.

A Ferney, le 27 janvier.

Vous m'avez la mine, mon ancien ami, d'avoir bientôt vos soixante-dix ans, et j'en ai soixante-quinze; ainsi vous m'excuserez de n'avoir pas répondu sur-le-champ à votre lettre.

Je vous assure que j'ai été bien consolé de recevoir de vos nouvelles, après deux ans d'un profond silence. Je vois que vous ne pouvez écrire qu'aux rois, quand vous vous portez bien.

J'ai perdu mon cher Damilaville, dont l'amitié ferme et courageuse avait été longtemps ma consolation. Il ne sacrifia jamais son ami à la malice de ceux qui cherchent à en imposer dans le monde. Il fut intrépide, même avec les gens dont dépendait sa fortune. Je ne puis trop le regretter, et ma seule espérance, dans mes derniers jours, est de le retrouver en vous.

Je compte bien vous donner des preuves solides de mes sentiments, dès que j'aurai arrangé mes affaires. Je n'ai pas voulu immoler Mme Denis au goût que j'ai pris pour la plus profonde retraite; elle serait morte d'ennui dans ma solitude. J'ai mieux aimé l'avoir à Paris pour ma correspondante, que de la tenir renfermée entre les Alpes et le mont Jura. Il m'a fallu lui faire à Paris un établissement considérable. Je me suis dépouillé d'une partie de mes rentes en faveur de mes neveux et de mes nièces. Je compte pour rien ce qu'on donne par son testament; c'est seulement laisser ce qui ne nous appartient plus.

Dès que j'aurai arrangé mes affaires, vous pouvez compter sur moi. J'ai actuellement un chaos à débrouiller, et dès qu'il y aura un peu de lumière, les rayons seront pour vous.

Je vous souhaite une santé meilleure que la mienne, et des amis qui vous soient attachés comme moi jusqu'au dernier moment de leur vie.

MMMMMDXXV. — A MADAME DE SAUVIGNY.

Ferney, le 30 janvier.

Depuis que j'ai eu l'honneur de vous écrire, madame, monsieur votre frère est venu passer huit jours chez moi. J'ai eu le temps de le connaître, et d'entrer dans le détail de toutes ses malheureuses affaires. Je me trompe beaucoup, ou la facilité de son caractère a été la cause principale de toutes ses fautes et de toutes ses disgrâces. Les unes et les autres sont bien funestes. S'il est vrai que son père, riche de cinq millions, ne lui donna que six cents livres de pension au sortir de ses études, ses premières dettes sont excusables. Elles en attirèrent d'autres; les intérêts s'accumulèrent; et voilà la première cause de sa ruine.

Permettez-moi de vous dire que les exemples trop connus, donnés par monsieur son père, ne pouvaient lui inspirer des mœurs bien régulières.

On le maria à une demoiselle de condition, qui, n'ayant que seize ans, était incapable de le conduire, et il avait besoin d'être conduit. Je ne vois aucune faute contre l'honneur dans toutes celles qu'il a commises. L'affaire de Guérin était la seule qui pût me donner des soupçons; mais j'ai vu des lettres authentiques qui me prouvent que Guérin l'avait en effet volé, et que monsieur votre frère, par cette facilité dangereuse qui l'a toujours perdu, eut tort dans la forme avec Guérin, ayant très-grande raison dans le fond.

J'ai examiné tous ses papiers; j'ai vu des dettes usuraires en assez grand nombre. Je sais quel était cet Oléary, qui ose lui demander plus de deux cent mille francs. Je sais que c'est un Irlandais aventurier, sans aucune fortune, qui vécut longtemps à Madrid aux dépens de M. de Morsan, et qui abusa de cette facilité que je lui reproche, jusqu'à lui faire accroire qu'il allait marier le prince Édouard à une fille du roi de Maroc, et que monsieur votre frère irait à Maroc l'épouser au nom du prince.

Cet homme était en effet attaché au Prétendant. Il persuada à M. de Morsan qu'il gouvernerait l'Angleterre, et le fit enfin consentir à promettre d'épouser sa fille. Tout cela est un roman digne de Guzman d'Alfarache. Oléary réduit aujourd'hui ses prétentions chimériques à douze mille francs. Je suis bien fondé à croire que c'est lui qui les doit, loin d'être en droit de rien demander. Et de plus, les avocats qui sont à la tête de la direction considéreront sans doute qu'un homme qui restreint à douze mille livres une somme de deux cent vingt mille est par cela même un homme punissable.

J'ai connu M. de Saint-Cernin, dont la famille redemande des sommes considérables. Je puis vous assurer que monsieur votre frère n'a jamais reçu la moitié du principal. S'il ne devait payer que ce qu'il a réellement reçu, la somme ne se monterait pas à quatre cent mille livres; et il faut qu'il en paye onze cent mille ! Je crois que, s'il avait pu être à portée de contredire toutes les demandes qu'on lui fait, il aurait sauvé plus de cent mille écus; mais, se trouvant proscrit et errant dans les pays étrangers, et privé de presque tous ses documents, il n'a pu se secourir lui-même.

Je le vois séparé d'avec madame sa femme; mais il me jure qu'il n'a jamais manqué pour elle de complaisance, et qu'il a même poussé cette complaisance jusqu'à la soumission. On a allégué, dans l'acte de séparation, qu'il avait communiqué à madame sa femme le fruit de ses débauches : il proteste qu'il n'en est rien, qu'il lui avoua l'état où il était, et qu'il s'abstint de s'approcher d'elle.

Quant à la lettre qu'il écrivit à sa femme, et qu'elle a produite, il jure que c'est elle-même qui l'exigea, et qu'il eut la malheureuse faiblesse de donner ces armes contre lui.

Enfin, madame, il ne veut revenir ni contre la séparation prononcée, ni contre la commission établie pour liquider ses dettes. Il consent à tout; et, quand vous le voudrez, je lui ferai signer la ratification de tout ce que vous aurez fait.

Il m'a inspiré une extrême pitié, et même de l'amitié. Le titre de votre frère n'a pas peu servi à faire naître en moi ces sentiments. Il ne demande qu'une chose, qui me paraît très-juste, et dont le refus me semblerait une persécution affreuse : c'est que la lettre de cachet obtenue par son père contre lui n'ait pas lieu après la mort de son père et de sa mère. Il n'est point criminel d'État; il n'a point offensé le roi; il a été mis en prison par ses parents pour ses dettes; ses dettes sont payées; il ne doit pas être puni de ses fautes après leur expiation. Il en est assez puni par la perte d'un bien immense, et par dix années de proscription dans les pays étrangers.

Dans le dernier voyage qu'il a fait à Genève, un homme connu lui a conseillé d'écrire à M. de Saint-Florentin; il l'a fait sans me consulter. Il est revenu ensuite me montrer sa lettre. J'en ai désapprouvé quelques termes un peu trop forts; mais le fond m'a paru aussi raisonnable que juste. Il ne demande que de pouvoir aller jusqu'à Lyon avec sûreté. Il serait très-convenable, en effet, qu'il pût vivre dans le voisinage de Lyon avec le peu qui lui reste. Le pays de Neuchâtel, où il s'est réfugié, est actuellement le réceptacle de tous les banqueroutiers et de tous ceux qui ont de mauvaises affaires. Ils accourent chez lui, et il y en a un qui dévore sa substance. Il est triste, honteux et dangereux que le frère de Mme de Sauvigny soit réfugié dans un tel coupe-gorge. Je vous l'ai déjà mandé, madame, et j'en vois plus que jamais les inconvénients. Monsieur votre frère est instruit; il est homme de lettres; je ne sais si vous savez qu'il a été réduit à être précepteur, et que cet état même a contribué à fortifier ses connaissances. Vous savez combien il est faible; si on le pousse à bout, et si on le maltraite jusqu'au point de lui refuser la permission de respirer, en province, l'air de sa patrie, il est capable de faire un mémoire justificatif; ce qui serait très-triste à la fois et pour lui et pour sa famille.

Je vous promets, madame, de prévenir ce malheur, si vous voulez continuer à m'honorer de la confiance que vous m'avez témoignée. Il n'y a rien que je ne fasse pour procurer à monsieur votre frère une vie douce et honnête. Il faut absolument le retirer de l'endroit où il est. Je lui procurerai une maison sous mes yeux; je répondrai de sa conduite. Il m'a témoigné beaucoup d'amitié et une déférence entière à mes avis. J'ignore actuellement ce qui peut lui rester de revenu, parce qu'il l'ignore lui-même; mais à quelque peu que sa fortune actuelle soit réduite, je me charge de lui faire mener une vie décente et honorable. J'arrangerai ce qu'il doit à Mlle Nollet, qui l'a servi longtemps sans gages; je l'empêcherai de faire aucune dette; en un mot, je crois que c'est un parti dont lui et toute sa famille doivent être contents.

Si ce que je veux bien faire, madame, a le bonheur de vous plaire, ayez la bonté de me le mander. Je tâcherai de vous prouver le zèle, l'attachement et le respect avec lesquels....

MMMMMDXXVI. — A Catherine II.

Ferney, février.

Cette belle et noire pelisse
Est celle que perdit le pauvre Moustapha,
Quand notre brave impératrice

De ses musulmans triompha ;
Et ce beau portrait que voilà,
C'est celui de la bienfaitrice
Du genre humain, qu'elle éclaira.

Voilà ce que j'ai dit, madame, en voyant le cafetan dont Votre Majesté Impériale m'a honoré, par les mains de M. le prince Kosloftsky, capigi-bachi de vos janissaires, et surtout cette boîte tournée de vos belles et augustes mains, et ornée de votre portrait.

Qui le voit et qui le touche
Ne peut borner ses sens à le considérer ;
Il ose y porter une bouche
Qu'il n'ouvre désormais que pour vous admirer.

Mais quand on a su que la boîte était l'ouvrage de vos propres mains, ceux qui étaient dans ma chambre ont dit avec moi :

Ces mains, que le ciel a formées
Pour lancer les traits des Amours,
Ont préparé déjà ces flèches enflammées,
Ces tonnerres d'airain dont vos fières armées
Au monarque sarmate assurent des secours ;
Et la Gloire a crié, de la tour byzantine,
Aux peuples enchantés que votre nom soumet :
Victoire à Catherine !
Nasarde à Mahomet !

Qu'est devenu le temps où l'empereur d'Allemagne aurait, dans les mêmes circonstances, envoyé des armées à Belgrade, et où les Vénitiens auraient couvert de vaisseaux les mers du Péloponèse ? Eh bien ! madame, vous triompherez seule. Montrez-vous seulement à votre armée vers Kiovie, ou plus loin, et je vous réponds qu'il n'y a pas un de vos soldats qui ne soit un héros invincible. Que Moustapha se montre aux siens, il n'en fera que de gros cochons comme lui.

Quelle fierté imbécile dans cette tête coiffée d'un turban à aigrette ! Tous les rois de l'Europe ne devraient-ils pas venger le droit des gens, que la Porte ottomane viole tous les jours avec un orgueil si grossier ?

Ce n'est pas assez de faire une guerre heureuse contre ces barbares pour la terminer par une paix telle quelle ; ce n'est pas assez de les humilier, il faudrait les reléguer pour jamais en Asie [1].

---

[1]. M. de Voltaire avait envoyé à l'impératrice, dans cette même lettre, un mémoire d'un officier français, qui proposait de renouveler dans la guerre des Turcs l'usage des chars de guerre, absolument abandonné par les anciens depuis l'époque de la guerre médique. (*Ed. de Kehl.*)

ANNÉE 1769.

MMMMMDXXVII. — A MADAME LA DUCHESSE DE CHOISEUL.

De Lyon [1], ce 2 février.

Madame, le présent manuscrit étant parvenu en ma boutique, et cette chose étant très-vraie et très-drôle, j'ai cru en devoir faire prompt hommage à Votre Excellence avant de la mettre en lumière. J'ai pensé que cela vous amuserait plus que les assemblées de *messieurs* pour faire enchérir le pain, et que toutes les tracasseries modernes, dont on dit que que vous faites peu de cas.

Au surplus, madame, je charge votre conscience, quand vous aurez lu la *Canonisation de saint Cucufin*, de la faire lire à madame votre petite-fille [2], laquelle a grand besoin d'amusement et de consolation, étant attaquée du mal de Tobie, et n'ayant point d'ange Raphaël pour lui rendre la vue avec le foie d'un brochet. Je me tue à l'amuser tant que je puis ; ce qui est très-difficile, tant elle a d'esprit.

Dès que j'aurai mis sous presse la *Canonisation de saint Cucufin*, à qui je fais de présent une neuvaine, je ne manquerai pas de vous envoyer, madame, deux exemplaires, l'un pour vous, et l'autre pour votre petite-fille, comptant parfaitement sur votre dévotion envers les saints, et sur votre discrétion envers les profanes. J'espère même, sous un mois ou six semaines, garnir votre bibliothèque d'un ouvrage fort insolent; mais si le délicat et ingénieux abbé de La Bletterie me défend de plus vous fournir, je ne vous fournirai rien, et je vous laisserai au filet.

Toutefois j'ai l'honneur d'être avec un respect vraiment sincère, madame, de Votre Excellence le très-humble et très-obéissant serviteur,
GUILLEMET.

MMMMMDXXVIII. — A M. LE COMTE DE FÉKÉTÉ.

A Ferney, 3 février.

Monsieur, c'en est trop de moitié. Vous m'envoyez de très-jolis vers et du vin de Hongrie. Je reçois les vers avec le plus grand plaisir du monde; mais je suis honteux de tant de vin. Vous me prenez pour un Polonais.

Voici une des bagatelles que vous daignez me demander. Vous ne trouverez, je crois, personne sur les frontières de la Hongrie qui se connaisse en vers français. Il n'y avait guère que M. le duc de Bragance qui pût vous servir de second.

Je ne présume pas que vous ayez la guerre sitôt, à moins que vous ne vouliez la faire absolument. J'imagine que vous vous contenterez des lauriers d'Apollon encore deux ou trois années. Puissent toutes les guerres ressembler à celle de Genève! elle n'a été que ridicule, et on a fini par boire ensemble.

Vous voulez, monsieur, me faire l'honneur de me voir face à face; mais pour cela il faudrait que j'eusse une face, et un squelette de

---

1. Voltaire était à Ferney; mais il date sa lettre de Lyon, parce qu'il suppose que c'est là que demeure le typographe Guillemet, dont il prend le nom. (Éd.)
2. Mme du Deffand appelait Mme de Choiseul sa grand'maman. (Éd.)

soixante-quinze ans n'en a point. Je ressemble à la nymphe Écho, je n'ai plus que la voix, et encore elle est rauque; mais je sens vivement votre mérite et vos bontés.

J'ai l'honneur d'être, etc., L'ERMITE DES ALPES.

MMMMMDXXIX. — A MADAME LA MARQUISE DU DEFFAND.
3 février.

Voici le temps, madame, où vous devez avoir pour moi plus de bontés que jamais. Vous savez que je suis aveugle comme vous, dès qu'il y a de la neige sur la terre; et j'ai par-dessus vous les souffrances. Le meilleur des mondes possibles est étrangement fait. Il est vrai qu'en été je suis plus heureux que vous, et je vous en demande pardon, car cela n'est pas juste.

Serait-il bien vrai, madame, que le marquis de Belestat, qui est très-estimé dans sa province, qui est riche, qui vient de faire un grand mariage, eût osé lire à l'Académie de Toulouse un ouvrage qu'il aurait fait faire par un autre, et qu'il se déshonorât de gaieté de cœur pour avoir de la réputation? comment pourrait-on être à la fois si hardi, si lâche, et si bête? Il est vrai que la rage du bel esprit va bien loin, et qu'il y autant de friponnerie en ce genre qu'en fait de finances et de politique. Presque tout le monde cherche à tromper, depuis le prédicateur jusqu'au faiseur de madrigaux.

Vous, madame, vous ne trompez personne. Vous avez de l'esprit malgré vous; vous dites ce que vous pensez avec sincérité. Vous haïssez trop les philosophes, mais vous avez plus d'imagination qu'eux. Tout cela fait que je vous pardonne votre crime contre la philosophie, et même votre tendresse pour le pincé La Bletterie.

Je songe toujours à vous amuser. J'ai découvert un manuscrit sur la canonisation que notre saint-père le pape a faite, il y a deux ans, d'un capucin nommé Cucufin. Le procès-verbal de la canonisation est rapporté fidèlement dans ce manuscrit : on croit être au quatorzième siècle. Il faut que le pape soit un grand imbécile de croire que tous les siècles se ressemblent et qu'on puisse insulter aujourd'hui à la raison, comme on faisait autrefois.

J'ai envoyé le manuscrit de la *Canonisation de frère Cucufin* à votre grand'maman, avec prière expresse de vous en faire part. Je ne désespère pas que ce monument d'impertinence ne soit bientôt imprimé en Hollande. Je vous l'enverrai dès que j'en aurai un exemplaire. Mais vous ne voulez jamais me dire si votre grand'maman a ses ports francs, et s'il faut lui adresser les paquets sous l'enveloppe de son mari.

Je vous prie instamment, madame, de me mander des nouvelles de la santé du président; je l'aimerai jusqu'au dernier moment de ma vie. Est-ce que son âme voudrait partir avant son corps? Quand je dis âme, c'est pour me conformer à l'usage; car nous ne sommes peut-être que des machines qui pensons avec la tête comme nous marchons avec les pieds. Nous ne marchons point quand nous avons la goutte, nous ne pensons point quand la moelle du cerveau est malade.

Vous souciez-vous, madame, d'un petit ouvrage nouveau dans le-

ANNÉE 1769. 241

quel on se moque, avec discrétion, de plusieurs systèmes de philosophie? Cela est intitulé *les Singularités de la nature*. Il n'y a d'un peu plaisant, à mon gré, qu'un chapitre sur un bateau de l'invention du maréchal de Saxe, et l'histoire d'une Anglaise qui accouchait tous les huit jours d'un lapin. Les autres ridicules sont d'un ton plus sérieux. Vous êtes très-naturelle, mais je soupçonne que vous n'aimez pas trop l'histoire naturelle.

Cependant cette histoire-là vaut bien celle de France, et l'on nous a souvent trompés sur l'une et sur l'autre. Quoi qu'il en soit, si vous voulez ce petit livre, j'en enverrai deux exemplaires à votre grand'maman dès que vous me l'aurez ordonné.

Adieu, madame; je suis à vos pieds. Je vous prie de dire à M. le président Hénault combien je m'intéresse à sa santé.

MMMMMDXXX. — A M. LE PRÉSIDENT DE RUFFEY.

Ferney, 4 février.

Mon cher président, les marques de votre souvenir me sont toujours bien chères. Ne viendrai-je donc jamais vous en remercier à Dijon? Ne verrai-je point cette académie dont je vous regarde comme le fondateur? Il y a quinze ans que j'habite la campagne : il faudra bien qu'enfin j'aille vous embrasser à la ville, et que je vous remercie, vous et M. Le Goux, de l'adoucissement qu'il a mis aux prétentions de....

Si mon cher Isaac[1] va au printemps en Provence, je suis sur la route; j'irais au-devant de lui en chantant : *Hozanna filio Belzebuth!*

Adieu, mon cher président. Ne manquez pas surtout, je vous en prie, d'assurer M. Le Goux de ma tendre reconnaissance : ce sont des sentiments que je conserverai pour vous et pour lui toute ma vie.   V.

MMMMMDXXXI. — A M. DE SUDRE, AVOCAT A TOULOUSE.

6 février.

Monsieur, il se présente une occasion de signaler votre humanité et vos grands talents. Vous avez probablement entendu parler de la condamnation portée, il y a cinq ans, contre la famille Sirven, par le juge de Mazamet. Cette famille Sirven est aussi innocente que celle des Calas. J'envoyai le père à Paris présenter requête au conseil pour obtenir une évocation; mais ces infortunés n'étant condamnés que par contumace, le conseil ne put les soustraire à la juridiction de leurs juges naturels. Ils craignaient de comparaître devant le parlement de Toulouse, dans une ville qui fumait encore du sang de Calas. Je fis ce que je pus pour dissiper cette crainte. J'ai tâché toujours de leur persuader que plus le parlement de Toulouse avait été malheureusement trompé par les démarches précipitées du capitoul David dans le procès de Calas, plus l'équité de ce même parlement serait en garde contre toutes les séductions dans l'affaire des Sirven.

L'innocence des Sirven est si palpable, la sentence du juge de Maza-

1. Le marquis d'Argens. (ÉD.)

VOLTAIRE — XLII

met si absurde, qu'il suffit de la lecture de la procédure et d'un seul interrogatoire, pour rendre aux accusés tous leurs droits de citoyens.

Le père et la mère, accusés d'avoir noyé leur fille, ont été condamnés à la potence. Les deux sœurs de la fille noyée, accusées du même crime, ont été condamnées au simple bannissement du village de Mazamet.

Il y a plus de quatre ans que cette famille, aussi vertueuse que malheureuse, vit sous mes yeux. Je l'ai enfin déterminée à venir réclamer la justice de votre parlement. J'ai vaincu la répugnance que le supplice de Calas lui inspirait, j'ai même regardé le supplice de Calas comme un gage de l'équité compatissante avec laquelle les Sirven seraient jugés.

Enfin, monsieur, je les ferai partir dès que vous m'aurez honoré d'une réponse. Vous verrez le grand-père, les deux filles, et un malheureux enfant, qui imploreront votre secours. Ils n'ont besoin d'aucun argent, on y a pourvu; mais ils ont besoin d'être justifiés, et de rentrer dans leur bien, qu'on a mis au pillage. Je les ferai partir avec d'autant plus de confiance, que je suis informé du changement qui s'est fait dans l'esprit de plusieurs membres du parlement. La raison pénètre aujourd'hui partout, et doit établir son empire plus promptement à Toulouse qu'ailleurs.

Vous ferez, monsieur, une action digne de vous, en honorant les Sirven de vos conseils, comme vous avez travaillé à la justification des Calas. Voici quelques petites questions préliminaires que je prends la liberté de vous adresser, pour faire partir cette famille avec plus de sûreté.

MMMMMDXXXII. —A M. DE CHABANON.

6 février.

Je suis partagé, mon cher ami, entre le plaisir que m'ont donné les beaux morceaux de votre pièce, et la reconnaissance que je vous dois pour votre préface. Vous n'empêcherez pas les Welches d'être toujours Welches; mais les véritables Français penseront comme vous. Votre pièce[1] serait encore plus belle, si vous aviez donné plus d'étendue aux sentiments, et si l'action avait été un peu plus filée; mais, telle qu'elle est, elle doit vous faire beaucoup d'honneur.

Ne va-t-on pas jouer incessamment le cœur[2] du sire de Couci en ragoût?

Nil intentatum nostri liquere poetæ.

Hor., *De art. poet.*, v. 285.

Comment gouvernez-vous Orphée-La-Borde? Est-il toujours attaché à ce maudit procès[3] contre un vilain prêtre? Je n'ai point eu de ses nouvelles depuis près d'un mois.

On m'impute un *A B C*, auquel je n'ai nulle part; mais je voudrais l'avoir fait, et qu'on n'en sût rien.

Je vous embrasse bien tendrement; ma santé s'affaiblit tous les jours, et je crois que j'irai bientôt rendre mes respects à Corneille et à Racine.

1. *Eudoxie.* (ÉD.)
2. *Gabrielle de Vergy*, tragédie en cinq actes et en vers de du Belloy. (ÉD.)
3. *Procès de Claustre.* (ÉD.)

ANNÉE 1769.

MMMMMDXXXIII. — A M. PANCKOUCKE.
13 février.

L'Académie de Rouen, monsieur, me fait l'honneur de m'écrire que vous êtes chargé, depuis un mois, de me faire parvenir deux exemplaires du discours qui a remporté le prix [1]. Je ne crois pas que les commis de la douane des pensées trouvent rien de contraire à la théologie orthodoxe dans l'*Éloge* de Pierre Corneille. Peut-être seront-ils plus difficiles pour le *Siècle de Louis XIV* et *de Louis XV*, attendu que, dans une histoire, il y a toujours plusieurs choses malsonnantes pour beaucoup d'oreilles. On dit que ceux qui ont les plus longues font quelques petites difficultés.

Notre ami Gabriel m'a averti que vous désiriez que je fisse une petite galanterie à M. le chancelier et à M. de Sartines. Je leur envoie quatre volumes en beau maroquin, à filets d'or; mais cela ne désarmera pas les ennemis du sens commun, et n'empêchera pas les dogues de Saint-Médard d'aboyer et de mordre. Vous aurez à combattre; car vous et moi nous pouvons nous vanter d'avoir quelques rivaux.

Des gredins du Parnasse ont dit que je vends mes ouvrages. Ces malheureux cherchent à penser pour vivre, et moi je n'ai vécu que pour penser. Non, monsieur, je n'ai point trafiqué de mes idées; mais je vous avertis qu'elles vous porteront malheur, et que vous les vendrez à la livre très-bon marché, si on s'opiniâtre à faire un si prodigieux recueil de choses inutiles. Un auteur ne va point à la gloire, et un libraire à la fortune, avec un si lourd bagage. Passe pour de gros dictionnaires; mais pour de gros livres de pur agrément, c'est se moquer du public; c'est se faire un magasin de coquilles et d'ailes de papillons.

Quant à votre entreprise de la nouvelle *Encyclopédie*, gardez-vous bien, encore une fois, de retrancher tous les articles de M. le chevalier de Jaucourt. Il y en a d'extrêmement utiles, et qui se ressentent de la noblesse d'âme d'un homme de qualité et d'un bon citoyen, tels que celui du *Labarum*. Gardez-vous des idées particulières et des paradoxes en fait de belles-lettres. Un dictionnaire doit être un monument de vérité et de goût, et non pas un magasin de fantaisies. Songez surtout qu'il faut plutôt retrancher qu'ajouter à cette *Encyclopédie*. Il y a des articles qui ne sont qu'une déclamation insupportable. Ceux qui ont voulu se faire valoir en y insérant leurs puérilités ont absolument gâté cet ouvrage. La rage du bel esprit est absolument incompatible avec un bon dictionnaire. L'enthousiasme y nuit encore plus, et les exclamations à la Jean-Jacques [2] sont d'un prodigieux ridicule.

Je vous embrasse sans cérémonie, mais de tout mon cœur.

---

1. *Éloge de Corneille*, par Gaillard. (ÉD.)
2. Dans *l'Encyclopédie*, au mot ENCYCLOPÉDIE, Diderot s'écrie : « O Rousseau, mon cher et digne ami! je n'ai jamais eu la force de me refuser à ta louange : j'en ai senti croître mon goût pour la vérité et mon amour pour la vertu. » (ÉD.)

MMMMMDXXXIV. — A M. LE COMTE DE ROCHEFORT.

Ferney, 13 février.

Je n'écris guère au couple aimable, parce que du fond de mes déserts je n'ai rien à leur dire, sinon que je leur suis attaché sans réserve jusqu'à la fin de ma vie, et c'est ce qu'ils savent déjà très-bien. Dès qu'il y aura quelque chose de nouveau qui puisse les amuser, alors ils entendront parler de moi. J'espère leur envoyer quelque petite bagatelle dans quelques jours. Le paquet sera affranchi jusqu'à Lyon, c'est tout ce qu'on peut faire : il ne sera pas gros.

On espère recevoir le couple aimable dans son taudis à leur retour, et on se flatte qu'on ne sera plus obligé de gronder son cuisinier devant le monde. On veut absolument prendre sa revanche. Mille tendres respects. Voilà une lettre fort inutile, mais il faut pardonner au zèle et à l'amitié.

V.

MMMMMDXXXV. — A M. VASSELIER, A LYON.

Ferney, 20 février.

Vous m'avez appris, monsieur, la mort du pape[1], et moi je vous apprends que nous en avons fait un. Nous avons tiré aux trois dés la place de Rezzonico, après avoir écrit les noms de tous les sujets capables. Il y en a un qui a eu rafle de six. Vous savez que Mathias n'eut la place de Judas que par un coup de dés[2]. Nous avons bien cacheté les noms de chacun avec sa chance. Nous ouvrirons le paquet dès que le pape sera nommé, et nous verrons si le conclave est d'accord avec nous.

Mille compliments, je vous prie, à mon cher Tabareau.

Je ne sais, monsieur, si la place de Judas était à envier; mais il est certain que celle de Rezzonico aura plus de concurrents. Si la rafle de six a son effet, j'aurai du conclave la meilleure opinion du monde.

C'était dans leur première simplicité que les apôtres ont procédé par le sort à l'élection de Mathias. L'événement aurait dû en éterniser la manière, puisque le nouvel élu s'est distingué entre ses confrères; car, tandis qu'on le martyrisait en Éthiopie, il fondait une célèbre abbaye près de Trèves, où ses os sont encore révérés aujourd'hui. Je ne crois pas que les *monsignori* reprennent jamais cet antique usage; ils n'y trouveraient pas leur compte.

MMMMMDXXXVI. — A M. LE MARQUIS DE THIBOUVILLE.

A Ferney, 20 février.

Je croyais, en vérité, vous avoir répondu, mon cher marquis; mais, comme il ne s'agissait que de compliments du jour de l'an, vous n'avez rien perdu. Il faut que les lettres disent quelque chose.

Je ne conçois pas comment on a oublié le maréchal d'Estrades[3],

---

1. Clément XIII, mort le 3 février 1769. (ÉD.)
2. *Actes des Apôtres*, I, 16. (ÉD.)
3. Le maréchal d'Estrades a place dans le *Catalogue des écrivains du siècle de Louis XIV*; mais il n'est pas dans la liste des maréchaux. Malgré ce que dit ici Voltaire, l'omission n'a pas été réparée. (ÉD.)

Cette faute va être corrigée, du moins dans un *errata*. Je vous suis très-obligé de m'en avoir fait apercevoir.

A l'égard de l'abbé du Resnel, il n'a jamais écrit dans le siècle de Louis XIV; et d'ailleurs, comme j'ai fait la moitié de ses vers, j'ai eu trop de modestie pour en parler.

Je vois que votre ancien goût pour la comédie est passé, puisque vous ne me parlez point des tracasseries des auteurs et des comédiens, et des niches qu'on fait à Mlle Vestris, ni des pièces nouvelles, soit imprimées, soit jouées. A l'égard des nouvelles intéressantes, comme vous ne m'avez jamais fait l'honneur de m'en dire, et que vous vous compromettriez trop en ne signant point et en ne cachetant point de vos armes, je n'ai rien à vous dire sur cela; mais je vous prie de considérer que je suis entre des montagnes de seize cents pieds de haut; qu'un chartreux est beaucoup moins solitaire que moi; que j'ai soixante-quinze ans; que je suis très-malade et presque aveugle, et que voilà des raisons pour écrire rarement, sans cesser de vous être attaché et de vous aimer de tout mon cœur.

Si vous voyez M. le duc de Villars, à qui je n'écris point, je vous prie de lui exposer mes tristes raisons.

MMMMMDXXXVII. — A M. DE CHABANON.
20 février.

Vraiment oui, des détails! il faut atteindre une seconde édition, mon cher ami : c'est alors qu'on donne des coups de rabot avec plus de plaisir. Je n'ai point la pièce[1]; elle est entre les mains du gros Rieu, que vous connaissez; on va l'imprimer dans le *Recueil de théâtre* qui se fait à Genève. Si vous aimez les épluchures, je vous en enverrai quand vous la ferez réimprimer à Paris. Ce n'est pas un mauvais signe, quand un ouvrage fait souhaiter qu'on lui donne un peu plus d'étendue. La plupart font désirer tout le contraire.

Je me suis fort intéressé aux scènes de ce fripon de prêtre[2], que notre cher La Borde a prises un peu tragiquement. Il y a des traits de ce sycophante qu'on devrait imprimer à la suite du *Tartufe*. Celles que donnent actuellement les comédiens au public sont dignes de notre siècle. Tout ce que l'on m'écrit me fait aimer ma retraite et mes montagnes. Je regrette peu de choses; mais je regretterai toujours les jours charmants que j'ai eu le bonheur de passer avec vous. Adieu : faites des cocus comme Maxime, mais ne les tuez pas.

MMMMMDXXXVIII. — A MADAME LA MARQUISE DU DEFFAND
22 février.

Votre grand'maman, madame, doit vous avoir communiqué la *Canonisation de frère Cucufin*, par laquelle Rezzonico a signalé les dernières années de son sage pontificat. J'ai cru que cela vous amuserait, d'autant plus que cette histoire est dans la plus exacte vérité.

Je lui ai aussi adressé pour vous quatre volumes du *Siècle de Louis XIV*, pour mettre dans votre bibliothèque. Les faits de guerre

---

1. *Les Guèbres*. (Éd.) — 2. De Claustre. (Éd.)

ne sont pas trop amusants, et je dis hardiment qu'il n'y a rien de si ennuyeux qu'un récit de batailles inutiles, qui n'ont servi qu'à répandre vainement le sang humain; mais il y a dans le reste de l'histoire des morceaux assez curieux, et vous y verrez assez souvent les noms des hommes avec qui vous avez vécu depuis la régence.

Je voudrais pouvoir fournir tous les jours quelques diversions à vos idées tristes; je sens bien qu'elles sont justes. La privation de la lumière et l'acquisition d'un certain âge ne sont pas des choses agréables. Ce n'est pas assez d'avoir du courage, il faut des distractions. L'amusement est un remède plus sûr que toute la fermeté d'esprit. J'ai le temps de songer à tout cela dans ma profonde solitude, avec des yeux éteints et ulcérés, couverts de blanc et de rouge.

Vous me demandez, madame, si j'ai lu des *Lettres sur les animaux*[1], écrites de Nuremberg : oui, j'en ai lu deux ou trois, il y a plus d'un an. Vous jugez bien qu'elles m'ont fait plaisir, puisque l'auteur pense comme moi. Il faudrait qu'une montre à répétition fût bien insolente, pour croire qu'elle est d'une nature absolument différente de celle d'un tournebroche. S'il y a dans l'empyrée des êtres qui soient dans le secret, ils doivent bien se moquer de nous.

La montre du président Hénault est donc détraquée? c'est le sort de presque tous ceux qui vivent longtemps. Mon timbre commence à être un peu fêlé, et sera bientôt cassé tout à fait. Il vaudrait mieux n'être pas né, dites-vous; d'accord, mais vous savez si la chose a dépendu de nous. Non-seulement la nature nous a fait naître sans nous consulter, mais elle nous fait aimer la vie malgré que nous en ayons. Nous sommes presque tous comme le bûcheron de la fable d'Ésope et de La Fontaine. Il y a tous les ans deux ou trois personnes sur cent mille qui prennent congé; mais c'est dans de grands accès de mélancolie. Cela est un peu plus fréquent dans le pays que j'habite. Deux Génevois de ma connaissance se sont jetés dans le Rhône, il y a quelques mois : l'un avait cinquante mille écus de rente, l'autre était un homme à bons mots. Je n'ai point été tenté d'imiter leur exemple : premièrement, parce que mes abominables fluxions sur les yeux ne me durent que l'hiver; en second lieu, parce que je me couche toujours dans l'espérance de me moquer du genre humain en me réveillant. Quand cette faculté me manquera, ce sera un signe certain qu'il faudra que je parte.

On m'a mandé depuis peu, de Paris, tant de choses ridicules, que cela me soutiendra gaiement encore quelques mois. A l'égard du ridicule de ce B..., il est à faire vomir.

Je me suis extrêment intéressé à toutes les tracaseeries qu'on a faites au mari de votre grand'maman. Vous ne m'en parlez jamais; vous avez tort, car il n'y a personne qui lui soit plus attaché que moi; et vous savez bien qu'on peut tout écrire sans se compromettre.

Bonsoir, madame; je vous aimerai jusqu'à la dernière minute de ma montre.

1. Par Le Roy. (Éd.)

ANNÉE 1769.

MMMMMDXXXIX. — A CATHERINE II.

A Ferney, 26 février.

Madame, quoi, pendant que Votre Majesté Impériale se prépare à battre le Grand-Turc, elle forme un corps de lois chrétiennes! Je lis l'instruction préliminaire qu'elle a eu la bonté de m'envoyer. Lycurgue et Solon auraient signé votre ouvrage, et n'auraient pas été peut-être capables de le faire. Cela est net, précis, équitable, ferme, et humain. Les législateurs ont la première place dans le temple de la Gloire, les conquérants ne viennent qu'après. Soyez sûre que personne n'aura dans la postérité un plus grand nom que vous; mais, au nom de Dieu, battez les Turcs, malgré le nonce du pape en Pologne, qui est si bien avec eux.

> De tous les préjugés destructrice brillante,
> Qui du vrai dans tout genre embrassez le parti,
>   Soyez la fois triomphante
>   Et du saint-père et du mufti.

Eh! madame, quelle leçon Votre Majesté Impériale donne à nos petits-maîtres français, à nos sages maîtres de Sorbonne, à nos Esculapes des écoles de médecine! Vous vous êtes fait inoculer avec moins d'appareil qu'une religieuse ne prend un lavement. Le prince impérial a suivi votre exemple. M. le comte Orlof va à la chasse dans la neige, après s'être fait donner la petite vérole : voilà comme Scipion en aurait usé, si cette maladie, venue d'Arabie, avait existé de son temps.

Pour nous autres, nous avons été sur le point de ne pouvoir être inoculés que par arrêt du parlement. Je ne sais pas ce qui est arrivé à notre nation, qui donnait autrefois de grands exemples en tout; mais nous sommes bien barbares en certains cas, et bien pusillanimes dans d'autres.

Madame, je suis un vieux malade de soixante-quinze ans. Je radote peut-être, mais je vous dis au moins ce que je pense, et cela est assez rare quand on parle à des personnes de votre espèce. La majesté impériale disparaît sur mon papier devant la personne. Mon enthousiasme l'emporte sur mon profond respect.

MMMMMDXL. — A M. DE SOUMAROKOF[1].

26 février.

Monsieur, votre lettre et vos ouvrages sont une grande preuve que le génie et le goût sont de tout pays. Ceux qui ont dit que la poésie et la musique étaient bornées aux climats tempérés se sont bien trompés. Si le climat avait tant de puissance, la Grèce porterait encore des Platon et des Anacréon, comme elle porte les mêmes fruits et les mêmes fleurs; l'Italie aurait des Horace, des Virgile, des Arioste, des Tasse : mais il n'y a plus à Rome que des processions, et dans la Grèce que des coups de bâton. Il faut donc absolument des souverains qui ai-

---

1. Poëte russe. Il a été le père de la **tragédie en Russie, comme Corneille l'a** été en France. (*Ed. de Kehl.*)

ment les arts, qui s'y connaissent, et qui les encouragent. Ils changent le climat; ils font naître les roses au milieu des neiges.

C'est ce que fait votre incomparable souveraine. Je croirais que les lettres dont elle m'honore me viennent de Versailles, et que la vôtre est d'un de mes confrères de l'Académie française. M. le prince de Kolouski, qui m'a rendu ses lettres et la vôtre, s'exprime comme vous; et c'est ce que j'ai admiré dans les seigneurs russes qui me sont venus voir dans ma retraite. Vous avez sur moi un prodigieux avantage; je ne sais pas un mot de votre langue, et vous possédez parfaitement la mienne.

Je vais répondre à toutes vos questions, dans lesquelles on voit assez votre sentiment sous l'apparence du doute. Je me vante à vous, monsieur, d'être de votre opinion en tout.

Oui, monsieur, je regarde Racine comme le meilleur de nos poëtes tragiques, sans contredit; comme celui qui seul a parlé au cœur et à la raison, qui seul a été véritablement sublime sans aucune enflure, et qui a mis dans la diction un charme inconnu jusqu'à lui. Il est le seul encore qui ait traité l'amour tragiquement; car, avant lui, Corneille n'avait fait bien parler cette passion que dans *le Cid*, et *le Cid* n'est pas de lui. L'amour est ridicule ou insipide dans presque toutes ses autres pièces.

Je pense encore comme vous sur Quinault : c'est un grand homme en son genre. Il n'aurait pas fait l'*Art poétique*, mais Boileau n'aurait pas fait *Armide*.

Je souscris entièrement à tout ce que vous dites de Molière et de la comédie larmoyante, qui, à la honte de la nation, a succédé au seul vrai genre comique, porté à sa perfection par l'inimitable Molière.

Depuis Regnard, qui était né avec un génie vraiment comique, et qui a seul approché Molière de près, nous n'avons eu que des espèces de monstres. Des auteurs qui étaient incapables de faire seulement une bonne plaisanterie ont voulu faire des comédies, uniquement pour gagner de l'argent. Ils n'avaient pas assez de force dans l'esprit pour faire des tragédies; ils n'avaient pas assez de gaieté pour écrire des comédies; ils ne savaient pas seulement faire parler un valet; ils ont mis des aventures tragiques sous des noms bourgeois. On dit qu'il y a quelque intérêt dans ces pièces, et qu'elles attachent assez quand elles sont bien jouées; cela peut être; je n'ai jamais pu les lire, mais on prétend que les comédiens font quelque illusion.

Ces pièces bâtardes ne sont ni tragédies ni comédies. Quand on n'a point de chevaux, on est trop heureux de se faire traîner par des mulets.

Il y a vingt ans que je n'ai vu Paris. On m'a mandé qu'on n'y jouait plus les pièces de Molière. La raison, à mon avis, c'est que tout le monde les sait par cœur; presque tous les traits en sont devenus proverbes. D'ailleurs il y a des longueurs, les intrigues quelquefois sont faibles, et les dénoûments sont rarement ingénieux. Il ne voulait que peindre la nature; et il en a été sans doute le plus grand peintre.

Voilà, monsieur, ma profession de foi, que vous me demandez. Je suis fâché que vous me ressembliez par votre mauvaise santé; heureusement vous êtes plus jeune, et vous ferez plus longtemps honneur à votre nation. Pour moi, je suis déjà mort pour la mienne.

J'ai l'honneur d'être, etc.

MMMMMDXLI. — A M. LE COMTE DE VORONZOF.

A Ferney, 26 février.

Monsieur, votre lettre du 19 décembre m'a été rendue par M. le prince de Kolouski. Ce n'a pas été la moindre de mes consolations dans mes maladies, qui me rendent presque aveugle. Toutes les bontés dont votre inimitable impératrice m'honore, et ce qu'elle fait pour la véritable gloire, me font souhaiter de vivre. Heureux ceux qui verront longtemps son beau règne! La voilà, comme Pierre le Grand, arrêtée quelque temps dans sa législation par des Turcs, qui sont les ennemis des lois comme des beaux-arts.

Il n'y avait rien de si admirable, à mon gré, que ce qu'elle faisait en Pologne. Après y avoir fait un roi, et un très-bon roi, elle y établissait la tolérance, elle y rendait aux hommes leurs droits naturels; et voilà de vilains Turcs, excités par je ne sais qui (apparemment par leur Alcoran et par messieurs de l'Évangile), qui viennent déranger toutes mes espérances de voir la Pologne délivrée du tribunal du nonce du pape. Le nom d'Allah et de Jéhova soit béni! mais les Turcs font là une méchante action.

Eh bien! monsieur, si vous aviez été ministre à Constantinople, au lieu de l'être à la Haye, vous auriez donc été fourré aux Sept-Tours par des capigi-bachi? Je voudrais bien savoir quel plaisir prennent les puissances chrétiennes à recevoir tous les jours des nasardes sur le nez de leurs ambassadeurs, dans le divan de Stamboul. Est-ce qu'on ne renversera jamais ces barbares au delà du Bosphore? Je n'aime pas l'esclavage, il s'en faut beaucoup; mais je ne serais pas fâché de voir des mains turques un peu enchaînées cultiver vos vastes plaines de Casan, et manœuvrer sur le lac Ladoga.

Tous les souverains sont des images de la Divinité: on le leur dit tant dans les dédicaces des livres et dans les sermons qu'on prêche devant eux, qu'il faut bien qu'il en soit quelque chose; mais il me semble que Moustapha ressemble à Dieu comme le bœuf Apis ressemblait à Jupiter. Les Turcs n'ont que ce qu'ils méritent en étant gouvernés par un si sot homme; mais cet homme, tout sot qu'il est, fera couler des torrents de sang. Puisse-t-il y être noyé!

Ou je me trompe, ou voilà un beau moment pour la gloire de votre empire. Vos troupes ont vaincu les Prussiens, qui ont vaincu les Autrichiens, qui ont vaincu les Turcs. Vous avez des généraux habiles, et l'imbécile Moustapha prend le premier imbécile de son sérail pour être son grand vizir. Ce grand vizir donne des corps à commander à ses pousses; si ces gens-là vous résistent, je serai bien étonné.

Je ne le suis pas moins que la plupart des princes chrétiens entendent si mal leurs intérêts. Ce serait un beau moment à saisir par l'empereur d'Allemagne; et pourquoi les Vénitiens ne profiteraient-ils pas du succès de vos armes pour reprendre la Grèce[1], dont je les ai vus en possession dans ma jeunesse? Mais, pour de telles entreprises, il faut de l'argent, des flottes, de l'adresse, de la célérité, et tout cela manque quelquefois. Enfin j'espère que vous vous défendrez bien sans le secours de personne.

Je vois, avec autant de plaisir que de surprise, que cette secousse ne trouble point l'âme de ce grand homme qu'on appelle Catherine. Elle daigne m'écrire des lettres charmantes, comme si elle n'avait pas autre chose à faire. Elle cultive les beaux-arts, dont les Ottomans n'ont pas seulement entendu parler, et elle fait marcher ses armées avec le même sang-froid qu'elle s'est fait inoculer. Si elle n'est pas pleinement victorieuse, la Providence aura grand tort. Je veux que vous soyez grand effendi de Stamboul avant qu'il soit deux ans.

Agréez, monsieur, les sincères assurances de tendre respect que vous a voué pour sa vie, etc.

MMMMMDXLII. — A M. LE MARÉCHAL DUC DE RICHELIEU.

A Ferney, 27 février.

Vous avez plus d'une affaire, monseigneur, et moi je n'en ai presque qu'une seule, c'est d'employer mes derniers jours à vous aimer dans ma retraite entourée de neiges. Je ne vous le dis pas souvent; mais vous ne me répondez jamais. J'avais cru ne pas déplaire tout à fait dans l'*Histoire du grand siècle de Louis XIV*. Le libraire a fait bien des fautes; mais il n'y en a point sur la bataille de Fontenoy, sur Gênes, sur Port-Mahon. Il me paraît que vous êtes endurci aux éloges, et que vous ne sentez plus rien : cependant on dit que vous êtes encore dans la force de l'âge. Pour moi, qui ai environ trois ans plus que vous, je suis dans la plus pitoyable décrépitude; et tandis que vous courez lestement de Bordeaux à Paris, à Fontainebleau, à Versailles, j'ai passé une année entière sans sortir de ma chambre. C'est de mon lit, ou plutôt de ma bière, que j'élève ma voix rauque jusqu'à vous. Ma lettre est un petit *De profundis*. On dit le président Hénault tombé en enfance : pour moi, je suis tombé en poussière. Je n'exige pas que vous réchauffiez ma cendre par quelqu'une de vos agréables lettres : je sais assez qu'un premier gentilhomme d'année, gouverneur de province, n'a pas beaucoup de temps à lui; mais je demande que vous lisiez au moins avec bonté le *De profundis* d'un serviteur d'environ cinquante années.

Si j'osais me ressouvenir encore du théâtre qui est sous vos lois, et que j'ai tant aimé, je vous demanderais votre protection pour la tragédie, qui s'en va, dit-on, à tous les diables, comme bien d'autres choses; mais je ne suis plus de ce monde, et il ne me reste de vie que pour vous assurer, avec le plus tendre respect, que je mourrai en révérant et en aimant le doyen de notre Académie, et l'homme qui fait le plus d'honneur à la France.

---

1. Les Vénitiens conquirent la Morée en 1686 et 1687, et ils la conservèrent par le traité de Carlowitz en 1699. Ils la perdirent dans la guerre de 1715. (ÉD.)

ANNÉE 1769.

MMMMMDXLIII. — A M. LE COMTE D'ARGENTAL.
27 février.

Mon divin ange, j'aurais voulu vous écrire plus tôt, mais les neiges m'ont englouti; j'ai été extrêmement malade. Si le président Hénault est tombé en enfance, ma jeunesse se passe, et je tomberai bientôt dans le néant. Molé paraît me condamner à y entrer. Vous, qui êtes beaucoup plus jeune que moi, et dont l'âme tranquille et ferme gouverne un corps plus robuste, vous vous tirerez de là mieux que moi, et vous prendrez votre temps pour me rendre la vie. Je me mets entièrement entre vos mains.

Je crois qu'il est fort à désirer que la chose dont il est question puisse avoir son plein effet. Tout ce qui peut tendre à établir la tolérance chez les hommes doit être protégé bien fortement par vous[1].

Ce n'est que sur les lettres réitérées de Toulouse que j'y envoie les Sirven; ce n'est que parce qu'on me mande qu'une grande partie du parlement, qui n'était qu'un séminaire de pédants ignorants, est devenue une académie de philosophes. Il faut partout laisser pourrir la la grand'chambre, mais partout les enquêtes se forment. Marc-Michel Rey n'a pas nui à ce prodigieux changement. Il ne s'agissait pas de faire une révolution dans les États, comme du temps de Luther et de Calvin, mais d'en faire une dans l'esprit de ceux qui sont faits pour gouverner. Cet ouvrage est bien avancé d'un bout de l'Europe à l'autre, et l'Italie même, le centre de la superstition, secoue fortement la poussière dans laquelle elle a été ensevelie. Je bénis donc Dieu dans mes derniers jours, et je me recommande, dans ma misère, à mes anges gardiens, dans la grâce desquels je veux mourir.

MMMMMDXLIV. — A MADAME LA MARQUISE DE FLORIAN, A PARIS.
1er mars.

Ma chère nièce, j'ai été bien charmé de voir de votre écriture, car vous savez que j'aime votre style, et surtout votre souvenir. L'idée de n'être point oublié de vous me console dans ma solitude. Il y a aujourd'hui un an que je ne suis sorti de ma chambre et de mon jardin qu'une seule fois. Vous me paraissez avoir pour Paris autant d'aversion qu'il m'inspire d'indifférence. Paris est fort bon pour ceux qui ont beaucoup d'ambition, de grandes passions, et prodigieusement d'argent, avec des goûts toujours renaissants à satisfaire. Quand on ne veut être que tranquille, on fait fort bien de renoncer à ce grand tourbillon. Paris a toujours été à peu près ce qu'il est, le centre du luxe et de la misère : c'est un grand jeu de pharaon, où ceux qui taillent emboursent l'argent des pontes. Mais vous trouveriez Paris le pays de la félicité, si vous aviez connu comme moi le temps du *système*, où il était défendu, comme un crime d'État, d'avoir chez soi pour cinq cents francs d'argent. Vous n'étiez pas née lorsqu'on augmenta de cent francs la pension que l'on payait pour moi au collège, et que, moyennant

---

1. Il s'agit ici de la représentation des *Guèbres*, tragédie. (ÉD.)

cette augmentation, j'eus du pain bis pendant toute l'année 1709. Les Parisiens sont aujourd'hui des sybarites, et crient qu'ils sont couchés sur des noyaux de pêches, parce que leur lit de roses n'est pas assez bien fait. Laissez-les crier, et allez dormir en paix dans votre beau château d'Hornoy.

Je m'affaiblis tous les jours, ma chère nièce; je n'ai pas longtemps à vivre, et bientôt je vous dirai bonsoir. Si, en attendant, vous voulez vous amuser à Hornoy de quelques nouveautés, vous n'avez qu'à faire un marché avec la fermière générale qui se charge de faire vos paquets; on lui donnera la permission de les lire, pourvu qu'elle vous les envoie bien honnêtement. Je vous embrasse, vous et M. de Florian, de tout mon cœur.

MMMMMDXLV. — A M. THIERIOT.

A Ferney, le 1er mars.

Il y a non-seulement trois grandes années de différence entre vous et moi, mon cher ami; mais il y a trente ans pour la vigueur, et surtout pour la belle maladie qui vous rendait si fier il y a quelques années, et dont peut-être vous êtes encore honoré. Pour moi, je me sens au bout de ma carrière. Quand on a vécu soixante-quinze ans, on ne doit pas se plaindre; c'est avoir un lot assez honnête à la loterie de ce monde; tout le monde ne peut avoir le gros lot comme Fontenelle. Je suis bien étonné même d'être parvenu à mon âge avec tant de faiblesse et tant de maux. J'ai dansé jusqu'à la fin sur le bord de ma tombe.

Si vous n'avez point lu *le Lion et le Marseillais*, si vous ne connaissez pas *les Trois empereurs*, je pourrai vous envoyer ces rogatons, qui pourront amuser votre royal correspondant, à qui je n'écris plus depuis près d'une année.

Vous ignorez sans doute que le Rezzonico avait, avant sa mort, rendu à l'Église le service important de canoniser un capucin nommé Cucufin, dont on a changé le nom en celui de Séraphin; c'est un monument de bêtise qui mérite d'entrer dans vos nouvelles. On imprime, je crois, à présent, l'histoire de cette canonisation; elle est exacte et curieuse. Les capucins ont fait en Europe, à cette fête, une dépense qui va à plus de quatre cent mille écus. Vous savez que les capucins sont comme les rois, ils font payer leurs fêtes au peuple.

N'avez-vous jamais déterré une lettre qui a couru, et qui court encore, sur la mort de l'ivrogne Pierre III? Si vous en aviez un précis, je vous prierais de me le communiquer. Ce n'est pas que je croie à ces anecdotes, mais il faut qu'un homme qui écrit l'histoire lise tout.

Avez-vous les *Moyens de réformer l'Italie*, ouvrage italien? Vous pourriez m'envoyer ce livre avec celui de milord Grenville, par les guimbardes de Lyon, à mon adresse à Ferney.

Je n'ai pu vous répondre plus tôt, parce que j'ai été très-malade au milieu de mes neiges.

ANNÉE 1769.

MMMMMDXLVI. — A M. Gaillard.
2 mars.

« Ombre adorée, ombre sans doute heureuse [1] ! » Parbleu, il faut que vous ayez lu la *Canonisation de saint Cucufin*, faite il y a deux ans par le pape Rezzonico. L'auteur qui a écrit la relation de la fête de saint Cucufin propose hardiment de fêter saint Henri IV. Pour moi, monsieur, je vous avertis que je vous dénoncerai à la Sorbonne. Comment, Henri IV, sauvé, lui qui était en péché mortel! lui qui est mort amoureux de la princesse de Condé, lui qui est mort sans sacrements! Je vous réponds que Ribaudier et Coger *pecus* vous laveront la tête, et Christophe vous savonnera. C'est Ravaillac qui est sauvé, entendez-vous; car il a été bien confessé; et d'ailleurs la Sorbonne, ayant fait un saint Jacques Clément, pourrait-elle refuser une apothéose à François Ravaillac, fût-elle en mauvais latin? J'espère que vous reviendrez de vos mauvais principes. Il serait bien triste qu'un homme si éloquent errât dans la foi.

Vous me parlez de certaine petite folie : il est bon de n'être pas toujours sur le ton sérieux, qui est fort ennuyeux à la longue dans notre chère nation. Il faut des intermèdes. Heureux les philosophes qui peuvent rire, et même faire rire! Si on n'avait pas ce palliatif contre les misères, les sottises atroces, et même les horreurs dont on est quelquefois environné, où en serait-on? Les Sirven passent encore leur vie sous mes yeux, dans mes déserts, jusqu'à ce que je puisse les envoyer à Toulouse, où les mœurs, grâce au ciel, se sont un peu adoucies. Mais qui osera passer par Abbeville? Enfin que voulez-vous? on n'est pas assez fort pour combattre les tigres, il faut quelquefois danser avec les singes.

Le mari de Mlle Corneille est arrivé; mais les malles où sont les horreurs ecclésiastiques de François Ier sont encore en arrière. Dieu merci, je n'aime aucun de ces gens-là. Il faut avouer qu'on vaut mieux aujourd'hui qu'alors. Il s'est fait dans l'esprit humain une étrange révolution depuis quinze ans. L'Europe a redemandé à grands cris le sang des Sirven et des Calas; et tous les hommes d'État, depuis Archangel jusqu'à Cadix, foulent aux pieds la superstition. Les jésuites sont abolis, les moines sont dans la fange. Encore quelques années, et le grand jour viendra après un si beau matin. Quand les échafauds sont dressés à Toulouse et à Abbeville, je suis Héraclite; quand on se saisit d'Avignon, je suis Démocrite : voilà le mot de l'énigme. Je vous embrasse, mon cher Tite Live; je vous répète que je vous aime autant que je vous estime.

MMMMMDXLVII. — A madame de Saint-Julien.
3 mars.

Minerve-Papillon, le hibou à qui vous avez fait l'honneur d'écrire a été enchanté de votre souvenir; il en a secoué ses vieilles ailes de joie; il est tout fier de vous avoir si bien devinée; car, dès le premier jour qu'il vous vit, il vous jugea solide plus que légère, et aussi bonne que vous êtes aimable.

---

1. C'est une phrase de la péroraison de *l'Éloge de Henri IV*, par Gaillard. (Éd.)

Soyez bien sûre, madame, que mon cœur est pénétré de tout ce que vous me dites; mais il faut laisser les aigles, les rossignols et les fauvettes dans Paris, et que les hiboux restent dans leurs masures. J'ai soixante-quinze ans; ma faible machine s'en va en détail; le peu de jours que j'ai à respirer sur ce tas de boue doit être consacré à la plus profonde retraite. Les enfants[1] qui sont revenus sont chez eux, et je reste chez moi; ma maison n'est plus faite pour les amuser. Je l'ai fermée à tout le monde; bien heureux encore de pouvoir vivre avec moi-même dans le triste état où je suis. Regardez-moi, madame, comme un homme enterré, et ma lettre comme un *De profundis*.

Il est vrai que mes *De profundis* sont quelquefois fort gais, et que je les change souvent en *Alleluia*. J'aime à danser autour de mon tombeau, mais je danse seul comme l'amant de ma mie Babichon, qui dansait tout seul dans sa grange.

J'estime trop l'homme principal[2] dont vous me faites l'honneur de me parler, pour penser qu'il ait pris sérieusement l'ordre que m'a donné l'abbé de La Bletterie de me faire enterrer au plus vite, et les petites gaietés avec lesquelles je lui ai répondu. Il faudrait que la tête lui eût tourné pour voir gravement des bagatelles. S'il veut faire quelque attention sérieuse à moi, il ne doit considérer que ma passion pour son bonheur et pour sa gloire. Il serait très-ingrat s'il faisait la moindre fêlure à la trompette qui est embouchée pour lui.

Si quelque autre personne, fort au-dessous en tout sens du caractère de grandeur et du génie de votre ami, veut déplumer le hibou, il ira tout doucement mourir ailleurs. Je suis un être assez singulier, madame : né presque sans bien, j'ai trouvé le moyen d'être utile à ma famille, et de mettre cinq cent mille francs à peupler un désert. Si la moindre persécution y venait effrayer mon indépendance, il y a partout des sépulcres ; rien ne se trouve plus aisément.

J'ai lu la petite esquisse que vous avez eu la bonté de m'envoyer. Je pense qu'on en pourrait faire quelque chose de fort noble et de fort gai pour les noces de Mgr le Dauphin. Ce serait même une très-bonne leçon pour un jeune prince, et les personnes de votre espèce pourraient voir avec plaisir qu'elles sont faites pour rendre quelquefois de plus grands services que des hommes d'État. Ce ne serait point aux bateleurs de l'Opéra-Comique qu'il faudrait abandonner cet ouvrage. Il faudrait faire exécuter une musique tantôt sublime, tantôt légère, par les meilleurs acteurs du véritable Opéra. L'Opéra-Comique n'est autre chose que la foire renforcée. Je sais que ce spectacle est aujourd'hui le favori de la nation ; mais je sais aussi à quel point la nation s'est dégradée. Le siècle présent n'est presque composé que des excréments du grand siècle de Louis XIV. Cette turpitude est notre lot presque dans tous les genres, et si le grand homme dont vous me parlez a des lubies, je donne le siècle à tous les diables sans exception, en vous exceptant pourtant vous, madame Minerve-Papillon, pour qui j'ai un vrai respect, et que je prends même la liberté d'aimer.

---

1. M. et Mme Dupuits. (ÉD.) — 2. Le duc de Choiseul. (ÉD.)

ANNÉE 1769.

MMMMMDXLVIII. — A M. THIERIOT.

Le 4 mars.

J'ai beaucoup rêvé, mon ancien ami, à votre lettre du 13 de janvier. Je vois que je ne pourrai pas suivre les mouvements de mon cœur aussitôt qu'il le veut. Figurez-vous que je donne, moi chétif, trente-deux mille francs de pension, tant à mes neveux et nièces qu'à des étrangers qui sont dans le plus grand besoin; et qu'en comptant à Ferney mes domestiques de campagne, j'en ai soixante à nourrir. Vous me direz que Corneille et Racine, Danchet et Pellegrin, n'en faisaient pas tant : cela est rare au Parnasse ; et la chose est d'autant plus extraordinaire, que je suis né avec les quatre mille livres de rente que vous possédez aujourd'hui.

L'idée m'est venue de vous procurer un petit bénéfice cette année. J'ai en main le manuscrit d'une comédie très-singulière[1], dont l'auteur m'a laissé le maître absolu; c'est un jeune homme d'une grande espérance, fils d'un président à mortier de province, qui ne veut pas être connu. Il a passé quelques jours dans le château de Ferney, et il m'a étonné. Le sujet de sa pièce est le dépôt dont Gourville mit la moitié entre les mains de Ninon, et l'autre moitié dans celles d'un dévot. Ninon rendit son dépôt, et le dévot viola le sien.

La pièce n'est pas dans le genre larmoyant; ce jeune homme n'a pris que Molière pour son modèle; cela pourra lui faire tort dans le beau siècle où nous vivons. Cependant, tous ses personnages étant caractérisés, et prêtant beaucoup au jeu des acteurs, l'ouvrage pourrait avoir du succès.

Si on était devenu plus difficile et plus rigoureux à la police qu'on ne l'était du temps de *Tartufe*, il serait aisé de substituer les mots de *probité* à *piété*, et de *bigot* à *dévot;* il n'y aurait pas alors la moindre difficulté.

Ce serait, à mon avis, une chose fort plaisante de faire réussir sur le théâtre une p..... estimable, qui fait d'un sot dévot un honnête homme.

Je vous enverrai la pièce par le premier courrier ; elle peut vous valoir beaucoup, elle peut vous valoir très-peu. Tout est coup de dés dans ce monde.

C'est à vous à bien conduire votre jeu, et surtout à ne pas laisser soupçonner que je suis dans la confidence; ce serait le sûr moyen de tout perdre.

Je suis bien aise que vous disiez *notre cher Damilaville;* mais il y avait plus de deux ans que je croyais que vous n'étiez plus lié avec lui. La philosophie a fait en lui une grande perte ; c'était une âme ferme et vigoureuse. Il était intrépide dans l'amitié.

Je vous embrasse de tout mon cœur.

1. *Le Dépositaire.* (ÉD.)

MMMMMDXLIX. — De M. Linguet.

Il y a bien longtemps, monsieur, que j'ai le malheur de demeurer dans un *cul-de-sac*. Quand j'ai fait la sottise de choisir ce séjour indécent, je n'avais pas encore lu ceux de vos ouvrages où vous en proscrivez le nom; je ne les connaissais pas, ce que je regarde comme un malheur plus triste encore. Depuis qu'ils me sont parvenus, à ma grande satisfaction, vous ne sauriez croire combien j'ai rougi d'être si mal logé. J'étais un aveugle, des yeux de qui vous avez fait tomber les écailles. Quand j'ai vu de près et dans toute sa laideur la difformité de ce vilain mot, que vous présentez à vos lecteurs d'une manière si frappante, j'ai fait tout mon possible pour m'en tirer. Je n'ai rien épargné pour me placer partout ailleurs; mais en fait de logement, monsieur, de même qu'en physique, le vide n'est pas facile à trouver.... Mais, pour mon honneur et pour la sûreté de ma conscience, n'y aurait-il pas un arrangement à prendre avec vous? ne vous serait-il pas plus aisé de changer d'avis qu'à moi de logement? ne pourrait-on pas vous proposer une réconciliation avec les *culs-de-sac?*... Vous voudriez que les Français choisissent le mot *impasse*. Assurément s'il y a quelqu'un qui puisse être législateur dans notre langue, c'est vous, monsieur; je suis bien loin de contester un droit qui vous appartient à tant de titres : j'oserai seulement vous présenter avec modestie mes doutes et mon expérience. *Impasse* signifierait *où l'on ne passe pas :* cependant je passe et je repasse tous les jours dans mon *cul-de-sac;* nombre de belles dames qui en occupent les différentes parties en font autant : il est vrai qu'on ne le traverse pas; mais qu'importe? on y entre et l'on en sort; et c'est assez, je crois, pour ne pas lui adopter le nom d'*impasse*. Enfin, monsieur, je vous l'avoue, je tiens à mon *cul-de-sac*. Je voudrais bien lui faire trouver grâce à vos yeux. Ce qui m'y attache le plus, c'est le voisinage, qui est en vérité charmant. J'ai à ma porte une très-jolie demoiselle qui me permet d'en partager les agréments avec elle, et qui les augmente par ses charmes et sa vivacité. Je me suis bien gardé de lui faire part de vos scrupules et de mes efforts pour les combattre, il lui viendrait peut-être des scrupules à son tour : elle fuirait un appartement par le nom duquel elle se croirait déshonorée. Notre malheureux *cul-de-sac* perdrait une citoyenne qui en fait l'agrément, qui en expie bien assurément l'indécence par sa beauté et par le bon usage qu'elle en fait. Je vous abandonne, monsieur, sans regret le *cul-de-sac des Bernardins*, le *cul-de-sac Maurice*, le *cul-de-sac du Paon*, le *cul-de-sac Saint-Thomas*, le *cul-de-sac Notre-Dame*, le *cul-de-sac Saint-Pierre*, le *cul-de-sac Saint-Faron*, et une infinité d'autres sales retraites dont le nom seul répugne. Je ne voudrais pas même défendre les *culs d'artichauts*, ni les *culs de lampe*, ni les *culasses des canons*. J'irais jusqu'à sacrifier une foule de vilains mots où le *cul* se présente d'abord, comme *cuculle* et ceux qui la portent, *cucurbite, culeron, culée, cuistre, cupidité, curée, cutanée*, etc.; mais je vous supplie de ménager le *cul-de-sac de Rohan;* je vous le demande au nom de *Cupidon*, qui n'a pas dédaigné d'incorporer ce monosyllabe dans son nom, et de ma belle voisine, qui est assurément un des plus jolis sujets de son empire.

J'ai l'honneur d'être, etc.
LINGUET.

MMMMMDL. — A M. DE SAINT-LAMBERT.

A Ferney, 7 mars.

Je reçus hier matin, monsieur, le présent dont vous m'avez honoré[1], et vous vous doutez bien à quoi je passai ma journée. Il y a bien longtemps que je n'ai goûté un plaisir plus pur et plus vrai. J'avais quelques droits à vos bontés comme votre confrère dans un art très-difficile, comme votre ancien ami, et comme agriculteur. Vous aurez beaucoup d'admirateurs; mais je me flatte d'avoir senti le charme de vos vers et de vos peintures plus que personne. Je crois me connaître un peu en vers; les grands plaisirs, dans tous les arts, ne sont que pour les connaisseurs.

J'ai éprouvé, en vous lisant, une autre satisfaction encore plus rare, c'est que vous avez peint précisément ce que j'ai fait.

Oh! que j'aime bien mieux ce modeste jardin
Où l'art en se cachant fécondait le terrain! etc., etc.

Voilà mon aventure. De longues allées où, parmi quelques ormeaux et mille autres arbres, on cueille des abricots et des prunes, des troupeaux qui bondissent entre un parterre et des bosquets; un petit champ que je sème moi-même, entouré d'allées agréables; des vignes, au milieu desquelles sont des promenades; au bout des vignes, des pâturages, et au bout des pâturages, une forêt.

C'est chez moi que mûrit *la figue à côté du melon*, car je crois que vous n'avez guère de figues en Lorraine. Je dois donc vous remercier d'avoir dit si bien ce que j'aurais dû dire.

Je vous assure que mon cœur a été bien ému en lisant les petites leçons que vous donnez aux seigneurs des terres, dans votre troisième chant. Il est vrai que je n'habite pas *le donjon de mes ancêtres*, je n'aime en aucune façon les donjons; mais du moins je n'ai pas fait le malheur de mes vassaux et de mes voisins. Les terres que j'ai défrichées, et un peu embellies, n'ont vu couler que les larmes des Calas et des Sirven, quand ils sont venus dans mon asile. J'ai quadruplé le nombre de mes paroissiens; et, Dieu merci, il n'y a pas un pauvre.

Nec doluit miserans inopem, aut invidit habenti.
Virg. *Georg.*, lib. II, v. 499.

En vous remerciant de tout mon cœur du compliment fait à l'intendant qui exigeait si à propos des corvées, et qui servait si bien le roi, que les enfants en mouraient sur le sein de leurs mères. Chaque chant a des tableaux qui parlent au cœur. Pourquoi citez-vous Thomson? c'est le Titien qui loue un peintre flamand.

1. Le poëme des *Saisons*. (ÉD.)

Votre quatrième, qui paraît fournir le moins, est celui qui rend le plus. Je ne crains point d'être aveuglé par la reconnaissance extrême que je vous dois; il m'a charmé très-indépendamment de la générosité courageuse avec laquelle vous parlez d'un homme si longtemps persécuté par ceux qui se disaient gens de lettres.

J'ai un remords; c'est d'avoir insinué à la fin du *Siècle* présent, qui termine le grand *Siècle de Louis XIV*, que les beaux-arts dégénéraient. Je ne me serais pas ainsi exprimé, si j'avais eu vos *Quatre Saisons* un peu plus tôt. Votre ouvrage est un chef-d'œuvre; *les Quatre Saisons* et le quinzième chapitre de *Bélisaire* sont deux morceaux au-dessus du siècle. Ce n'est pas que je les mette à côté l'un de l'autre, je sais le profond respect que la prose doit à la poésie; c'est ce que Montesquieu ne savait pas, ou voulait ne pas savoir. Écrit en prose qui veut, mais en vers qui peut. Il est plus difficile de faire cent beaux vers que d'écrire toute l'histoire de France. Aussi qui fait beaucoup de bons vers de suite? presque personne. On a osé faire des tragédies depuis Racine; mais ce sont des tragédies en rimes, et non pas en vers. Nos Welches du parterre et des loges, qu'on a eu tant de peine à débarbariser, se doutent rarement si une pièce est bien écrite. Le nombre des vrais poëtes et des vrais connaisseurs sera toujours extrêmement petit; mais il faut qu'il le soit, c'est le petit nombre des élus. Moins il y a d'initiés, plus les mystères sont sacrés.

Je suis fâché que vous ayez écrit *français* avec un *o*; c'est la seule chose que je vous reproche. Sans doute vous serez des nôtres à la première place vacante. Si c'est la mienne, je m'applaudis de vous avoir pour successeur. Nous avons besoin d'un homme comme vous contre les ennemis du bon goût, et contre ceux de la raison. Ces derniers commencent à être dans la boue; mais ils trépignent si fort, qu'ils excitent quelquefois de petits nuages. Il faudrait se donner le mot de ne jamais recevoir aucun de ces messieurs-là.

A propos, pourquoi votre livre dit-il qu'il est imprimé à Amsterdam? est-ce que Paris n'en est pas digne? n'y a-t-il que le *Journal chrétien* et les décrets de la Sorbonne qui puissent être imprimés dans la capitale des Welches?

Je finis en vous remerciant, en vous admirant, et en vous aimant.

MMMMMDLI. — A madame la marquise du Deffand.

Mars.

Que je vous plains, madame! vous avez déjà perdu l'âme de votre ami le président Hénault, et bientôt son corps sera réduit en poussière. Vous aviez deux amis, lui et M. de Formont; la mort vous les a enlevés: ce sont des biens dont on ne retrouve pas même l'ombre. Je sens vivement votre situation. Vous devez avoir une consolation bien touchante dans le commerce de votre grand'maman; mais elle ne peut vous voir que rarement. Elle est enchaînée dans un pays qu'elle doit détester, vu la manière dont elle pense. Je vous vois réduite à la dissipation de la société; et, dans le fond du cœur, vous en sentez tout le frivole. L'adoucissement de cette malheureuse vie serait d'avoir auprès de soi un ami qui pensât comme nous, et qui parlât à notre cœur et à notre imagination le langage véritable de l'un et de l'autre.

Je crois bien (vanité à part) qu'il y a quelque ressemblance entre votre cervelle et la mienne. La dissipation ne m'est pas si nécessaire, à la vérité, qu'à vous; mais pour le tumulte des idées, pour la vérité dans les sentiments, pour l'éloignement de tout artifice, pour le mépris qu'en général notre siècle mérite, pour le tact de certains ridicules, je serais assez votre homme, et mon cœur est assez fait pour le vôtre. Je voudrais être à la fois à Saint-Joseph et à Ferney; mais je ne connais que l'Eucharistie qui ait le privilége d'être en plusieurs lieux en même temps.

Voilà les neiges de nos montagnes qui commencent à fondre, et mes yeux qui commencent à voir. Il faut que je fasse tout ce que Saint-Lambert a si bien décrit. La campagne m'appelle; deux cents bras travaillent sous mes yeux; je bâtis, je plante, je sème, je fais vivre tout ce qui m'environne. *Les Saisons* de Saint-Lambert m'ont rendu la campagne encore plus précieuse. Je me fais lire à dîner et à souper de bons livres par des lecteurs très-intelligents, qui sont plutôt mes amis que mes domestiques. Si je ne craignais d'être un fat, je vous dirais que je mène une vie délicieuse. J'ai de l'horreur pour la vie de Paris, mais je voudrais au moins y passer un hiver avec vous. Ce qu'il y a de triste, c'est que la chose n'est pas aisée, attendu que j'ai l'âme un peu fière.

Je songe réellement à vous amuser, quand je reçois quelques bagatelles des pays étrangers. Vous avez peut-être pris l'histoire de saint Cucufin pour une plaisanterie; il n'y a pas un mot qui ne soit dans la plus exacte vérité. Vous aurez dans un mois quelque chose qui ne sera qu'allégorique[1]; il faut varier vos petits divertissements.

Vous ne m'avez point répondu sur les *Singularités de la nature*; ainsi je ne vous les envoie pas, car c'est une affaire de pure physique qui ne pourrait que vous ennuyer.

Vous me faites grand plaisir, madame, de me dire que vous ne craignez rien pour M. Grand'maman[2]. J'ai un peu à me plaindre d'une personne[3] qui lui veut du mal, et je m'en félicite. J'aime à voir des Racine qui ont des Pradon pour ennemis; cela me fait penser à la queue du *Siècle de Louis XIV*, que j'ai eu l'honneur de vous envoyer. Votre exemplaire, sauf respect, est précieux, parce qu'il est corrigé en marge. Faites-vous lire la prison de La Bourdonnais et la mort de Lally, et vous verrez comme les hommes sont justes.

Quand je serai plus vieux, j'y ajouterai la mort du chevalier de La Barre et celle de Calas, afin que l'on connaisse dans toute sa beauté le temps où j'ai vécu. Selon que les objets se présentent à moi, je suis Héraclite ou Démocrite; tantôt je ris, tantôt les cheveux me dressent à la tête : et cela est très à sa place, car on a affaire tantôt à des tigres, tantôt à des singes.

---

1. La tragédie des *Guèbres*. (Éd.) — 2. Le duc de Choiseul. (Éd.)
3. Mme du Barry. (Éd.)

Le seul homme presque de l'âme de qui je fasse cas est M. Grand'-maman; mais je me garde bien de le lui dire. Pour vous, madame, je vous dis très-naïvement que j'aime passionnément votre façon de penser, de sentir, et de vous exprimer; et que je me tiens malheureux, dans mon bonheur de campagne, de passer ma vieillesse loin de vous. Mille tendres respects.

Faites-moi savoir, je vous prie, comment vont l'âme et le corps de votre ami.

MMMMMDLII. — A M. DE LA HARPE.

A Ferney, ce 10 mars.

Mon cher panégyriste de Henri IV, *et vitula tu dignus, et hic*[1]. Vous avez bien du talent en vers et en prose. Puisse-t-il servir à votre fortune comme il servira sûrement à votre réputation! Je vous ai écrit, au sujet du *tripot*, la lettre ostensible que vous demandiez : j'ai écrit aussi à M. le maréchal de Richelieu. Je crois à présent toutes choses en règle.

L'ouvrage de M. de Saint-Lambert[2] me paraît, à plusieurs égards, fort au-dessus du siècle où nous sommes. Il y a de l'imagination dans l'expression, du tour, de l'harmonie, des portraits attendrissants, et de la hauteur dans la façon de penser. Mais les Parisiens sont-ils capables de goûter le mérite de ce poëme? Ils ne connaissent les quatre saisons que par celle du bal, celle des Tuileries, celle des vacances du parlement, et celle où l'on va jouer aux cartes à deux lieues de Paris, au coin du feu, dans une maison de campagne. Pour moi, qui suis un bon laboureur, je pense à la Saint-Lambert.

Il m'est venu trois ou quatre *A B C* d'Amsterdam. Si vous voulez, je vous en enverrai un. Je vous embrasse de tout mon cœur, sans cérémonie.

MMMMMDLIII. — A M. LE COMTE D'ARGENTAL.

12 mars.

Mon cher ange, j'ai envoyé à ma nièce une espèce de testament, moitié sérieux, moitié gai. C'est une *Épître à Boileau*, dans laquelle je fais mes remercîments à M. de Saint-Lambert. J'attends la décision de mes anges, pour savoir si mon testament est valable; j'y ajouterai tous les codicilles qu'ils voudront.

Mon ange ne me dit rien du *tripot* (je parle du *tripot* de la Comédie), de la nouvelle pièce de de Belloy[3], des querelles des acteurs et des auteurs, des talents de Mlle Vestris, de sa réception. Pour moi, je n'ai d'autre nouvelle à mander, sinon qu'il neige autour de moi, et que la neige me tue.

Vous avez lu sans doute les *Saisons* de Saint-Lambert; je l'ai remercié dans mon testament adressé à Nicolas. Je ne sais si ma tête est jeune, mais mon corps est bien vieux. Si je ne m'amusais pas à faire des testaments, je serais bientôt mort d'ennui. Votre amitié me

---

1. C'est à Gaillard et à La Harpe que Voltaire applique ces premiers mots du vers 109 de la troisième églogue de Virgile. (ÉD.)
2. Le poëme des *Saisons*. (ÉD.) — 3. *Gaston et Bayard*. (ÉD.)

ANNÉE 1769. 261

fait prendre la fin de ma vie en patience. Portez-vous bien, vous et Mme d'Argental. On ne vit pas assez longtemps. Pourquoi les carpes vivent-elles plus que les hommes? cela est ridicule.

MMMMMDLIV. — A M. DUPONT.

A Ferney, 13 mars.

Mon cher ami, il faut que je vous dise que je ne sais ce qu'est devenu M. Roset. Ce fut un avocat, nommé M. Surleau, qui me paya le dernier quartier. Roset est-il encore chargé de la régie de Richwir? ne l'est-il plus? est-il dans le pays? est-il mort? est-il vivant? A qui dois-je m'adresser pour la fin du mois où nous sommes? Je vous prie de vouloir bien m'en informer.

Je crois que M. le duc de Choiseul va faire bâtir, dans mon voisinage, une ville où la tolérance sera établie. Je verrai enfin les fruits de ma prédication. Les jésuites n'étaient pas de si bons missionnaires que moi. Les choses ont bien changé. Que ne puis-je avoir la consolation de causer avec vous!

Je vous embrasse, mon cher ami.   VOLTAIRE.

MMMMMDLV. — A M. HENNIN.

Samedi au matin.

La représentation des *Scythes* ne sera que pour samedi. M. le résident est supplié de vouloir bien donner au porteur toutes les guirlandes de fleurs qu'il pourra.

M. de Bournonville n'en a pas semé sur nos pas; mais nous pourrons bien en avoir sans lui.

Tâchez aussi, je vous en prie, de nous envoyer le volume que vous avez fait relier, dans lequel se trouve l'épître de l'abbé de Rancé à ses moines [1].

N. B. Il se pourrait bien faire que la pièce ne fût jouée que de demain en huit, au lieu d'aujourd'hui en huit; cela sera, je crois, plus commode pour vous. Je vous prie de le dire à mon cher Corsair.

Adieu, monsieur; *vale et ride*.

MMMMMDLVI. — A MADAME LA MARQUISE DU DEFFAND.

A Ferney, 15 mars.

Vous me marquâtes, madame, par votre dernière lettre, que vous aviez besoin quelquefois de consolations. Vous m'avez donné la charge de votre pourvoyeur en fait d'amusements; c'est un emploi dont le titulaire s'acquitte souvent fort mal. Il envoie des choses gaies et frivoles, quand on ne veut que des choses sérieuses; et il envoie du sérieux quand on voudrait de la gaieté: c'est le malheur de l'absence. On se met sans peine au ton de ceux à qui on parle; il n'en est pas de même quand on écrit: c'est un hasard si l'on rencontre juste.

J'ai pris le parti de vous envoyer des choses où il y eût à la fois du léger et du grave, afin du moins que tout ne fût pas perdu.

1. Par Barthe. (ED.)

Voici un petit ouvrage contre l'athéisme[1], dont une partie est édifiante et l'autre un peu badine; et voici en outre *mon Testament*[2], que j'adresse à Boileau. J'ai fait ce testament étant malade, mais je l'ai égayé selon ma coutume; on meurt comme on a vécu.

Si votre grand'maman est chez vous quand vous recevrez ce paquet, je voudrais que vous pussiez vous le faire lire ensemble; c'est une de mes dernières volontés. J'ai beaucoup de foi à son goût pour tout ce que vous m'avez dit d'elle, et je n'en n'ai pas moins à son esprit, par quelques-unes de ses lettres que j'ai vues, soit entre les mains de mon gendre Dupuits, soit dans celles de Guillemet, typographe en la ville de Lyon.

Il m'est revenu de toute part qu'elle a un cœur charmant. Tout cela, joint ensemble, fait une grand'maman fort rare. Malgré le penchant qu'ont les gens de mon âge à préférer toujours le passé au présent, j'avoue que de mon temps il n'y avait point de grand'maman de cette trempe. Je me souviens que son mari me mandait, il y a huit ans, qu'il avait une très-aimable femme, et que cela contribuait beaucoup à son bonheur. Ce sont de petites confidences dont je ne me vanterais pas à d'autres qu'à vous. Jugez si je ne dois pas prier Dieu pour son mari dans mes codicilles. Il fera de grandes choses, si on lui laisse ses coudées franches; mais je ne les verrai pas, car je ne digère plus; et, quand on manque par là, il faut dire adieu.

On me mande que le président Hénault baisse beaucoup. J'en suis très-fâché, mais il faut subir sa destinée....

<blockquote>
Je voudrais qu'à cet âge
On sortît de la vie ainsi que d'un banquet,
Remerciant son hôte, et qu'on fît son paquet.
</blockquote>

La Fontaine, liv. VIII, fab. i.

Le mien est fait il y a longtemps. Tout gai que je suis, il y a des choses qui me choquent si horriblement, que je prendrais congé sans regret. Vivez, madame, avec des amis qui adoucissent le fardeau de la vie, qui occupent l'âme, et qui l'empêchent de tomber en langueur. Je vous ai déjà dit que j'avais trouvé un admirable secret, c'est de me faire lire et relire tous les bons livres à table, et d'en dire mon avis. Cette méthode rafraîchit la mémoire, et empêche le goût de se rouiller; mais on ne peut user de cette recette à Paris; on y est forcé de parler à souper de l'histoire du jour, et quand on a donné des ridicules à son prochain, on va se coucher. Dieu me préserve de passer ainsi le peu qui me reste à vivre!

Adieu, madame; je vivrai plus heureux si vous pouvez être heureuse. Comptez que mon cœur est à vous comme si je n'avais que cinquante ou soixante ans.

---

1. *Epître à l'auteur du livre des Trois imposteurs.* (Éd.)
2. *Epître à Boileau.* (Éd.)

ANNÉE 1769.

MMMMMDXLVII. — A M. DALEMBERT.
15 mars.

J'ai vu votre Suédois, mon cher ami; et quoique je ne reçoive plus personne, je l'ai accueilli comme un homme annoncé par vous méritait de l'être; c'est un de vos bons disciples. Que le bon Dieu nous en donne beaucoup de cette espèce! La vigne du Seigneur est cultivée partout; mais nous n'avons encore à Paris que du vin de Suresne.

Vous devez vous consoler actuellement avec M. Turgot, que je crois à Paris; c'est un homme d'un rare mérite. Quelle différence de lui à un conseiller de grand'chambre! Il semble qu'il y ait des corps faits pour être les dépositaires de la barbarie, et pour combattre le sens commun. Le parlement commença son cercle d'imbécillité en confisquant, sous Louis XI, les premiers livres imprimés qu'on apporta d'Allemagne, en prenant les imprimeurs pour des sorciers : il a gravement condamné l'*Encyclopédie* et l'inoculation. Un jeune homme, qui serait devenu un excellent officier, a été martyrisé pour n'avoir pas ôté son chapeau, en temps de pluie, devant une procession de capucins. On doit m'envoyer son portrait; je le mettrai au chevet de mon lit, à côté de celui des Calas. Comment les hommes se laissent-ils gouverner par de tels monstres? Du moins je suis loin de la ville qui a vu la Saint-Barthélemy, et qui court au singe de Nicolet et au *Siége de Calais*.

Je suis devenu bien vieux et bien infirme; mais sachez que mes derniers jours seraient persécutés sans la personne[1] à qui je ne puis reprocher autre chose, sinon de m'avoir assuré que La Bletterie n'avait pas pensé à moi. J'envoie *mon Testament*[2] à Marin pour vous le donner; il est dédié à Boileau. Je n'ai pas besoin d'un codicille pour vous dire que je vous estime et que je vous révère.

MMMMMDLVIII. — A M. LINGUET.
Ferney, 15 mars.

Vous êtes *aucunement* le maître, monsieur, de demeurer dans un *cul-de-sac*, de dater vos lettres du mois d'*août*, quoique celui qui a donné son nom à ce mois se nommât *Augustus*, et d'appeler la ville de *Cadomum*, *Can*, quoiqu'on l'écrive *Caen*. Vous aurez pu voir des courtisans chez le roi, sans avoir jamais vu de *courtisanes* chez la reine. Vous avez vu dans votre *cul-de-sac* passer les coureurs du cardinal de Rohan, mais point de *coureuses*. Vous aurez vu chez lui de beaux garçons, et point de *garces*; des architraves dans son palais, et aucune *trave*. Les gendarmes qui font la revue dans la cour de l'hôtel de Soubise sont si intrépides qu'il n'y en a pas un de *trépide*.

La langue d'ailleurs s'embellit tous les jours : on commence à *éduquer* les enfants, au lieu de les élever; on *fixe* une femme, au lieu de fixer les yeux sur elle. Le roi n'est plus endetté envers le public, mais *vis-à-vis* le public. Les maîtres d'hôtel servent à présent des *rostbif* de mouton, tandis que le parlement *obtempère* ou n'*obtempère* pas aux édits.

---

1. Le duc de Choiseul. (ÉD.) — 2. L'*Épître à Boileau*. (ÉD.)

Notre jargon deviendra ce qu'il pourra. Je suis moitié Suisse et moitié Savoyard, enseveli à soixante-quinze ans sous les neiges des Alpes et du mont Jura; je m'intéresse peu aux beautés anciennes et nouvelles de la langue française; mais je m'intéresse beaucoup à vos grands talents, à vos succès, au courage avec lequel vous avez dit quelques vérités. Vous en diriez de plus fortes, si ceux qui sont faits pour les redouter ne cherchaient point à les écraser; cependant elles percent malgré eux. Le temps amène tout, et la raison vient enfin consoler jusqu'aux misérables qui se sont déclarés contre elle. Le même imbécile conseiller de grand'chambre, qui a donné sa voix contre l'inoculation, finira par inoculer son fils; et, quand la campagne aura besoin de pluie, on ne fera plus promener la châsse de sainte Geneviève sur le pont Notre-Dame. J'ai l'honneur d'être, etc.

MMMMMDLIX. — A M. LE MARQUIS DE THIBOUVILLE.

15 mars.

Vous me mandez, par votre lettre du 25 février, que ma dernière lettre tenait un peu de l'aigre-doux. S'il y a du doux, mon cher marquis, il est pour vous: s'il y a de l'aigre, il est pour toutes les sottises de Paris, pour le mauvais goût qui y règne, pour les plates pièces qu'on y donne, pour les plats auteurs qui les font, et pour les plats acteurs qui les jouent; pour la décadence en toutes choses, qui fait le caractère de notre siècle.

Je sens pourtant que j'aimerais encore le *tripot* de la Comédie, si j'étais à Paris; mais je vous aimerais bien davantage: ce serait une consolation pour moi de parler avec vous des impertinences qu'on a la bêtise d'applaudir sur le théâtre où Mlle Lecouvreur a joué Phèdre

A l'égard des autres bêtises, je ne vous en parle point, parce que je les ignore, Dieu merci. Je suis encore enterré sous la neige au mois de mars. Je me réchauffe dans une belle fourrure de martre zibeline que l'impératrice Catherine m'a envoyée, avec son portrait enrichi de diamants, et une boîte tournée de sa main, avec le recueil des lois qu'elle a données à son vaste empire. Tout cela m'a été apporté par un prince qui est capitaine de ses gardes. Je doute qu'une lettre d'un bureau de ministre puisse être plus agréable. Une partie de l'Europe me console d'être né Français, et de n'être plus que Suisse. Je vous embrasse bien tendrement.

MMMMMDLX. — A M. TRANTZSEHEN.

Premier lieutenant de l'infanterie saxonne, à Ernsthal, près de Chemnitz, en Saxe.

16 mars.

Monsieur, si la vieillesse et la maladie l'avaient permis, j'aurais eu l'honneur de vous remercier plus tôt de votre lettre et de votre dialogue. On dit que les Allemands sont fort curieux de généalogies; je vous crois descendu de Lucien en droite ligne; vous lui ressemblez par l'esprit; il se moquait, comme vous, des prêtres de son temps: les choses n'ont guère changé que de nom. Il y a toujours eu des fripons et des fanatiques qui ont voulu s'attirer de la considération en trompant les hommes, et toujours un petit nombre de gens sensés qui s'est moqué de ces charlatans.

Il est vrai que les énergumènes de ce temps-ci sont plus dangereux que ceux du temps de Lucien, votre devancier. Ceux-là ne voulaient que faire bonne chère aux dépens des peuples ; ceux-ci veulent s'engraisser et dominer. Ils sont accoutumés à gouverner la canaille, ils sont furieux de voir que tous les gens bien élevés leur échappent. Leur décadence commence à être universelle dans l'Europe. Une certaine étrangère, nommée *la Raison*, a trouvé partout des apôtres depuis une quinzaine d'années. Son flambeau a éclairé beaucoup d'honnêtes gens, et a brûlé les yeux de quelques fanatiques qui crient comme des diables. Ils crieront bien davantage, s'ils voient votre joli dialogue.

Pour moi, monsieur, je n'élève la voix que pour vous témoigner mon estime et ma reconnaissance, et pour vous dire avec quels sentiments respectueux j'ai l'honneur d'être, monsieur, votre, etc.

MMMMMDLXI. — A madame de Sauvigny.

A Ferney, 17 mars

J'ai attendu, madame, pour vous remercier de la confiance et de la bonté avec laquelle vous avez bien voulu m'instruire de l'état des affaires de monsieur votre frère, que je fusse plus particulièrement informé de sa conduite présente. Je n'ai rien épargné pour en avoir les informations les plus sûres. J'ai envoyé un homme sur les lieux ; j'ai écrit aux magistrats, aux gentilshommes ses voisins. Je crois que vous serez contente d'apprendre que, depuis sept ans qu'il est dans ce pays-là, tout le monde, sans exception, a été charmé de sa conduite. On lui a donné partout droit de bourgeoisie, et on a partout recherché son amitié.

Ces témoignages unanimes plairont sans doute à une sœur qui pense aussi noblement que vous.

Je sens bien que la crainte de voir un frère peu accueilli dans les pays étrangers devait vous inquiéter ; je sens combien il est cruel d'avoir à rougir de ceux à qui le sang nous lie de si près, et je partage la consolation que vous devez éprouver d'être entièrement rassurée.

Tout le défaut de M. Durey de Morsan, comme je vous l'ai déjà dit, madame, est cette malheureuse facilité qui causa sa ruine : il a été pillé en dernier par trois ou quatre réfugiés, les uns banqueroutiers, les autres chargés de mauvaises affaires. Il s'était endetté pour eux. L'un d'eux lui avait fait accroire qu'il devait avoir quarante-deux mille livres de rente par la liquidation de ses biens ; et on ne lui mettait ces chimères dans la tête que pour vivre à ses dépens.

Je lui ai fait voir clair comme le jour qu'il ne doit espérer de longtemps que les six mille livres de pension auxquelles il est réduit par ses fautes passées. Je lui ai fait sentir très-fortement qu'il doit vivre avec une sage économie, en homme de lettres tel qu'il est ; et que, loin de se plaindre de vous, il doit s'appliquer à mériter votre tendresse par la conduite la plus mesurée, et par une confiance entière.

Je l'ai tiré des mains qui dévoraient sa subsistance; j'ai payé pour lui environ deux mille livres: je lui ferai rentrer ce qu'on lui doit autant que je le pourrai: la pitié que m'a d'abord inspirée son état s'est changée ensuite en amitié.

Il est très-éloigné de vouloir jamais revenir contre ce qui a été décidé par sa famille; il se contentera de ses six mille livres. Il n'a nul dessein de tenter jamais de revenir à Paris; il voudrait seulement pouvoir faire un petit voyage dans le pays de Bresse et dans celui de Saint-Claude, où on lui doit quelque argent. Je lui procurerai une habitation fixe et peu coûteuse vers le territoire de Genève; j'empêcherai qu'il ne dépense un écu au delà de sa pension: il donnera une procuration à un homme de confiance pour recevoir son revenu tous les mois, et payer son petit ménage; il aura des livres qui le consoleront dans sa retraite; je veillerai sur sa conduite, j'en répondrai comme de moi-même; et je m'engage envers vous, madame, et envers sa famille, comme s'il s'agissait de mes propres intérêts.

Je suis bien persuadé que vous aimerez mieux le savoir sous mes yeux que sous des yeux étrangers.

Je vous donne encore ma parole d'honneur qu'il ne sortira pas hors des limites du mont Jura, et qu'il n'habitera jamais aucune ville du royaume. La personne chargée de son revenu ne le permettra pas, et, de plus, je vous jure qu'il n'a nulle envie de se montrer, et qu'il veut vivre dans la plus profonde obscurité. Je me flatte, encore une fois, que ce parti vous agréera, et que vous ne souffrirez pas qu'on poursuive votre malheureux frère comme un voleur de grand chemin, tandis qu'il est assez puni de ses faiblesses passées, et qu'il les expie depuis si longtemps par une vie irréprochable. Je sais, madame, que vous avez eu de la générosité pour des étrangers: vous en aurez pour un frère.

MMMMMDLXII. — A M. DUPATY, AVOCAT GÉNÉRAL
DU PARLEMENT DE BORDEAUX.

A Ferney, 27 mars.

Monsieur, vous me traitez comme un Rochelois, vous m'honorez de vos bontés, et vous m'enchantez. Je suis un peu votre compatriote, étant de l'Académie de la Rochelle. Mon cœur aurait été bien ému, si je vous avais entendu prononcer ces paroles: « Ce n'est pas au milieu d'eux que Henri IV aurait dit à Sulli: *Mon ami, ils me tueront.* »

Lorsque je lus le discours que vous prononçâtes à l'Académie, je dis: « Voilà la pièce qui aurait le prix, si l'auteur ne l'avait pas donné. » Vous avez signalé à la fois, monsieur, votre patriotisme, votre générosité, et votre éloquence. Un beau siècle se prépare; vous en serez un des plus rares ornements; vous ferez servir vos grands talents à écraser le fanatisme, qui a toujours voulu qu'on le prît pour la religion; vous délivrerez la société des monstres qui l'ont si longtemps opprimée, en se vantant de la conduire. Il viendra un temps où l'on ne dira plus: *les deux puissances*, et ce sera à vous, monsieur, plus qu'à aucun de vos confrères, à qui on en aura l'obligation. Cette mauvaise et funeste plaisanterie n'a jamais été connue dans l'Église grecque ; pourquoi faut-il qu'elle subsiste dans le peu qui reste de l'Église latine, au mépris de toutes les lois ?

Un évêque russe a été déposé depuis peu par ses confrères, et mis en pénitence dans un monastère, pour avoir prononcé ces mots : *les deux puissances ;* c'est ce que je tiens de la main de l'impératrice elle-même. Plût à Dieu que la France manquât absolument de lois ! on en ferait de bonnes. Lorsqu'on bâtit une ville nouvelle, les rues sont au cordeau : tout ce qu'on peut faire dans les villes anciennes, c'est d'aligner petit à petit. On peut dire parmi nous, en fait de lois :

Hodieque manent vestigia ruris.
Hor., lib. II, ep. I, v. 160.

Henri IV fut assez heureux pour regagner son royaume par sa valeur, par sa clémence, et par la messe ; mais il ne le fut pas assez pour le réformer. Il est triste que ce héros ait reçu le fouet à Rome, comme on le dit, sur les fesses de deux prêtres français. Nous sommes au temps où l'on fouette les papes ; mais, en les fessant, on leur paye encore des annates. On leur prend Bénévent et Avignon, mais on les laisse nommer, dans nos provinces, des juges en dernier ressort dans les causes ecclésiastiques. Nous sommes pétris de contradictions.

Travaillez, monsieur, à nous débarbariser tout à fait ; c'est une œuvre digne de vous et de ceux qui vous ressemblent. Je vais finir ma carrière ; je vois avec consolation que vous en commencez une bien brillante.

Je vous remercie de la médaille dont vous daignez me favoriser ; j'espère qu'un jour on en frappera une pour vous. J'ai l'honneur d'être, etc.

MMMMMDLXIII. — A M. ***.

Dans la chambre du malade, à sept heures du matin, 27 mars.

Monsieur, mon père ne vous écrit pas, parce qu'il est à son dixième accès de fièvre. Il vous prie de faire passer ce paquet à M. La Combe.

Voici une épître à M. de Saint-Lambert qui est correcte. Vous êtes prié de corriger ce vers dans celle *A l'auteur du nouveau livre des Trois imposteurs*, que j'eus l'honneur de vous adresser le 14 :

Ils pourront pardonner au pincé La Blettrie ;

mettez :

Ils pourront pardonner à ce dur La Blettrie.

P. S. Dans ma chambre.

Voici encore un huitain qui n'est pas nouveau ; je l'ajoute en cachette :

Un pédant dont je tais le nom, etc.

Quand vous saurez le secret dont je vous ai dit un mot, vous ferez l'application de cet autre huitain à Arzame; il est nouveau :

> O toi dont les attraits embellissent la scène,
> Toi que l'Amour jaloux dispute à Melpomène,
> Séduisante Dubois[1], réponds à nos désirs.
> C'est assez sommeiller dans le sein des plaisirs.
> Ose enfin te placer au rang de tes modèles;
> La Gloire te sourit, et te promet des ailes.
> Ose, et, prenant ton vol vers l'immortalité,
> Fixe par le talent l'éclair de la beauté.

Mon père vous embrasse tendrement; on ne le croit pas en danger, sa fièvre diminuant chaque jour.

On eut hier les douze premières médailles. Prix en argent, pesant quatre onces, trente-six francs; en cuivre, six francs douze sous, chaque médaille.

MMMMMDLXIV. — A M. COLINI.

A Ferney, 29 mars.

Je vous adresse, mon cher ami, un Palatin[2] qui est venu graver ma vieille et triste figure, dédiée à Son Altesse Électorale. Je crois que c'est un des meilleurs artistes que monseigneur ait dans ses États. Savez-vous bien que je vous écris à mon dixième accès de fièvre? Je suis tout étonné d'être en vie; mais, tant que j'y serai, soyez sûr que vous aurez en moi un bien véritable ami.

Nous avons ici un printemps qui ressemble au plus cruel hiver. Je crois que le climat de Florence vaut mieux que celui des Alpes et du Rhin. Les archiducs et les cadets de la maison de Bourbon règnent sur des climats chauds, ils sont bien heureux. Je n'ai jamais eu le courage d'exécuter ce que j'avais toujours projeté, de me retirer dans un coin de l'Italie; je n'ai jamais vécu que dans des climats qui n'étaient pas faits pour moi. Je vous félicite d'avoir une santé qui vous fait prendre les bords du Rhin pour ceux de l'Arno.

Adieu, mon cher ami; je vous embrasse bien tendrement.

MMMMMDLXV. — A M. LE COMTE DE LA TOURAILLE.

A Ferney, 29 mars.

Je ne sais pas, monsieur, pourquoi vous dites à M. le duc de Choiseul qu'il marche dans la carrière des Colbert[3]; je ne le soupçonne point du tout être homme de finances, et je crois qu'il ne marche que dans la carrière des Choiseul; il est plus fait pour jeter son argent par la fenêtre que pour en lever sur les peuples; il aura des armées

---

1. Cette actrice devait jouer le rôle d'Arzame dans la tragédie des *Guèbres*. (Éd.)
2. George Christophe Waechter était graveur de l'électeur palatin; il dessina à Ferney la tête de Voltaire d'après nature, et en fit une médaille en bronze, en 1770. Cette médaille est une des meilleures que l'on ait faites de Voltaire. (*Note de Colini.*)
3. Ce n'est pas de Colbert, mais de Périclès et Sully que parle La Touraille. (Éd.)

brillantes et bien disciplinées, les payera qui pourra. Mars n'aurait pas trouvé bon qu'on l'appelât Plutus.

Cependant vos vers sont jolis. Je vous en remercie de tout mon cœur, et je vois avec grand plaisir que vous êtes partisan du bon goût en aimant Lulli et Rameau. Je suis un peu sourd, je ne puis guère m'intéresser à la musique. Je suis aussi fort en train d'être parfaitement aveugle, mais je puis encore lire les ouvrages d'esprit. Le plaisir l'emporte sur la peine. C'est un sentiment que vous m'avez fait éprouver par la petite brochure que vous avez eu la bonté de m'envoyer.

Agréez, monsieur, mes très-sincères remercîments, et daignez me mettre aux pieds de Mgr le prince de Condé.   V.

MMMMMDLXVI. — A M. Dupont.

A Ferney, 30 mars.

Mon cher ami, il est très-convenable que j'aie entre les mains le contrat du baron banquier Dietrich, et je vous prie instamment de me le faire avoir. Il n'importe pas dans quel temps vous rédigiez mon contrat; cela sera aussi bon à la fin de juin qu'au commencement. Je fournis quatre-vingt-seize mille livres à M. le duc de Wurtemberg. Il est déjà payé de soixante-dix mille livres par ses deux billets que je lui rends. J'ai donné sept mille livres que Roset me devait à la fin de mars; quinze mille livres que le sieur Moiner, receveur des forges de Montbéliard, me devra à la fin du mois de juin; et quatre mille livres sur les sept mille livres que Roset me devra à la fin du même mois de juin. Cela fait juste les quatre-vingt-seize mille livres avec lesquelles M. Jean Maire peut rembourser le baron banquier Dietrich.

Voilà donc une affaire réglée, et on aura trente jours pour faire venir les papiers du baron, et pour faire le contrat dans la forme la plus honnête et la plus valable. Il n'y a point d'affaire plus nette et plus aisée. Je sais bien que je serais très-embarrassé si les payements dont les receveurs de Montbéliard et de Richwir sont chargés n'étaient pas exacts; car je dois moi être très-exact à fournir à ma famille une pension de plus de trente mille livres. Je bâtis des fermes qui coûtent considérablement, et je n'aurais aucune ressource sur la fin de ma vie, si les gens de M. le duc de Wurtemberg me manquaient.

En un mot, mon cher ami, je m'en remets entièrement à vous. Ayez la bonté de vous arranger avec Jean Maire, qui a toujours besoin d'être un peu excité.

Je vous embrasse du meilleur de mon cœur.   Voltaire.

MMMMMDLXVII. — A madame la marquise du Deffand.

Le 3 avril.

Chacun a son diable, madame, dans cet enfer de la vie. Le mien m'a affublé de onze accès de fièvre, et me voilà; mais ce n'est pas pour longtemps. En vérité, c'est dommage que la nature m'ayant fait, ce me semble, pour vivre avec vous, me fasse mourir si loin de vous. Quand je dis que nos espèces d'âmes étaient modelées l'une pour l'autre, n'allez pas croire que ma vanité radote. Le fait est clair. Vous me dites par votre dernière lettre que « les choses qui ne peuvent nous être connues ne nous sont pas nécessaires. » Grand mot, madame, grande vérité, et, qui plus est, vérité très-consolante. Où il n'y a rien le roi perd ses droits, et la nature aussi. Faites-vous lire, s'il vous plaît, l'article *Nécessaire* dans un certain livre alphabétique[1], vous y verrez votre pensée.

C'est un dialogue entre Sélim et Osmin, deux braves musulmans; et Osmin conclut que la nature n'ayant pas favorisé le genre humain, en tout temps et en tout lieu, du divin Alcoran, l'Alcoran n'est pas nécessaire à l'homme.

Au reste, je sens très-bien que le siècle de Louis XIV est si prodigieusement supérieur au siècle présent, que les athées de ce temps-ci ne valent pas ceux du temps passé. Il n'y en a aucun qui approche de Spinosa.

Ce Spinosa admettait, avec toute l'antiquité, une intelligence universelle; et il faut bien qu'il y en ait une, puisque nous avons de l'intelligence. Nos athées modernes substituent à cela je ne sais quelle nature incompréhensible, et je ne sais quels calculs impossibles. C'est un galimatias qui fait pitié. J'aime mieux lire un conte de La Fontaine, quoique, par parenthèse, ses *Contes* soient autant au-dessous de l'Arioste que l'écolier est au-dessous du maître. Cependant ces philosophes ont tous quelque chose d'excellent. Leur horreur pour le fanatisme et leur amour de la tolérance m'attache à eux. Ces deux points doivent leur concilier l'amitié de tous les honnêtes gens.

Je passe des athées à Sémiramis. Que voulez-vous, s'il vous plaît, que je fasse? Je ne saurais, en vérité, prendre le parti de Moustapha contre elle. Son fils l'aime, son peuple l'aime, sa cour l'idolâtre; elle m'envoie le portrait de son beau visage, entouré de vingt gros diamants, avec la plus belle pelisse du Nord, et un code de lois aussi admirable que notre jurisprudence française est impertinente. On parle français à Moscou et en Ukraine. Ce n'est ni le parlement de Paris ni la Sorbonne qui a établi des chaires de professeurs en notre langue dans ces pays autrefois si barbares. Peut-être y ai-je un peu contribué. Permettez-moi d'avoir quelque condescendance pour un empire de deux mille lieues d'étendue, où je suis aimé, tandis que je ne suis pas excessivement bien traité dans la petite partie occidentale de l'Europe où le hasard m'a fait naître.

Je vous avoue que j'aimerais mieux avoir l'honneur de souper avec vous que de rester au milieu des neiges dans la belle et épouvantable chaîne des Alpes, ou de courir de roi en impératrice. Soyez très-sûre, madame, que vos lettres ont fait de mon envie extrême de vous revoir une passion. Comptez que mon âme court après la vôtre.

Je serais peut-être un peu décontenancé devant Mme la duchesse de Choiseul. Quand le vieux chevalier Destouches-Canon, père putatif de Dalembert, voyait une jolie femme, bien aimable, il lui disait :

---

1. Le *Dictionnaire philosophique*. (ÉD.)

« Passez, passez vite, madame; vous n'êtes pas de ma sorte. » Je suis devenu un peu grossier dans ma retraite champêtre.

> Que m'importe que la nature,
> En dessinant ses traits chéris,
> Pour modèle ait pris la figure
> De la Vénus de Médicis?
> Je suis berger, mais non Pâris.
> Un vieux berger n'est pas un homme.
> Je pourrais lui donner la pomme
> Sans que mon cœur en fût épris,
> Et sans que la maligne engeance
> Des déesses de son pays
> Reprochât à mes sens surpris
> D'être séduits par l'apparence.
> Je sais que son esprit orné
> A toute la délicatesse
> Que l'on vanta dans Sévigné,
> Avec beaucoup plus de justesse;
> Qu'elle aime fort la vérité,
> Mais ne la dit qu'avec finesse.
> Ma grossière rusticité
> Et mon impudence suissesse
> Auraient grand'peine à se prêter
> A tant de grâce et de souplesse.
> Il faut que, pour bien s'ajuster,
> Les gens soient d'une même espèce.
>
> Vous, dont l'esprit et les bons mots,
> L'imagination féconde,
> La repartie et l'à-propos
> Font toujours le charme du monde;
> Vous, ma brillante du Deffand,
> Conversez dans votre retraite,
> Vivez avec la grand'maman :
> C'est pour vous que les dieux l'ont faite.
> Si j'allais très-imprudemment
> Troubler vos séances secrètes,
> Que diriez-vous d'un chat-huant
> Introduit entre deux fauvettes?

Cependant je veux savoir qui soupe entre Mme de Choiseul et vous; qui en est digne, qui soutient encore l'honneur du siècle. Que voulez-vous que je vous dise? Hélas! toutes nos petites consolations ne sont encore que des emplâtres sur la blessure de la vie. Mais, dans votre malheur, vous avez du moins le meilleur des remèdes; et, puisque vous existez, qu'y a-t-il de mieux que de consumer quelques moments de cette existence douloureuse et passagère avec des amis qui sont au-dessus du commun des hommes? Vous m'avez donné une grande satisfaction en m'apprenant que le président a repris son âme.

> Hélas! qu'a-t-il pu ressaisir
> De cette âme qui sut vous plaire?
> Quelque faible ressouvenir,
> Et quelque image bien légère,
> Qui ne revient que pour s'enfuir!
> A-t-il du moins quelque désir,
> Même encor sans le satisfaire?
> A-t-il quelque ombre de plaisir?
> Voilà notre importante affaire.
> Qu'on a peu de temps pour jouir!
> Et la jouissance est un songe.
> Du néant tout semble sortir,
> Dans le néant tout se replonge.
> Plus d'un bel esprit nous l'a dit;
> Un autre Hénault[1] et Deshoulière,
> Chapelle et Chaulieu, l'ont écrit;
> L'antiquité, leur devancière,
> Mille fois nous en avertit;
> La Sorbonne dit le contraire :
> A ces messieurs rien n'est voilé;
> Et quand la Sorbonne a parlé,
> Les beaux esprits doivent se taire.

Dites, je vous en conjure, au délabré président, combien je m'intéresse à son âme aimable. La mienne prend la liberté d'embrasser la vôtre. Adieu, madame; vivons comme nous pourrons.

MMMMMDLXVIII. — A M. DE SAINT-LAMBERT.

4 avril.

De la coquetterie! non, pardieu! mon cher confrère ou mon cher successeur; ma franchise suissesse n'a ni rouge ni mouches.

Quand je vous dis que votre ouvrage[2] est le meilleur qu'on ait fait depuis cinquante ans, je vous dis vrai. Quelques personnes vous reprochent un peu trop de *flots d'azur*, quelques répétitions, quelques longueurs, et souhaiteraient, dans les premiers chants, des épisodes plus frappants.

Je ne peux ici entrer dans aucun détail, parce que votre ouvrage court tout Genève, et qu'on ne le rend point; mais soyez très-certain que c'est le seul de notre siècle qui passera à la postérité, parce que le fond en est utile, parce que tout y est vrai, parce qu'il brille presque partout d'une poésie charmante, parce qu'il y a une imagination toujours renaissante dans l'expression. Je déteste le fatras et le petit, et tout ce que je vois ailleurs est petit et fatras.

Qui diable vous a donné la *Canonisation de saint Cucufin*? Il faut

---

1. Jean Hesnault. (ÉD.) — 2. Le poëme des *Saisons*. (ÉD.)

que ce soit quelque capucin. On pourra bientôt me canoniser aussi, car, depuis un mois, je ne vis que de jaunes d'œufs comme saint Cucufin. J'ai eu douze accès de fièvre; j'ai reçu bravement le viatique, en dépit de l'envie. J'ai déclaré expressément que je mourais dans la religion du roi très-chrétien et de la France ma patrie, *as it is establish'd by act of parliament*. Cela est fier et honnête [1].

Ma maladie m'a empêché d'écrire à M. Grimm, mais je ne l'en aime pas moins, lui et ma philosophe Mme d'Épinai.

Je vous ai la plus sensible et la plus tendre obligation de vouloir bien engager M. le prince de Beauvau à daigner solliciter de toutes ses forces en faveur des Sirven. Votre cœur aurait été bien ému, si vous aviez vu cette déplorable famille, père, mère, filles, enfants : la mère

---

1. M. de Voltaire étant malade, dans le temps de Pâques, fit avertir le curé de Ferney de lui apporter le viatique. Le curé répondit qu'il ne le pouvait qu'après que M. de Voltaire aurait rétracté les *mauvais* ouvrages qu'il avait faits.

M. de Voltaire impatienté lui écrivit cette lettre :

« AU CURÉ DE FERNEY. (Le jour des Rameaux.) Il n'y a que d'infâmes calomniateurs qui aient pu, monsieur, vous dire les choses dont vous parlez. Je puis vous assurer qu'il n'y a pas un mot de vrai, et que rien ne doit s'opposer aux usages reçus. Vous êtes instruit sans doute des règlements faits par les parlements, et je ne doute pas que vous ne vous conformiez aux lois du royaume; vous êtes d'ailleurs bien persuadé de mon amitié. VOLTAIRE. »

Et le 31 mars il fit la déclaration suivante, et communia :

Déclaration par-devant notaire et procès-verbal. (31 mars.) « Au château de Ferney, le 31 mars 1769, par-devant le notaire Raffoz, et en présence des témoins ci-après nommés, est comparu messire François-Marie de Voltaire, gentilhomme ordinaire de la chambre du roi, l'un des quarante de l'Académie française, seigneur de Ferney, etc., demeurant en son château, lequel a déclaré que le nommé Nonotte, ci-devant soi-disant jésuite, et le nommé Guyon, soi-disant abbé, ayant fait contre lui des libelles aussi insipides que calomnieux, dans lesquels ils accusent ledit messire de Voltaire d'avoir manqué de respect à la religion catholique, il doit à la vérité, à son honneur, et à sa piété, de déclarer que jamais il n'a cessé de respecter et de pratiquer la religion catholique professée dans le royaume; qu'il pardonne à ses calomniateurs; que si jamais il lui était *échappé quelque indiscrétion* préjudiciable à la religion de l'État, *il en demanderait pardon à Dieu et à l'État*; et qu'il a vécu et veut mourir dans l'observance de toutes les lois du royaume, et dans la religion catholique, étroitement unie à ces lois.

« Fait et prononcé audit château, lesdits jour, mois et an que dessus, en présence de R. P. sieur Antoine Adam, prêtre, ci-devant soi-disant jésuite, de, etc., etc., témoins requis et soussignés avec ledit M. de Voltaire, et moidit notaire. »

Autre déclaration. (1er avril.) « Au même château de Ferney, à neuf heures du matin, le 1er avril 1769, par-devant ledit notaire, et en présence des témoins ci-après nommés est comparu messire François-Marie Arouet de Voltaire, gentilhomme ordinaire, etc., lequel, immédiatement après avoir reçu, dans son lit, où il est détenu malade, la sainte communion de M. le curé de Ferney, a prononcé ces propres paroles :

Ayant mon Dieu dans ma bouche, je déclare que je pardonne sincèrement à ceux qui ont écrit au roi des calomnies contre moi, et qui n'ont pas réussi dans leurs mauvais desseins.

« De laquelle déclaration ledit messire de Voltaire a requis acte, que je lui ai octroyé en présence de révérend sieur Pierre Gros, curé de Ferney, d'Antoine Adam, prêtre, ci-devant soi-disant jésuite, de, etc., etc., témoins soussignés avec ledit M. de Voltaire, et moidit notaire, audit château de Ferney, lesdits heure, jour, mois et an. » (*Ed. de Kehl.*)

rendant les derniers soupirs en me venant voir, les filles dans les convulsions du désespoir, le père en cheveux blancs, baigné de larmes. Et qui a-t-on persécuté ainsi? la plus pure innocence et la probité la plus respectable. La destinée m'a envoyé cette famille; il y a six ans que je travaille pour elle. Enfin la lumière est parvenue dans les têtes de quelques jeunes conseillers de Toulouse, qui ont juré de faire amende honorable. Cuistres fanatiques de Paris, misérables convulsionnaires, singes changés en tigres, assassins du chevalier de La Barre, apprenez que la philosophie est bonne à quelque chose!

Je vous conjure, mon cher successeur, de presser la bonne volonté de M. le prince de Beauvau. Voici le moment d'agir. Sirven, condamné à mort, est actuellement devant ses juges, ses filles sont auprès de moi; je les ferai partir, si ses juges veulent les interroger. Je me recommande à vos bontés et à celles de M. le prince de Beauvau.

Je vous embrasse de tout mon cœur, sans cérémonie; mais c'est avec la plus profonde estime et la plus sincère amitié.

MMMMMDLXIX. — A M. Dupont.

A Ferney, 4 avril.

Mon cher ami, je ne saurais mieux faire que de vous envoyer la copie de la lettre que j'écris à M. Jean Maire; elle vous mettra au fait de tout. Vous me parlerez en ami et en homme vertueux, tel que vous êtes.

J'ai eu douze accès de fièvre; j'ai passé par toutes les cérémonies qu'un officier de la chambre du roi, un membre de l'Académie française, et un seigneur de paroisse, doivent faire. Je n'ai que peu de temps à vivre; je ne dois rien faire que ma famille puisse reprocher à ma mémoire. Je serai bien fâché de mourir sans vous avoir embrassé.

VOLTAIRE.

MMMMMDLXX. — A M. Saurin.

A Ferney, 5 avril.

Je vous remercie très-sincèrement, mon cher confrère, de votre *Spartacus;* il était bon, et il est devenu meilleur. Les oreilles d'âne de Martin Fréron doivent lui allonger d'un demi-pied.

Je ne vous dirai pas fadement que cette pièce fasse fondre en larmes; mais je vous dirai qu'elle intéresse quiconque pense, et qu'à chaque page le lecteur est obligé de dire : « Voilà un esprit supérieur. » J'aime mieux cent vers de cette pièce que tout ce qu'on a fait depuis Jean Racine. Tout ce que j'ai vu depuis soixante ans est boursouflé, ou plat, ou romanesque. Je ne vois point dans votre pièce ce charlatanisme de théâtre qui en impose aux sots, et qui fait crier miracle au parterre welche :

Neque, te ut miretur turba, labores.

Hor. lib. I, sat. x, v. 74.

Le rôle de Spartacus me paraît, en général, supérieur au Sertorius de Corneille.

Vous m'avez piqué : j'ai relu *l'Esprit des lois;* je suis toujours de l'avis de Mme du Deffand.

J'aime mieux l'instruction donnée par l'impératrice de Russie pour la rédaction de son code; cela est net, précis, il n'y a point de contradictions ni de fausses citations. Si Montesquieu n'avait pas aiguisé son livre d'épigrammes contre le pouvoir despotique, les prêtres, et les financiers, il était perdu; mais les épigrammes ne conviennent guère à un objet aussi sérieux. Toutefois je loue beaucoup son livre, parce qu'il faut louer la liberté de penser. Cette liberté est un service rendu au genre humain.

J'ai été sur le point de mourir il y a quelques jours. J'ai rempli, à mon dixième accès de fièvre, tous les devoirs d'un officier de la chambre du roi très-chrétien, et d'un citoyen qui doit mourir dans la religion de sa patrie. J'ai pris acte formel de ces deux points par-devant notaire, et j'enverrai l'acte à notre cher secrétaire, pour le déposer dans les archives de l'Académie, afin que la prêtraille ne s'avise pas, après ma mort, de manquer de respect au corps dont j'ai l'honneur d'être. Je vous prie d'en raisonner avec M. Dalembert. Vous savez que pour avoir une place en Angleterre, quelle qu'elle puisse être, fût-ce celle de roi, il faut être de la religion du pays, *telle qu'elle est établie par acte du parlement.* Que tout le monde pense ainsi, et tout ira bien; et, à fin de compte, il n'y aura plus de sots que parmi la canaille, qui ne doit jamais être comptée.

Je vous embrasse très-philosophiquement et très-tendrement.

MMMMMDLXXI. — A MADAME LA MARQUISE DE FLORIAN.

A Ferney, 8 avril.

Voici le temps où les Picards vont jouir d'une douce tranquillité dans leurs terres. Je souhaite un bon voyage à la dame et au seigneur d'Hornoy, beaucoup de santé, de plaisirs, et de comédies.

Vous savez que celle de l'élection du vicaire de saint Pierre est presque finie à Rome. Mais ce que vous ne savez pas, c'est que j'ai presque autant de part que le Saint-Esprit à l'élection de Stopani [1]. Le colonel du régiment de Deux-Ponts [2], et madame sa femme, avaient absolument voulu me voir. Mme Cramer les amena chez moi il y a environ deux mois; elle força les barrières de ma solitude. Après dîner, pour nous amuser, nous jouâmes le pape aux trois dés; je tirai pour Stopani, et j'eus rafle.

Comme je jouais avec des hérétiques, il était bien juste que je gagnasse.

    Quand, d'un saint zèle possédés,
    On nous vit jouer aux trois dés
    De Simon le bel héritage,
    On rafla pour Cavalchini,
    Pour Corsini, pour Negroni :
    Stopani m'échut en partage,
    Et mon dé se trouva béni.
    Stopani du monde est le maître,

---

1. Ce fut Ganganelli qui fut élu, et personne n'y songeait. (*Éd. de Kehl.*)
2. Maximilien-Joseph, duc de Deux-Ponts, mort en 1825, roi de Bavière. (**Éd.**)

Mais il n'en jouira pas longtemps ;
Il a soixante et quatorze ans :
C'est mourir pape, et non pas l'être.
J'aime les clefs du paradis ;
Mais c'est peu de chose à notre âge
Un vieux pape est, à mon avis,
Fort au-dessous d'un jeune page.

Dans la vieillesse on tolère la vie, et dans la jeunesse on en abuse. Ainsi tout est vanité, à commencer par le pape, et à finir par moi.

J'ai eu douze accès de fièvre, je n'ai vu de médecin qu'une seule fois; j'ai envoyé chercher le saint viatique, et je suis guéri. Je fais des papes et des miracles.

J'enverrai à Hornoy tout ce qui pourra amuser mes chers Picards. Mme Denis doit avoir recommandé une petite affaire à M. d'Hornoy, que j'embrasse tendrement, ainsi que son oncle le Turc.

MMMMMDLXXII. — A M. LE COMTE D'ARGENTAL.

9 avril.

Mon cher ange, je n'ai point entendu parler des remarques de l'aréopage, je les attendrai très-patiemment. L'état où je suis ne me permettrait guère actuellement de m'occuper d'un travail qui demande qu'on ait tout son esprit à soi.

J'ai toujours un peu de fièvre depuis six semaines, et j'en ai essuyé dix accès assez violents. On en rira tant qu'on voudra; mais j'ai été obligé de faire au dixième accès ce qu'on fait dans un diocèse ultramontain. Quand cette cérémonie passera de mode, je ne serai pas assurément un des derniers à me déclarer contre elle; mais je ne vois pas qu'il faille se faire regarder comme un monstre par les barbares au milieu desquels je suis, pour un mince déjeuner : c'est d'ailleurs un devoir de citoyen; le mépris marqué de ce devoir aurait entraîné des suites désagréables pour ma famille. Vous savez ce qui est arrivé à Boindin[1], pour n'avoir pas voulu faire comme les autres. Il faut être poli, et ne point refuser un dîner où l'on est prié, parce que la chère est mauvaise.

On m'assure que Stopani est pape. Il me doit assurément sa protection, car il y a deux mois que nous jouâmes aux trois dés la place vacante du saint-siége. Je tirai pour Stopani, et j'amenai rafle.

Vous avez eu la bonté de m'envoyer une lettre de M. Bachelier. Comme je ne sais point sa demeure, voulez-vous bien me permettre de vous adresser ma réponse?

Je me flatte que Mme d'Argental est en bonne santé. Conservez la vôtre, mon cher ange; jouissez d'une vie agréable : quand je finirai la mienne, ce sera en vous aimant.

---

1. Il était mort sans sacrement; on lui refusa la sépulture appelée alors *ecclésiastique*. (Éd.)

ANNÉE 1769.

MMMMMDLXXIII. — A M. SEDAINE.

Au château de Ferney, 11 avril.

Je vous ai plus d'obligations que vous ne croyez, monsieur. J'étais très-malade lorsque j'ai reçu les deux pièces[1] que vous avez bien voulu m'envoyer; elles m'ont fait oublier tous mes maux. Je ne connais personne qui entende le théâtre mieux que vous, et qui fasse parler ses acteurs avec plus de naturel. C'est un grand art que celui de rendre les hommes heureux pendant deux heures; car, n'en déplaise à messieurs de Port-Royal, c'est être heureux que d'avoir du plaisir : vous devez aussi en avoir beaucoup en faisant de si jolies choses. Je suis bien fâché de n'applaudir que de si loin à vos succès.

J'ai l'honneur d'être avec toute l'estime que vous méritez, monsieur, votre, etc.

MMMMMDLXXIV. — A M. DE CHABANON.

13 avril.

J'apprends que le père d'*Eudoxie* donne à sa fille un beau trousseau dans une seconde édition : heureusement le libraire de Genève n'a point encore commencé la sienne; ainsi, mon cher ami, j'attendrai que vous m'ayez envoyé la nouvelle *Eudoxie* pour la faire mettre dans ce recueil. Plus vous aurez mis de beautés de détail dans votre ouvrage, plus il sera touchant : ce n'est que par ces détails qu'on va au cœur; ce n'est que par eux que Jean Racine fait verser des larmes. Les situations, les sentences, ne sont presque rien : il y en a partout; mais les beaux morceaux qu'on retient malgré soi, et qui vont remuer le fond de l'âme, font seuls passer leur homme à la postérité.

Je suis très en peine de votre ami M. de La Borde. Il m'avait écrit, il y a deux mois, pour une affaire importante, et depuis ce temps je n'ai eu aucune nouvelle de lui, quoique je lui aie écrit trois lettres consécutives. Je lui avais envoyé un paquet pour Mme Denis : point de nouvelles de mon paquet. Aurait-il abandonné *Pandore*, ses affaires, ses amis, pour une femme dans laquelle il est enterré jusqu'au cou? Il faut sans doute aimer sa maîtresse; mais il ne faut pas abandonner tout le monde : vous avez pourtant la mine d'en faire autant que lui.

MMMMMDLXXV. — A M. CRAMER L'AÎNÉ.

14 avril.

Je suis dans l'état le plus triste, j'ai la fièvre toutes les nuits; M. Rieu m'amena hier un étranger à dîner, je ne pus me mettre à table. Je voudrais être en état de recevoir MM. les comtes de Schomberg et de Goerts comme je le dois. Mais s'ils ont la curiosité de voir un mourant, ce mourant tâchera de leur faire les honneurs de son tombeau autant qu'il lui sera possible.

Je prie M. Cramer d'avoir la bonté de leur présenter mon respect, je lui serai très-obligé. VOLTAIRE.

---

1. *La Gageure imprévue, et le Philosophe sans le savoir.* (ED.)

MMMMMDLXXVI. — A M. LE MARÉCHAL DUC DE RICHELIEU.

A Ferney, 15 avril.

Après douze accès de fièvre dont je me suis tiré tout seul, je remplis, en revenant pour quelque temps à la vie, un des devoirs les plus chers à mon cœur, en vous renouvelant, monseigneur, un attachement qui ne peut finir qu'avec moi.

Je dois d'abord vous dire, comme au chef de l'Académie, que j'ai fait à l'égard de la religion tout ce que la bienséance exige d'un homme qui est d'un corps à qui le mépris de ces bienséances pourrait attirer une partie des reproches que l'on eût faits à ma mémoire. J'ai déclaré même que je voulais mourir dans la religion professée par le roi, et reçue dans l'État. Je crois avoir prévenu par là toutes les interprétations malignes qu'on pourrait faire de cette action de citoyen, et je me flatte que vous m'approuvez. Je suis d'ailleurs dans un diocèse ultramontain, gouverné par un évêque fanatique, qui est un très-méchant homme, et dont il fallait désarmer la superstition et la malice.

Si on vous parlait de cette aventure par hasard, j'espère que vous me rendrez la justice que j'attends de la bonté de votre cœur. Si vous savez railler ceux qui vous sont attachés, vous savez encore plus leur rendre de bons offices; et je compte plus sur votre protection que sur vos plaisanteries, dans une occasion qui, après tout, ne laisse pas d'avoir quelque chose de sérieux.

Une chose non moins sérieuse pour moi est la dernière lettre dont vous m'avez honoré. Vous m'y disiez que vous aviez daigné commencer un petit écrit dans lequel vous aviez la bonté de m'avertir des méprises où je pouvais être tombé sur quelques anecdotes du siècle de Louis XIV. Si vous aviez persisté dans cette bonne volonté, j'en aurais profité pour les nouvelles éditions qui se font à Genève, à Leipsick, et dans Avignon.

Il y a à la vérité dans cette histoire quelques anecdotes bien étonnantes : celle de l'homme au masque de fer, dont vous connaissez toute la vérité; celle du traité secret de Louis XIV avec Léopold, ou plutôt avec le prince Lobkovitz, pour ravir la Flandre à son beau-frère encore enfant, traité singulier qui existe dans le dépôt des affaires étrangères, et dont j'ai eu la copie; la révélation de la confession de Philippe V, faite au duc d'Orléans régent par le jésuite d'Aubenton, friponnerie plus ordinaire qu'on ne croit, et dont M. le comte de Fuentes et M. le duc de Villa-Hermosa ont la preuve en main; la conduite et la condamnation de ce pauvre fou de Lally, d'après deux journaux très-exacts : enfin je n'ai écrit que les choses dont j'ai eu la preuve, ou dont j'ai été témoin moi-même. Je ne crois pas que jamais aucun historien ait fait l'histoire de son temps avec plus de vérité, et en même temps avec plus de circonspection; mais, de toutes les vérités que j'ai dites, les plus intéressantes pour moi sont celles qui célèbrent votre gloire. Si je me suis trompé dans quelques occasions, j'ai droit de m'adresser à vous pour être remis sur la voie. Vous savez que Polybe fut instruit plus d'une fois par Scipion.

Il y aura incessamment une nouvelle édition du *Siècle de Louis XIV*, in-quarto. M. le comte de Saint-Florentin m'a mandé qu'il n'y aurait aucun inconvénient à la présenter au roi; mais je ne ferai rien sans votre approbation. Vous savez que je suis sans aucun empressement sur ces bagatelles. Je sais, il y a longtemps, avec quelle indifférence elles sont reçues, et qu'on ne doit guère attendre de compliments que de la postérité; mais daignez songer que j'ai travaillé pour elle et pour vous. Je touche à cette postérité, et vos bontés me rendent le temps présent supportable.

Agréez, monseigneur, mon tendre respect.

MMMMMDLXXVII. — A M. DE LA HARPE.
17 avril.

Nostræ spes altera scenæ[1].

Je suis très-fâché que vous enterriez votre génie dans une traduction de Suétone, auteur, à mon gré, assez aride, et anecdotier très-suspect. J'espère que vous ne direz pas dans vos remarques que vous renoncez à faire des vers, ainsi que l'a dit notre ami La Bletterie. Il est plaisant que La Bletterie s'imagine avoir fait des vers.

Voici un petit paquet pour votre *Mercure*. S'il me tombe quelque rogaton sous la main, je vous en ferai part; mais j'aimerais bien mieux que *le Mercure* eût à parler d'une nouvelle tragédie de votre façon : nous avons besoin de beaux vers, beaucoup plus que de Suétone.

J'ai eu douze accès de fièvre. j'ai été sur le point de mourir, et je disais : « Le théâtre français est mort de son côté, si M. de La Harpe n'y met la main. » Il a fallu passer par les cérémonies ordinaires. Vous savez que je ne les crains pas, quoique je ne les aime point du tout; mais il faut remplir ses devoirs de citoyen : ceux de l'amitié me sont bien plus chers.

MMMMMDLXXVIII. — A M. LECLERC.
Avril.

Je suis aussi sensible, monsieur, à votre prose qu'à vos vers; ils m'ont plu, quoiqu'ils me flattent trop; mais, entre nous, le plus galant homme est toujours un peu faquin dans le cœur.

Il y a longtemps, monsieur, que je vous dois autant de félicitations que de remercîments sur les différents ouvrages que vous avez eu la bonté de m'envoyer. Je les regarde comme le dépôt de ce que la physique, la morale et la politique ont de bon, d'essentiel, et de grand. Je n'ai pas été en état de vous payer mes dettes. Il y a près de deux mois que je suis malade; j'irai bientôt trouver votre bon empereur Yu, et je me renommerai de vous en lui faisant ma cour. Je n'oublierai pas non plus de me mettre aux pieds de l'empereur Yong-Tching, qui a chassé si poliment les jésuites. En attendant, conservez-moi une amitié qui réponde à celle que vous m'avez inspirée. Vous réunissez,

---

1. Virgile a dit, *Æn.*, XII, 168 :

Spes altera Romæ. (Éd.)

monsieur, les talents utiles et agréables, vous possédez une grande connaissance des hommes; puissiez-vous donc, après avoir simplifié la médecine du corps et de l'esprit avec tant de succès, simplifier encore une autre chose dans laquelle on a mis tant d'ingrédients qu'on en a fait un poison! Cette tâche est digne de l'interprète de la nature et de l'apôtre de l'humanité.

Si jamais vous repassez par nos déserts, je me flatte que vous préférerez mon ermitage aux cabarets de Genève; vous y trouverez un homme qui vous est dévoué; ainsi point de cérémonies, s'il vous plaît, entre deux philosophes faits pour être amis.

MMMMMDLXXIX. — A MADAME LA MARQUISE DU DEFFAND.

A Ferney, 24 avril.

Eh bien! madame, je suis plus honnête que vous; vous ne voulez pas me dire avec qui vous soupez, et moi je vous avoue avec qui je déjeune. Vous voilà bien ébaubis, messieurs les Parisiens! la bonne compagnie, chez vous, ne déjeune pas, parce qu'elle a trop soupé; mais moi je suis dans un pays où les médecins[1] sont italiens, et où ils veulent absolument qu'on mange un croûton à certains jours. Il faut même que les apothicaires donnent des certificats en faveur des estomacs qu'on soupçonne d'être malades. Le médecin du canton que j'habite est un ignorant de très-mauvaise humeur[2], qui s'est imaginé que je faisais très-peu de cas de ses ordonnances.

Vous ignorez peut-être, madame, qu'il écrivit contre moi au roi l'année passée, et qu'il m'accusa de vouloir mourir comme Molière, en me moquant de la médecine; cela même amusa fort le conseil. Vous ne savez pas sans doute qu'un soi-disant ci-devant jésuite franc-comtois, nommé Nonotte, qui est encore plus mauvais médecin, me déféra, il y a quelques mois, à Rezzonico[3], premier médecin de Rome, tandis que l'autre me poursuivait auprès du roi, et que Rezzonico envoya à l'ex-jésuite, nommé Nonotte, résidant à Besançon, un bref dans lequel je suis déclaré atteint et convaincu de plus d'une maladie incurable. Il est vrai que ce bref n'est pas tout à fait aussi violent que celui dont on a affublé le duc de Parme; mais enfin j'y suis menacé de mort subite.

Vous savez que je n'ai pas deux cent mille hommes à mon service, et que je suis quelquefois un peu goguenard. J'ai donc pris le parti de rire de la médecine avec le plus profond respect, et de déjeuner, comme les autres, avec des attestations d'apothicaires.

Sérieusement parlant, il y a eu, à cette occasion, des friponneries de la Faculté si singulières, que je ne peux vous les mander, pour ne pas perdre de pauvres diables qui, sans m'en rien dire, se sont saintement parjurés pour me rendre service[4]. Je suis un vieux malade dans

---

1. C'est-à-dire les prêtres. (Éd.) — 2. Biord, évêque d'Annecy. (Éd.)
3. Clément XIII. (Éd.)
4. Ils avaient fabriqué et certifié, chez le curé de Ferney, une profession de foi de M. de Voltaire. (Éd.)

une position très-délicate, et il n'y a point de lavement et de pilules que je ne prenne tous les mois, pour que la Faculté me laisse vivre et mourir en paix.

Vous n'avez jamais entendu parler d'un nommé Lebret, trésorier de la marine, que j'ai fort connu, et qui, en voyageant, se faisait donner l'extrême-onction dans tous les cabarets? j'en ferai autant quand on voudra.

Oui, j'ai déclaré que je déjeunais à la manière de mon pays. « Mais, si vous étiez Turc, m'a-t-on dit, vous déjeuneriez donc à la façon des Turcs? » Oui, messieurs.

De quoi s'avise mon gendre d'envoyer ces quatre *Homélies*[1]? elles ne sont faites que pour un certain ordre de gens. Il faut, comme disent les Italiens, donner *cibo per tutti*.

Vous saurez, madame, qu'il y a une trentaine de cuisiniers répandus dans l'Europe qui, depuis quelques années, font des petits pâtés dont tout le monde veut manger. On commence à les trouver fort bons, même en Espagne. Le comte d'Aranda en mange beaucoup avec ses amis. On en fait en Allemagne, en Italie même; et certainement, avant qu'il soit peu, il y aura une nouvelle cuisine.

Je suis bien fâché de n'avoir pas *la Princesse printanière* dans ma bibliothèque; mais j'ai *l'Oiseau bleu* et *Robert le Diable*. Je parie que vous n'avez jamais lu *Clélie* ni *l'Astrée;* on ne les trouve plus à Paris. *Clélie* est un ouvrage plus curieux qu'on ne pense; on y trouve les portraits de tous les gens qui faisaient du bruit dans le monde du temps de Mlle Scudéri; tout Port-Royal y est; le château de Villars, qui appartient aujourd'hui à M. le duc de Praslin, y est décrit avec la plus grande exactitude.

Mais, à propos de romans, pourquoi, madame, n'avez-vous pas appris l'italien? Que vous êtes à plaindre de ne pouvoir pas lire, dans sa langue, l'Arioste, si détestablement traduit en français! Votre imagination était digne de cette lecture; c'est la plus grande louange que je puisse vous donner, et la plus juste. Soyez très-sûre qu'il écrit beaucoup mieux que La Fontaine, et qu'il est cent fois plus peintre qu'Homère, plus varié, plus gai, plus comique, plus intéressant, plus savant dans la connaissance du cœur humain que tous les romanciers ensemble, à commencer par l'histoire de Joseph et de la Putiphar, et à finir par *Paméla*. Je suis tenté toutes les années d'aller à Ferrare, où il a un beau mausolée; mais, puisque je ne vais point vous voir, madame, je n'irai pas à Ferrare.

Vous me faites un grand plaisir de me dire que votre ami[2] se porte mieux. Mettez-moi aux pieds de votre grand'maman[3]; mais, si elle n'a pas le bonheur d'être folle de l'Arioste, je suis au désespoir de sa sagesse. Portez-vous bien, madame; amusez-vous comme vous pourrez. J'ai encore la fièvre toutes les nuits, et je m'en moque.

Amusez-vous, encore une fois, fût-ce avec *les Quatre fils Aymon;*

---

1. Les quatre homélies publiées en 1767. (ÉD.)
2. Le président Hénault. (ÉD.) — 3. Mme de Choiseul. (ÉD.)

tout est bon, pourvu qu'on attrape le bout de la journée, qu'on soupe, et qu'on dorme; le reste est vanité des vanités, comme dit l'autre; mais l'amitié est chose véritable.

MMMMMDLXXX. — A M. LE COMTE DE LA TOURAILLE.

A Ferney, le 24 avril.

Je n'ai jamais prétendu, monsieur, qu'on dût jamais s'offenser d'être comparé à Jean-Baptiste Colbert [1]. J'ai écrit seulement qu'un ministre de la guerre et de la paix n'avait pas plus de rapport à un contrôleur général qu'avec un archevêque de Paris. Je vous avoue même que je ne souhaiterais point du tout que M. le duc de Choiseul eût le contrôle général : il fricasserait tout en deux ans : tout l'argent irait en gratifications, pensions, bienfaits, magnificences. Un contrôleur général doit avoir la main et le cœur un peu serrés. M. le duc de Choiseul a des vices tout contraires à cette vertu nécessaire. Il ne se corrigerait jamais de son humeur généreuse et bienfaisante. Quand milord Bolingbroke fut fait secrétaire d'État, les filles de Londres, qui faisaient alors la bonne compagnie, se disaient l'une à l'autre : « Betty, Bolingbroke est ministre! Huit mille guinées de rente; tout pour nous. »

A propos de générosité, je prends la liberté de demander à Mgr le prince de Condé le congé d'un soldat de sa légion. J'ai fait un peu les honneurs de ma chaumière à cette légion romaine. J'en rappellerais le souvenir à M. le comte de Maillé s'il était à Paris. J'explique toutes mes raisons à Son Altesse Sérénissime ; mais ces raisons seront bien moins fortes qu'un mot de votre bouche, et je vous supplie d'avoir la bonté de dire ce mot à un prince qui ne se fait pas prier quand il s'agit de faire des heureux.

Agréez, monsieur, les respectueux sentiments du vieux malade de Ferney.

MMMMMDLXXXI. — A M. DE RULHIÈRE.

26 avril.

Je vous remercie, monsieur, du plus grand plaisir que j'aie eu depuis longtemps. J'aime les beaux vers à la folie : ceux que vous avez eu la bonté de m'envoyer sont tels que ceux que l'on faisait il y a cent ans, lorsque les Boileau, les Molière, les La Fontaine, étaient au monde. J'ai osé, dans ma dernière maladie, écrire une lettre à Nicolas Despréaux [2] : vous avez bien mieux fait, vous écrivez comme lui.

« Le jeune bachelier qui répond à tout venant sur l'essence de Dieu; les prêtres irlandais qui viennent vivre à Paris d'arguments et de messes; le plus grand des torts est d'avoir trop raison; la justice qui se cache dans le ciel, tandis que la vérité s'enfonce dans son puits, etc., etc., » sont des traits qui auraient embelli les meilleures épîtres de Nicolas.

1. M. de Voltaire avait désapprouvé que, dans des vers adressés à M. le duc de Choiseul, M. le comte de La Touraille eût comparé ce ministre à Colbert. (*Ed. de Kehl.*)
2. *Epître à Boileau.* (ÉD.)

Le portrait du sieur d'Aube[1] est parfait. Vous demandez à votre lecteur

S'il connaît par hasard le contradicteur d'Aube,
Qui daubait autrefois, et qu'aujourd'hui l'on daube,
Et que l'on daubera tant que vos vers heureux
Sans contradiction plairont à nos neveux.

Oui, vraiment, je l'ai fort connu et reconnu sous votre pinceau de Teniers.

Si vous vouliez, monsieur, vous donner la peine, à vos heures de loisir, de relimer quelques endroits de ce très-joli discours en vers, ce serait un des chefs-d'œuvre de notre langue.

MMMMMDLXXXII. — A M. GAILLARD.

A Ferney, 28 avril.

Je vous assure, monsieur, qu'un vaisseau arrive plus vite de Moka à Marseille que votre *Siècle de François Ier*[2] n'est arrivé de Paris à Ferney. Mon gendre Dupuits l'avait laissé à Paris; je ne l'ai eu que depuis huit jours. Grand merci de m'avoir fait passer une semaine si agréable. Vous m'avez instruit et vous m'avez amusé : ce sont deux grands services que vous m'avez rendus.

Je n'aime guère François Ier, mais j'aime fort votre style, vos recherches, et surtout votre esprit de tolérance. Vous avez beau dire et beau faire, Charles-Quint n'a jamais brûlé de luthériens à petit feu; on ne les a pas guindés au haut d'une perche en sa présence, pour les descendre à plusieurs reprises dans le bûcher, et pour leur faire savourer pendant cinq ou six heures les délices du martyre. Charles-Quint n'a jamais dit que, si son fils ne croyait pas la transsubstantiation, il ne manquerait pas de le faire brûler, pour l'édification de son peuple. Je ne vois guère dans François Ier que des actions ou injustes, ou honteuses, ou folles. Rien n'est plus injuste que le procès intenté au connétable, qui s'en vengea si bien, et que le supplice de Samblançai, qui ne fut vengé par personne. L'atrocité et la bêtise d'accuser un pauvre chimiste italien d'avoir empoisonné le Dauphin son maître, à l'instigation de Charles-Quint, doit couvrir François Ier d'une honte éternelle. Il ne sera jamais honorable d'avoir envoyé ses deux enfants en Espagne, pour avoir le loisir de violer sa parole en France.

Quelques pensions données et mal payées à des pédants du Collége royal ne compensent point tant d'actions odieuses; toutes ses guerres en Italie sont conduites avec démence. Point d'argent, point de plan de campagne; son royaume est toujours exposé à la destruction, et, pour comble de honte, il se croit obligé de s'allier avec les Turcs, dans le temps que Charles-Quint délivre dix-huit mille captifs chrétiens des mains de ces mêmes Turcs. En un mot, vous me paraissez meilleur

---

1. Dans son *Discours sur les disputes*, que Voltaire reproduisit dans ses *Questions sur l'Encyclopédie*. (ÉD.)
2. L'*Histoire de François Ier*, par Gaillard. (ÉD.)

historien que l'amant de la Pisseleu ne me paraît un grand roi. Ce n'est pas que je sois enthousiasmé de son prédécesseur Louis XII, encore moins de Charles VIII. J'ai la consolation d'abhorrer Louis XI, de ne faire nul cas de Charles VII. Il est triste que la nation n'ait pas mis Charles VI aux Petites-Maisons. Charles V du moins était assez adroit; mais il y a un intervalle immense entre lui et un grand homme. Enfin, depuis saint Louis jusqu'à Henri IV, je ne vois rien; aussi les recueils de l'histoire de France ennuient-ils toutes les nations, ainsi que moi. David Hume a eu un très-grand avantage sur l'abbé Velly et consorts; c'est qu'il a écrit l'histoire des Anglais, et qu'en France on n'a jamais écrit l'histoire des Français. Il n'y a point de gros laboureur en Angleterre qui n'ait la grande charte chez lui, et qui ne connaisse très-bien la constitution de l'État. Pour notre histoire, elle est composée de tracasseries de cour, de grandes batailles perdues, de petits combats gagnés, et de lettres de cachet. Sans cinq ou six assassinats célèbres, et surtout sans la Saint-Barthélemy, il n'y aurait rien de si insipide. Remarquez encore, s'il vous plaît, que nous sommes venus les derniers en tout; que nous n'avons jamais rien inventé; et qu'enfin, à dire la vérité, nous n'existons aux yeux de l'Europe que dans le siècle de Louis XIV. J'en suis fâché, mais la chose est ainsi. Convenez-en de bonne foi, comme je conviens que vous faites honneur au siècle de Louis XV, et que vous êtes savant, exact, sage, et éloquent. Croyez que mon estime pour vous est égale à mon mépris pour la plupart des choses; c'était à vous à faire le *Siècle de Louis XIV*. Une édition nouvelle de ce siècle unique paraîtra bientôt. J'ai eu soin de corriger les bévues de l'imprimeur et les miennes; mais, comme je ne revois point les épreuves, il y aura toujours quelques fautes. Je me donne actuellement du bon temps, attendu que j'ai été à la mort il y a quinze jours. Comptez que je vous estimerai, que je vous aimerai jusqu'à ce que j'aille embrasser Quinault et le Tasse, à la barbe de Nicolas Boileau.

MMMMMDLXXXIII. — A M. Thieriot.

28 avril.

J'ai peur que mon ancien ami ne connaisse pas le *tripot* auquel il a affaire. Je ne crois pas qu'il y ait aucun de ces animaux-là à qui Dieu ait daigné donner le goût et le sens commun; ils aiment d'ailleurs passionnément leur intérêt, et ne l'entendent point du tout. Il n'y en a point qui n'ait la rage de vouloir mettre du sien dans les choses qu'on lui confie. Ils ne jugent jamais de l'ensemble que par la partie qui les regarde, et dans laquelle ils croient pouvoir réussir.

De plus, le détestable goût d'un petit siècle qui a succédé à un grand siècle égare encore leur pauvre jugement. Le vieux vin de Falerne et de Cécube ne se boit plus; il faut la lie du vin plat de La Chaussée.

A propos de plat, rien ne serait en effet plus plat et plus grossier que de dire en face à un homme : *En dusses-tu crever;* mais le dire à un mort me paraît fort plaisant.

Au reste, vous avez très-bien fait de jeter la vue sur Préville. Tâchez de tirer parti de la facétie du jeune magistrat. Je crois que l'aréopage histrionique n'est pas riche en comédies. Tous les jeunes gens qui ont la rage des vers font des tragédies dès qu'ils sortent du collége.

L'épître de M. de Rulhière est pleine d'esprit, de vérité, de gaieté, et de vers charmants; elle mérite d'être parfaite. Je lui écris ce que j'en pense.

Bonsoir; je suis bien malade, mais j'ai encore de la force. Il est défendu aux malades de trop causer; ainsi je vous embrasse sans bavarder davantage. Je vous envoie un de mes *Testaments*[1] pour vous amuser.

MMMMMDLXXXIV. — A M. LEKAIN.
30 avril.

On avait prévenu, il y a quinze jours, mon cher ami, le résultat que vous m'avez envoyé. Le jeune homme dont il est question donne de grandes espérances; car, ayant fait cet ouvrage avec une rapidité qui m'étonne, et n'ayant pas mis plus de douze jours à le composer, il s'est fait la loi de l'oublier pendant quatre ou cinq mois, et de le retoucher ensuite de sang-froid avec autant de soin qu'il y avait mis d'abord de vivacité. Des raisons essentielles l'obligent à garder l'incognito. Je pense que plus il sera inconnu, plus il pourra vous être utile; que la pièce[2] d'ailleurs me paraît sage, d'une morale très-pure, et remplie de maximes qui doivent plaire à tous les honnêtes gens.

On peut faire des applications malignes, mais il me semble qu'elles seraient bien forcées. *Le Tartufe* et *Mahomet* sont certainement susceptibles d'allusions plus dangereuses; cependant on les représente souvent sans que personne en murmure.

L'intérêt que je prends au jeune auteur, et mon amour pour la tolérance, qui est en effet le sujet de la pièce, me font désirer passionnément que cette tragédie paraisse embellie par vos rares talents.

Si on s'obstinait à reconnaître l'inquisition dans le tribunal des prêtres païens, je n'y vois ni aucun mal ni aucun danger. L'inquisition a toujours été abhorrée en France. On vient de couper les griffes de ce monstre en Espagne et en Portugal. Le duc de Parme a donné à tous les souverains l'exemple de la détruire. Si les mauvais prêtres sont peints dans la pièce avec les traits qui leur conviennent, l'éloge des bons prêtres se trouve en plusieurs endroits.

Enfin le jugement de l'empereur, qui termine l'ouvrage, paraît dicté pour le bonheur du genre humain.

J'ai prié M. d'Argental, de la part de l'auteur, de me renvoyer votre manuscrit, sur lequel on porterait incontinent soixante ou quatre-vingts vers nouveaux qui me semblent fortifier cet ouvrage, augmenter l'intérêt, et rendre encore plus pure la saine morale qu'il renferme. Je renverrais le manuscrit sur-le-champ; il n'y aurait pas un moment de perdu.

Je crois que, dans les circonstances présentes, il conviendrait que la pièce fût jouée sans délai, fût-ce dans le cœur de l'été. L'auteur ne

---

1. L'*Épître à Boileau* est aussi intitulée : *Mon Testament*. (ÉD.)
2. La tragédie des *Guèbres*. (ÉD.)

demande point un grand nombre de représentations; il ne veut point de rétribution, il ne souhaite que le suffrage des connaisseurs et des gens de bien. Quand la pièce aura passé une fois à la police, elle restera à vos camarades, et la singularité du sujet pourra attirer toujours un grand concours.

J'ai mandé, autant qu'il m'en souvient, à M. et à Mme d'Argental tout ce que je vous écris. Je m'en rapporte entièrement à eux. Ils honorent l'ouvrage de leur approbation; ils peuvent le favoriser, non-seulement par eux-mêmes, mais par leurs amis. On attend tout de leur bonté, de leur zèle, et de leur prudence.

Je vous embrasse de tout mon cœur, mon cher grand acteur, et je vous prie de seconder de tout votre pouvoir les bons offices de mes respectables amis.

MMMMMDLXXXV. — A M. LE COMTE D'ARGENTAL.

1ᵉʳ mai.

Voici, mon divin ange, ma réponse à Lekain et aux idées du *tripot*, dont quelques-unes sont bonnes, et d'autres très-mauvaises. La vie est courte. J'attends avec impatience le manuscrit que je vous ai demandé.

Béni soit cependant le duc de Parme, béni soit le comte d'Aranda, béni soit le comte de Carvalho, qui a fait incarcérer l'évêque de Coïmbre, lequel évêque avait fourré mon nom, assez mal à propos, dans un mandement séditieux, s'en prenant à moi de ce que les yeux de l'Europe commençaient à s'ouvrir. Son mandement a été brûlé par M. le bourreau de Lisbonne; mais à Paris la grand'chambre a fait brûler le poëme de *la Loi naturelle*, l'ouvrage le plus patriotique et le plus véritablement pieux qu'ait fait notre poésie française. Cette bêtise barbare est digne de ceux qui ont voulu proscrire l'inoculation. Les Welches seront longtemps Welches. Le fond de la nation est fou et absurde; et, sans une vingtaine de grands hommes, je la regarderais comme la dernière des nations.

Je tremble beaucoup pour le mari d'une très-aimable femme que Mme du Deffand appelle sa grand'maman[1], et que Mme Denis alla voir en revenant à Paris. J'ai peur qu'il n'y ait des changements qui vous seraient désagréables, et dont je serais extrêmement affligé. Cependant il faut s'attendre à tout, et être bien sûr de tout regarder avec des yeux philosophiques.

J'espère que mes anges seront toujours aussi heureux qu'ils méritent de l'être.

M. du Tillot n'est-il pas toujours premier ministre de Parme? mais n'a-t-il pas un autre nom et un autre titre?

---

1. Mme de Choiseul. (Éd.)

MMMMMDLXXXVI. — AU MÊME.
3 mai.

Il y a peut-être, mon cher ange, je ne sais quoi de fat à vous envoyer sa médaille; mais il faut que du moins je vous présente mes hommages en effigie, puisque je ne peux les apporter en personne.

L'ami Marin m'a appris qu'il y a un conseiller du Châtelet qui n'est pas conseiller du Parnasse[1]; cela ne m'étonne ni ne m'épouvante. Renvoyez-moi toujours *les Guèbres*; on y insérera environ quatre-vingts vers nouveaux que l'auteur m'a envoyés; on y mettra un petit mot de préface, dans laquelle on dira que l'auteur avait fait d'abord de cette pièce une tragédie chrétienne; que, sur les représentations de ses amis, il avait cru le christianisme trop respectable pour le mettre encore sur le théâtre, après tant de tragédies saintes que nous avons; qu'il a substitué les Guèbres aux chrétiens, avec d'autant plus de vraisemblance que les Guèbres, ou Parsis, étaient alors persécutés. On pourrait alors faire entendre raison à ce maudit conseiller; on pourrait s'adresser, par Mme d'Egmont, à M. de Richelieu, si vous approuvez cette tournure. Au pis aller, on ferait imprimer l'ouvrage bien corrigé et un peu embelli, avec une préface honnête pour l'édification du prochain.

On ne fera rien sans l'ordre de mes anges.

MMMMMDLXXXVII. — A M. LE PRINCE DE LIGNE.
5 mai.

Vous daignez quelquefois, monsieur le prince, ranimer par vos bontés un vieillard malade. Quoique je sois mort au monde, votre souvenir ne m'en est pas moins précieux.

Vous jouissez à présent des plaisirs de Paris, et vous les faites; mais je suis persuadé qu'au milieu de ces plaisirs vous goûtez la noble satisfaction de voir le règne de la raison qui s'avance partout à grands pas. Ferdinand II n'aurait jamais osé proscrire la bulle *In cœna Domini*. Il y aura enfin des philosophes à Vienne, et même à Bruxelles. Les hommes apprendront à penser, et vous ne contribuerez pas peu à cette bonne œuvre.

On substitue déjà presque partout la religion au fanatisme. Les bûchers de l'inquisition sont éteints en Espagne et en Portugal. Les prêtres apprennent enfin qu'ils doivent prier Dieu pour les laïques, et non les tyranniser. On n'aurait jamais osé imaginer cette révolution il y a cinquante ans; elle console ma vieillesse, que vous égayez par votre très-aimable lettre.

Agréez, monsieur le prince, avec votre bonté ordinaire, le respect et l'attachement du solitaire
V.

---

1. Il s'agit de Moreau, procureur du roi au Châtelet. (ÉD.)

MMMMMDLXXXVIII. — A M. L'ABBÉ AUDRA, BARON DE SAINT-JUST,
CHANOINE DE TOULOUSE, PROFESSEUR ROYAL D'HISTOIRE.

5 mai.

Vous voilà donc, monsieur, professeur en incertitude : vous ne le serez jamais en mensonge. Si j'étais plus jeune, si j'avais de la santé, je travaillerais de bon cœur à ce que vous me proposez; mais je vois que je serai obligé de m'en tenir à la *Philosophie de l'histoire*. Si vous n'avez point ce petit livre, j'aurai l'honneur de vous l'envoyer par la voie que vous m'indiquerez.

Sirven sera sans doute allé consulter secrètement ses parents et ses amis vers Mazamet. Je me repose de la justice qu'on lui doit sur vos bontés et sur celles des magistrats, à qui vous avez inspiré tant de bienveillance pour lui. Sa cause d'ailleurs est si bonne et si claire, qu'il faudrait être également aveugle et méchant pour le condamner.

Je voudrais être caché dans un coin à Toulouse le jour que son innocence sera reconnue. S'il faut faire partir ses filles, je les enverrai à Toulouse, au premier ordre que vous me donnerez. Je ne trouverai rien dans l'histoire moderne qui me plaise davantage que la justification des Calas et des Sirven.

Adieu, monsieur; on ne peut vous estimer et vous aimer plus que vous l'êtes du solitaire
V.

MMMMMDLXXXIX. — A M. LE COMTE D'ARGENTAL.

8 mai.

On renvoie aux divins anges *les Deux frères*[1], avec les quatre-vingts vers nouveaux qu'on avait promis. On y ajoute la préface honnête qui doit faire passer l'ouvrage, si on a encore le sens commun à Paris. Il me paraît juste que Marin et Lekain partagent le profit de l'édition.

Mes chers anges sont tout ébouriffés d'un déjeuner par-devant notaire; mais s'ils savaient que tout cela s'est fait par le conseil d'un avocat qui connaît la province, s'ils savaient à quel fanatique fripon j'ai affaire, et dans quel extrême embarras je me suis trouvé, ils avoueraient que j'ai très-bien fait. On ne peut donner une plus grande marque de mépris pour ces facéties que de les jouer soi-même. Ceux qui s'en abstiennent paraissent les craindre; c'est le cas de qui vous savez. On dit que laquelle vous savez affiche aussi la dévotion; mais vraiment c'est très-bien fait; car je suis dévot aussi, et si dévot, que j'ai reçu des lettres datées du conclave.

Je ne manquerai pas, mon cher ange, de prendre le parti que vous me proposez, si on me rembourse. J'aime à être à l'ombre de vos ailes, dans le temporel comme dans le spirituel.

N'avez-vous pas perdu un peu à Cadix avec les Gilli? J'en ai été pour quarante mille écus. J'ai perdu en ma vie cinq ou six fois plus que je n'ai eu de patrimoines : aussi ma vie est-elle un peu singulière. Dieu a tout fait pour le mieux.

Portez-vous bien tous deux, mes anges; c'est là le point capital.

1. C'est le titre que Voltaire donnait à sa tragédie des *Guèbres*. (ÉD.)

ANNÉE 1769.

MMMMDXC. — A M. LE CARDINAL DE BERNIS.

8 mai.

Puisque vous êtes encore, monseigneur, dans votre caisse de planches[1], en attendant le Saint-Esprit, il est bien juste de tâcher d'amuser Votre Éminence.

Vous avez lu sans doute actuellement *les Quatre saisons* de M. de Saint-Lambert. Cet ouvrage est d'autant plus curieux qu'on le compare à un poëme qui a le même titre[2], et qui est rempli d'images riantes, tracées du pinceau le plus léger et le plus facile. Je les ai lus tous deux avec un plaisir égal. Ce sont deux jolis pendants pour le cabinet d'un agriculteur tel que j'ai l'honneur de l'être. Je ne sais de qui sont ces *Quatre saisons* à côté desquelles nous osons placer le poëme de M. de Saint-Lambert. Le titre porte par M. le C. de B...; c'est apparemment M. le cardinal de Bembo. On dit que ce cardinal était l'homme du monde le plus aimable, qu'il aima la littérature toute sa vie, qu'elle augmenta ses plaisirs ainsi que sa considération, et qu'elle adoucit ses chagrins, s'il en eut. On prétend qu'il n'y a actuellement dans le sacré collége qu'un seul homme qui ressemble à ce Bembo, et moi je tiens qu'il vaut beaucoup mieux.

Il y a un mois que quelques étrangers étant venus voir ma cellule, nous nous mîmes à jouer le pape aux trois dés : je jouai pour le cardinal Stopani, et j'amenai rafle ; mais le Saint-Esprit n'était pas dans mon cornet ; ce qui est sûr, c'est que l'un de ceux pour qui nous avons joué sera pape. Si c'est vous, je me recommande à Votre Sainteté. Conservez, sous quelque titre que ce puisse être, vos bontés pour le vieux laboureur V.

Fortunatus et ille deos qui novit agrestes!
Virg., *Georg.*, lib. II, v. 493.

MMMMDXCI. — A M. L'ABBÉ DE VOISENON.

12 mai.

Mon cher confrère, le grand vicaire de Boulogne, et évêque de la bonne compagnie, prendra, s'il lui plaît, en gré qu'un vieux solitaire du diocèse d'Annecy lui demande sa bénédiction, sa protection dans la sainte Église et chez les honnêtes gens de Paris. Il se recommande à ses bonnes grâces, à ses prières, et à ses chansons, qui valent beaucoup mieux que ses antiennes.

On vient de réimprimer la *Félicité*[3], non pas la félicité éternelle, mais celle du plus aimable homme du monde. VOLTAIRE.

---

1. Le conclave qui se tenait alors pour l'élection de Clément XIV. (ÉD.)
2. Le poëme de Bernis est intitulé : *Les Quatre Saisons*; celui de Saint Lambert a pour titre : *Les Saisons*. (ÉD.)
3. *L'Histoire de la Félicité*, petit roman de Voisenon. (ÉD.)

MMMMMDXCII. — A madame la duchesse de Choiseul.

A Lyon, le 20 mai.

Madame, rapport que Votre Excellence m'a ordonné de lui envoyer les livrets facétieux qui pourraient m'arriver de Hollande, je vous dépêche celui-ci, dans lequel il me paraît qu'il y a force choses concernant la cour de Rome, dans le temps qu'on s'y réjouissait, et que le Saint-Esprit créait des papes de trente-cinq ans. Ce livret vient à propos dans un temps de conclave.

Je me doute bien que monseigneur votre époux n'a pas trop le temps de lire les aventures d'*Amabed et d'Adaté*[1], et d'examiner si les premiers livres indiens ont environ cinq mille ans d'antiquité. Des courriers qui ont passé dans ma boutique m'ont dit que madame était à Chanteloup, et que, dans son loisir, elle recevrait bénignement ces feuilles des Indes.

Pendant que je faisais le paquet, il a passé trois capitaines du régiment des gardes suisses qui disaient bien des choses de monseigneur votre époux. J'écoutai bien attentivement. Voici leurs paroles : « Jarnidié, si jamais il lui arrivait de se séparer de nous, nous ne servirions plus personne, et tous nos camarades pensent de même. » Ces jurements me firent plaisir, car je suis une espèce de Suisse, et je lui suis attaché tout comme eux, quoique je ne monte pas la garde.

Ces Suisses, qui revenaient de Versailles, dirent après cela tant de bagatelles, tant de pauvretés, par rapport au pays d'où ils venaient, que je levai les épaules, et je me remis à mon ouvrage. Oh! voyez-vous, madame, je laisse aller le monde comme il va; mais je ne change jamais mon opinion, tant je suis têtu. Il y a soixante ans que je suis passionné pour Henri IV, pour Maximilien de Rosny, pour le cardinal d'Amboise, et quelques personnes de cette trempe; je n'ai pas changé un moment : aussi tout le monde me dit : « Monsieur Guillemet, vous êtes un bon cœur, il y a plaisir avec vous à bien faire; il est vrai que vous prenez la chèvre quand on vous dit qu'il faut vous enterrer; mais aussi vous entendez raillerie. Tâchez d'envoyer des rogatons à Mme la grand' maman, car, en son genre, madame vaut monsieur. La journée n'a que vingt-quatre heures, monsieur Guillemet; heureux qui peut l'amuser une heure dans les vingt-quatre! c'est beaucoup. N'écrivez jamais de longues lettres à Mme la grand'maman, de peur de l'ennuyer, et n'écrivez point du tout à son époux; contentez-vous de lui souhaiter, du fond du cœur, prospérité, hilarité, succès en tout, et jamais de gravelle. Sachez qu'il lui passe tant de sottises, de misères, de bêtises devant les yeux, que vous ne devez pas en augmenter le nombre. » Ainsi donc, pour couper court, je demeure avec un très-grand respect, madame, de Votre Excellence le très-soumis et humble serviteur, Guillemet, *typographe-*

1. *Lettres d'Amabed.* (Éd.)

ANNÉE 1769.   291

MMMMMDXCIII. — A M. LE COMTE D'ARGENTAL.
23 mai.

Mes chers anges, je réponds à tous les articles de votre lettre du 15 de mai. Parlons d'abord des *Guèbres*; Zoroastre m'intéresse plus que Luchet.

Le jeune homme regarde cet ouvrage comme une chose assez essentielle, parce qu'au fond quatre ou cinq cent mille personnes sentiront bien qu'on a parlé en leur nom, et que quatre ou cinq mille philosophes sentiront encore mieux que c'est leur sentiment qu'on a exprimé. Il a donc, depuis sa dernière lettre, passé huit jours à tout réformer; il a corrigé toutes les fautes qui se glissent nécessairement dans les ouvrages de ce genre, avant qu'ils aient été polis avec le dernier soin; termes impropres, mots répétés, contradictions apparentes rectifiées, entrées et sorties mieux ménagées, additions nécessaires, rien n'a été oublié. Il faudrait donc encore faire une nouvelle copie. On prend le parti de faire imprimer la pièce à Genève. L'auteur et l'éditeur me la dédient. Ce qu'on me dit dans la dédicace était d'une nécessité absolue dans la situation où je me trouve. Cette édition sera pour les pays étrangers, et pour quelques provinces méridionales de France. L'édition de Paris sera pour Paris, et doit valoir honnêtement à M. Marin et à Lekain. Je vous enverrai dans huit ou dix jours la préface, l'épître dont on m'honore, et la pièce.

Vous me parlez d'un nommé Josserand; je ne savais pas qu'il existât, encore moins les obligations qu'il vous avait. On ne me mande rien dans mon tombeau. Ce Josserand m'écrivit, il y a près d'un mois, de lui envoyer un billet sur Laleu[1]; j'en donnai un autre à la nommée Suisse, son associée.

A l'égard des *Scythes*, je baise le bout de vos ailes avec la plus tendre reconnaissance. Si Mlle Vestris joue bien, je ne désespère pas du succès.

A l'égard du déjeuner[2], je vous répète qu'il était indispensable. Vous ne savez pas avec quelle fureur la calomnie sacerdotale m'a attaqué. Il me fallait un bouclier pour repousser les traits mortels qu'on me lançait. Voulez-vous toujours oublier que je suis dans un diocèse italien, et que j'ai dans mon portefeuille la copie d'un bref de Rezzonico contre moi? voulez-vous oublier que j'allais être excommunié comme le duc de Parme et vous? voulez-vous oublier enfin que, lorsqu'on mit un bâillon à Lally, et qu'on lui eut coupé la tête pour avoir été malheureux et brutal, le roi demanda s'il s'était confessé? voulez-vous oublier que mon évêque savoyard, le plus fanatique et le plus fourbe des hommes, écrivit contre moi au roi, il y a un an, les plus absurdes impostures; qu'il m'accusa d'avoir prêché dans l'église où son grand'-père le maçon a travaillé? Il est très-faux que le roi lui ait fait répondre, par M. de Saint-Florentin, qu'il ne voulait pas lui accorder la grâce qu'il demandait. Cette grâce était de me chasser du diocèse, de m'arracher aux

1. Notaire de Voltaire. (ÉD.) — 2. La communion du 1er avril 1769. (ÉD.)

terres que j'ai défrichées, à l'église que j'ai rebâtie, aux pauvres que je loge et que je nourris. Le roi lui fit écrire qu'il me ferait ordonner de me conformer à ses sages avis; c'est ainsi que cette lettre fut conçue. L'évêque-maçon a eu l'indiscrétion inconcevable de faire imprimer la lettre de M. de Saint-Florentin. Ce polisson de Savoyard a été autrefois porte-Dieu à Paris, et repris de justice pour les billets de confession. Il s'est joint avec un misérable ex-jésuite, nommé Nonotte, excrément franc-comtois, pour obtenir ce bref dont je vous ai parlé. Ils m'ont imputé les livres les plus abominables : ils auront beau faire, je suis meilleur chrétien qu'eux; je leur pardonne comme à La Bletterie. J'édifie tous les habitants de mes terres, et tous les voisins, en communiant. Ceux que leurs engagements empêchent d'approcher de ce sacrement auguste ont une raison valable de s'en abstenir; un homme de mon âge n'en a point après douze accès de fièvre. Le roi veut qu'on remplisse ses devoirs de chrétien : non-seulement je m'acquitte de mes devoirs, mais j'envoie mes domestiques catholiques régulièrement à l'église, et mes domestiques protestants régulièrement au temple; je pensionne un maître d'école pour enseigner le catéchisme aux enfants. Je me fais lire publiquement l'*Histoire de l'Église* et les *Sermons* de Massillon à mes repas. Je mets l'imposteur d'Annecy hors de toute mesure, et je le traduirai hautement au parlement de Dijon, s'il a l'audace de faire un pas contre les lois de l'État. Je n'ai rien fait et je ne ferai rien que par le conseil de deux avocats, et ce monstre sera couvert de tout l'opprobre qu'il mérite. Si par malheur j'étais persécuté (ce qui est assez le partage des gens de lettres qui ont bien mérité de leur patrie), plusieurs souverains, à commencer par le pôle, et à finir par le quarante-deuxième degré, m'offrent des asiles. Je n'en sais point de meilleur que ma maison et mon innocence; mais enfin tout peut arriver. On a pendu et brûlé le conseiller Anne Dubourg. L'envie et la calomnie peuvent au moins me chasser de chez moi; et, à tout hasard, il faut avoir de quoi faire une retraite honnête.

C'est dans cette vue que je dois garder le seul bien libre qui me reste; il faut que j'en puisse disposer d'un moment à l'autre : ainsi, mes chers anges, il m'est impossible d'entrer dans l'entreprise *luchette*.

Je sais ce qu'ont dit certains barbares; et, quoique je n'aie donné aucune prise, je sais ce que peut leur méchanceté. Ce n'est pas la première fois que j'ai été tenté d'aller chercher une mort paisible à quelques pas des frontières où je suis; et je l'aurais fait, si la bonté et la justice du roi ne m'avaient rassuré.

Je n'ai pas longtemps à vivre; mais je mourrai en remplissant tous mes devoirs, en rendant les fanatiques exécrables, et en vous chérissant autant que je les abhorre.

MMMMMDXCIV. — A M. Dalembert.

24 mai.

Il y a longtemps que le vieux solitaire n'a écrit à son grand et très-cher philosophe. On lui a mandé que vous vous chargiez d'embellir une nouvelle édition de l'*Encyclopédie* : voilà un travail de trois ou quatre ans.

Carpent ea poma nepotes.
Virg., ecl. IX, v. 50.

Il est bon, mon aimable sage, que vous sachiez qu'un M. de La Bastide, l'un des enfants perdus de la philosophie, a fait à Genève le petit livre ci-joint[1], dans lequel il y a une lettre à vous adressée[2], lettre qui n'est pas peut-être un chef-d'œuvre d'éloquence, mais qui est un monument de liberté[3]. On débite hardiment ce livre dans Genève, et les prêtres de Baal n'osent parler. Il n'en est pas ainsi des prêtres savoyards. Le petit-fils de mon maçon, devenu évêque d'Annecy, n'a pas, comme vous savez, le mortier liant : c'est un drôle qui joint aux fureurs du fanatisme une friponnerie consommée, avec l'imbécillité d'un théologien né pour faire des cheminées ou pour les ramoner. Il a été porte-Dieu à Paris, décrété de prise de corps, ensuite vicaire, puis évêque. Ce scélérat a mis dans sa tête de faire de moi un martyr. Vous savez qu'il écrivit contre moi au roi l'année passée; mais ce que vous ne savez pas, c'est qu'il écrivit aussi au pantalon Rezzonico, et qu'il employa en même temps la plume d'un ex-jésuite nommé Nonotte. Il y eut un bref du pape dans lequel je suis très-clairement désigné, de sorte que je fus à la fois exposé à une lettre de cachet et à une excommunication majeure; mais que peut la calomnie contre l'innocence? la faire brûler quelquefois, me direz-vous; oui, il y en a des exemples dans notre sainte et raisonnable religion : mais n'ayant pas la vocation du martyre, j'ai pris le parti de m'en tenir au rôle de confesseur, après avoir été fort singulièrement confessé.

Or voyez, je vous prie, ce que c'est que les fraudes pieuses. Je reçois dans mon lit le saint viatique, que m'apporte mon curé devant tous les coqs de ma paroisse; je déclare, ayant Dieu dans ma bouche, que l'évêque d'Annecy est un calomniateur, et j'en passe acte par-devant notaire : voilà mon maçon d'Annecy furieux, désespéré comme un damné, menaçant mon bon curé, mon pieux confesseur et mon notaire. Que font-ils? ils s'assemblent secrètement au bout de quinze jours, et ils dressent un acte dans lequel ils assurent par serment qu'ils m'ont entendu faire une profession de foi, non pas celle du Vicaire savoyard, mais celle de tous les curés de Savoie (elle est en effet du style d'un ramoneur). Ils envoient cet acte au maçon sans m'en rien dire, et viennent ensuite me conjurer de ne les point désavouer. Ils conviennent qu'ils ont fait un faux serment pour tirer leur épingle du jeu. Je leur remontre qu'ils se damnent, je leur donne pour boire, et ils sont contents.

Cependant ce polisson d'évêque, à qui je n'ai pas donné pour boire, jure toujours comme un diable qu'il me fera brûler dans ce monde-ci

---

1. *Réflexions philosophiques sur la marche de nos idées.* (ÉD.)
2. *Lettre d'un avocat génevois à M. Dalembert.* (ÉD.)
3. Elle est d'un avocat nommé Mallet. Cela va faire un beau bruit dans le tripot de Genève.

et dans l'autre. Je mets tout cela aux pieds de mon crucifix; et, pour n'être point brûlé, je fais provision d'eau bénite. Il prétend m'accuser juridiquement d'avoir écrit deux livres brûlables, l'un qui est publiquement reconnu en Angleterre pour être de milord Bolingbroke; l'autre, la *Théologie portative*[1], que vous connaissez, ouvrage, à mon gré, très-plaisant, auquel je n'ai assurément nulle part, ouvrage que je serais très-fâché d'avoir fait, et que je voudrais bien avoir été capable de faire.

Quoique cet énergumène soit Savoyard, et moi Français, cependant il peut me nuire beaucoup, et je ne puis que le rendre odieux et ridicule : ce n'est pas jouer à un jeu égal. Toutefois j'espère que je ne perdrai pas la partie; car heureusement nous sommes au dix-huitième siècle, et le maroufle croit être au quatorzième. Vous avez encore à Paris des gens de ce temps-là; c'est sur quoi nous gémissons. Il est dur d'être borné aux gémissements; mais il faut au moins qu'ils se fassent entendre, et que les bœufs-tigres frémissent. On ne peut élever trop haut sa voix en faveur de l'innocence opprimée.

On dit que nous aurons bientôt des choses très-curieuses qui pourront faire beaucoup de bien, et auxquelles il faudra que tous les gens de lettres s'intéressent; j'entends les gens de lettres qui méritent ce nom. Vous, qui êtes à leur tête, mon cher ami, priez Dieu que le diable soit écrasé, et mettez, autant que la prudence le permet, votre puissante main à ce très-saint œuvre. Je vous embrasse bien tendrement, et je ne me console point de finir ma vie sans vous revoir.

MMMMMDXCV. — A M. ***.

Je ne sais point mauvais gré à ceux qui m'ont fait parler saintement dans un style si barbare et si impertinent. Ils ont pu mal exprimer mes sentiments véritables; ils ont pu redire dans leur jargon ce que j'ai publié si souvent en français; ils n'en ont pas moins exprimé la substance de mes opinions. Je suis d'accord avec eux; je m'unis à leur foi; mon zèle éclairé seconde leur zèle ignorant; je me recommande à leurs prières savoyardes. Je supplie humblement les faussaires qui ont fait rédiger l'acte du 15 avril de vouloir bien considérer qu'il ne faut jamais faire d'actes faux en faveur de la vérité. Plus la religion catholique est vraie (comme tout le monde le sait), moins on doit mentir pour elle. Ces petites libertés trop communes autoriseraient d'autres impostures plus funestes; bientôt on se croirait permis de fabriquer de faux testaments, de fausses donations, de fausses accusations, pour la gloire de Dieu. De plus horribles falsifications ont été employées autrefois.

Quelques-uns de ces prétendus témoins ont avoué qu'ils avaient été subornés, mais qu'ils avaient cru bien faire. Ils ont signé qu'ils n'avaient menti qu'à bonne intention.

Tout cela s'est opéré charitablement, sans doute à l'exemple des ré-

---

1. La *Théologie portative* est du baron d'Holbach. (ÉD.)

tractations imputées à MM. de Montesquieu, de La Chalotais, de Monclar, et de tant d'autres. Ces fraudes pieuses sont à la mode depuis environ seize cents ans. Mais quand cette bonne œuvre va jusqu'au crime de faux, on risque beaucoup dans ce monde, en attendant le royaume des cieux.

MMMMMDXCVI. — A MADAME LA DUCHESSE DE CHOISEUL.

Lyon, 24 mai, en ma boutique.

Madame, aujourd'hui il est venu vingt personnes dans ma boutique, qui, en parlant toutes ensemble, selon la coutume, criaient : « Nous sommes à *Corte*[1], et il triomphera de tout! » Je leur dis : « Je ne sais pas ce que c'est que *Corte*.

>Ma benche fossi guardian degli orti,
>Vidi e conobbi pur l'inique corti.
>
>Le Tasse, *Ger.*, VII, 12.

— Je vous dis, me répliquèrent-ils, qu'il sera appelé *Corsicus*, en dépit de l'envie. » Je n'entends rien à tout cela, madame; mais j'ai cru devoir vous en donner avis, à cause de la grande joie dont j'ai été témoin, et à cause que j'ai l'honneur d'être par hasard, votre typographe, me signant avec un profond respect, madame, votre très-humble et très-obéissant serviteur, GUILLEMET.

MMMMMDXCVII. — DU CARDINAL DE BERNIS.

Rome, le 24 mai.

Le roi, mon cher confrère, a nommé le pape, son secrétaire d'État, les principales charges. Êtes-vous content? Vous attendez la suite, et moi aussi. On ne dit que je ne retournerai pas sitôt en France. On dit à Rome que je suis habile; et moi, je dis que je suis bien malheureux de ne pouvoir vous lire, vous relire, de n'avoir pas vu encore les *Quatre saisons* nouvelles; en un mot, de n'être pas libre. J'ai reçu l'épître à M. de Saint-Lambert, et la jolie lettre qui l'accompagnait. Soyez heureux puisque vous en faites, et n'oubliez pas votre sincère admirateur et serviteur.

MMMMMDXCVIII. — A CATHERINE II.

A Ferney, 27 mai.

La lettre dont Votre Majesté Impériale m'honore, en date du 15 avril, m'a fait plus de bien que le mois de mai. Le beau temps ranime un peu les vieillards, mais vos succès me donnent des forces. Vous daignez me dire que vous sentez que je vous suis attaché; oui, madame, je le suis et je dois l'être indépendamment de toutes vos bontés; il faudrait être bien insensible pour n'être pas touché de tout ce que faites de grand et d'utile. Je ne crois pas qu'il y ait dans vos États un seul homme qui s'intéresse plus que moi à l'accomplissement de tous vos desseins.

Permettez-moi de vous dire, sans trop d'audace, qu'ayant pensé

---

1. Ville de Corse qui venait d'être prise par les Français. (ÉD.)

comme vous sur toutes les choses qui ont signalé votre règne, je les ai regardées comme des événements qui me devenaient en quelque façon personnels. Les colonies, les arts de toute espèce, les bonnes lois, la tolérance, sont mes passions; et cela est si vrai qu'ayant, dans mon obscurité et dans mon hameau, quadruplé le petit nombre des habitants, bâti leurs maisons, civilisé des sauvages, et prêché la tolérance, j'ai été sur le point d'être très-violemment persécuté par des prêtres. Le supplice abominable du chevalier de La Barre, dont Votre Majesté Impériale a sans doute entendu parler, et dont elle a frémi, me fit tant d'horreur, que je fus alors sur le point de quitter la France, et de retourner auprès du roi de Prusse. Mais aujourd'hui c'est dans un plus grand empire que je voudrais finir mes jours.

Que Votre Majesté juge donc combien je suis affligé, quand je vois les Turcs vous forcer à suspendre vos grandes entreprises pacifiques pour une guerre qui, après tout, ne peut être que très-dispendieuse, et qui prendra une partie de votre génie et de votre temps.

Quelques jours avant de recevoir la lettre dont je remercie bien sensiblement Votre Majesté, j'écrivis à M. le comte de Schowalow, votre chambellan, pour lui demander s'il était vrai qu'Azof fût entre vos mains. Je me flatte qu'à présent vous êtes aussi maîtresse de Tangarock.

Plût à Dieu que Votre Majesté eût une flotte formidable sur la mer Noire! Vous ne vous bornerez pas sans doute à une guerre défensive; j'espère bien que Moustapha sera battu par terre et par mer. Je sais bien que les janissaires passent pour de bons soldats; mais je crois les vôtres supérieurs. Vous avez de bons généraux, de bons officiers, et les Turcs n'en ont point encore : il leur faut du temps pour en former. Ainsi toutes les apparences font croire que vous serez victorieuse. Vos premiers succès décident déjà de la réputation des armes, et cette réputation fait beaucoup. Votre présence ferait encore davantage. Je ne serais point surpris que Votre Majesté fît la revue de son armée sur le chemin d'Andrinople; cela est digne de vous. La législatrice du Nord n'est pas faite pour les choses ordinaires. Vous avez dans l'esprit un courage qui me fait tout espérer.

J'ai revu l'ancien officier qui proposa des chariots de guerre dans la guerre de 1756. Le comte d'Argenson, ministre de la guerre, en fit faire un essai. Mais comme cette invention ne pouvait réussir que dans de vastes plaines, telles que celles de Lutzen, on ne s'en servit pas. Il prétend toujours qu'une demi-douzaine seulement de ces chars, précédant un corps de cavalerie ou d'infanterie, pourrait déconcerter les janissaires de Moustapha, à moins qu'ils n'eussent des chevaux de frise devant eux. C'est ce que j'ignore. Je ne suis point du métier des meurtriers; je ne suis point homme à projets; je prie seulement Votre Majesté de me pardonner mon zèle. D'ailleurs il est dit, dans un livre[1] qui ne ment jamais, que Salomon avait douze mille chars de guerre dans un pays où il n'y eut avant lui que des ânes.

1. *La Bible;* *III Rois,* IV, 26; et *II Paralip.,* IX, 25. (ÉD.)

Et il est dit encore, dans le beau livre des *Juges*[1], qu'Adonaï était victorieux dans les montagnes; mais qu'il fut vaincu dans les vallées, parce que les habitants avaient des chars de guerre.

Je suis bien loin de désirer une ligue contre les Turcs; les croisades ont été si ridicules, qu'il n'y a pas moyen d'y revenir; mais j'avoue que si j'étais Vénitien, j'opinerais pour envoyer une armée en Candie, pendant que Votre Majesté battrait les Turcs vers Yassi ou ailleurs; si j'étais empereur des Romains, la Bosnie et la Servie me verraient bientôt, et je viendrais ensuite vous demander à souper à Sophie ou à Philippopolis de Romanie, après quoi nous partagerions à l'amiable.

Je vous supplierais de permettre que le nonce du pape en Pologne, qui a déchaîné si saintement les Turcs contre la tolérance, fût du souper, car je suppose qu'il serait votre prisonnier. Je crois, madame, que Votre Majesté lui en dirait tout doucement de bonnes sur l'horreur et l'infamie d'avoir excité une guerre civile, pour ravir aux dissidents les droits de la patrie, et pour les priver d'une liberté que la nature leur donnait, et que vos bienfaits leur avaient rendue; je ne sais rien de si honteux et de si lâche dans ce siècle. On dit que les jésuites polonais ont eu une grande part aux Saint-Barthélemy continuelles qui désolent ce malheureux pays. Ma seule consolation est d'espérer que ces turpitudes horribles tourneront à votre gloire : ou je me trompe fort ou vos ennemis ne seront parvenus qu'à faire graver sur vos médailles : *Triomphatrice de l'empire ottoman, et pacificatrice de la Pologne.*

MMMMMDXCIX. — A M. THIERIOT.

29 mai.

Vous saurez, mon ancien ami, que le jeune magistrat attendait le livre de l'abbé de Châteauneuf[2] pour faire une préface dans laquelle il voulait faire connaître le caractère de la célèbre Ninon, que Préville ne connaît point du tout. Je l'avais flatté que ce petit livre pourrait venir par la poste; mais comme vous l'avez envoyé par les voitures publiques, il n'arrivera que dans trois semaines. Je n'en suis point fâché; l'auteur aura tout le temps de limer son ouvrage, qu'il veut intituler *le Dépositaire*, et non pas *Ninon*, parce qu'en effet le dépôt fait par Gourville à un dévot est le principal sujet de sa pièce, et tout le reste paraît accessoire.

Il est vrai que l'ouvrage n'est pas dans le goût moderne, et je craindrais même que la passion de boire, qui était autrefois un goût du bel air, et qui est aujourd'hui hors de mode, ne parût insipide. J'ai pris la liberté de dire à l'auteur qu'un tel rôle ne peut réussir que quand il est supérieurement joué, et je l'ai engagé à livrer sa pièce à l'impression plutôt qu'au théâtre. Il vous l'enverra donc dès qu'il y aura mis la dernière main, et vous en ferez tout ce qu'il vous plaira. Quoique l'on soit aujourd'hui très-sévère, et qu'on s'effarouche de tout ce qui aurait passé sans difficulté du temps de Molière, je crois que vous

---

1. I, 19. (ÉD.) — 2. *Dialogue sur la musique des anciens.* (ÉD.)

obtiendrez aisément une permission. Il est plus aisé à présent d'être imprimé que d'être joué.

S'il y a quelques nouvelles dans la littérature, je me flatte que vous m'en donnerez. Je ne crois pas que vous soyez au fait de ce qu'on imprime en Hollande. Marc-Michel Rey a donné une *Histoire du parlement de Paris*, que les connaisseurs jugent fidèle et impartiale. Connaissez-vous *le Cri des nations?* avez-vous entendu parler des aventures d'un Indien et d'une Indienne[1] mis à l'inquisition à Goa, du temps de Léon X, et conduits à Rome pour être jugés? Il y a dans cet ouvrage une comparaison continuelle de la religion et des mœurs des brahmes avec celles de Rome. L'ouvrage m'a paru un peu libre, mais curieux, naïf, et intéressant. Il est écrit en forme de lettres, dans le goût de *Paméla*. Le titre est *Lettres d'Amabed et d'Adaté*. Mais dans les six tomes de *Paméla* il n'y a rien : ce n'est qu'une petite fille qui ne veut pas coucher avec son maître, à moins qu'il ne l'épouse ; et les *Lettres d'Amabed* sont le tableau du monde entier, depuis les rives du Gange jusqu'au Vatican.

Adieu, mon ancien ami, qui êtes mon cadet de plusieurs années ; votre vieil ami vous embrasse.

MMMMMDC. — A M. DALEMBERT.

4 juin.

Mon très-cher philosophe, je crois connaître beaucoup M. de Schomberg, quoique je ne l'aie jamais vu; je sais que c'est un homme de tous les pays, qui aime la vérité, et qui la dit hardiment. S'il passe dans mes déserts, il faut qu'il regarde ma maison comme la sienne, il en sera le maître ; j'aurai l'honneur de le voir dans les moments de liberté que mes souffrances continuelles pourront me donner. C'est ainsi qu'en usaient avec moi les philosophes espagnols duc de Villa-Hermosa et comte de Mora. Un être véritablement pensant me console de ma vieillesse, de mes maladies, des fripons et des sots. Vous n'avez pu recevoir encore, par M. de Rochefort, un paquet que je lui donnai pour vous, il y a environ trois semaines ; il contient un petit livre d'un jeune homme nommé La Bastide, et dans ce livre étrange il y a une plus étrange lettre que vous adresse un citoyen de Genève. L'auteur vous y prie de vouloir bien établir le déisme sur les ruines de la superstition. Il s'imagine qu'un citoyen de Paris, quand il est supérieur par son esprit à sa nation, peut changer sa nation. Il ne sait pas qu'un capucin prêchant à Saint-Roch a plus de crédit sur le peuple que tous les gens de bon sens n'en auront jamais. Il ne sait pas que les philosophes ne sont faits que pour être persécutés par les cuistres et par les sous-tyrans.

Le marquis d'Argence de Dirac, et non pas le prétendu marquis d'Argence Boyer, n'a pas trop bien fait d'imprimer la lettre à M. le comte de Périgord ; mais il faut que vous sachiez que Patouillet est l'arche-

---

1. *Lettres d'Amabed*. (ÉD.)

vêque d'Auch. Son archevêché vaut cinquante mille écus de rente, et par conséquent lui donne un très-grand crédit dans la province, tout imbécile qu'il est. Il avait donné un mandement scandaleux quand son voisin, le marquis d'Argence, écrivit cette lettre. Ce fut Patouillet qui aida à faire contre moi ce mandement, qui fut brûlé par le parlement de Bordeaux et par celui de Toulouse, ainsi qu'une lettre du grand Pompignan, évêque du Puy. Vous ne savez pas, vous autres Parisiens, combien de cuistres en mitre, en robe, en bonnet carré, se sont ligués dans les provinces contre le sens commun. Ce Nonotte, dont le nom seul est un ridicule, est un prédicateur fanatique, un monstre capable de tout. Il écrivit lettre sur lettre au pape Rezzonico contre moi, et en obtint un bref que j'ai entre les mains. L'évêque d'Annecy, soi-disant prince de Genève, cousin germain du maçon qui bâtit actuellement ma grange, a voulu non-seulement me damner dans l'autre monde, mais me perdre dans celui-ci. Il m'a calomnié auprès du roi; il a conjuré Sa Majesté Très-Chrétienne de me chasser de la terre que je défriche; il a employé contre moi sa truelle, sa croix, sa crosse, sa plume, et tout l'excès de son absurde méchanceté. C'est le calomniateur le plus bête qui soit dans l'Église de Dieu. Je n'ai pu le chasser d'Annecy comme les Génevois ont chassé ses prédécesseurs de Genève, parce que je n'ai pas douze mille hommes à mon service. Je n'ai pu combattre l'excès de son insolence et de sa bêtise qu'avec les armes défensives dont je me suis servi. Je n'ai fait[1] que ce qui m'a été conseillé par deux avocats, et par un magistrat très-accrédité du parlement de Dijon, dans le ressort duquel je suis. En un mot, on ne me traitera pas comme le chevalier de La Barre. J'ai agi en citoyen, en sujet du roi, qui doit être de la religion de son prince, et je braverai les scélérats persécuteurs jusqu'à mon dernier moment.

Je vous ai demandé, mon cher ami, mon cher philosophe, si vous travailliez en effet à la nouvelle *Encyclopédie*. Les éditeurs de Paris ont paru craindre un rival dans un apostat italien nommé Felice. C'est un polisson plus imposteur encore qu'apostat, qui demeure dans un cloaque du pays de Vaud. Ce fripon, qui a été prêtre autrefois, et qui en était digne, qui ne sait ni le français ni l'italien, prétend qu'il a quatre mille souscriptions, et il n'en a pas une seule; il veut tromper Panckoucke. J'ai peur que la librairie ne soit devenue un brigandage; pour la philosophie, elle n'est qu'une esclave. Vous êtes né avec le génie le plus mâle et le plus ferme; mais vous n'êtes libre qu'avec vos amis, quand les portes sont fermées.

Nous avons heureusement un chancelier plein d'esprit, de raison, et d'indulgence; c'est un trésor que Dieu nous a envoyé dans nos malheurs. Il faudrait qu'il s'en rapportât à M. Marin pour les affaires de la librairie; il peut rendre beaucoup de services à la littérature. Il faudrait que Marin fût un jour de l'Académie, et qu'il succédât à quelque cuistre à rabat pour purifier la place.

Je vous renvoie à la lettre que M. de Rochefort doit vous rendre,

---

1. Il parle de sa communion. (ÉD.)

pour que vous soyez instruit des petites friponneries ecclésiastiques qui sont en usage depuis plus de dix-sept cents ans.

Adieu, mon cher philosophe; je secoue la fange dont je suis entouré, et je me lave dans les eaux d'Hippocrène pour vous embrasser avec des mains pures.

MMMMMDCI. — A MADAME D'ÉPINAI.

4 juin.

Je ne puis dire autre chose à ma philosophe que ce que j'écris à mon philosophe Dalembert. Je voudrais que tous ceux qui pensent pussent faire un peuple à part, et n'eussent jamais rien de commun avec la canaille idiote, fanatique, persécutante, fourbe, atroce, ennemie du genre humain.

Je suis bien malade, madame, et d'une faiblesse extrême. Un homme tel que M. le comte de Schomberg sera ma consolation; je n'ai pas tous les jours de pareilles aubaines. Loin de gêner un pauvre malade, il lui fera oublier tous ses maux.

Puisque les lettres au prophète de Bohême sont exactement rendues à ma philosophe, on ne manquera pas d'adresser quelques paquets à M. de Fontaine.

Mille tendres respects.

> Et les chiens s'engraisseront
> De ce sang qu'ils lècheront[1].

MMMMMDCII. — A M. DUPONT[2].

Ferney, le 7 juin.

Vous donnez à M. de Saint-Lambert les éloges qu'il a droit d'attendre d'un citoyen et d'un écrivain tel que vous.

Vous ne ressemblez pas à celui qui fournit des nouvelles de Paris à quelques gazettes étrangères, et qui en dernier lieu, parmi une foule d'erreurs injurieuses au gouvernement, à la réputation des particuliers, et à l'honneur des lettres, a mandé que le poëme français des *Saisons* est inférieur au poëme anglais de Thomson. S'il m'appartenait de décider, je donnerais sans difficulté la préférence à M. de Saint-Lambert. Il me paraît non-seulement plus agréable, mais plus utile. L'Anglais décrit les saisons; et le Français dit ce qu'il faut faire dans chacune d'elles. Ses tableaux m'ont paru plus touchants et plus riants : je compte encore pour beaucoup la difficulté des rimes surmontée. Les vers blancs sont si aisés à faire, qu'à peine ce genre a-t-il du mérite; l'auteur alors, pour se sauver de la médiocrité et de la langueur prosaïque, est obligé d'employer souvent des idées et des expressions gigantesques par lesquelles il croit suppléer à l'harmonie qui lui manque.

Despréaux recommandait, dans le grand siècle des arts, qu'on polît un écrit :

> Qui dît, sans s'avilir, les plus petites choses,
> Fît des plus secs chardons des œillets et des roses;

---

1. C'est le refrain que chante David dans *Saül*, acte IV, scène v. (ÉD.)
2. Pierre-Samuel Dupont, surnommé de Nemours, parce qu'il était député du bailliage de ce nom aux états généraux. (ÉD.)

Et sût, même aux discours de la rusticité,
Donner de l'élégance et de la dignité [1].

Je pense que M. de Saint-Lambert a pleinement exécuté ce précepte. Peut-on exprimer avec plus de justesse et de noblesse à la fois l'action du laboureur?

Et le soc, enfoncé dans un terrain docile,
Sous ses robustes mains ouvre un sillon facile.

Voyez comme il peint, auprès de ses brebis et de son chien,

La naïve bergère, assise au coin d'un bois,
Et roulant le fuseau qui tourne sous ses doigts.

Comme toutes ces peintures, si vraies et si riantes, sont encore relevées par la comparaison des travaux champêtres avec le luxe et l'oisiveté des villes!

Tandis que sous un dais la Mollesse assoupie
Traîne les longs moments d'une inutile vie.

Thomson, que d'ailleurs j'estime beaucoup, a-t-il rien de comparable? Je ne sais même s'il est possible qu'un habitant du Nord puisse jamais chanter les saisons aussi bien qu'un homme né dans des climats plus heureux. Le sujet manque à un Écossais tel que Thomson; il n'a pas la même nature à peindre. La vendange chantée par Théocrite, par Virgile, origine joyeuse des premières fêtes et des premiers spectacles, est inconnue aux habitants du cinquante-quatrième degré. Ils cueillent tristement de misérables pommes sans goût et sans saveur, tandis que nous voyons sous nos fenêtres cent filles et cent garçons danser autour des chars qu'ils ont chargés de raisins délicieux : aussi Thomson n'a pas osé toucher à ce sujet, dont M. de Saint-Lambert a fait de si agréables peintures.

Un grand avantage de notre poëte philosophe, c'est d'avoir moins parlé aux simples cultivateurs qu'aux seigneurs des terres qui vivent dans leurs domaines, qui peuvent enrichir leurs vassaux, encourager leurs mariages, et être heureux du bonheur d'autrui, loin de l'insolente rapacité des oppresseurs : il s'élève contre ces oppresseurs avec une liberté et un courage respectables.

Je sais bien qu'il y a des âmes aussi basses que jalouses qui pourront me reprocher de rendre à M. de Saint-Lambert éloges pour éloges, et de faire avec lui trafic d'amour-propre. Je leur déclare que je ne saurais l'en estimer moins, quoiqu'il m'ait loué : je crois me connaître en vers mieux qu'eux; je suis sûr d'être plus juste qu'eux. Je raye les louanges qu'il a daigné me donner, et je n'en vois que mieux son mérite.

Je regarde son ouvrage comme une réparation d'honneur que le siècle présent fait au grand siècle passé, pour la vogue donnée pendant

---

1. Boileau, épître XI, 49-52. (ÉD.)

quelque temps à tant d'écrits barbares, à tant de paradoxes absurdes, à tant de systèmes impertinents, à ces romans politiques, à ces prétendus romans moraux dont la grossièreté, l'insolence et le ridicule étaient la seule morale, et qui seront bientôt oubliés pour jamais.

Permettez-moi, monsieur, de vous parler à présent de la réflexion que vous faites sur les chaumières des laboureurs, sur ces *cabanes*, sur ces asiles du pauvre; vous condamnez ces expressions dans le poëme des *Saisons*, que vous estimez d'ailleurs autant que moi.

Vous dites, avec très-grande raison, qu'une cabane ne peut pas être le logement d'un agriculteur considérable; qu'il faut des écuries commodes, des étables faites avec soin, des granges vastes et solides, des laiteries voûtées et fraîches, etc.

Oui, sans doute, monsieur, et personne n'est entré mieux que vous dans le détail de l'exploitation rurale; personne n'a mieux fait sentir combien un laboureur doit être cher à l'État. J'ai l'honneur d'être laboureur, et je vous remercie du bien que vous dites de nous; mais, puisqu'il s'agit ici de fermiers, comparez, je vous prie, les hôtels des fermiers généraux du bail de 1725 avec les logements de nos fermiers de campagne, et vous verrez que les termes de chaumière, de cabane, ne sont que trop convenables; les logements des plus gros laboureurs en Picardie et dans d'autres provinces ont des toits de chaume.

Rien n'est plus beau, à mon gré, qu'une vaste maison rustique dans laquelle entrent et sortent, par quatre grandes portes cochères, des chariots chargés de toutes les dépouilles de la campagne; les colonnes de chêne qui soutiennent toute la charpente sont placées à des distances égales sur des socles de roche; de longues écuries règnent à droite et à gauche. Cinquante vaches proprement tenues occupent un côté avec leurs génisses, les chevaux et les bœufs sont de l'autre; leur pâture tombe dans leurs crèches du haut de greniers immenses; les granges où l'on bat les grains sont au milieu; et vous savez que tous les animaux, logés chacun à leur place dans ce grand édifice, sentent très-bien que le fourrage, l'avoine qu'il renferme, leur appartiennent de droit.

Au midi de ces beaux monuments d'agriculture sont les basses-cours et les bergeries; au nord sont les pressoirs, les celliers, la fruiterie; au levant, les logements du régisseur et de trente domestiques; au couchant s'étendent les grandes prairies pâturées et engraissées par tous ces animaux, compagnons du travail de l'homme.

Les arbres du verger, chargés de fruits à noyaux et à pepins, sont encore une autre richesse. Quatre ou cinq cents ruches sont établies auprès d'un petit ruisseau qui arrose ce verger; les abeilles donnent au possesseur une récolte abondante de miel et de cire, sans qu'il s'embarrasse de toutes les fables qu'on a débitées sur ce peuple industrieux, sans rechercher très-vainement si cette nation vit sous les lois d'une prétendue reine qui se fait faire soixante à quatre-vingt mille enfants par ses sujets.

Il y a des allées de mûriers à perte de vue; les feuilles nourrissent ces vers précieux qui ne sont pas moins utiles que les abeilles.

Une partie de cette vaste enceinte est fermée par un rempart impénétrable d'aubépine proprement taillée, qui réjouit l'odorat et la vue.

La cour et les basses-cours ont d'assez hautes murailles.

Telle doit être une bonne métairie; il en est quelques-unes dans ce goût vers les frontières que j'habite; et je vous avouerai même sans vanité que la mienne ressemble en quelque chose à celle que je viens de vous dépeindre; mais, de bonne foi, y en a-t-il beaucoup de pareilles en France?

Vous savez bien que le nombre des pauvres laboureurs et des métayers, qui ne connaissent que la petite culture, surpasse des deux tiers au moins le nombre des laboureurs riches que la grande culture occupe.

J'ai dans mon voisinage des camarades qui fatiguent un terrain ingrat avec quatre bœufs, et qui n'ont que deux vaches : il y en a dans toutes les provinces qui ne sont pas plus riches. Soyez très-sûr que leurs maisons et leurs granges sont de véritables chaumières où habite la pauvreté : il est impossible qu'au bout de l'année ils aient de quoi réparer leurs misérables asiles; car, après avoir payé tous les impôts, il faut qu'ils donnent encore à leurs curés la dîme du produit clair et net de leurs champs, et ce qui est appelé *dîme* très-improprement est réellement le quart de ce que la culture a coûté à ces infortunés.

Cependant, quand un paysan trouve un seigneur qui le met en état d'avoir quatre bœufs et deux vaches, il croit avoir fait une grande fortune : en effet, il a de quoi vivre, et rien au delà; c'est beaucoup pour lui et pour sa famille; et cette famille connaît encore la joie; elle chante dans les beaux jours et dans les temps de récolte.

Ne sachons donc pas mauvais gré, monsieur, à l'aimable auteur des *Saisons* d'avoir parlé des chaumières de mes camarades les laboureurs. Il est certain qu'ils seraient tous plus à leur aise, si les seigneurs habitaient leurs terres neuf mois de l'année, comme en Angleterre : non-seulement alors les possesseurs des grands domaines feraient quelquefois du bien par générosité à ceux qui souffrent, mais ils en feraient toujours par nécessité à ceux qu'ils feraient travailler. Quiconque emploie utilement les bras des hommes rend service à la patrie.

Je sais bien qu'il y a plus de deux cent mille âmes à Paris qui s'embarrassent fort peu de nos travaux champêtres. De jeunes dames, soupant avec leurs amants au sortir de l'Opéra-Comique, ne s'informent guère si la culture de la terre est en honneur; et beaucoup de bourgeois qui se croient de bonnes têtes dans leur quartier pensent que tout va bien dans l'univers, pourvu que les rentes sur l'hôtel de ville soient payées; ils ne songent pas que c'est nous qui les payons, et que c'est nous qui les faisons vivre.

Le gouvernement nous doit toute sa protection : c'est un crime de lèse-humanité de gêner nos travaux, c'en est un de nous condamner encore, dans certains temps de l'année, à une honteuse et funeste oisiveté deux ou trois jours de suite : on nous oblige de refuser, après midi, à la terre, les soins qu'elle nous demande, après que nous avons rendu le matin nos hommages au ciel : on encourage nos manœuvres à perdre leur raison et leur santé dans un cabaret, au lieu de mériter leur subsistance par un travail utile. Cet horrible abus a été réformé en partie; mais il ne l'a pas été assez : eh! qui peut réformer tout?

Est quadam prodire tenus, si non datur ultra.
Hor., lib. I, ep. I, v. 32.

Je n'en dirai pas davantage, monsieur, sur des sujets que vous et vos associés avez si bien approfondis pour l'avantage du genre humain.

MMMMMDCIII. — A M. Letourneur.

Au château de Ferney, par Genève, le 7 juin.

Vous avez, monsieur, fait beaucoup d'honneur à mon ancien camarade Young; il me semble que le traducteur a plus de goût que l'auteur. Vous avez mis autant d'ordre que vous avez pu dans ce ramas de lieux communs, ampoulés et obscurs. Les sermons ne sont guère faits pour être mis en vers; il faut que chaque chose soit à sa place. Voilà pourquoi le poëme de *la Religion* du petit Racine, qui vaut beaucoup mieux que tous les poëmes d'Young, n'est guère lu; et je crois que tous les étrangers aimeront mieux votre prose que la poésie de cet Anglais, moitié prêtre et moitié poëte.

J'ai l'honneur d'être, avec toute l'estime et la reconnaissance que je vous dois, monsieur, votre, etc. VOLTAIRE.

MMMMMDCIV. — A M. le cardinal de Bernis.

A Ferney, 12 juin.

Viva il cardinale Bembo e la poesia!

J'ai lu, je ne sais où, que le cardinal Bembo était d'une très-ancienne maison, et que, de plus, il était fort aimable; mais que c'était la *poesia* qui avait commencé à le faire connaître, et que, sans les belles-lettres, il n'aurait pas fait une grande fortune. Il était véritablement très-bon poëte, car

Scribendi recte sapere est et principium et fons.
Hor., de Art. poet., v. 309.

Votre Éminence sait-elle que votre correspondant, M. le duc de Choiseul, est aussi notre confrère? Il y a quelques années qu'étant piqué au jeu sur une affaire fort extraordinaire, il m'envoya une vingtaine de stances de sa façon[1], qu'il fit en moins de deux jours. Elles étaient nobles, elles étaient fières. Il y en avait de très-agréables; l'ouvrage en tout était fort singulier. Je vous confie cela comme à un archevêque, sous le secret de la confession.

Je ne crois pas que Clément XIV soit un Bembo; mais, puisque vous l'avez choisi, il mérite sûrement la petite place que vous lui avez donnée. Or, monseigneur, comme dans les petites places on peut faire de

---

1. Voltaire parle comme Choiseul, qui se disait auteur de ces vers, sans le persuader à personne. (ÉD.)

petites grâces, il peut m'en faire une, et je vous demande votre protection; elle ne coûtera rien ni à Sa Sainteté, ni à Votre Éminence, ni à moi; il ne s'agit que de la permission de porter la perruque. Ce n'est pas pour mon vieux cerveau brûlé que je demande cette grâce; c'est pour un autre vieillard (ci-devant soi-disant jésuite[1], ne vous en déplaise), lequel me sert d'aumônier.

Ferney est, comme Alby, auprès des montagnes, mais notre hiver est incomparablement plus rude que celui d'Alby. Je vois de ma fenêtre quarante lieues de la partie des Alpes qui est couverte d'une neige éternelle. Les Russes qui sont venus chez moi m'ont avoué que la Sibérie est un climat plus doux que le mien, aux mois de décembre et de janvier. Nos curés, qui sont nés dans le pays, peuvent supporter l'horreur de nos frimas; et, quoiqu'ils soient tous des têtes à perruques, ils n'en portent cependant pas; ils ont même fait vœu d'être chauves en disant la messe. Mon aumônier est Lorrain, il a été élevé en Bourgogne, il n'a point fait le vœu de s'enrhumer; il est malade, et sujet à de violents rhumatismes; il priera Dieu de tout son cœur pour Votre Éminence, si vous voulez bien avoir la bonté d'employer l'autorité du vicaire de Jésus-Christ pour couvrir le crâne de ce pauvre diable.

Je ne vous cacherai point que notre évêque d'Annecy est un fanatique, un homme à billets de confession, à refus de sacrements. Il a été vicaire de paroisse à Paris, et s'y est fait des affaires pour ses belles équipées: en un mot, j'ai besoin de toute la plénitude du pouvoir apostolique pour coiffer celui qui me dit la messe. Je ne puis avoir d'autre aumônier que lui; il est à moi depuis près de dix ans; il me serait impossible d'en trouver un autre qui me convînt autant. Je vous aurai une très-grande obligation, monseigneur, si vous daignez m'envoyer le plus tôt qu'il sera possible un beau bref à perruque.

Je ne sais si vous avez continué M. l'archevêque de Chalcédoine dans son poste de secrétaire des brefs: je me doute que non; mais, qui que ce soit qui ait cette place, j'imagine qu'il est votre secrétaire.

Votre Éminence gouverne Rome et la barque de saint Pierre, ou je me trompe fort. Si je n'obtiens pas ce que je demande, je m'en prendrai à vous.

Ma lettre n'a rien d'un bref, elle est trop longue. Je vous supplie de me pardonner, et de conserver pour ma vieille tête et pour mon jeune cœur des bontés dont je fais plus de cas que de toutes les perruques possibles.

N. B. Voici un petit mémoire du suppliant: c'est trop abuser de votre charité que de vous supplier d'ordonner que la supplique soit rédigée selon la forme usitée.

N. B. M. le duc de Choiseul me fit avoir, haut la main, de la part de Clément XIII, des reliques pour l'autel de ma paroisse; M. le cardinal Bembo n'aura-t-il pas le pouvoir de me faire avoir une tignasse de Clément XIV?

Agréez les tendres respects du radoteur.

1. Le P. Adam. (Éd.)

N. B. Peut-être que le nom d'ex-jésuite n'est pas un titre pour obtenir des faveurs; mais peut-être aussi, quand on abolit le corps, on ne refusera pas à des particuliers des grâces qui sont sans conséquence.

Daignez répondre à mon verbiage quand Votre Éminence aura un moment de loisir.

MMMMMDCV. — A M. Thieriot.

A Ferney, 14 juin.

Je n'ai pas été assez heureux, mon ancien ami, pour que l'ouvrage de M. Mairan sur le feu central parvînt jusque dans l'enceinte de mes montagnes de neige. Tout ce que je sais, c'est que le feu qui anime sa respectable vieillesse m'a toujours paru brillant et égal. Il me semble que M. de Mairan possède en profondeur ce que M. de Fontenelle avait en superficie. Faites-moi l'amitié de me chercher son feu central, et d'ajouter ce petit déboursé à ceux que vous avez déjà bien voulu faire pour moi.

Il y a longtemps que je suis très-certain que le feu est partout; mais je pense qu'il serait difficile de prouver qu'il y eût un foyer ardent tout au beau milieu de notre globe; il faudrait pour cela creuser ce grand trou que proposait ce fou de Maupertuis.

A propos, puisque vous dînez avec Mme Dupin[1] et M. de Mairan, dites-leur, je vous prie, que je voudrais bien en faire autant.

Vous avez raison sur le cardinal de Bernis; c'est lui qui a fait le pape : il fait ce qu'il veut dans Rome, il y est adoré.

Le petit magistrat m'est venu voir encore; c'est un être fort singulier; il ne lâche point prise; il se retourne de tous les sens : je vous ferai savoir de ses nouvelles dans quinze jours.

On a frappé en Angleterre une médaille de l'amiral Anson; c'est un chef-d'œuvre digne du temps d'Auguste. Le revers est une Victoire posée sur un cheval marin, tenant une couronne de lauriers. Les noms des principaux officiers qui firent avec lui le tour du monde sont gravés autour de la Victoire, dans de petits cartouches entourés de lauriers. Cela est patriotique, brillant et neuf : la famille me l'a envoyée en or; elle m'a fait cet honneur en qualité de citoyen du globe dont l'amiral Anson avait fait le tour.

Bonsoir, mon ancien ami, qui me serez toujours cher tant que je végéterai sur ce malheureux globe.

MMMMMDCVI. — A M. l'abbé Audra.

Le 14 juin.

Votre zèle, mon cher philosophe, contre les fables décorées du nom d'histoire, est très-digne de vous. Mais comment faire avec des nations chez lesquelles il n'y a d'autre éducation que celle de l'erreur; où tous les livres nous trompent, depuis l'almanach jusqu'à la gazette? Il y aurait bien quelques petits chapitres à faire sur cet amas inconcevable de bêtises dont on nous berce. Un temps viendra où l'on jettera au feu

---

1. Bâtarde de Samuel Bernard. (Éd.)

toutes nos chronologies dans lesquelles on prend pour époques des aventures entièrement fausses, et des personnages qui n'ont jamais existé.

Mais une époque bien vraie, bien agréable, sera celle où le parlement de Toulouse vengera l'innocence opprimée par ce misérable juge de village qui a outragé également les lois, la nature, et la raison, en osant condamner les Sirven. Ce sera à vous que nous aurons l'obligation de la justice qu'on nous rendra. J'espère que cette affaire, que j'ai tant à cœur, finira au moins cette année. Si je pouvais aller à Toulouse, je viendrais vous embrasser.

MMMMMDCVII. — A M. LE COMTE D'ARGENTAL.
19 juin.

Mes divins anges sauront que j'ai envoyé quatre exemplaires des *Guèbres* à M. Marin : l'un pour vous, le second pour lui ; le troisième pour l'impression ; le quatrième pour Mme Denis.

Je ne suis pas à présent en état d'en juger, parce que je suis assez malade ; mais, autant qu'il peut m'en souvenir, cet ouvrage me paraissait fort honnête et fort utile, il y a quelques jours, dans le temps que je souffrais un peu moins. Il en sera tout ce qu'il plaira à Dieu et à la barbarie dans laquelle nous sommes actuellement plongés.

Eh bien, mon cher ange, nous n'avons donc vécu que pour voir anéantir la scène française qui faisait vos délices et ma passion. Je ne m'attendais pas que le théâtre de Paris mourrait avant moi. Il faut se soumettre à sa destinée. Je suis né quand Racine vivait encore, et je finis mes jours dans le temps du *Siége de Calais*, et dans le triomphe de l'Opéra-Comique. Un peu de philosophie consolait notre malheureux siècle de sa décadence ; mais comme on traite la philosophie, et comme elle est écrasée par la superstition tyrannique ! *Les Guèbres* me paraissaient faits pour soutenir un peu la philosophie et le bon goût ; mais voilà qu'un pédant du Châtelet s'oppose à l'un et à l'autre, et on ne sait à qui s'adresser contre ce barbare. Je m'en remets à vous. Nous n'avons contre les Goths et les Vandales que la voix des honnêtes gens. Vous les ameuterez ; les honnêtes gens l'emportent à la longue.

Celui qui a imprimé *les Guèbres* dans mon pays sauvage, ne sachant pas de qui était cette tragédie, me l'a dédiée. Il a cru cette dédicace nécessaire pour recommander la pièce, et la faire vendre dans les pays étrangers, où l'on ne juge que sur parole. J'ai soigneusement retranché cette dédicace, qui serait aussi mal reçue à Paris qu'elle est bien accueillie ailleurs.

On a supprimé aussi le titre de *la Tolérance*, dont le nom effarouche plus d'une oreille dans votre pays. Cette tragédie est imprimée chez l'étranger sous ce titre de *Tolérance*. C'est un nom devenu respectable et sacré dans les trois quarts de l'Europe ; mais il est encore en horreur chez les misérables dévots de la contrée des Welches. Trémoussez-vous, mes chers anges, pour écraser habilement le monstre du fanatisme. Comptez que vous lui porterez un rude coup en donnant aux *Guèbres* quelque accès dans le monde. Vous me direz peut-être que ce fanatisme triomphe d'une certaine cérémonie qu'un certain ennemi des coquins a faite il y a quelques mois; mais cette cérémonie servira un jour à mieux manifester la turpitude de ce monstre infernal: il y a des choses qu'on ne peut pas dire à présent. Le public juge de tout à tort et à travers; laissez faire, tout viendra en son temps. Je me mets à l'ombre de vos ailes.

MMMMMDCVIII. — A M. LE COMTE DE ROCHEFORT.

A Lyon, 24 juin.

Vous ne doutez pas, monsieur, du plaisir que m'a fait votre lettre. Vous savez combien je vous suis attaché, à vous, monsieur, et à Mme *Dixhuitans*[1]. L'amitié d'un pauvre vieillard malade et solitaire est bien peu de chose; mais enfin vous daignez y être sensible

J'écris quelquefois à Mme Finette[2], et rarement à l'abbé Bigot[3]; mais je suis assurément un de leurs plus zélés serviteurs. Je crois que l'abbé Bigot, qui n'est point du tout bigot, réussira en tout, et c'est un de mes plus grands plaisirs; on aime d'ailleurs à voir ses prédictions accomplies, et son goût approuvé du public.

Je ne sais trop comment finira l'affaire du prélat[4], dont je vous ai tant parlé, et qui m'a forcé à des démarches qui ont paru très-extraordinaires, et qui pourtant étaient fort raisonnables. J'ai rendu compte de tout au marquis[5]; il m'a paru qu'il n'approuvait pas la conduite de ce prêtre, et qu'il était fort content de la mienne. Mais je voudrais être bien sûr de ses sentiments pour moi. Je vous aurais une très-grande obligation de lui parler, de lui faire valoir un peu la décence avec laquelle je me suis conduit envers un homme qui n'en a point; de lui peindre la vie honnête que je mène, et de l'assurer surtout de mon dévouement pour sa personne. Ayez la bonté de me mander ce qu'il aura dit; vous ne pouvez me rendre un meilleur office.

Vous ne vous écarterez sûrement pas de la vérité, quand vous lui direz que *mon ami*[6] est un brouillon, reconnu pour tel lorsqu'il était à Paris, détesté et méprisé dans la province. C'est un homme qui a le cœur aussi dur que les pierres que son grand-père, le maçon, a employées autrefois dans le château que j'habite. Je rends toutes ses fureurs inutiles par la discrétion et par la bienséance que je mets dans mes paroles et dans mes démarches. En un mot, réchauffez pour moi le marquis, je vous en supplie.

Je suis extrêmement content de mon frère l'abbé. Pour ma cousine[7], je n'ai aucune relation avec elle. Peut-être qu'un jour M. Anjoran[8] serait en état de l'engager à me rendre un petit service, mais rien ne presse; je voudrais seulement savoir si son esprit se forme, si elle s'intéresse véritablement à M. Le Prieur[9]. Je compte toujours sur M. Anjoran; mais il est bon que de temps en temps on le fasse souvenir qu'il me doit quelque amitié.

Comment êtes-vous avec votre Peste[10]? Ne prenez-vous pas quelques

1. Mme de Rochefort. (ÉD.) — 2. La duchesse de Choiseul. (ÉD.)
3. Le duc de Choiseul. (ÉD.) — 4. Biord, évêque d'Annecy. (ÉD.)
5. M. de Choiseul. (ÉD.) — 6. L'évêque d'Annecy. (ÉD.)
7. Mme du Barri. (ÉD.) — 8. Richelieu. (ÉD.) — 9. Louis XV. (ÉD.)
10. Le duc de Villeroi, capitaine des gardes. (ÉD.)

mesures pour vous en dépêtrer, pour vous mettre entièrement entre les mains de l'abbé Bigot? Rien ne presse sur aucun de ces articles.

Ne vous donnez la peine de me répondre que quand vous n'aurez rien à faire du tout. Il n'est pas juste que mes plaisirs vous gênent. Vous devez être très-occupé ; vos devoirs demandent un homme tout entier.

Conservez-moi une place dans votre cœur, et soyez bien sûr que le mien est à vous pour le temps que j'ai encore à vivre.

J'oubliais de vous parler des Tenans et de M. d'Ermide[1]. Ils doivent être de vos amis, car ils ont beaucoup d'esprit et le cœur noble.

MMMMMDCIX. — A M. L'ABBÉ ROUBAUD.

Ferney, ce 1er juillet.

Votre livre[2], monsieur, me paraît éloquent, profond et utile. Je suis bien persuadé avec vous que le pays où le commerce est le plus libre sera toujours le plus riche et le plus florissant, proportion gardée. Le premier commerce est, sans contredit, celui des blés. La méthode anglaise, adoptée enfin par notre sage gouvernement, est la meilleure; mais ce n'est pas assez de favoriser l'exportation, si on n'encourage pas l'agriculture. Je parle en laboureur qui a défriché des terres ingrates.

Je ne sais comment il se peut faire que la France étant, après l'Allemagne, le pays le plus peuplé de l'Europe, il nous manque pourtant des bras pour cultiver nos terres. Il me paraît évident que le ministère en est instruit, et qu'il fait tout ce qu'il peut pour y remédier. On diminue un peu le nombre des moines, et par là on rend les hommes à la terre. On a donné des édits pour extirper l'infâme profession de mendiant, profession si réelle, et qui se soutient malgré les lois, au point que l'on compte deux cent mille mendiants vagabonds dans le royaume. Ils échappent tous aux châtiments décernés par les lois; et il faut pourtant les nourrir, parce qu'ils sont hommes. Peut-être, si on donnait aux seigneurs et aux communautés le droit de les arrêter et de les faire travailler, on viendrait à bout de rendre utiles des malheureux qui surchargent la terre.

J'oserais vous supplier, monsieur, vous et vos associés, de consacrer quelques-uns de vos ouvrages à ces objets très-importants. Le ministère, et surtout les officiers des cours supérieures, ne peuvent guère s'instruire à fond sur l'économie de la campagne, que par ceux qui en ont fait une étude particulière. Presque tous vos magistrats sont nés dans la capitale, que nos travaux nourrissent, et où ces travaux sont ignorés. Le torrent des affaires les entraîne nécessairement : ils ne peuvent juger que sur les rapports et sur les vœux unanimes des cultivateurs éclairés.

Il n'y a pas certainement un seul agriculteur dont le vœu n'ait été le libre commerce des blés, et ce vœu unanime est très-bien démontré par vous.

Je sais bien que deux grands hommes se sont opposés à la liberté

---

1. Le prince de Beauvau. (ÉD.) — 2. Sur le commerce des grains. (ÉD.)

entière de l'exportation. Le premier est le chancelier de L'Hospital, l'un des meilleurs citoyens que la France ait jamais eus; l'autre, le célèbre ministre des finances Colbert, à qui nous devons nos manufactures et notre commerce. On s'est prévalu de leur nom et des règlements qu'on leur attribue, mais on n'a pas peut-être assez considéré la situation où ils se trouvaient. Le chancelier de L'Hospital vivait au milieu des horreurs des guerres civiles, le ministre Colbert avait vu le temps de la Fronde, temps où la livre de pain se vendit dix sous et davantage dans Paris et dans d'autres villes; il travaillait déjà aux finances, sans avoir le titre de contrôleur général, lorsqu'il y eut une disette effrayante dans le royaume, en 1662.

Il ne faut pas croire qu'il fut, dans le conseil, le maître de toutes les grandes opérations. Tout se concluait à la pluralité des voix, et cette pluralité ne fut que trop souvent pour les préjugés. Je puis assurer que plusieurs édits furent rendus malgré lui; et je crois très-fermement que si ce ministre avait vécu de nos jours, il aurait été le premier à presser la liberté du commerce.

Il ne m'appartient pas, monsieur, de vous en dire davantage sur des choses dont vous êtes si bien instruit. Je dois me borner à vous remercier, et vous assurer que j'ai pour vous une estime aussi illimitée que doit l'être, selon vous, la liberté du commerce.

MMMMMDCX. — A MADAME LA DUCHESSE DE CHOISEUL.

Lyon, 3 juillet.

Guillemet ignore si madame la duchesse est dans son palais de Paris, ou dans son palais de Chanteloup, ou dans sa chambre de Versailles. Quelque part où elle soit, elle dit et elle fait des choses très-agréables. Guillemet prend la liberté de lui en dépêcher qui ne sont pas peut-être de ce genre; mais, comme elle est très-tolérante, il s'est imaginé qu'elle pourrait jeter un coup d'œil sur une tragédie où l'on dit que la tolérance est prêchée.

Monseigneur son époux le corsique aurait-il le temps de s'amuser un moment de cette bagatelle? Guillemet en doute. Monseigneur a un nouveau royaume et un nouveau pape à gouverner, et force petits menus soins qui prennent vingt-quatre heures au moins dans la journée. « Les détails me pilent, » disait Montaigne, à ce qu'on m'a rapporté : voilà pourquoi Guillemet se garde bien d'écrire à monseigneur. Mais quand nous entendons parler de ses succès dans nos climats sauvages, notre cœur danse de joie.

Je vais bientôt, madame, quitter la typographie, avant que je quitte la vie, selon le conseil de La Bletterie. Je suis comme l'apothicaire Arnoult, qui se plaignait que l'on contrefît toujours ses sachets. Cela dégoûte à la fin du métier les typographes comme les apothicaires. Ainsi, madame, vous vous pourvoirez, s'il vous plaît, ailleurs. Il faut bien que tout finisse; il faut surtout finir cette lettre, de peur de vous ennuyer.

Daignez donc, madame, agréer le profond respect qui ne finira qu'avec la vie de GUILLEMET.

P. S. Je ne sais comment je suis avec madame votre petite-fille, depuis un certain déjeuner; je ne sais si elle aime encore les vers; je ne sais rien d'elle.

MMMMMDCXI. — A M. LE COMTE DE ROCHEFORT.

Ferney, 3 juillet.

J'ai reçu, monsieur, l'honneur de la vôtre du 25 juin. Je suis bien persuadé que le médecin Bigot[1] vous guérira un jour de cette maladie que vous appelez la Peste[2]. Votre tempérament est excellent, et je souhaite passionnément que le médecin s'affectionne à son malade. J'ai reçu quelquefois des lettres de Mme Bigot[3], qui ne me paraissait point du tout embarrassée.

A propos de médecin, j'avais écrit, il y a deux ans, à M. de Sénac, sur les bontés de qui j'ai toujours compté. Il s'agissait d'un jeune homme de mes parents, mousquetaire du roi, à qui on avait fait une opération bien douloureuse. M. de Sénac me manda qu'il ne croyait pas qu'il y eût de remède; il ne s'est pas trompé : le jeune homme est mort dans de cruelles douleurs.

Vous voyez donc quelquefois M. le duc de La Vallière? c'est un des plus aimables hommes du monde, et qui ne laisse pas d'être philosophe. Je ne lui écris point du fond de ma solitude, mais je lui suis toujours très-tendrement attaché

Je voudrais bien, monsieur, que vous fussiez chef de brigade dans la compagnie écossaise[4]; celui qui la commande n'est pas fier comme un Écossais; mais heureux les Français qui lui ressemblent un peu! on n'a point plus d'esprit et de raison. Je ne connais point les *Lettres hébraïques;* mais, selon ce que vous me mandez, il n'y a qu'à faire lire la *Bible* à l'auteur pour y répondre. L'impotent convulsionnaire a mal pris son temps pour faire opérer sur lui un miracle; la mode en est passée, le pauvre homme est venu trop tard.

Je suis bien fâché que la famille de ce pauvre Morsan soit si impitoyable. Il faut espérer que sa bonne conduite et le temps adouciront ses malheurs et le cœur de ses parents. Je lui ai dit, monsieur, de quelles bontés vous l'avez honoré; il y est sensible comme il le doit : je vous présente ses très-humbles remercîments et les miens.

Je viens de lire l'histoire[5] dont vous me faites l'honneur de me parler. Elle est sûrement d'un jeune homme qui quelquefois a été assez modeste pour imiter mon style; on m'a dit que c'est un jeune maître des requêtes; mais je n'en crois rien. Quoi qu'il en soit, ceux qui m'imputent cet ouvrage sont bien injustes. Il est évident que l'auteur a fouillé dans de vieilles archives dont je ne puis avoir la moindre connaissance, étant hors de Paris depuis plus de vingt ans. Ainsi, loin de

---

1. M. le duc de Choiseul. (ÉD.)
2. Le duc de Villeroi, capitaine des gardes du corps. (ÉD.)
3. Mme la duchesse de Choiseul. (ÉD.)
4. La compagnie écossaise était la première des quatre compagnies des gardes du corps. Son capitaine était le duc de Noailles; son fils, le duc d'Ayen, avait la survivance. (ÉD.)
5. *L'Histoire du parlement de Paris.* (ÉD.)

prétendre que l'auteur a dit ce que d'autres avaient rapporté avant lui, il faut avouer au contraire qu'il a avancé des choses que personne n'avait jamais dites; comme, par exemple, les emprunts de Louis XII et de François Ier. Cela ne se peut trouver que dans des registres que je n'ai jamais vus. D'ailleurs je trouve que sur la fin il y a des expressions très-peu mesurées. M. de Bruguières[1] est fort méchant et fort dangereux. Je compte bien que vous aurez la bonté, ainsi que M. Dalembert, de confondre la calomnie qui a la cruauté de m'imputer un tel ouvrage.

Vous connaissez mon très-tendre attachement, qui ne finira qu'avec ma vie. V.

MMMMMDCXII. — A M. HENNIN.

A Ferney, lundi 3 juillet.

L'ermite de Ferney se laisse aller demain mardi à une horrible débauche. Il a l'audace de donner à dîner à un jeune antiquaire qui lui a paru très-aimable. M. Hennin veut-il, en cette qualité, nous honorer de sa présence, et dire ce qu'il pense des ruines de Palmyre? Le solitaire lui montrera une belle médaille moderne; il jugera si elle est digne de l'antiquité. Ledit solitaire lui présente son très-humble respect.

MMMMMDCXII. — A M. MARIN.

A Ferney, ce 5 juillet.

Vous savez, monsieur, que, vers la fin de l'année passée, il parut une brochure intitulée *Examen de la nouvelle histoire d'Henri IV, par M. le marquis de B****.

On est inondé de brochures en tout genre; mais celle-ci se distinguait par un style brillant, quoique un peu inégal. Le titre porte qu'elle avait été lue dans une séance d'Académie, et cela était vrai. De plus, tout ce qui regarde l'histoire de France intéresse tous ceux qui veulent s'instruire, et ce qui concerne Henri IV est très-précieux. On traitait, dans cet écrit, plusieurs points d'histoire qui avaient été jusqu'ici assez inconnus.

1° On y assurait que le pape Grégoire XIII n'avait pas reconnu la légitimité du mariage de Jeanne d'Albret et d'Antoine de Bourbon, père d'Henri IV;

2° Que cette même Jeanne d'Albret avait pris la qualité de *majesté fidélissime;*

3° On affirmait que Marguerite de Valois eut en dot les sénéchaussées de Querci et de l'Agénois, avec le pouvoir de nommer aux évêchés et aux abbayes de ces provinces.

Il y avait beaucoup d'anecdotes très-curieuses, mais dont la plupart se sont trouvées fausses par l'examen que M. l'abbé Boudot en a bien voulu faire.

Ce qui me choqua le plus dans cette critique fut l'extrême injustice avec laquelle on y censure l'ouvrage très-utile et très-estimable de

---

1. Le parlement de Paris. (ÉD.)

M. le président Hénault. Ce fut pour moi, vous le savez, monsieur, une affliction bien sensible quand vous m'apprîtes que plusieurs personnes me faisaient une injustice encore plus absurde, en m'attribuant cette même critique, dans laquelle il y a des traits contre moi-même. Je demandai la permission à M. le président Hénault de réfuter cet ouvrage, et je priai M. l'abbé Boudot, par votre entremise, de consulter les manuscrits de la Bibliothèque du roi sur plusieurs articles. Il eut la complaisance de me faire parvenir quelques instructions; mais le nombre des choses qu'il fallait éclaircir était si considérable, et cette critique fut bientôt tellement confondue dans la foule des ouvrages de peu d'étendue, qui n'ont qu'un temps, enfin je tombai si malade, que cette affaire s'évanouit dans les délais.

Elle me semble aujourd'hui se renouveler par une nouvelle *Histoire du parlement*, qu'on m'attribue. Je n'en connais d'autre que celle de M. Le Page, avocat à Paris, divisée en plusieurs lettres, et imprimée sous le nom d'Amsterdam en 1754.

Pour composer un livre utile sur cet objet, il faut avoir fouillé pendant une année entière au moins dans les registres; et quand on aura percé dans cet abîme, il sera bien difficile de se faire lire. Un tel ouvrage est plutôt un long procès-verbal qu'une histoire.

Si quelque libraire veut faire passer cet ouvrage sous mon nom, je lui déclare qu'il n'y gagnera rien, et que, loin que mon nom lui fasse vendre un exemplaire de plus, il ne servirait qu'à décréditer son livre. Il y aurait de la folie à prétendre que j'ai pu m'instruire des formes judiciaires de France, et rassembler un fatras énorme de dates, moi qui suis absent de France depuis plus de vingt années, et qui ai presque toujours vécu, avant ce temps, loin de Paris, à la campagne, uniquement occupé d'autres objets.

Au reste, monsieur, si on voulait recueillir tous les ouvrages qu'on m'impute, et les mettre avec ceux que l'on a écrits contre moi, cela formerait cinq ou six cents volumes, dont aucun ne pourrait être lu, Dieu merci.

Il est très-inutile encore de se plaindre de cet abus, car les plaintes tombent dans le gouffre éternel de l'oubli avec les livres dont on se plaint. La multitude des ouvrages inutiles est si immense, que la vie d'un homme ne pourrait suffire à en faire le catalogue.

Je vous prie, monsieur, de vouloir bien permettre que ma lettre soit publique pour le moment présent, car le moment d'après on ne s'en souviendra plus; et il en est ainsi de presque toutes les choses de ce monde.

MMMMMDCXIV. — A M. LE COMTE D'ARGENTAL.

7 juillet.

Rien n'est plus sûr, mon cher ange, que les lettres de Lyon; vous pouvez d'ailleurs les adresser à M. La Vergne, banquier, ou à M. Scherer, aussi banquier, tantôt l'un, tantôt l'autre. Cela est inviolable et inviolé, et je vous en réponds sur ma vieille petite tête.

Permettez-moi de réfuter quelques petits paragraphes de votre exhortation du 29 de juin, en me soumettant à beaucoup de points. Les *Ser-*

mons du P. Massillon sont un des plus agréables ouvrages que nous ayons dans notre langue. J'aime à me faire lire à table; les anciens en usaient ainsi, et je suis très-ancien. Je suis d'ailleurs un adorateur très-zélé de la Divinité; j'ai toujours été opposé à l'athéisme; j'aime les livres qui exhortent à la vertu, depuis Confucius jusqu'à Massillon; et sur cela on n'a rien à me dire qu'à m'imiter. Si tous les conseils des rois de l'Europe étaient assemblés pour me juger sur cet article, je leur tiendrais le même langage, et je leur conseillerais la lecture à dîner, parce qu'il en reste toujours quelque chose; et qu'il ne reste rien du tout des propos frivoles qu'on tient dans ces repas, tant à Rome qu'à Paris.

Quant à l'*Histoire* dont vous me parlez, mon cher ange, il est impossible que j'en sois l'auteur; elle ne peut être que d'un homme qui a fouillé deux ans de suite dans des archives poudreuses. J'ai écrit sur cette petite calomnie, qui est environ la trois centième, une lettre à M. Marin, pour être mise dans le *Mercure*, qui commence à prendre beaucoup de faveur. Je sais, à n'en pouvoir douter, que cet ouvrage n'a pas été imprimé à Genève, mais à Amsterdam, et qu'il a été envoyé de Paris. Je sais encore qu'on en fait deux éditions nouvelles avec additions et corrections; car je suis fort au fait de la librairie étrangère.

Il est bon, mon cher ange, que l'on fasse imprimer, sans délai, jour et nuit, sans perdre un moment, ces *Guèbres* sur lesquels je pense précisément comme vous. On me les a dédiés dans le pays étranger, et on me loue, dans l'épître, d'aimer passionnément la tolérance, et de respecter beaucoup la religion; cela fait toujours plaisir.

On a fait deux nouvelles éditions du *Siècle de Louis XIV* et *de Louis XV*. On m'a envoyé d'Angleterre une belle médaille d'or de l'amiral Anson, en signe de reconnaissance du bien que j'ai dit de ce grand homme, avec la vérité dont je suis assez partisan.

On dit que nous allons avoir une petite histoire de la guerre de Corse. Je suis bien fâché que M. de Chauvelin n'ait pas été à la place de M. de Vaux. Vous ne sauriez croire quelle considération le ministère de France a chez l'étranger, ou plutôt vous le savez mieux que moi. Faire un pape, gouverner Rome, prendre un royaume en vingt jours, ce ne sont pas là des bagatelles.

Tout languissant et tout mourant que je suis, je pourrais bien ajouter un chapitre au *Siècle de Louis XV*.

Je prends la plume, mon cher ange, pour vous dire que j'ai su que vous cherchiez quelque argent. Je n'ai actuellement que dix mille francs dont je puisse disposer; les voilà. Agréez le denier de la veuve. Je suis très-affligé du dérangement de la santé de Mme d'Argental. Dites-moi de ses nouvelles, je vous en conjure.

N'admirez-vous pas comme j'écris lisiblement quand j'ai une bonne plume?

A l'ombre de vos ailes, mes anges.

MMMMMDCXV. — AU MÊME.
7 juillet.

Eh bien! mon cher ange, il faut vous dire le fait. Vous saviez déjà que j'ai affaire à un fanatique qui a été vicaire de paroisse à Paris, et qui a donné à plein collier dans les billets de confession. C'est un des méchants hommes qui respirent. Il a ôté les pouvoirs à mon aumônier, et il me ménageait une excommunication formelle qui aurait fait un bruit diabolique. Il faisait plus, il prenait des mesures pour me faire accuser au parlement de Dijon d'avoir fait des ouvrages très-impies. Je sais bien que j'aurais confondu l'accusateur devant Dieu et devant les hommes; mais il en de ces procès comme de ceux des dames qui plaident en séparation; elles sont toujours soupçonnées. Je n'ai fait aucune démarche dans toute cette affaire que par le conseil de deux avocats. J'ai toujours mis mon curé et ma paroisse dans mes intérêts. J'ai d'ailleurs agi en tout conformément aux lois du royaume.

A l'égard du Massillon, j'ai pris juste le temps qu'un président du parlement de Dijon est venu dîner chez moi, et c'était une bonne réponse aux discours licencieux et punissables que le scélérat m'accusait d'avoir tenus à table. En un mot, il m'a fallu combattre cet homme avec ses propres armes. Quand il a vu que j'entendais parfaitement cette sorte de guerre, et que j'étais inattaquable dans mon poste, le croquant s'y est pris d'une autre façon; il a eu la bêtise de faire imprimer les lettres qu'il m'avait écrites, et mes réponses.

Il a poussé même l'indiscrétion jusqu'à mettre dans ce recueil une lettre de M. de Saint-Florentin, sans lui en demander la permission. Il a eu encore la sottise d'intituler cette lettre de façon à choquer le ministre. Je me suis contenté d'envoyer le tout à M. le comte de Saint-Florentin, sans faire la moindre réponse. Le ministre m'en a su très-bon gré et a fort approuvé ma conduite.

Vous n'êtes pas au bout. L'énergumène, voyant que je ne répondais pas, et que j'étais bien loin de tomber dans le piége qu'il m'avait tendu si grossièrement, a pris un autre tour beaucoup plus hardi et presque incroyable. Il a fait imprimer une prétendue profession de foi qu'il suppose que j'ai faite par-devant notaire, en présence de témoins; et voici comme il raisonnait :

« Je sais bien que cet acte peut être aisément convaincu de faux, et que, si on voulait procéder juridiquement, ceux qui l'ont forgé seraient condamnés; mais mon diocésain n'osera jamais faire une telle démarche, et dire qu'il n'a pas fait une profession de foi catholique. »

Il se trompe en cela comme en tout le reste, car je pourrais bien dire aux témoins qu'on a fait signer : « Je souscris à la profession de foi, je suis bon catholique comme vous; mais je ne souscris pas aux sottises que vous me faites dire dans cette profession de foi faite en style de Savoyard. Votre acte est un crime de faux et j'en ai la preuve; l'objet en est respectable, mais le faux est toujours punissable. Qui est coupable d'une fraude pieuse pourrait l'être également d'une fraude à faire pendre son homme. »

Mais je me garderai bien de relever cette turpitude; le temps n'est pas propre; il suffit, pour le présent, que mes amis en soient instruits; un temps viendra où cette imposture sacerdotale sera mise dans tout son jour.

Je vous épargne, mon cher ange, des détails qui demanderaient un petit volume, et qui vous feraient connaître l'esprit de la prêtraille, si vous ne le connaissiez pas déjà parfaitement. Je suis dans une position aussi embarrassante que celle de Rezzonico et de Ganganelli. Tout ce que je puis vous dire, c'est que j'ai de bonnes protections à Rome. Tout cela m'amuse beaucoup, et je suis de ce côté dans la sécurité la plus grande.

Je me tirerai de même de l'*Histoire du parlement*, à laquelle je n'ai ni ne puis avoir la moindre part. C'est un ouvrage écrit, il est vrai, d'un style rapide et vigoureux en quelques endroits; mais il y a vingt personnes qui affectent ce style; et les prétendus connaisseurs en écrits, en écriture, en peinture, se trompent, comme vous savez, tous les jours dans leurs jugements. Je crois vous avoir mandé que j'ai écrit sur cet objet une lettre à M. Marin, pour être mise dans le *Mercure*.

Un point plus important à mon gré que tout cela, c'est que M. Marin ne perde pas un moment à faire imprimer *les Guèbres*; c'est une manière sûre de prouver l'alibi. Il est physiquement impossible que j'aie fait à la fois l'*Histoire du siècle de Louis XV*, *les Guèbres*, l'*Histoire du parlement* et une autre œuvre dramatique que vous verrez incessamment. Je n'ai qu'un corps et une âme; l'un et l'autre sont très-chétifs : il faudrait que j'en eusse trois pour avoir pu faire tout ce qu'on m'attribue.

Encore une fois, il ne faut pas que M. Marin perde un seul moment. Je passerai pour être l'auteur des *Guèbres*, je m'y attends bien, et voilà surtout pourquoi il faut se presser. On a déjà envoyé à Paris des exemplaires de l'édition de Genève. La pièce a beau m'être dédiée, on soupçonnera toujours que le jeune homme qui l'a composée est un vieillard. Je n'ai pu m'empêcher d'en envoyer un exemplaire à Mme la duchesse de Choiseul, parce que je savais qu'un autre prenait les devants, et que je suis en possession de lui faire tenir tout ce qu'il y a de nouveau dans le pays étranger. On se prépare à faire une nouvelle édition des *Guèbres* à Lyon; il faut donc se hâter prodigieusement à Paris.

Voilà, mon cher ange, un détail bien exact de toutes mes bagatelles littéraires et dévotes. Je vous prie de faire part de cette lettre à Mme Denis. Je ne puis lui écrire par cet ordinaire; je suis malade, la tête me tourne, la poste part. — A l'ombre de vos ailes. V.

Mais surtout comment se porte Mme d'Argental?

MMMMMDCXVI. — A M. LACOMBE.

A Ferney, 9 juillet.

Toutes les réflexions, monsieur, toutes les critiques que j'ai lues sur les ouvrages nouveaux, dans notre *Mercure*, m'ont paru des leçons de sagesse et de goût.

Ce mérite assez rare m'a fait regarder votre ouvrage périodique comme très-utile à la littérature.

Vous ne répondez pas des pièces qu'on vous envoie. Il y en a une sous mon nom, page 53 du *Mercure* de juillet (1769); c'est une lettre qu'on prétend que j'ai écrite à mon cher B.... On me fait dire en vers un peu singuliers, à mon cher B..., « que le feu est l'âme du monde, que sa clarté l'inonde, que le feu maintient les ressorts de la machine ronde, et que sa plus belle production est la lumière éthérée, dont Newton le premier, par sa main inspirée, sépara les couleurs par la réfraction. »

Je vous avoue que je ne me souviens pas d'avoir jamais écrit ces vers à mon cher B..., que je n'ai pas l'honneur de connaître.

Je vous ai déjà mandé qu'on m'attribuait trois ou quatre cents pièces de vers et de prose que je n'ai jamais lues.

On a imprimé sous mon nom *les Amours de Moustapha et d'Elmire*, *les Aventures du chevalier Ker*, et j'espère que bientôt on m'attribuera *le Parfait teinturier* et l'*Histoire des conciles en général*.

Je vous ai déjà parlé de l'*Histoire du parlement*. Cet ouvrage m'est enfin tombé entre les mains. Il est, à la vérité, mieux écrit que *les Amours de Moustapha;* mais le commencement m'en paraît un peu superficiel, et la fin indécente.

Quelque peu instruit que je sois dans ces matières, je conseille à l'auteur de s'en instruire plus à fond, et de ne point laisser courir sous mon nom un ouvrage aussi informe, dont le sujet méritait d'être approfondi par une très-longue étude et avec une grande sagesse. On est accoutumé d'ailleurs à cet acharnement avec lequel on m'impute tant d'ouvrages nouveaux.

Je suis le contraire du geai de la fable, qui se parait des plumes du paon. Beaucoup d'oiseaux, qui n'ont peut-être du paon que la voix, prennent plaisir à me couvrir de leurs propres plumes; je ne puis que les secouer, et faire mes protestations, que je consigne dans votre greffe de littérature.

J'ai l'honneur d'être, monsieur, avec toute l'estime que je vous dois, votre, etc.

MMMMMDCXVII. — A M. Dalembert.

9 juillet.

Mon cher philosophe, je vous envoie la copie d'une lettre que je suis obligé d'écrire à l'auteur du *Mercure*. Je vois que cette *Histoire du parlement*, qu'on m'impute, est la suite de ce petit écrit qui parut, il y a dix-huit mois, sous le nom du marquis de Belestat, et qui fit tant de peine au président Hénault.

C'est le même style; mais je ne dois accuser personne, je dois me borner à me justifier.

Il me paraît absurde de m'attribuer un ouvrage dans lequel il y a deux ou trois morceaux qui ne peuvent être tirés que d'un greffe poudreux, où je n'ai assurément pas mis le pied; mais la calomnie n'y regarde pas de si près.

Je vous demande en grâce d'employer toute votre éloquence et tous vos amis pour détruire un bruit encore plus dangereux que ridicule.

Ma pauvre santé n'avait pas besoin de cette secousse. Je me recommande à votre amitié.

J'attends M. de Schomberg. Il voyage comme Ulysse, qui va voir des ombres. Mon ombre vous embrasse de tout son cœur.

MMMMMDCXVIII. — A M. Thieriot.

Le 12 juillet.

Mon petit magistrat m'a enfin envoyé son œuvre dramatique; je vous la dépêche, mon ancien ami.

C'est actuellement la mode de faire imprimer les pièces de théâtre sans les donner aux comédiens; mais de tous ces drames il n'y a que *l'Écossaise* qu'on ait jouée.

Pourriez-vous, mon cher ami, me faire avoir les *Mélanges historiques* relatifs à l'*histoire de France*, ouvrage qui a brouillé le parlement avec la chambre des comptes?

La liste des livres nouveaux devient immense; celle des livres qu'on m'attribue n'est pas petite.

Il y a une *Histoire du parlement* qui fait beaucoup de bruit; je viens de la lire.

Il y a quelques anecdotes assez curieuses qui ne peuvent être tirées que du greffe du parlement même : il n'y a certainement qu'un homme du métier qui puisse être auteur de cet ouvrage.

Il faut être enragé pour le mettre sur mon compte. Il est bien sûr que, depuis vingt ans que je suis absent de Paris, je n'ai pas fouillé dans les registres de la cour.

Scribendi non est finis[1]. La multitude des livres effraye; mais, ap

---

1. *Ecclésiaste*, xii, 12. (Éd.)

tout, on en use avec eux comme avec les hommes, on choisit dans la foule.

J'ai reçu *la Piété filiale*; l'auteur[1] me l'a envoyée, je vais la lire : c'est encore une de ces pièces qu'on ne jouera pas, si j'en crois la préface que j'ai parcourue. Il en pourra bien arriver autant à notre petit magistrat de province; j'apprends d'ailleurs qu'on ne joue plus à Paris que des opéras-comiques.

Je suis si malade qu'il ne me vient pas même dans la tête de regretter les plaisirs de votre ville. Quand on souffre, on ne regrette que la santé, et quelques amis qui pourraient apporter un peu de consolation. Je vous mets au premier rang et je vous embrasse de tout mon cœur.

MMMMMDCXIX. — A. M. L'ABBÉ MORELLET.

À Ferney, 14 juillet.

J'ai reçu ces jours-ci, monsieur, le plan du *Dictionnaire de commerce*; je vous en remercie. Il y aura, grâce à vous, des commerçants philosophes. Je ne verrai certainement pas l'édition des cinq volumes, je suis trop vieux et trop malade; mais je souscris du meilleur de mon cœur : c'est ma dernière volonté. J'ai deux titres essentiels pour souscrire; je suis votre ami et je suis commerçant; j'étais même très-fier quand je recevais des nouvelles de Porto-Bello et de Buenos-Ayres. J'y ai perdu quarante mille écus. La philosophie n'a jamais fait faire de bons marchés, mais elle fait supporter les pertes. J'ai mieux réussi dans la profession de laboureur; on risque moins et on est moralement sûr d'être utile.

Avouez qu'il est assez plaisant qu'un théologien, qui pouvait couler à fond saint Thomas et saint Bonaventure, embrasse le commerce du monde entier, tandis que Crozat et Bernard n'ont jamais lu seulement leur catéchisme. Certainement votre entreprise est beaucoup plus pénible que la leur; ils signaient des lettres écrites par leurs commis. Je vous souhaite la trente-troisième partie de la fortune qu'ils ont laissée, cela veut dire un million de bien, que vous ne gagnerez certainement pas avec les libraires de Paris. Vous serez utile, vous aurez fait un excellent ouvrage :

Sic vos non vobis mellificatis, apes!
Virg.

Le commerce des pensées est devenu prodigieux; il n'y a point de bonnes maisons dans Paris et dans les pays étrangers, point de château qui n'ait sa bibliothèque. Il n'y en aura point qui puisse se passer de votre ouvrage; tout s'y trouve, puisque tout est objet de commerce.

Votre ami[2] et votre confrère en Sorbonne a donc quitté la théologie pour l'histoire, comme vous pour l'économie politique.

Vous savez sans doute qu'il fait actuellement une belle action. Je lui

---

[1]. M. Courtial. — Son drame est en cinq actes et en prose. (ÉD.)
[2]. L'Abbé Audra. (ÉD.)

ai envoyé Sirven; il a la bonté de se charger de faire rendre justice à cet infortuné. La philosophie a percé dans Toulouse, et par conséquent l'humanité. Sirven obtiendra sûrement justice, mais il a pris la route la plus longue; il ne l'obtiendra que très-tard, et il sera encore bien heureux : son bien reste confisqué en attendant. N'est-ce pas un objet de commerce que la confiscation? car il se trouve qu'un fermier du domaine gagne tout d'un coup la subsistance d'une pauvre famille; et, par un virement de parties, le bien d'un innocent passe dans la poche d'un commis.

On me fait à moi une autre injustice; on m'impute une *Histoire du parlement* en deux petits volumes. Il y a dans cette *Histoire* des anecdotes de greffe dont, Dieu merci, je n'ai jamais entendu parler. Il y a aussi des anecdotes de cour que je connais encore moins et dont je ne me soucie guère. L'ouvrage d'ailleurs m'a paru assez superficiel, mais libre et impartial. L'auteur, quel qu'il soit, a très-grand tort de le faire courir sous mon nom. Je n'aime point en général qu'on morcelle ainsi l'histoire. Les objets intéressants qui regardent les différents corps de l'État doivent se trouver dans l'*Histoire de France*, qui, par parenthèse, a été jusqu'ici assez mal faite.

Continuez, monsieur, votre ouvrage aussi utile qu'immense; et songez quelquefois, en y travaillant, que vous avez au pied des Alpes un partisan zélé et un ami.

MMMMMDCXX. — DE CATHERINE II.

A Pétersbourg, le 3-14 juillet.

Monsieur, j'ai reçu le 20 de juin votre lettre du 27 mai. Je suis charmée d'apprendre que le printemps rétablit votre santé, quoique la politesse vous fasse dire que mes lettres y contribuent. Cependant je n'ose leur attribuer cette vertu. Soyez-en bien aise; car d'ailleurs vous pourriez en recevoir si souvent, qu'à la fin elles vous ennuieraient.

Tous vos compatriotes, monsieur, ne pensent pas comme vous sur mon compte; j'en connais qui aiment à se persuader qu'il est impossible que je puisse faire quelque chose de bien, qui donnent la torture à leur esprit pour en convaincre les autres : et malheur à leurs satellites, s'ils osaient penser autrement qu'ils ne sont inspirés! Je suis assez bonne pour croire que c'est un avantage qu'ils me donnent sur eux, parce que celui qui ne sait les choses que par la bouche de ses flatteurs les sait mal, voit dans un faux jour et agit en conséquence. Comme, au reste, ma gloire ne dépend pas d'eux, mais bien de mes principes, de mes actions, je me console de n'avoir pas leur approbation. En bonne chrétienne, je leur pardonne et j'ai pitié de ceux qui m'envient.

Vous dites, monsieur, que vous pensez comme moi sur différentes choses que j'ai faites, et que vous vous y intéressez. Eh bien! monsieur, sachez que ma belle colonie de Saratof monte à vingt-sept mille âmes, et qu'en dépit du gazetier de Cologne, elle n'a rien à craindre des incursions des Turcs, des Tartares, etc.; que chaque canton a des églises de son rite, qu'on y cultive les champs en paix et que de trente ans ils ne payeront aucune charge.

D'ailleurs nos charges sont si modiques, qu'il n'y a pas de paysan en Russie qui ne mange une poule quand il lui plaît, et que, depuis quelque temps, il y a des provinces où ils préfèrent les dindons aux poules ; que la sortie du blé, permise avec certaines restrictions qui précautionnent contre les abus sans gêner le commerce, ayant fait hausser le prix de cette denrée, accommode si bien le cultivateur, que la culture augmente d'année en année, que la population est pareillement augmentée d'un dixième dans beaucoup de provinces depuis sept ans. Nous avons la guerre, il est vrai ; mais il y a bien du temps que la Russie fait ce métier-là, et qu'elle sort de chaque guerre plus florissante qu'elle n'y était entrée.

Nos lois vont leur train : on y travaille tout doucement. Il est vrai qu'elles sont devenues causes secondes, mais elles n'y perdront rien. Ces lois sont tolérantes, elles ne persécuteront, ne tueront, ni ne brûleront personne. Dieu nous garde d'une histoire pareille à celle du chevalier de La Barre ! On mettrait aux Petites-Maisons les juges qui oseraient faire de pareilles procédures.

Depuis la guerre j'ai fait deux nouvelles entreprises : je bâtis Azof et Tangarock, où il y a un port commencé et ruiné par Pierre Ier. Voilà deux bijoux que je fais enchâsser, et qui pourraient bien n'être pas du goût de Moustapha. L'on dit que le pauvre homme ne fait que pleurer. Ses amis l'ont engagé dans cette guerre malgré lui et à son corps défendant. Ses troupes ont commencé par piller et brûler leur propre pays ; à la sortie des janissaires de la capitale, il y a eu plus de mille personnes de tuées ; l'envoyé de l'empereur, sa femme, ses filles, battues, volées, traînées par les cheveux, et sous les yeux du sultan et de son vizir, sans que personne osât empêcher ce désordre : tant ce gouvernement est faible et mal arrangé !

Voilà donc ce fantôme si terrible dont on prétend me faire peur.

L'on dirait que l'esprit humain est toujours le même. Le ridicule des croisades passées n'a pas empêché les ecclésiastiques de Podolie, soufflés par le nonce du pape, de prêcher une nouvelle croisade contre moi, et les fous de soi-disant confédérés ont pris la croix d'une main, et se sont ligués de l'autre avec les Turcs, auxquels ils ont promis deux de leurs provinces. Pourquoi ? afin d'empêcher un quart de leur nation de jouir des droits de citoyen. Et voilà pourquoi encore ils brûlent et saccagent leur propre pays. La bénédiction du pape leur promet le paradis : conséquemment les Vénitiens et l'empereur seraient excommuniés, je pense, s'ils prenaient les armes contre ces mêmes Turcs, défenseurs aujourd'hui des croisés contre quelqu'un qui n'a touché ni en blanc ni en noir à la foi romaine.

Vous verrez encore, monsieur, que ce sera le pape qui mettra opposition au souper que vous me proposez à Sophie. Rayez, s'il vous plaît, Philippopolis du nombre des villes ; elle a été réduite en cendres ce printemps par les troupes ottomanes qui y ont passé, parce qu'on voulait les empêcher de la piller.

Adieu, monsieur; soyez persuadé de la considération toute particulière que j'ai pour vous.
CATERINE.

MMMMMDCXXI. — A M. LE DUC DE CHOISEUL.
REQUÊTE DE L'ERMITE DE FERNEY, PRÉSENTÉE PAR M. COSTE, MÉDECIN.

16 juillet.

Rien n'est plus à sa place que la supplication d'un vieux malade pour un jeune médecin; rien n'est plus juste qu'une augmentation de petits appointements, quand le travail augmente. Monseigneur sait parfaitement que nous n'avions autrefois que des écrouelles dans les déserts de Gex, et que depuis qu'il y a des troupes nous avons quelque chose de plus fort. Le vieil ermite qui, à la vérité, n'a reçu aucun de ces deux bienfaits de la Providence, mais qui s'intéresse sincèrement à tous ceux qui en sont honorés, prend la liberté de représenter douloureusement et respectueusement que le sieur Coste[1], notre médecin très aimable, qui compte nous empêcher de mourir, n'a pas de quoi vivre, et qu'il est en ce point tout le contraire des grands médecins de Paris. Il supplie monseigneur de vouloir bien avoir pitié d'un petit pays dont il fait l'unique espérance.

MMMMMDCXXII. — A MADAME LA MARQUISE DU DEFFAND.

18 juillet.

Ma nièce m'a dit, madame, que vous vous plaignez de mon silence, et que vous voyez bien qu'un dévot comme moi craint de continuer un commerce scandaleux avec une dame profane telle que vous l'êtes. Eh! mon Dieu, madame, ne savez-vous pas que je suis tolérant, et que je préfère même le petit nombre qui fait la bonne compagnie à Paris, au petit nombre des élus? ne savez-vous pas que je vous ai envoyé par votre grand'maman les *Lettres d'Amabed*, dont j'ai reçu quelques exemplaires de Hollande? Il y en avait un pour vous dans le paquet.

N'ai-je pas encore songé à vous procurer la tragédie des *Guèbres*, ouvrage d'un jeune homme qui paraît penser bien fortement, et qui me fera bientôt oublier? Pour moi, madame, je ne vous oublierai que quand je ne penserai plus; et, lorsqu'il m'arrivera quelques ballots de pensées des pays étrangers, je choisirai toujours ce qu'il y aura de moins indigne de vous pour vous l'offrir. Vous serez bientôt lasse des contes de fées. Quoi que vous en disiez, je ne regarde ce goût que comme une passade.

Avez-vous lu l'*Histoire* de M. Hume? il y a là de quoi vous occuper trois mois de suite. Il faut toujours avoir une bonne provision devant soi.

Il paraît en Hollande une *Histoire du parlement*, écrite d'un style assez hardi et assez serré; mais l'auteur ne rapporte guère que ce que

---

1. Coste fut très-bien accueilli du duc de Choiseul; on l'invita à dîner. Ses appointements, qui n'étaient que de cent cinquante francs, furent portés à douze cents francs, et il eut en outre une gratification de six cents francs pour son voyage. (ÉD.)

tout le monde sait, et le peu qu'on ne savait pas ne mérite point d'être connu : ce sont des anecdotes du greffe. Il est bien ridicule qu'on m'impute un tel ouvrage; il a bien l'air de sortir des mêmes mains qui souillèrent le papier de quelques invectives contre le président Hénault, il y a environ deux années; c'est le même style : mais je suis accoutumé à porter les iniquités d'autrui. Je ressemble assez à vous autres, mesdames, à qui on donne une vingtaine d'amants quand vous en avez un ou deux.

Deux hommes que vous connaissez sans doute, M. le comte de Schomberg et M. le marquis de Jaucourt, ont forcé ma retraite et ma léthargie; ils sont très-contents de mes progrès dans la culture des terres, et je le suis davantage de leur esprit, de leur goût et de leur agrément; ils aiment ma campagne, et moi je les aime. Ah! madame, si vous pouviez jouir de nos belles vues! il n'y a rien de pareil en Europe; mais je tremble de vous faire sentir votre privation. Vous mettez à la place tout ce qui peut consoler l'âme. Vous êtes recherchée comme vous le fûtes en entrant dans le monde : on ambitionne de vous plaire; vous faites les délices de quiconque vous approche. Je voudrais être entièrement aveugle et vivre auprès de vous.

MMMMMDCXXIII. — A M. LE MARÉCHAL DUC DE RICHELIEU.

A Ferney, 19 juillet.

Ce n'est point aujourd'hui à monsieur le doyen de notre Académie, c'est au premier gentilhomme de la chambre que je présente ma requête. Je vous jure, monseigneur, que la musique de *Pandore* est charmante, et que ce spectacle ferait le plus bel effet du monde aux yeux et aux oreilles. Il n'y avait certainement qu'un grand opéra qui pût réussir dans la salle du Manége, où vous donnâtes une si belle fête aux noces de la première Dauphine; mais la voûte était si haute, que les acteurs paraissaient des pygmées; on ne pouvait les entendre. Le contraste d'une musique bruyante avec un récit qui était entièrement perdu, faisait l'effet des orgues qui font retentir une église quand le prêtre dit la messe à voix basse.

Il faut, pour les fêtes qui attirent une grande multitude, un bruit qui ne cesse point, et un spectacle qui plaise continuellement aux yeux. Vous trouverez tous ces avantages dans la *Pandore* de M. de La Borde, et vous aurez de plus une musique infiniment agréable, qui réunit, à mon gré, le brillant de l'italien et le noble du français.

Je vous en parle assurément en homme très-désintéressé, car je suis aveugle tout l'hiver et presque sourd le long de l'année. Je ne suis pas homme d'ailleurs à demander un billet pour assister à la fête, je ne vous parle qu'en bon citoyen qui ne songe qu'au plaisir des autres.

De plus, il me semble que l'opéra de *Pandore* est convenable aux mariages de tous les princes; car vous m'avouerez que partout il y a de grands malheurs ou de grands chagrins mêlés de cent mille petits désagréments. *Pandore* apporte l'amour et l'espérance, qui sont les consolations de ce monde et le baume de la vie. Vous me direz peut-être que ce n'est pas à moi à me mêler de vos plaisirs, que je ne suis qu'un pauvre laboureur occupé de mes moissons, de mes vers à soie et de mes abeilles; mais je me souviens encore du temps passé, et, si je ne peux plus donner de plaisir, je suis enchanté qu'on en ait.

Mme de Fontaine-Martel, en mourant, ayant demandé quelle heure il était, ajouta : « Dieu soit béni ! quelque heure qu'il soit, il y a un rendez-vous. »

Pour moi, je n'emporterai que le regret d'avoir traîné les dernières années de ma vie sans vous faire ma cour; mais je vous suis attaché comme si je vous la faisais tous les jours. Agréez le tendre respect de V.

MMMMMDCXXIV. — A M. MARIN.

19 juillet.

Je n'avais point achevé, monsieur, la lecture de l'*Histoire du parlement*, lorsque je vous mandais que cet ouvrage me paraissait très-superficiel, et d'ailleurs un plagiat presque continuel. Mais je vous avoue que les derniers chapitres m'ont paru aussi indécents que faux et mal écrits. Qu'est-ce qu'*un supplice perpétré?* qu'est-ce qu'*un départ pour son exil?* qu'est-ce qu'*un procès à faire à Damiens?* Je ne connais guère de plus mauvais style que celui de ces derniers chapitres; ils ne paraissent pas de la même main que les premiers; et ils sont si mauvais en tout sens, qu'ils ne méritent pas qu'on les réfute. Si on lisait avec quelque attention, si tous les lecteurs étaient aussi judicieux que vous, on ne m'imputerait pas de telles rapsodies; mais j'ai toujours remarqué qu'on ne lisait point, qu'on parcourait avec négligence, et qu'on jugeait au hasard. Rien ne peut égaler l'indignation où je suis, ni ma sincère amitié pour vous.

MMMMMDCXXV. — DU CARDINAL DE BERNIS.

A Rome, le 19 juillet.

Voilà, mon cher confrère, la permission que M. Adam désirait pour ne pas s'enrhumer. Une petite faute qui avait été faite dans la supplique en a retardé le succès. Je suis bien aise que M. le duc de Choiseul ait payé le tribut que tout homme d'esprit doit à la poésie. Si j'avais moins de petites affaires ici, qui emploient mon temps sans le remplir, je crois que je ferais encore des vers; mais je me contente de les aimer, et de me ressouvenir qu'ils m'ont ouvert la carrière du monde et de la fortune, et, ce qui vaut bien mieux, qu'ils m'ont valu votre amitié. Je ne crois pas que le pape Clément XIV aime les fanatiques, ni qu'il protége le fanatisme. Il a étudié la théologie en homme d'esprit. Je voudrais qu'il eût étudié de même l'histoire. Adieu, mon cher confrère, je vous aime autant que je respecte la supériorité de vos talents et de votre génie

MMMMMDCXXVI. — A M. LE COMTE DE ROCHEFORT.

20 juillet.

Je n'ai que le temps, monsieur, de vous envoyer ce papier, que je reçois dans le moment, au départ de la poste. J'aurai l'honneur de vous écrire incessamment plus en détail. Cette aventure est une noirceur effroyable. La lettre à M. Marin le fait voir assez, et j'en ai d'ailleurs les preuves les plus indubitables. Je suis indigné autant que vous de l'injustice qu'on fait à notre ami. Il ne faut pas souffrir une pareille injustice. Il m'a mandé qu'il aurait l'honneur de vous écrire incessamment; mais je sais qu'il est actuellement si malade, qu'il faut lui pardonner s'il ne vous écrit pas par cet ordinaire.

J'ai l'honneur d'être avec tous les sentiments que vous me connaissez, monsieur, votre très-humble et très-obéissant serviteur, V.

MMMMMDCXXVII. — A M. LE COMTE D'ARGENTAL.

22 juillet.

Mon cher ange, sur votre lettre du 13, je vous renvoie à Mme Denis. Je lui ai confié une partie du mystère d'iniquité; je ne l'ai su que par elle. En vérité, tout est un jeu de hasard dans ce monde, ou peu s'en faut.

La duchesse, bonne imbécile, consulte Mme Denis sur un recueil de mes lettres qu'on lui a vendu, et qu'elle veut imprimer. Je ne reçois ce beau recueil par Mme Denis que le 19 du mois. Je vois alors qu'on m'a volé beaucoup de manuscrits, et entre autres ces lettres peu faites assurément pour voir le jour, et un gros manuscrit de recherches sur l'histoire, par ordre alphabétique. La lettre P était fort ample[1]. On s'en est servi, on a suppléé, on a ajouté, on a broché, brodé comme on a pu; on a vendu le tout.

L'auteur[2] de toute cette manœuvre m'est assez connu, mais je dois absolument me taire. On me dirait : « Vous avouez qu'on vous a volé ces lettres, donc elles sont de vous; vous avouez qu'on vous a volé le le recueil P, donc il est de vous. » De plus, que de noirceurs nouvelles on ajouterait à la première! on ne s'arrête pas dans le chemin du crime. Cette affaire deviendrait un labyrinthe horrible dont je ne pourrais me tirer. Je n'ai que la certitude entière qu'on a trahi l'hospitalité. Je n'ai point de preuves juridiques, et, quand j'en aurais, elles ne serviraient qu'à me plonger dans un abîme, et les cagots m'y égorgeraient à leur plaisir.

Je n'ai donc d'autre parti à prendre que celui de me justifier sans accuser personne. Je vous jure, mon cher ange, que je n'ai pas la moindre petite part à ces derniers chapitres. Je les trouve croqués, plats, faux, ridicules, insolents, et je le dis, et je ferai encore plus.

---

1. L'*Histoire du parlement de Paris*. (ÉD.)
2. Voltaire veut parler de La Harpe, qui, en 1768, lui avait dérobé quelques manuscrits; mais Laharpe n'était pour rien dans la publication de l'*Histoire du Parlement*. (ÉD.)

Ce petit mot écrit à M. Marin me paraît déjà un léger appareil sur la blessure qu'on m'a faite. Il me semble qu'on ne peut trop faire courir mon billet à M. Marin chez les personnes intéressées. Je voudrais que M. l'abbé de Chauvelin eût des copies, et qu'on en donnât aux avocats généraux. Mon neveu d'Hornoy[1] peut y servir beaucoup. On a déjà prévenu les coups que l'on pourrait porter du côté de la cour. Je compte sur la voix de mes anges beaucoup plus que sur tout le reste. Elle est accoutumée à soutenir la vérité et l'amitié; elle a toujours été ma plus grande consolation. J'ai résisté à des secousses plus violentes. J'ai pour moi mon innocence et mes anges; je puis paraître hardiment devant Dieu.

Ah! mon cher ange, que me dites-vous sur le bonheur que j'ai eu de vous offrir un petit service[2]! Vous êtes mille fois trop bon.

MMMMMDCXXVIII. — A M. DE MOULTOU, A GENÈVE.

22 juillet.

Mon cher philosophe, notre Zurichois[3] ira loin. Il marche à pas de géant dans la carrière de la raison et de la vertu. Il a mangé hardiment du fruit de l'arbre de la science, dont les sots ne veulent pas qu'on se nourrisse, et il n'en mourra pas. Un temps viendra où sa brochure sera le catéchisme des honnêtes gens. On dira à tout théologien:

> Théologal insupportable,
> Quel dogme nous annonces-tu!
> Moins de dogme, et plus de vertu:
> Voilà le culte véritable.

Je vous embrasse toujours en Zaleucus, en Confucius, en Platon, en Marc-Aurèle, et non en Augustin, en Jérôme, en Athanase.

MMMMMDCXXIX. — A M. DALEMBERT.

Ce 23 juillet.

La Providence fait toujours du bien à ses serviteurs, mon cher philosophe. J'ai beaucoup souffert pour la bonne cause; j'ai été confesseur, confessé, et presque martyr; mais le dieu de miséricorde m'a envoyé un ange consolateur[4]. Quoique cet envoyé soit du métier des exterminateurs, c'est un des plus aimables hommes du monde: vous me l'aviez bien dit, il y en a peu dans la milice céleste qui lui soient comparables.

Je voudrais qu'il m'eût pris par le peu de cheveux qui me restent, comme Habacuc[5], et qu'il m'eût transporté vers vous. Comme j'irai bientôt dans l'autre séjour de la gloire, je serais très-fâché d'en aller

---

1. Conseiller au parlement. (ÉD.)
2. Voltaire lui avait prêté dix mille francs. (ÉD.)
3. Jacques-Henri Meister avait publié, sans y mettre son nom, un ouvrage intitulé *Origine des principes religieux*. (ÉD.)
4. Le comte de Schomberg. (ÉD.) — 5. Daniel, chap. XIV, verset 35. (ÉD.)

prendre possession sans vous avoir embrassé; mais je vous promets mes prières et mes bénédictions.

Il faut que je vous dise un mot de cette *Histoire du parlement* qu'on m'attribue : voici ce que j'en sais très-certainement. Des recherches sur l'histoire de France ayant été volées à bonne intention, on les a fait imprimer avec des erreurs et des sottises. C'est une chose très-désagréable, et sur laquelle il n'y a d'autre parti à prendre que celui de souffrir et se taire.

L'ombre du chevalier de La Barre apparut ces jours passés à un homme de votre connaissance; il lui dit :

Heu! fuge crudeles terras, fuge littus iniquum.
Virg., *Æneid.*, lib. III, v. 44.

Notre ami lui répondit :

.... *Sed contra audentior* ibo.
Virg., *Æneid.*, lib. VI, v. 95.

Il faudrait avoir établi une ville de philosophes, comme Tycho-Brahé fonda Uranembourg. Par quelle fatalité est-il plus aisé de rassembler des laboureurs et des vignerons que des gens qui pensent! Quoi qu'il en soit, je m'unis de loin à vous dans votre charité philosophique, dans le saint amour de la vérité, et dans l'horreur des cagots.

O mes philosophes! il faudrait marcher serrés comme la phalange macédonienne; elle ne fut vaincue que parce qu'elle combattit dispersée. Ma consolation est que vous m'aimiez un peu; moi je vous aime beaucoup, et de toutes mes forces.

MMMMMDCXXX. — A M. DE CHABANON.

23 juillet.

Plus vous aurez de frères, mon cher ami, mieux ce sera pour les gens qui pensent. Nous avons besoin d'une recrue de gens d'esprit contre les barbares. Il faut que votre soleil de l'Amérique [1] vienne réchauffer notre continent.

J'ai eu affaire, moi qui vous parle, à des barbares welches, qui m'ont imputé une *Histoire du parlement* dont les derniers chapitres sont un tissu de faussetés et d'impertinences qui ne sont pas même écrites en français. Vous voyez que j'ai à soutenir la guerre à la fois contre les Perses et contre les welches. Plût à Dieu qu'on ne me chicanât que sur le *Sadder* [2]! Zoroastre ne me fera jamais de mal; mais les dévots du siècle peuvent en faire beaucoup. Réjouissez-vous; faites des vers comme Tibulle pour vos maîtresses et pour vos amis; vivez plus longtemps que lui, et souvenez-vous quelquefois du vieil ermite des Alpes. Il est beau à vous, dans le fracas de Paris, de songer à un vieillard qui va se faire enterrer sur le bord du lac Léman. Le cœur ne vieillit

---

1. Chabanon de Maugris avait habité l'Amérique. (ÉD.)
2. Il parle de sa querelle avec l'abbé Foucher. (ÉD.)

point. Soyez sûr que je vous aime autant que je vous suis inutile. Je vous embrasse bien fort, et je suis à vous jusqu'au dernier moment de ma vie.

MMMMMDCXXXI. — A madame la marquise du Deffand.

24 juillet.

Je vous ai envoyé en grand secret, madame, la tragédie des *Guèbres*. Vous me feriez une peine extrême si vous disiez publiquement votre pensée sur cette tolérance dont vous ne vous souciez guère, et qui me touche infiniment. Vous n'êtes informée que des plaisirs de Paris, et je le suis des malheurs de trois ou quatre cent mille âmes qui souffrent dans les provinces.

On ne veut pas les reconnaître pour citoyens; leurs mariages sont nuls; on déclare leurs enfants bâtards.

Un jeune homme de la plus grande espérance, plein de candeur et de génie, m'apporta, il y a près de six mois, cet ouvrage que je vous ai envoyé. J'ai beaucoup travaillé avec lui; je l'ai aidé de mon mieux. Les comédiens allaient jouer la pièce, lorsque des magistrats, qui ont cru reconnaître nos prêtres dans les prêtres païens, s'y sont opposés. Les comédiens étaient enchantés de cet ouvrage, qui est très-neuf, et qui aurait été encore plus utile.

Gardez-vous bien, madame, d'être aussi difficile que le procureur du roi du Châtelet. Je crois que cette tragédie sera bientôt imprimée à Paris. On la jouera, si les honnêtes gens la désirent fortement : leur voix dirige à la fin l'opinion des magistrats mêmes. Mes amis feront tout ce qu'ils pourront pour obtenir cette justice. Je vous mets à leur tête, madame, et je vous conjure d'employer pour mon jeune homme toute votre éloquence et toutes vos bontés.

Faites-vous lire la pièce par un bon récitateur de vers. Vous verrez aisément de quoi il s'agit, et vous viendrez à notre secours. Je vous le demande avec la plus vive instance.

Quant à l'*Histoire du parlement*, c'est une rapsodie. Les derniers chapitres sont d'un sot et d'un ignorant, qui ne sait ni le français ni l'histoire. Mon dernier chapitre à moi, c'est de vous aimer très-tendrement, et de souhaiter, avec une passion malheureuse, de vous voir et de vous entendre.

Adieu, madame; cette vie n'est pas semée de roses.

MMMMMDCXXXII. — A madame la duchesse de Choiseul

Lyon, 26 juillet.

Anacréon, de qui le style
Est souvent un peu familier,
Dit, dans un certain vaudeville,
Soit à Daphné, soit à Bathylle,
Qu'il voudrait être son soulier.
Je révère la Grèce antique;

> Mais ce compliment poétique
> Paraît celui d'un cordonnier

Pour moi, madame, qui suis aussi vieux qu'Anacréon, je vous avoue que j'aime mieux votre tête et votre cœur que vos pieds, quelque mignons qu'ils soient. Anacréon aurait voulu les baiser à cru, et moi aussi; mais je donne net la préférence à votre belle âme.

Vous êtes, madame, le contraire des dames ordinaires; vous donnez tout d'un coup plus qu'on ne vous demande; il ne me faut qu'un de vos souliers, c'est bien assez pour un vieil ermite, et vous daignez m'en offrir deux. Un seul, madame, un seul. Il n'est jamais question que d'un soulier dans les romans qui en parlent, et remarquez qu'Anacréon dit : Je voudrais être ton soulier, et non pas tes souliers. Ayez donc la bonté, madame, de m'en faire parvenir un, et vous saurez ensuite pourquoi.

Mais il y a une autre grâce plus digne de vous, que je vous demande, c'est pour la tragédie de *la Tolérance*. Elle est d'un jeune homme qui donne certainement de grandes espérances; il en a fait deux actes chez moi; j'y ai travaillé avec lui, moins comme à un ouvrage de poésie que comme à la satire de la persécution.

Vous avez senti assez que les prêtres de Pluton pouvaient être le P. Le Tellier, les inquisiteurs, et tous les monstres de cette espèce. Le jeune auteur n'a pu obtenir que les magistrats en permissent la représentation à Paris. Je suis persuadé qu'elle y ferait un grand effet, et que la dernière scène ne déplairait pas à la cour, s'il y avait une cour.

Donnez-nous votre protection, madame, et celle du possesseur de vos pieds. On a imprimé cette pièce chez l'étranger, sous le nom de *la Tolérance*. Ce nom fait trembler; on me la dédie, et mon nom est encore plus dangereux.

Il y a dans le royaume des Francs environ trois cent mille fous qui sont cruellement traités par d'autres fous depuis longtemps. On les met aux galères, on les pend, on les roue pour avoir prié Dieu en mauvais français en plein champ; et ce qui caractérise bien ma chère nation, c'est qu'on n'en sait rien à Paris, où l'on ne s'occupe que de l'Opéra-Comique et des tracasseries de Versailles.

Oui, madame, vous seriez la bienfaitrice du genre humain, si vous et M. le duc de Choiseul vous protégiez cette pièce, et si vous pouviez un jour vous donner l'amusement de la faire représenter.

Votre petite-fille n'est pas contente des *Guèbres*, et moi je trouve l'ouvrage rempli de choses très-neuves, très-touchantes, écrites du style le plus simple et le plus vrai.

Aidez-nous, madame, protégez-nous. On pense depuis dix ans dans l'Europe comme cet empereur qui paraît à la dernière scène. Il se fait dans les esprits une prodigieuse révolution. C'est à une âme comme la vôtre qu'il appartient de la seconder. Le suffrage de M. le duc de Choiseul nous vaudrait une armée. Il va faire bâtir dans mon voisinage une ville qu'on appelle déjà la ville de la tolérance. S'il vient à bout de ce grand projet, c'est un temple où il sera adoré. Comptez, madame, que réellement toutes les nations seront à ses pieds. Je me mets aux vôtres très-sérieusement, et je vous conjure d'embrasser cette affaire avec fureur, malgré toute la sage douceur de votre charmant caractère.

Agréez, madame, le profond respect de GUILLEMET.

MMMMMDCXXXIII. — A M. LE COMTE DE ROCHEFORT.

A Lyon, 28 juillet.

Monsieur, j'ai reçu en son temps la dernière lettre dont vous avez bien voulu m'honorer dans ma petite manufacture auprès de Lyon. Je suis persuadé de plus en plus de votre bonne volonté pour moi et pour ma famille. Nous vous prions, mes associés et moi, de vouloir bien faire distinguer nos étoffes de celles des autres; car quoique nos concurrents aient travaillé sur des modèles à peu près semblables, les dessins sont fort différents. Nous espérons, à votre retour de Compiègne, vous envoyer de bons échantillons.

Nous avons reçu de très-bonnes nouvelles de M. l'abbé Bigot[1]. Mme Finette[2] et Mme de Barbera[3] se sont adressées à nous, et nous commençons à croire d'ailleurs que MM. de Bruguières[4] ne nous feront aucun tort. Madame votre tante[5] a parlé de nous avec la plus grande bienveillance. Elle paraît très-contente de nos anciens dessins, et a déclaré qu'elle voudrait nous servir. Si vous avez quelques nouvelles de madame votre cousine et de M. Le Prieur[6], vous nous obligerez beaucoup de vouloir bien nous en instruire.

Nous sommes toujours à vos ordres, ma famille et moi.

J'ai l'honneur d'être, avec bien du respect, monsieur, votre très-humble et très-obéissant serviteur, MARTINEAU.

MMMMMDCXXXIV. — A M. LE COMTE D'ARGENTAL.

31 juillet.

Mon cher ange, j'ai à vous entretenir de la plus grande affaire de l'Europe; il s'agit de la musique de *Pandore*. Tous les maux qui étaient dans la boîte affligent l'univers et moi; et je n'ai pas l'espérance qu'on exécute la musique de La Borde. Est-ce que Mme la duchesse de Villeroi ne pourrait pas nous rendre cette espérance que nous avons perdue, et qui était encore au fond de cette maudite boîte?

J'aime bien *les Guèbres*, mais j'aimerais encore mieux que *Pandore* réussît à la cour, supposé qu'il y en ait une. En vérité, voilà une négociation que vous devriez entreprendre. On veut du Lulli; c'est se moquer d'une princesse autrichienne[7] élevée dans l'amour de la musique italienne et de l'allemande; il ne faut pas la faire bâiller pour sa

---

1. Le duc de Choiseul. (ÉD.) — 2. Mme la duchesse de Choiseul. (ÉD.)
3. Mme de Grammont, sœur de M. de Choiseul. (ÉD.)
4. Les membres du parlement. (ÉD.) — 5. Mme du Barry. (ÉD.)
6. Louis XV. (ÉD.)
7. Marie-Antoinette. Il avait été question, pour les fêtes de son mariage avec le Dauphin, depuis Louis XVI, de faire jouer *Pandore*. (ÉD.)

bienvenue. On me dira peut-être que La Borde la ferait bâiller bien davantage; non, je ne le crois pas : sa musique m'a paru charmante, et le spectacle serait magnifique.

On me dira encore qu'on ne veut point tant de magnificence, qu'on ira à l'épargne; et moi je dis qu'on dépensera autant avec Lulli qu'avec La Borde, et que messieurs des Menus n'épargnent jamais les frais. Mais où est le temps où on aurait joué *les Guèbres*? Le *Tartufe*, qui assurément est plus hardi, fut représenté dans une des fêtes de Louis XIV. O temps! ô mœurs! ô France! je ne vous reconnais plus.

Mes anges, je suis un réprouvé, je ne réussis en rien. J'avais entamé une petite négociation avec le pape pour une perruque, et je vois que j'échouerai; mais je n'aurai pas la tête assez chaude pour me fâcher.

Portez-vous bien, mes anges, et je me consolerai de tout. Je vous répéterai toujours que je voudrais bien vous revoir un petit moment, avant d'aller recevoir la couronne de gloire que Dieu doit à ma piété dans son saint paradis.

MMMMMDCXXXV. — A M. SAURIN.

3 auguste.

Je m'intéresse plus que personne, mon cher confrère, au triste état d'Abeilard [1]. Soixante-quinze ans font à peu près le même effet que le rasoir de M. le chanoine. Horace a bien raison de dire, et Boileau après lui, que les plus tristes sujets peuvent réussir en vers. Les vôtres sont bien agréables et bien attendrissants.

Vous savez qu'on a imprimé *les Guèbres* du jeune Desmahis. Cette pièce m'a paru fort sage : il serait à souhaiter qu'elle l'eût été moins; elle aurait fait une plus grande impression. Je conseillerais aux prêtres de demander qu'on la joue telle qu'elle est; car, s'ils ont la sottise de s'y opposer, il arrivera que les héritiers de Desmahis remettront la pièce dans toute son ancienne horreur. On m'a dit que l'auteur en avait adouci presque tous les traits, et qu'il avait passé quelques couleurs sur l'extrême laideur de ces messieurs; mais, s'ils ne se trouvent pas assez flattés, on les peindra tels qu'ils sont. Je crois qu'il est de l'intérêt de tous les honnêtes gens qu'on joue quelquefois de pareilles pièces : cela vaut pour le moins une grand'messe de votre archevêque, et beaucoup mieux sans doute que tous ses billets de confession.

J'ai essuyé plus d'une affaire et plus d'une maladie; c'en est trop à mon âge. Plaignez-moi, si je vous écris si rarement et si laconiquement.

MMMMMDCXXXVI. — A M. LE CARDINAL DE BERNIS.

A Ferney, le 3 auguste.

Par pitié pour l'âge caduque
D'un de mes sacrés estafiers,
Vous abritez sa vieille nuque :

---

[1]. Saurin venait de publier une imitation de l'*Épître d'Héloïse à Abeilard*, de Pope. (ÉD.)

> Quand on est couvert de lauriers,
> On peut donner une perruque.
> Prêtez-moi quelque rime en *uque*
> Pour orner mes vers familiers.
> Nous n'avons que celle d'eunuque.
> Ce mot me conviendrait assez;
> Mais ce mot est une sottise,
> Et les beaux princes de l'Église
> Pourraient s'en tenir offensés.

Je remercie très-tendrement Votre Éminence de la perruque de mon pauvre aumônier [1], qui ne verra pas ma lettre. Mais souffrez qu'il vous rende de très-humbles actions de grâces : il ne les dit jamais à table, et j'en suis fâché.

On dit que vous faites des merveilles à Rome, et que vos pieds, tout potelés qu'ils sont, marchent sur des épines sans se blesser. Je suis très-fâché que votre saint-père soit peu versé dans l'histoire, il se croira encore au xvie siècle; mais vous le remettrez au courant, et vous viendrez plus aisément à bout d'un homme d'esprit que d'un sot. Vous avez une grande réputation dans l'Europe, et je prédis que vous ne vous en tiendrez pas à la place que vous occupez à présent. Vivez seulement, et laissez faire au temps. Je fais actuellement de la soie, tout comme si j'avais l'honneur d'être de votre diocèse [2].

Je jouis d'une retraite qui serait agréable, même dans le voisinage de Rome; mais, quand le temps viendra où

> De l'urne céleste
> Le signe funeste
> Domine sur nous,
> Et pour nous commence
> L'humide influence
> De l'Ourse en courroux [3],

alors je deviendrai un des plus malheureux agriculteurs qui respirent; alors, si j'étais seul, si ma nièce ne venait pas dans ma Sibérie, je volerais en tapinois dans votre climat, je vous ferais ma cour par un escalier dérobé, et je verrais Saint-Pierre. Mais à moi n'appartient tant d'honneur. Je suis comme Mahomet II, qui fit graver sur son tombeau : « Il eut un grand désir de voir l'Italie. »

J'en ai un plus grand, c'est que le plus aimable, le plus instruit, le plus brillant, et le plus véritablement sage des Septante [4] agrée toujours mon tendre respect, et me conserve ses bontés.

---

1. Le P. Adam. (Éd.)
2. Alby, dont le cardinal de Bernis était archevêque. (Éd.)
3. Voltaire, en citant ces vers, les croyait de Bernis, sous le nom duquel ils ont été imprimés. On les trouve même dans quelques éditions de ses *OEuvres*; mais l'*Epître sur l'hiver*, dont ils font partie, est de Gentil Bernard. (*Note de M. Beuchot.*)
4. C'était le nombre des cardinaux, dont six cardinaux-évêques, cinquante cardinaux-prêtres, et quatorze cardinaux-diacres. (Éd.)

P. S. Vraiment, en relisant le chiffon de M. de Philippopolis[1], je trouve qu'il renvoie mon aumônier à son évêque[2], malgré la formule du *non obstantibus contrariis*. Cet évêque est l'ennemi mortel des perruques; il refusera net. Cela ferait un procès, ce procès ferait du bruit, et produirait du ridicule. Un ex-jésuite et moi, voilà des sujets d'épigrammes, et de quoi égayer les gazetiers. On n'a déjà que trop tympanisé ma dévotion. Je ne ferai donc rien sans un ordre de Votre Éminence; je jetterais dans le feu les perruques du P. Adam et les miennes, plutôt que de compromettre Votre Éminence.

MMMMMDCXXXVII. — A M. LE COMTE D'ARGENTAL.

4 auguste.

Mon cher ange, parlez-moi, je vous prie, du rhume de Mme d'Argental. Comment est-on enrhumé au mois d'août ou d'auguste? Il est vrai que la nature m'avertit quelquefois de mon âge et de ma faiblesse; mais je la laisse dire, et quand elle a tout dit, elle me laisse faire. Comme Mme d'Argental est plus jeune et plus sage que moi, elle se tirera mieux des tours que sa santé lui joue quelquefois.

Vous me parlez, dans votre lettre du 22, de certains papiers dont un curieux s'est emparé. Vraiment je n'en ai parlé à personne, et je suis très-éloigné de faire une tracasserie qui pourrait perdre un jeune homme[3], et qui d'ailleurs ne me ferait que du mal. Dupuits le vit emporter de ma bibliothèque beaucoup de papiers: j'en ai perdu de très-importants; j'ai été puni de mon trop de confiance. C'est un malheur qu'il faut oublier; j'en ai essuyé de plus grands, et je sais trop qu'il y a des circonstances où il faut absolument se taire.

C'est la faute de Marin, s'il n'a pas mieux fait son marché. Il s'en est rapporté au libraire, dont je n'avais exigé que cent écus pour Lekain, et qui s'en est tenu à cet usage. Il faut espérer que les représentations vaudront davantage; car on me mande que quelques amateurs veulent absolument que l'on joue la pièce. M. de Ximenès m'a déjà envoyé une distribution des rôles: il n'y a point eu de défense formelle; M. Moreau est le seul qui ait prétendu que l'ouvrage était une satire de nos prêtres; il me semble qu'on peut aisément faire entendre raison à ce M. Moreau. Tous les gens qui veulent avoir du plaisir doivent se liguer contre lui.

Pandore et *les Guèbres* sont de petits bâtards qu'il est difficile d'élever. Si M. le duc d'Aumont ne protége pas *Pandore*, il faudra qu'il favorise *les Guèbres*. On ne peut exclure tant de gens à la fois.

La santé de Mme d'Argental vous permettra-t-elle de faire un tour à Compiègne? se met-elle au lait? est-ce M. Bouvard qui la gouverne?

1. C'était le secrétaire des brefs. Il avait succédé à l'archevêque de Chalcédoine. (ÉD.)
2. C'était Biord, évêque d'Annecy, qui, fils d'un maçon, n'avait pas le mortier liant, comme dit Voltaire, et avec qui Voltaire avait eu, en 1768, une petite correspondance. (*Note de M. Beuchot.*)
3. La Harpe. (ÉD.)

Je ne m'accoutume point à la mort de Fournier : cela devrait détromper des médecins; j'en ai enterré cinq ou six pour ma part; mais ce n'est pas d'eux que je voudrais qu'on fût le plus détrompé.

A vos pieds, mes chers anges.

MMMMMDCXXXVIII. — A M. LE COMTE DE SCHOMBERG.

4 auguste.

Je conçois bien, monsieur, que les guerriers grecs et romains faisaient quelquefois des cent lieues pour aller voir des grammairiens et des raisonneurs en *us* et en *es*; mais qu'un maréchal de camp des armées des Welches, très-entendu dans l'art de tuer son prochain, vînt visiter dans des déserts un vieux radoteur moitié rimeur, moitié penseur, c'est à quoi je ne m'attendais pas. L'amitié dont vous m'honorez a été le fruit de ce voyage. Je vous assure qu'à votre camp de Compiègne le roi n'aura pas deux meurtriers plus aimables que vous et M. le marquis de Jaucourt. Vous avez tous deux rendu ma retraite délicieuse. Je vois que vous vous êtes bien aperçus que vous faisiez la consolation de ma vie, puisque vous me flattez d'une seconde visite. Il semble que je ne me sois séquestré entièrement du monde que pour être plus attaché à ceux qui, comme vous, sont si différents du monde ordinaire, qui pensent en philosophes, et qui sentent tous les charmes de l'amitié.

Je ne doute pas, monsieur, que votre suffrage ne contribue beaucoup au succès dont vous me dites que *les Guèbres* sont honorés. Je souhaite passionnément qu'on les joue, parce que cet ouvrage me paraît tout propre à adoucir les mœurs de certaines gens qui se croient nés pour être les ennemis du genre humain. L'absurdité de l'intolérance sera un jour reconnue comme celle de l'horreur du vide et toutes les bêtises scolastiques. Si les intolérants n'étaient que ridicules, ce ne serait qu'un demi-mal; mais ils sont barbares, et c'est là ce qui est affreux. Si je faisais une religion, je mettrais l'intolérance au rang des sept péchés mortels.

Je ne voudrais mourir que quand M. le duc de Choiseul aura bâti dans mon voisinage la petite ville de Versoix, où j'espère qu'on ne persécutera personne.

Adieu, monsieur; vous m'avez laissé en partant bien des regrets, et vous me donnez des espérances bien flatteuses. Je vous suis attaché avec le plus tendre respect jusqu'au dernier jour de ma vie.

MMMMMDCXXXIX. — A MADAME LA MARQUISE DU DEFFAND.

7 auguste

Vous me dites, madame, que vous perdez un peu la mémoire; mais assurément vous ne perdez pas l'imagination. A l'égard du président, qui a huit ans plus que moi, et qui a été bien plus gourmand, je voudrais bien savoir s'il est fâché de son état, s'il se dépite contre sa faiblesse, si la nature lui donne l'apathie conforme à sa situation; car c'est ainsi qu'elle en use pour l'ordinaire; elle proportionne nos idées à nos situations.

Vous vous souvenez donc que je vous avais conseillé la casse. Je crois qu'il faut un peu varier ces grands plaisirs-là; mais il faut toujours tenir le ventre libre, pour que la tête le soit. Notre âme immortelle a besoin de la garde-robe pour bien penser. C'est dommage que La Métrie ait fait un assez mauvais livre sur l'homme machine; le titre était admirable.

Nous sommes des victimes condamnées toutes à la mort; nous ressemblons aux moutons qui bêlent, qui jouent, qui bondissent, en attendant qu'on les égorge. Leur grand avantage sur nous est qu'ils ne se doutent pas qu'ils seront égorgés, et que nous le savons.

Il est vrai, madame, que j'ai quelquefois de petits avertissements; mais, comme je suis fort dévot, je suis très-tranquille.

Je suis très-fâché que vous pensiez que *les Guèbres* pourraient exciter des clameurs. Je vous demande instamment de ne point penser ainsi. Efforcez-vous, je vous en prie, d'être de mon avis. Pourquoi avertir nos ennemis du mal qu'ils peuvent faire? Vraiment, si vous dites qu'ils peuvent crier, ils crieront de toute leur force. Il faut dire et redire qu'il n'y a pas un mot dont ces messieurs puissent se plaindre; que la pièce est l'éloge des bons prêtres, que l'empereur romain est le modèle des bons rois, qu'enfin cet ouvrage ne peut inspirer que la raison et la vertu : c'est le sentiment de plusieurs gens de bien qui sont aussi gens d'esprit. Mettez-vous à leur tête, c'est votre place. Criez bien fort, ameutez les honnêtes gens contre les fripons. C'est un grand plaisir d'avoir un parti, et de diriger un peu les opinions des hommes.

Si on n'avait pas eu de courage[1], jamais *Mahomet* n'aurait été représenté. Je regarde *les Guèbres* comme une pièce sainte, puisqu'elle finit par la modération et par la clémence. *Athalie*, au contraire, me paraît d'un très-mauvais exemple; c'est un chef-d'œuvre de versification, mais de barbarie sacerdotale. Je voudrais bien savoir de quel droit le prêtre Joad fait assassiner Athalie, âgée de quatre-vingt-dix ans, qui ne voulait et ne pouvait élever le petit Joas que comme son héritier? Le rôle de ce prêtre est abominable.

Avez-vous jamais lu, madame, la tragédie de *Saül et David?* On l'a jouée devant un grand roi; on y frémissait et on y pâmait de rire; car tout y est pris mot pour mot de la sainte Écriture.

Votre grand'maman[2] est donc toujours à la campagne? Je suis bien fâché de tous ces petits tracas; mais avec sa mine et son âme douce, je la crois capable de prendre un parti ferme, si elle y était réduite. Son mari, le capitaine de dragons, est l'homme du royaume dont je fais le plus de cas. Je ne crois pas qu'on puisse ni qu'on ose faire de la peine à un si brave officier, qui est aussi aimable qu'utile.

---

1. Crébillon refusa comme censeur son approbation à la tragédie de *Mahomet*. Dalembert eut le courage de donner la sienne. (Éd.)
2. Mme de Choiseul. (Éd.)

Adieu, madame; vivez, digérez, pensez. Je vous aime de tout mon cœur : dites à votre mari que je l'aimerai tant que je vivrai.

MMMMMDCXL. — A M. DE CHABANON.

7 auguste.

J'aimerais encore mieux, mon cher ami, une bonne tragédie et une bonne comédie que des éloges de Racine et de Molière [1]; mais enfin il est toujours bon de rendre justice à qui il appartient.

Il me paraît qu'on a rendu justice à l'arlequinade substituée à la dernière scène de l'inimitable tragédie d'*Iphigénie* [2]. Il y avait beaucoup de témérité de mettre le récit d'Ulysse en action. Je ne sais pas quel est le profane qui a osé ainsi toucher aux choses saintes.

Comment ne s'est-on pas aperçu que le spectacle d'Ériphile se sacrifiant elle-même ne pouvait faire aucun effet, par la raison qu'Ériphile, n'étant qu'un personnage épisodique et un peu odieux, ne pouvait intéresser? Il ne faut jamais tuer sur le théâtre que des gens que l'on aime passionnément.

Je m'intéresse plus à l'auteur des *Guèbres* qu'à celui de la nouvelle scène d'*Iphigénie*. C'est un jeune homme qui mérite d'être encouragé; il n'a que de bons sentiments, il veut inspirer la tolérance; c'est toujours bien fait : il pourra y réussir dans cinquante ou soixante ans. En attendant, je crois que les honnêtes gens doivent le tolérer lui-même, sans quoi il serait exposé à la fureur des jansénistes, qui n'ont d'indulgence pour personne. Tous les philosophes devraient bien élever leur voix en faveur des *Guèbres*. J'ai vu cette pièce imprimée, dans le pays étranger, sous le nom de *la Tolérance;* mais on est bien tiède aujourd'hui à Paris sur l'intérêt public; on va à l'Opéra-Comique le jour qu'on brûle le chevalier de La Barre, et qu'on coupe la tête à Lally. Ah! Parisiens, Parisiens! vous ne savez que danser autour des cadavres de vos frères. Mon cher ami, vous n'êtes pas Welche.

MMMMMDCXLI. — A M. THIERIOT.

Le 9 auguste.

Grand merci de ce que vous préférez le mois d'*auguste* au barbare mois d'*août;* vous n'êtes pas Welche.

Je ne vous démentirai pas sur *les Guèbres*, j'en connais l'auteur; c'est un jeune homme qu'il faut encourager. Il paraît avoir de fort bons sentiments sur la tolérance. Les honnêtes gens doivent rembarrer avec

---

1. L'Académie avait proposé en 1768, pour sujet du prix d'éloquence, l'*Éloge de Molière*. Le prix fut remporté par Chamfort, en 1769. Ce ne fut qu'en 1771 que l'Académie proposa l'*Éloge de Racine*, pour sujet du prix qui fut remporté par La Harpe, en 1772. (ÉD.)

2. On avait parlé chez la duchesse de Villeroi de mettre en action et en spectacle le récit du cinquième acte. Saint-Foix prétendit qu'il n'y avait que quelques vers à changer, et se chargea de la besogne. La représentation avait eu lieu le 31 juillet sur le Théâtre-Français ; mais l'exécution fut confuse ; ce qui fut une raison de plus de désapprobation du public. Aucun des commentateurs de Racine ne fait mention de cette particularité. (*Note de M. Beuchot.*)

vigueur les méchants allégoristes qui trouvent partout des allusions odieuses : ces gens-là ne sont bons qu'à commenter l'*Apocalypse*. *Les Guèbres* n'ont pas le moindre rapport avec notre clergé, qui est assurément très-humain, et qui de plus est dans l'heureuse impuissance de nuire.

Je ne crois pas que la comédie du *Dépositaire* que vous m'avez envoyée soit de la force des *Guèbres :* une comédie ne peut jamais remuer le cœur comme une tragédie ; chaque chose doit être à son rang.

Je ne crois pas que La Combe vous donne beaucoup de votre comédie. Une pièce non jouée, et qui probablement ne le sera point, est toujours très-mal vendue ; en tout cas, mon ancien ami, donnez-la à l'enchère.

Je ne sais rien de si mal écrit, de si mauvais, de si plat, de si faux, que les derniers chapitres de l'*Histoire du parlement*. Je ne conçois pas comment un livre dont le commencement est si sage peut finir si ridiculement ; les derniers chapitres ne sont pas même français. Vous me ferez un plaisir extrême de m'envoyer ces deux volumes de *Mélanges historiques* par les guimbardes de Lyon.

Je vous plains de souffrir comme moi ; mais avouez qu'il est plaisant que j'aie attrapé ma soixante-seizième année en ayant tous les jours la colique.

Mon ami, nous sommes des roseaux qui avons vu tomber bien des chênes.

MMMMMDCXLII. — A M. LE COMTE D'ARGENTAL

10 auguste.

Voici, mon cher ange, la copie de la lettre que j'écris à M. le duc d'Aumont. S'il n'en est pas touché, il a le cœur dur ; et si son cœur est dur, son oreille l'est aussi. La musique de M. de La Borde est douce et agréable. Mme Denis, qui s'y connaît, en est extrêmement contente. C'est elle qui m'a déterminé à écrire à M. le duc d'Aumont, en m'assurant que vous approuveriez cette démarche ; mais, après avoir fait ce pas, il serait triste de reculer. J'ai fort à cœur le succès de cette affaire, pour plus d'une raison ; c'est la seule chose qui pourrait déterminer un certain voyage[1] ; d'ailleurs il serait bien désagréable pour La Borde d'avoir sollicité une grâce dont il peut très-bien se passer, et de n'avoir pu l'obtenir. En vérité, ce serait à lui qu'on devrait demander sa musique comme une grâce. Il est ridicule de présenter une vieille musique purement française à une princesse qui est entièrement pour le goût italien. Vous devriez bien mettre Mme la duchesse de Villeroi dans notre parti.

Au reste, si La Borde s'adresse à la personne[2] qui est si bien avec notre premier gentilhomme de la chambre, je ne crois pas que cela doive faire la moindre peine à l'adverse partie, qui ne se mêle point du tout des opéras.

1. Voltaire projetait un voyage à Paris. (ÉD.)
2. Mme du Barry, avec qui le maréchal de Richelieu était fort bien. (ÉD.)

Je ne sais si La Borde est assez heureux pour être connu de vous; c'est un bon garçon, complaisant et aimable, et dont le caractère mérite qu'on s'intéresse à lui, d'autant plus qu'il aime les arts pour eux-mêmes, et sans aucune vue qui puisse avilir un goût si respectable. En un mot, mon cher ange, faites ce que vous pourrez, et que l'espérance me reste encore au fond de la boîte.

J'espère surtout que Mme d'Argental se porte mieux par le beau temps que nous avons.

Je vous répète encore que, quoique je sois très-sûr qu'on m'a pris beaucoup de papiers, je ne veux jamais connaître l'auteur de cette indiscrétion; et, si on accusait dans le public celui que l'on soupçonne, je prendrais hautement son parti, comme j'ai déjà fait en pareille occasion.

On dit que l'abbé Chauvelin se meurt, et que le président Hénault est dans les limbes; pour moi, je suis toujours dans le purgatoire, et je me croirais dans le paradis si je pouvais vous embrasser.

MMMMMDCXLIII. — A M. ***.

Genève, 13 août.

Monsieur, quelques bains que mon père a pris ont remis sa santé dans un si bon état, que toute notre famille est on ne peut plus joyeuse. Je vous ai parlé, le 1er de ce mois, des bonnes nouvelles de Nervis[1]; celles qu'on a eues depuis de notre ami qui est dans le service de Russie ont encore augmenté notre joie.

Quant aux nouvelles littéraires, notre voisin C. Philibert[2] vient de publier des *Réflexions sur les mœurs, la religion, et le culte*, par J. Vernet, pasteur, et professeur en théologie; 128 pages in-octavo.

Voici ce qu'en pense un de nos républicains, en attendant son *Tout en Dieu*, etc.

MMMMMDCXLIV. — DE M. DALEMBERT.

A Paris, ce 13 auguste.

Mon cher et illustre confrère, quelque scrupule que je me fasse de troubler votre solitude, je ne puis me dispenser de recommander à votre bonté M. Maty, qui vous remettra cette lettre; c'est le fils d'un homme de mérite que vous connaissez sûrement, au moins de réputation, et qui a longtemps travaillé à un très-bon ouvrage périodique intitulé *Journal britannique*. Le fils est digne de son père, et digne d'être connu et bien reçu de vous. Il a l'esprit très-cultivé, et (ce qui vaut encore mieux) très-droit et très-juste, et surtout une franchise et une philosophie qui vous plairont. Je ne lui compte pas pour un mérite le désir qu'il a de vous connaître, car c'est un mérite par trop banal. M. de Schomberg est revenu de chez vous, pénétré de la réception que vous lui avez faite, et enchanté de votre personne. Je ne doute pas que M. Maty n'en revienne avec les mêmes sentiments.

1. Sirven. (ÉD.) — 2. Philibert Cramer. (ÉD.)

On ne parle plus, ce me semble, de l'*Histoire du parlement*, et il me semble que la fureur de vous l'attribuer est calmée; ainsi je crois que vous devez être tranquille à cet égard. On se plaint de plusieurs inexactitudes, qui vraisemblablement sont des fautes d'impression. Par exemple, à la page 182, on dit que Coligni avait été assassiné avant la Saint-Barthélemy par Montrevel; c'est Maurevert, comme le disent le président Hénault et beaucoup d'autres. Je ne vous parle point des autres critiques, qui au fond ne vous intéressent guère, et sont d'ailleurs très-peu de chose. Adieu, mon cher et ancien ami; je voudrais bien avoir une santé qui me permît d'aller vous embrasser; je vis pourtant toujours dans cette espérance.

En attendant, je vous embrasse de tout mon cœur, en esprit et en Lucrèce. *Vale, et me ama.*

MMMMMDCXLV. — A MADAME LA DUCHESSE DE CHOISEUL.

14 auguste.

Madame Gargantua, j'ai reçu le soulier dont il a plu à Votre Grandeur de me gratifier; il est long d'un pied de roi et d'un demi-pouce; et comme j'ai ouï dire que vous êtes de la taille la mieux proportionnée, il est clair que vous devez avoir sept pieds trois pouces et demi de haut, ce qui, avec les deux pouces et demi de votre talon, compose une dame de sept pieds six pouces : c'est une taille fort avantageuse. On dira, tant qu'on voudra, que la Vénus de Médicis est petite, mais Minerve était très-grande.

C'est à Minerve à me dire si elle aime *les Guèbres*. L'auteur sera enchanté de ne lui pas déplaire; il me l'a dit lui-même. C'est précisément votre tolérance qu'il demande. On s'est bien donné de garde de l'imprimer à Paris sous le titre de *la Tolérance*. Tout ce qu'on demande à vos grâces, madame, c'est que vous en disiez un peu de bien. Il y a des âmes approchantes de la vôtre qui la prennent sous leur protection, et il n'y a que ce moyen-là de lui procurer une entrée agréable dans le monde. On se garde bien de vous compromettre, mais on croit ne point abuser de vos bontés en vous suppliant de joindre tout doucement votre voix à celles qui favorisent ces pauvres *Guèbres*.

Quant à la ville de la tolérance, il est bien clair que ce ne sera pas là son nom; mais, si la chose n'y est pas, j'assure le maître de votre pied qu'elle ne sera jamais peuplée.

L'*Histoire*[1] dont vous me faites l'honneur de me parler, madame, m'a paru écrite de deux mains bien différentes; la fin est remplie d'erreurs, de sottises monstrueuses, et de solécismes. Cette fin est impertinente de tout point. Je crois qu'il n'y a qu'un Fréron dans le monde qui puisse l'attribuer à mon ami. Il mourrait d'un excès d'indignation, si un être raisonnable et honnête pouvait perdre la raison et l'honnêteté au point de lui attribuer une si infâme rapsodie. Je me fâche presque en vous parlant. Je mets ma tête dans votre soulier (elle y entre

---

1. L'*Histoire du parlement*. (ÉD.)

très-aisément) pour oublier des idées si désagréables; et, me confiant à votre tête et à votre cœur beaucoup plus qu'à vos souliers, je suis, avec un profond respect, madame Gargantua, votre, etc. GUILLEMET.

MMMMMDCXLVI. — A M. LE COMTE DE ROCHEFORT.

A Ferney, 14 auguste.

Nous vous remercions, monsieur, ma famille et moi, des bontés dont vous ne cessez de nous honorer. Nous nous réjouissons beaucoup que madame votre femme soit en train de vous donner un enfant qui vous ressemble. Nous ne voulons point fatiguer monsieur votre frère l'abbé de trop de lettres. Nous l'avons remercié deux fois de la protection qu'il nous accorde, et il nous a toujours répondu très-gracieusement. Nous comptons toujours sur sa faveur.

Nous avons aussi reçu des lettres de M. et Mme Bigot[1], ainsi que de sa sœur[2]; nous croyons même vous l'avoir mandé. Mais ce qui serait pour nous d'une très-grande importance, ce serait de savoir si M. Anjoran[3] a donné à madame votre cousine un petit paquet que je lui ai envoyé pour elle. J'ai mandé à M. Anjoran combien vous l'aimiez. Vous pourrez lui parler à cœur ouvert sur ce paquet, et sur les bonnes intentions que madame votre cousine semble avoir pour moi; il en pourrait résulter des choses qui me mettraient à portée de vous témoigner plus souvent de vive voix combien je vous suis dévoué.

Nous avons vu à Lyon la tragédie des *Guèbres;* elle nous a paru très-utile pour la réforme des mœurs et pour la destruction des préjugés. Il est bien à désirer qu'elle soit jouée; mais elle ne le sera point, à moins que tous les honnêtes gens n'élèvent leur voix en sa faveur. Vous êtes fait pour conduire les plus gros bataillons de cette armée. On espère que les ennemis ne pourront pas tenir devant vous.

Je vous présente mes respects, ainsi qu'à Mme la comtesse de Rochefort. Votre très-humble et très-obéissant, COUTURIER.

MMMMMDCXLVII. — A M. DALEMBERT.

15 auguste.

De cent brochures qu'on m'a envoyées, mon très-cher philosophe, voici la seule qui m'a paru mériter vos regards[4]. Personne n'imagine que saint Paul et Nicolas Malebranche approchassent du spinosisme; c'est à vous d'en juger. Il faut que Benoît Spinosa ait été un esprit bien conciliant; car je vois que tout le monde retombe malgré soi dans les idées de ce mauvais juif. Dites-moi, je vous en prie, votre avis sur cette petite brochure.

J'ai aussi à vous consulter sur un point de jurisprudence. Un gros cultivateur, nommé Martin, d'un village du Barrois, ressortissant au parlement de Paris, est accusé d'avoir assassiné un de ses voisins. Le

1. Le duc et la duchesse de Choiseul. (ÉD.)
2. Mme la duchesse de Grammont. (ÉD.) — 3. Le maréchal de Richelieu. (ÉD.)
4. *Tout en Dieu.* (ÉD.)

juge confronte les souliers de Martin avec les traces des pas auprès de la maison du mort. On trouve en effet que les vestiges des pas conviennent à peu près aux souliers: sur cette admirable preuve, Martin est condamné à la roue; il est roué, et le lendemain le véritable meurtrier est découvert. Je raconterai cette aventure au chevalier de La Barre dès que j'aurai l'honneur de le voir, ce qui arrivera dans peu.

A propos, le cuistre d'Annecy voulait m'intenter un procès criminel : il y a encore de belles âmes dans le monde.

Dites beaucoup de bien des *Guèbres*, je vous en prie; criez bien fort : il faut qu'on les joue, cela est important pour la bonne cause. Je vous embrasse tendrement. Adieu; mes respects au diable, car c'est lui qui gouverne le monde.

MMMMMDCXLVIII. — DE CATHERINE II.

Pétersbourg, le 4-15 auguste.

J'ai reçu, monsieur, votre belle lettre du 26 février; je ferai mon possible pour suivre vos conseils. Si Moustapha n'est pas rossé, ce ne sera pas assurément votre faute, ni la mienne, ni celle de mon armée; mes soldats vont à la guerre contre les Turcs comme s'ils allaient à la noce.

Si vous pouviez voir tous les embarras dans lesquels ce pauvre Moustapha se trouve à la suite du pas précipité qu'on lui a fait faire, contre l'avis de son divan et des gens les plus raisonnables, il y aurait des moments où vous ne pourriez vous empêcher de le plaindre comme homme, et comme homme très-mal dans ses affaires.

Il n'y a rien qui me prouve plus la part sincère que vous prenez, monsieur, à ce qui me regarde, que ce que vous me dites sur ces chars de nouvelle invention; mais nos gens de guerre ressemblent à ceux de tous les autres pays : les nouveautés non éprouvées leur paraissent douteuses.

Vivez, monsieur, et réjouissez-vous lorsque mes braves guerriers auront battu les Turcs. Vous savez, je pense, qu'Azof, à l'embouchure du Tanaïs, est déjà occupé par mes troupes. Le dernier traité de paix stipulait que cette place resterait abandonnée de part et d'autre : vous aurez vu par les gazettes que nous avons envoyé promener les Tartares dans trois différents endroits, lorsqu'ils ont voulu piller l'Ukraine : cette fois-ci ils s'en sont retournés aussi gueux qu'ils étaient sortis de la Crimée. Je dis gueux, car les prisonniers qu'on a faits sont couverts de lambeaux, et non d'habits. S'ils n'ont pas réussi selon leurs désirs chez nous, en revanche ils se sont dédommagés en Pologne. Il est vrai qu'ils y ont été invités par leurs alliés les protégés du nonce du pape.

Je suis bien fâchée que votre santé ne réponde pas à mes souhaits : si les succès de mes armées peuvent contribuer à la rétablir, je ne manquerai pas de vous faire part de tout ce qui nous arrivera d'heureux. Jusqu'ici je n'ai encore, Dieu merci, que de très-bonnes nouvelles; de tous côtés on renvoie bien étrillé tout ce qui se montre de

Turcs ou de Tartares, mais surtout les mutins de Pologne. J'espère avoir dans peu des nouvelles de quelque chose de plus décisif que des affaires de parti entre troupes légères.

Je suis avec une estime bien particulière, etc.   CATERINE.

MMMMMDCXLIX. — A M. LE COMTE DE SCHOMBERG.

16 auguste.

Vous êtes trop bon, monsieur. Il est vrai que j'ai eu un petit avertissement; il est bon d'en avoir quelquefois pour mettre ordre à ses affaires, et pour n'être pas pris au pied levé. Cette vie-ci n'est qu'une assez misérable comédie; mais soyez bien sûr que je vous serai tendrement attaché jusqu'à la dernière ligne de mon petit rôle.

Dès qu'il y aura quelque chose de nouveau dans nos quartiers, je ne manquerai pas de vous l'envoyer. Voyez si vous voulez que ce soit sous le contre-seing de M. le duc de Choiseul, ou sous celui de Mgr le duc d'Orléans.

Je voudrais bien que ce prince protégeât un peu *les Guèbres*. Henri IV, dont il a tant de choses, les protégea; et la dernière scène des *Guèbres* est précisément l'édit de Nantes. Ceci n'est point un amusement de poésie, c'est une affaire qui concerne l'humanité. Les Welches ont encore des préjugés bien infâmes. Il n'y a rien de si sot, de si méprisable qu'un Welche; mais il n'y a rien de si aimable et de si généreux qu'un Français. Vous êtes très-Français; c'est en cette qualité que vous agréerez mon très-tendre respect.

MMMMMDCL. — A MADAME D'ÉPINAI.

17 auguste.

Il y a un mois, ma belle philosophe, que le solitaire des Alpes devrait vous avoir écrit; mais je ne fais pas toujours ce que je veux: ma santé n'est pas aussi forte que mon attachement pour vous.

Je trouve que notre cher prophète [1] est bien sage et bien habile d'avoir fait le voyage de Vienne; il sera connu et protégé par Mme la Dauphine, longtemps avant qu'elle parte pour Paris. Il est impossible que son mérite ne lui procure pas quelque place plus avantageuse, et il sera peut-être un jour à portée de faire un bien réel à la philosophie. Je vous prie, madame, de lui dire combien je l'approuve et combien j'espère.

On dit que *les Guèbres*, dont vous me parlez, rencontrent quelques difficultés sur la permission de se montrer en public. Cela est bien injuste; mais il est à croire que cette petite persécution finira comme la pièce, par une tolérance entière. Les esprits de tous les honnêtes gens de l'Europe penchent vers cette heureuse tolérance. Il est vrai qu'on commence toujours à Paris par s'opposer à tout ce que l'Europe approuve. Notre savante magistrature condamna l'art de l'imprimerie dès

---

1. Grimm. (ÉD.)

qu'il parut; tous les livres contre Aristote, toutes les découvertes faites dans les pays étrangers, la circulation du sang, l'usage de l'émétique, l'inoculation de la petite vérole : elle a proscrit les représentations de *Mahomet,* elle pourrait bien en user ainsi avec *les Guèbres* et *la Tolérance.* Mais à la fin la voix de la raison l'emporte toujours sur les réquisitoires ; et puisque l'*Encyclopédie* a passé, *les Guèbres* passeront, surtout s'ils sont appuyés par le suffrage de ma belle philosophe. Il faut que les sages parlent un peu haut, pour que les sots soient enfin obligés à se taire. Je connais l'auteur des *Guèbres,* je sais que ce jeune homme a travaillé uniquement dans la vue du bien public; il m'a écrit qu'il espérait que les philosophes soutiendraient la cause commune avec quelque chaleur. C'est dommage qu'ils soient quelquefois désunis ; mais voici une occasion où ils doivent se rallier.

Puissent-ils, madame, se rassembler tous sous vos drapeaux ! Je fais des vœux du fond de ma retraite, pour que les disciples de saint Paul ne persécutent point les disciples de Zoroastre. D'ailleurs, en qualité de jardinier, je dois m'intéresser à Arzame, la jardinière. Vous êtes un peu jardinière aussi : voyez que de raisons pour crier en faveur des *Guèbres!*

J'ajoute à toutes ces raisons, que je suis serviteur du soleil autant que les parsis. Je n'ai de moments passables que quand cet astre veut bien paraître sur mon horizon; ainsi c'est ma religion que je défends. Cependant il y a une divinité que je lui préfère encore, c'est celle que je vis à Genève il y a quelques années : elle avait de grands yeux noirs et infiniment d'esprit : si vous la connaissez, madame, ayez la bonté de lui présenter mes très-humbles respects.

MMMMMDCLI. — A M. ÉLIE DE BEAUMONT.

17 auguste.

Mme Denis, mon cher Cicéron, m'a mandé que, lorsque vous protégez si bien l'innocence de vos clients, vous me faites à moi la plus énorme injustice. Vous pensez qu'en fermant ma porte à une infinité d'étrangers qui ne venaient chez moi que par une vaine curiosité, je la ferme à mes amis, à ceux que je révère.

Si vous venez à Lyon (ce dont je doute encore), j'irai vous y trouver, plutôt que de ne vous pas voir. Si vous venez à Genève, je vous conjurerai de ne pas oublier Ferney ; vous ranimerez ma vieillesse, j'embrasserai le défenseur des Calas et de Sirven, mon cœur s'ouvrira au vôtre, je jouirai de la consolation des philosophes, qui consiste à rechercher la vérité avec un homme qui la connaît.

Vous avez mis le sceau à votre gloire, en rétablissant l'innocence et l'honneur de M. de La Luzerne. Vous êtes

Et nobilis et decens,
Et pro sollicitis non tacitus reis.
Hor., lib. IV, od. I.

Je ne sais si vous êtes informé de l'aventure d'un nommé **Martin,** condamné à être roué par je ne sais quel juge de village en Barrois, sur les présomptions les plus équivoques. La Tournelle étant un peu pressée, et le pauvre Martin se défendant assez mal, a confirmé la sentence. Martin a été roué dans son village. Trois jours après, le véritable coupable a été reconnu; mais Martin n'en a pas moins comparu levant Dieu avec ses bras et ses cuisses rompus. On dit que ces choses rrivent quelquefois chez les Welches.

Je vous embrasse bien tendrement, et je me mets aux pieds de Mme de Beaumont.

MMMMMDCLII. — AU MÊME.

Le 19 auguste.

Je ne conçois plus rien, mon cher Cicéron, à la jurisprudence de ce siècle. Vous rendez l'affaire de M. de La Luzerne claire comme le jour, et cependant les juges ont semblé décider contre lui. Je souhaite que d'autres juges lui soient plus favorables; mais que peut-on espérer? tout est arbitraire.

Nous avons plus de commentaires que de lois, et ces commentaires se contredisent. Je ne connais qu'un juge équitable, encore ne l'est-il qu'à la longue : c'est le public. Ce n'est qu'à son tribunal que je veux gagner le procès des Sirven. Je suis très-sûr que votre ouvrage sera un chef-d'œuvre d'éloquence qui mettra le comble à votre réputation. Votre succès m'est nécessaire pour balancer l'horreur où me plongera longtemps la catastrophe affreuse du chevalier de La Barre, qui n'avait à se reprocher que les folies d'un page, et qui est mort comme Socrate. Cette affaire est un tissu d'abominations, qui inspire trop de mépris pour la nature humaine.

Vous plaidez, en vérité, pour le bien de madame votre femme, comme Cicéron *pro domo sua*. Je ne vois pas qu'on puisse vous refuser justice. Vous aurez une fortune digne de vous, et vous ferez des *Tusculanes* après vos *Oraisons*.

Je croyais que Mme de Beaumont était entièrement guérie. Ne doutez pas, mon cher monsieur, du vif intérêt que je prends à elle. Je sens combien sa société doit vous consoler des outrages qu'on fait tous les jours à la raison. Que ne pouvez-vous plaider contre le monstre du fanatisme! Mais devant qui plaideriez-vous? ce serait parler contre Cerbère au tribunal des Furies. Je m'arrête pour écarter ces affreux objets, pour me livrer tout entier au doux sentiment de l'estime et de l'amitié la plus vraie.

MMMMMDCLIII. — A M. JEAN MAIRE.

A Ferney, 23 auguste.

Mgr le duc de Wurtemberg me doit, par billet à ordre au mois de mars passé, trente-cinq mille livres, et autant l'année prochaine. Son Altesse Sérénissime propose de me subroger à la créance du sieur Dietrich de Strasbourg, auquel elle doit quatre-vingt-seize mille livres, moyennant que je lui prête ces quatre-vingt-seize mille livres, remboursables en quatre ans, à vingt-quatre mille livres par an, avec les intérêts légitimes. Pour cet effet, on veut que je rétrocède les deux billets de soixante-dix mille francs, et que je fournisse le reste argent comptant.

Quoiqu'à mon âge de soixante-quinze ans ce marché soit peu avantageux, je l'accepte; et même, pour marquer à Son Altesse Sérénissime mon attachement respectueux, je me relâche des cinq pour cent d'intérêt que j'aurais, si cet acte était passé à Genève ou à Montbéliard.

Je me réduis à quatre pour cent, et j'espère que Mgr le duc de Wurtemberg sera content de mon procédé.

Voici un compte net du payement à faire de ces quatre-vingt-seize mille livres, avec l'intérêt à quatre pour cent en quatre années.

.... Il observera que j'emprunte à six et que je prête à quatre. Je me flatte que M. Dupont rédigera le tout dans la meilleure forme; que je serai payé de tout ce qu'on me doit, exactement par quartiers, n'ayant plus que ces effets pour subsister moi et ma famille, et que Son Altesse Sérénissime me continuera l'honneur de ses bontés.

. . . .

Je prie M. Jean Maire de communiquer cet écrit à M. l'avocat Dupont.

Son très-humble et très-obéissant serviteur,   VOLTAIRE.

MMMMMDCLIV. — A M. SERVAN.

Ferney, 26 auguste.

Voici un jeune homme à qui je porte envie, non parce qu'il est dans la fleur de l'âge et que je suis très-vieux, non parce qu'il a de la santé et que je suis très-malade; mais parce qu'il aura l'honneur de vous faire sa cour : c'est M. Mallet-Dupan, d'une ancienne famille de la magistrature de Genève. Il sait que c'est à Grenoble qu'il faut aller pour voir l'honneur de la magistrature; il est un de ceux qui respectent le plus la vraie vertu et la vraie éloquence. Je prends la liberté, monsieur, de vous le présenter pour me consoler du malheur d'être éloigné de vous. Agréez les sentiments que je vous ai voués pour le reste de ma vie. Personne n'est plus sensible que moi à vos grands talents et à vos bontés. Je me flatte que votre santé vous permet de vous occuper de l'important ouvrage que vous avez commencé; vous rendrez à la France un service dont elle a grand besoin.

J'ai l'honneur d'être avec respect, monsieur, etc.   VOLTAIRE.

MMMMMDCLV. — DE M. DALEMBERT.

Paris, 29 auguste.

J'ai reçu, mon cher maître, le petit *Tout en Dieu*, et je vous prie d'en remercier pour moi votre ami, premièrement de ce qu'il a bien voulu songer à moi, et ensuite du fonds de raison qui me paraît être dans sa doctrine. Il y a bien longtemps que je suis persuadé que Jean Scot, Malebranche, et tous ces rêveurs, ou ne savaient pas ce qu'ils étaient, ou étaient réellement spinosistes; et qu'à l'égard de Spinosa, ou toute sa métaphysique ne signifie rien, ou elle signifie que la matière est la seule chose existante, et que c'est dans elle qu'il faut chercher ou supposer la raison de tout. Je sais que ce sentiment est abominable, mais du moins il s'entend, et c'est quelque chose en philosophie que de savoir au moins ce qu'on veut dire, quand on ne sait pas ce qu'on doit dire. Votre ami suppose à tort, ce me semble, que, dans l'opinion des métaphysiciens orthodoxes, il n'y a point chez les bêtes de principe distingué de la matière : c'était la folie de Descartes, et j'avoue même que, s'il a été sur ce point le plus fort des philosophes, c'est parce qu'il était le plus conséquent, et qu'il voyait bien l'inconvénient effroyable, pour ce que vous savez, d'admettre dans les bêtes une âme intelligente. Mais la prétention contraire est si absurde, qu'on est aujourd'hui forcé d'y renoncer dans les écoles, au risque de se tirer comme on peut ces objections. Vous trouverez dans le tome V de mes *Mélanges de philosophie*, p. 131, une petite diatribe à ce sujet, qui, je crois, ne vous déplaira pas, ce qui peut-être vous fera dire après l'avoir lue :

Latet anguis in herba.
Virg., ecl. III, v. 93.

L'argument de votre ami sur l'inutilité des organes des sens, s'il faut autre chose que les sens mêmes pour voir, pour entendre et pour toucher, etc., me paraît péremptoire; mais cet argument même me paraît s'étendre tout naturellement à exclure toute autre cause de nos sensations et de nos idées que les organes mêmes qui les produisent; et, si je ne me trompe, c'est en effet l'intention de l'auteur. A foi et à serment, je ne trouve dans toutes ces ténèbres métaphysiques de parti raisonnable que le scepticisme; je n'ai d'idée distincte, et encore moins d'idée complète, ni de la matière ni d'autre chose; et en vérité quand je me perds dans mes réflexions à ce sujet, ce qui m'arrive toutes les fois que j'y pense, je suis tenté de croire que tout ce que nous voyons n'est qu'un phénomène qui n'a rien hors de nous de semblable à ce que nous imaginons, et j'en reviens toujours à la question du roi indien : « Pourquoi y a-t-il quelque chose? » car c'est là en effet le plus surprenant.

L'histoire exécrable que vous me faites du nouveau jugement rendu par la Tournelle me fait demander : « Pourquoi y a-t-il des monstres aussi absurdes et aussi atroces? » Mais êtes-vous bien sûr de ce fait? pourriez-vous m'en donner la date précise? J'en ai parlé à un conseiller au parlement, vrai philosophe, nommé M. du Séjour; il m'a assuré que ce jugement n'était pas rendu par la Tournelle actuelle, dont il est un des membres, et où, par parenthèse, il a souvent empêché bien des atrocités. Il m'a promis de s'en informer. Donnez-moi, de votre côté, les lumières que vous pourrez sur ce sujet, car il importe que cette horreur soit connue, et je ne m'y épargnerai pas.

Pendant que nous sommes tous deux de mauvaise humeur, j'ai envie de vous apprendre, pour vous ragaillardir, que j'avais proposé cette année, à l'Académie française, pour le sujet du prix de poésie, *Les progrès de la raison sous le règne de Louis XV*; que cette proposition avait passé après de grands débats; que même quelques-uns de nos prêtres (car nous en avions de raisonnables) y avaient accédé, mais que d'autres s'y sont montrés si opposés, que, dans la crainte de quelques protestations et de quelque éclat de leur part, nous avons été obligés de renoncer à ce sujet, et d'en proposer un trivial, qui prête plus à la déclamation qu'à la philosophie.

Voilà, belle Émilie, à quel point nous en sommes.
Corneille, *Cinna*, acte I, sc. 3.

Qu'en dites-vous, mon cher maître?

MMMMMDCLVI. — A M. LE MARÉCHAL DUC DE RICHELIEU.

A Ferney, 30 auguste.

Je sais qu'il est beau d'être modeste, mais il ne faut pas être indifférent sur sa gloire. Je me flatte, monseigneur, que du moins cette petite édition, que j'ai eu l'honneur de vous envoyer, ne vous aura pas déplu. Elle devrait vous rebuter, s'il y avait de la flatterie; mais il n'y a que de la vérité. Je ne vois pas pourquoi ceux qui rendent service à la patrie n'en seraient pas payés de leur vivant. Salomon dit que les morts ne jouissent de rien, et il faut jouir.

J'ai eu l'honneur de vous parler de l'opéra de M. de La Borde. Permettez-moi de vous présenter une autre requête sur une chose beaucoup plus aisée que l'arrangement d'un opéra : c'est d'ordonner *les Scythes* pour Fontainebleau au lieu de *Mérope*, ou *les Scythes* après *Mérope*, comme il vous plaira; vous me ferez le plus grand plaisir du monde. J'ai des raisons essentielles pour vous faire cette prière. Je vous demande en grâce de faire mettre *les Scythes* sur la liste de vos faveurs pour Fontainebleau. Mes soixante-seize ans et mes maladies ne m'empêchent pas, comme vous voyez, de penser encore un peu aux bagatelles de ce monde. Pardonnez-les-moi en faveur de ma grande passion, c'est celle de vous faire encore une fois ma cour avant de mourir, et de vous renouveler mon très-tendre et profond respect.

MMMMMDCLVII. — A M. LE COMTE D'ARGENTAL.

30 auguste.

Mon cher ange, j'ai été un peu malade; je ne suis pas de fer, comme vous savez; c'est ce qui fait que je ne vous ai pas remercié plus tôt de votre dernière lettre.

Le jeune auteur des *Guèbres* m'est venu trouver; il a beaucoup ajouté à son ouvrage, et j'ai été assez content de ce qu'il a fait de nouveau : mais tous ses soins et toute sa sagesse ne désarmeront probablement pas les prêtres de Pluton. On était près de jouer cette pièce à Lyon;

la seule crainte de l'archevêque[1], qui n'est pourtant qu'un prêtre de Vénus, a rendu les empressements des comédiens inutiles.

L'intendant[2] veut la faire jouer à sa campagne; je ne sais pas encore ce qui en arrivera. Il se trouve, par une fatalité singulière, que ce n'est pas la prêtraille que nous avons à combattre dans cette occasion, mais les ennemis de cette prêtraille, qui craignent de trop offenser leurs ennemis.

J'ai écrit à M. le maréchal de Richelieu pour le prier de faire mettre *les Scythes* sur la liste de Fontainebleau. *Les Scythes* ne valent pas *les Guèbres*, il s'en faut beaucoup; mais, tels qu'ils sont, ils pourront être utiles à Lekain, et lui fournir trois ou quatre représentations à Paris.

Je me flatte que la rage de m'attribuer ce que je n'ai pas fait est un peu diminuée.

Je ne me mêle point de l'affaire de Martin : elle n'est que trop vraie, quoi qu'en dise mon gros petit neveu qui a compulsé les registres de la Tournelle de cette année, au lieu de ceux de 1767; mais j'ai bien assez des Sirven sans me mêler des Martin. Je ne peux pas être le don Quichotte de tous les roués et de tous les pendus. Je ne vois de tous côtés que les injustices les plus barbares. Lally et son bâillon, Sirven, Calas, Martin, le chevalier de La Barre, se présentent quelquefois à moi dans mes rêves. On croit que notre siècle n'est que ridicule, il est horrible. La nation passe un peu pour être une jolie troupe de singes; mais, parmi ces singes, il y a des tigres, et il y en a toujours eu. J'ai toujours la fièvre le 24 du mois d'auguste, que les barbares Welches nomment août : vous savez que c'est le jour de la Saint-Barthélemy : mais je tombe en défaillance le 14 de mai, où l'esprit de la ligue catholique, qui dominait encore dans la moitié de la France, assassina Henri IV par les mains d'un révérend père feuillant. Cependant les Français dansent comme si de rien n'était.

Vous me demandez ce que c'est que l'aventure du pape et de la perruque. C'est que mon ex-jésuite Adam voulait me dire la messe en perruque pour ne pas s'enrhumer, et que j'ai demandé cette permission au pape, qui me l'a accordée. Mais l'évêque, qui est une tête à perruque, est venu à la traverse, et il ne tient qu'à moi de lui faire un procès en cour de Rome, ce qu'assurément je ne ferai pas.

Le parlement de Toulouse semble faire amende honorable aux mânes de Calas, en favorisant l'innocence des Sirven. Il a déjà rendu un arrêt par lequel il déclare le juge subalterne, qui a jugé toute la famille à être pendue, incapable de revoir cette affaire, et la remet à d'autres juges : c'est beaucoup. Je regarde le procès des Sirven comme gagné; j'avais besoin de cette consolation.

Mes tendres respects à mes deux anges.

---

1. Montazet. (ÉD.)
2. L'intendant de Lyon était Jacques de Flesselles, qui, devenu prévôt des marchands de la ville de Paris, fut tué le 14 juillet 1789, au bas de l'escalier de l'hôtel de ville; il était âgé d'environ soixante ans. (ÉD.)

MMMMMDCLVIII. — A MADAME LA COMTESSE DE ROCHEFOR

Ferney, 31 auguste.

J'ai reçu la vôtre qui m'a fait une grande joie ; car, quoique vous n'ayez pas *dix-huit ans*, cependant vous raisonnez comme une femme de quarante, et outre cela vous avez un très-bon petit cœur, ce qui vous attirera toujours beaucoup d'amis. Un homme qui vous a vue dans votre province nous disait l'autre jour en famille : « Cette Mme Clotier est très-belle, mais elle pourrait se passer de beauté. »

Nous sommes toujours très-attachés, ainsi que monsieur votre époux, à M. l'abbé Bigot[1], et à M. d'Ermide[2]. MM. de Bruguières[3], nos ennemis, nous accuseraient en vain de vendre de la contrebande ; nous n'en vendons point. Toutes nos marchandises sont du cru de France ; et pourvu qu'on ne nous desserve pas auprès de M. Le Prieur[4], nous nous moquons de MM. de Bruguières et des financiers. Nous souhaitons seulement que vous n'ayez plus la peste, et nous espérons toujours que M. Bigot sera votre médecin ; qu'il conservera toujours sa bonne réputation, malgré la tante[5], qui est, je crois, une bonne femme.

Notre manufacture va toujours son petit train, et nous comptons dans quelques semaines pouvoir vous envoyer des échantillons. Nous reçûmes, il y a un mois, un maroquin rouge fort propre : nous ne savions d'où il venait ; mais enfin nous avons jugé qu'il vient de votre boutique, car vous n'avez que du beau et du bon : c'est une justice qu'on rend à Mme Clotier et à monsieur son cher époux.

Je suis, madame Clotier, avec un profond respect, votre très-humble servante et commère, GIRAFOU.

MMMMMDCLIX. — A M. LE COMTE DE SCHOMBERG.

31 auguste.

Il est vrai, monsieur, que j'ai été fort malade. C'est le partage ordinaire de la vieillesse, surtout quand on est né avec un tempérament faible ; et ces petits avertissements sont des coups de cloche qui annoncent que bientôt il n'y aura plus d'heure pour nous. Les bêtes ont un grand avantage sur l'espèce humaine ; il n'y a point de coup de cloche pour les animaux, quelque esprit qu'ils aient : il meurent tous sans qu'ils s'en doutent ; ils n'ont point de théologiens qui leur apprennent les quatre fins des bêtes[6] ; on ne gêne point leurs derniers moments par des cérémonies impertinentes et souvent odieuses ; il ne leur en coûte rien pour être enterrés ; on ne plaide point pour leurs testaments ; mais aussi nous avons sur eux une grande supériorité, car ils ne connaissent que l'habitude, et nous connaissons l'amitié. Les chiens bar-

---

1. Le duc de Choiseul. (ÉD.) — 2. Le prince de Beauvau. (ÉD.)
3. Gens du parlement. (ÉD.)
4. Louis XV. (ÉD.) — 5. Mme du Barry. (ÉD.)
6. Allusion à l'ouvrage de Rouault intitulé *Des quatre fins de l'homme*, ou autres ouvrages sur le même sujet. (ÉD.)

bets ont beau avoir la réputation d'être les meilleurs amis du monde, ils ne nous valent pas.

Vous me faites sentir du moins, monsieur, cette consolation dans toute son étendue.

Je n'ai jamais eu l'honneur de voir Mme Gargantua[1]; je ne connais d'elle qu'un soulier qui annonce la plus grande taille du monde; mais je connais d'elle des lettres qui me font croire qu'elle a l'esprit beaucoup plus délicat que ses pieds ne sont gros.

Je lui passe de ne pas aimer Catau; c'est entre elles deux qui sera la plus grande : mais je ne lui passe pas de croire qu'une rapsodie[2], contre laquelle vous m'avez vu si en colère, puisse être de moi.

La compagnie des Indes, dont vous me parlez, paye actuellement le sang de Lally; mais qui payera le sang du chevalier de La Barre ?

Ne soyez point étonné, monsieur, que j'aie été malade au mois d'auguste, que les Welches appellent *août*. J'ai toujours la fièvre vers le 24 de ce mois, comme vers le 14 de mai[3]. Vous devinez bien pourquoi, vous dont les ancêtres étaient attachés à Henri IV. Votre visite et votre souvenir sont un baume sur toutes mes blessures. Conservez-moi des bontés dont le prix m'est si cher.

MMMMMDCLX. — A M. LE MARQUIS DE THIBOUVILLE.

31 auguste.

Je remercie le jeune auteur des *Guèbres*, qui m'a valu une lettre de mon cher marquis. Je suis bien malade, et assez hors d'état de donner des conseils à l'auteur. Je ne puis que lui souhaiter un meilleur siècle, moins d'égarement dans le goût public, moins de ridicule politique dans ceux qui craignent qu'on ne prenne des prêtres d'Apamée pour des archevêques de Paris: cela est d'une impertinence horriblement welche.

Quoi! l'on jouera le *Tartufe*, et l'on ne jouera pas *les Guèbres!* L'inconséquence est le fruit naturel du sol de votre pays.

J'ai ouï dire qu'en effet il y a actuellement à Paris une belle et spirituelle Hongroise, dont le père était sans doute à la tête de la nation quand l'impératrice présenta son fils, et fit verser des larmes à tout le monde. Le comte de Palfi parla dignement, et pleura de même: mais il est très-certain que Marie-Thérèse prononça les paroles que j'ai recueillies. Il faut bien se garder de les donner à un autre; elles sont déchirantes dans la bouche d'une mère. Cela ferait à merveille dans une belle scène de tragédie.

Je prie mon cher marquis de dire à tous les Welches qu'il rencontrera qu'ils sont des monstres s'ils empêchent qu'on ne joue *les Guèbres*. Je l'embrasse de tout mon cœur.

1. Mme de Choiseul. (ÉD.) — 2. L'*Histoire du Parlement*. (ÉD.)
3. C'est le 14 mai 1610 que Ravaillac assassina Henri IV. (ÉD.)

MMMMMDCLXI. — A M. ***.

1ᵉʳ septembre.

Monsieur, les nouvelles de Nervis[1] sont aussi bonnes que celles de M. Boursier. Un de nos voisins[2] ayant écrit à M. l'abbé Foucher une lettre insérée page 151 du *Mercure de France* (juin 1769), cet académicien répondit page 144 du second volume de juillet; on lui écrivit page 122 du volume d'août, et l'abbé mettra sans doute dans le *Mercure* de septembre sa seconde réponse reçue le 26 août, et répondue le 31 du même mois : le tout au sujet du *Sadder*.

On a aussi imprimé la prétendue *Profession de foi de M. de Voltaire*, dont le confesseur et le curé de ce savant ont pris acte le 15 avril devant le notaire de Ferney, qui avait donné acte le 1ᵉʳ dudit mois d'avril à M. de Voltaire du pardon public des Guyon, Nonotte, etc. Cette profession de foi n'est point signée de M. de Voltaire, ni des témoins qui ont signé les actes du 31 mars et du 1ᵉʳ avril : ce qui en rend la vérité et l'authenticité plus que suspectes à ceux qui lisent avec réflexion.

Voici la lettre qu'une religieuse de Paris[3], laquelle a été quelque temps à Gex, vient d'écrire à ce sujet à M. le curé de Ferney, avec un extrait qu'elle lui envoie de ces quatre actes. Vous aurez la bonté de me renvoyer cette lettre, et de faire parvenir à ladite religieuse la réponse de M. le curé, que vous cachetterez après l'avoir lue, et vous la ferez mettre à la petite poste.

M. Delean a une médaille en plomb qu'il aura l'honneur de vous remettre, ou à M. de La Haye, qui voudra bien lui porter le petit billet ci-joint, et se charger de sa réponse que vous m'enverrez avec la lettre de la religieuse au curé[3], et celle que m'a promise l'homme de confiance de M. le comte de Sch.[4], qui porta une batagelle à une dame respectable dont j'attends des nouvelles avec les vôtres, à votre arrivée à Paris.

Les melons seront bientôt mûrs : on n'oubliera pas GG ni SS.

Quand M. Wæchter vous aura envoyé des médailles de cuivre, on rendra celle de plomb à M. Delean.

MMMMMDCLXII. — A Catherine II.

A Ferney, 2 septembre.

Madame, la lettre dont Votre Majesté Impériale m'honore, du 14 juillet, a transporté le vieux chevalier de la guerrière et de la législatrice Tomyris, devant qui l'ancienne Tomyris serait assurément peu de chose. Il est bien beau de faire fleurir une colonie aussi nombreuse que celle de Saratof, malgré les Turcs, les Tartares, la *Gazette de Cologne*, et le *Courrier d'Avignon*.

Vos deux bijoux d'Azof et de Tangarock, qui étaient tombés de la couronne de Pierre le Grand, seront un des plus beaux ornements de la vôtre, et j'imagine que Moustapha ne dérangera jamais votre coiffure.

---

1. Sirven. (Éd.) — 2. C'est Voltaire sous le nom de Bigex. (Éd.)
3. Cette lettre de la religieuse de Paris paraît ne pas avoir été imprimée. (Éd.)
4. Schomberg. (Éd.)

Tout vieux que je suis, je m'intéresse à ces belles Circassiennes qui ont prêté à Votre Majesté serment de fidélité, et qui prêteront sans doute le même serment à leurs amants. Dieu merci, Moustapha ne tâtera pas de celles-là. Les deux parties qui composent le genre humain doivent être vos très-obligées.

Il est très-vrai que Votre Majesté a deux grands ennemis, le pape et le padisha des Turcs. Constantin ne s'imaginait pas qu'un jour la ville de Rome appartiendrait à un prêtre, et qu'il bâtissait sa ville de Constantinople pour les Tartares. Mais aussi il ne prévoyait pas qu'il se formerait un jour vers la Moskva et la Néva un empire aussi grand que le sien.

Votre vieux chevalier conçoit bien, madame, qu'il y a dans les confédérés de Pologne quelques fanatiques ensorcelés par des moines. Les croisades étaient bien ridicules; mais qu'un nonce du pape ait fait entrer le Grand-Turc dans une croisade contre vous, cela est digne de la farce italienne. Il y a là un mélange d'horreur et d'extravagance dont rien n'approche : je n'entends rien à la politique, mais je soupçonne pourtant que parmi ces folies il y a des gens qui ont quelques grands desseins. Si Votre Majesté ne voulait que de la gloire, on vous en laisserait jouir, vous l'avez assez méritée; mais il paraît qu'on ne veut pas que votre puissance égale votre renommée : on dit que c'est trop à la fois. On ne peut guère forcer les hommes à l'admiration sans exciter l'envie.

Je vois, madame, que je ne pourrai faire ma cour à Votre Majesté cette année dans les États de Moustapha, le digne allié du pape. Il faut que je remette mon voyage à l'année prochaine. J'aurai, à la vérité, soixante-dix-sept ans, et je n'ai pas la vigueur d'un Turc; mais je ne vois pas ce qui pourrait m'empêcher de venir dans les beaux jours saluer l'étoile du Nord et maudire le croissant. Notre Mme Geoffrin a bien fait le voyage de Varsovie, pourquoi n'entreprendrais-je pas celui de Pétersbourg au mois d'avril? J'arriverais en juin, je m'en retournerais en septembre; et si je mourais en chemin, je ferais mettre sur mon petit tombeau : *Ci-gît l'admirateur de l'auguste Catherine, qui a eu l'honneur de mourir en allant lui présenter son profond respect.*

Je me mets aux pieds de Votre Majesté impériale.

L'ERMITE DE FERNEY.

MMMMMDCLXIII. — A M. L'ABBÉ AUDRA.

Ferney, le 4 septembre.

Je ne conçois pas, monsieur, pourquoi cet infortuné Sirven se hâte si fort de se remettre en prison à Mazamet, puisque vous serez à la campagne jusqu'à la Saint-Martin. Il faut qu'il s'abandonne entièrement à vos conseils. Je crains pour sa tête dans une prison où il sera probablement longtemps. Il m'a envoyé la consultation des médecins et chirurgiens de Montpellier. Il est clair que le rapport de ceux de Mazamet était absurde, et que l'ignorance et le fanatisme ont condamné, flétri, ruiné une famille entière, et une famille très-vertueuse. J'ai eu tout le temps de la connaître; elle demeure depuis six ans dans mon voisinage. La mère est morte de douleur en me venant voir; elle a pris Dieu à témoin de son innocence à son dernier moment; elle n'avait pas même besoin d'un tel témoin.

Ce jugement est horrible, et déshonore la France dans les pays étrangers. Vous travaillez, monsieur, non-seulement pour secourir l'innocence opprimée, mais pour rétablir l'honneur de la patrie.

J'espère beaucoup dans l'équité et dans l'humanité de M. le procureur général. M. le prince de Beauvau lui a écrit, et prend cette affaire fort à cœur; mais je crois qu'on n'a besoin d'aucune sollicitation dans une cause que vous défendez. Je suis même persuadé que le parlement embrassera avec zèle l'occasion de montrer à l'Europe qu'il ne peut être séduit deux fois par le fanatisme du peuple, et par de malheureuses circonstances qui peuvent tromper les hommes les plus équitables et les plus habiles. J'ai toujours été convaincu qu'il y avait dans l'affaire des Calas de quoi excuser les juges. Les Calas étaient très-innocents, cela est démontré; mais ils s'étaient contredits. Ils avaient été assez imbéciles pour vouloir sauver d'abord le prétendu honneur de Marc-Antoine leur fils, et pour dire qu'il était mort d'apoplexie, lorsqu'il était évident qu'il s'était défait lui-même. C'est une aventure abominable; mais enfin on ne peut reprocher aux juges que d'avoir trop cru les apparences. Or il n'y a ici nulle apparence contre Sirven et sa famille. L'alibi est prouvé invinciblement; cela seul devait arrêter le juge ignorant et barbare qui l'a condamné.

On m'a mandé que le parlement avait déjà nommé d'autres juges pour revoir le procès en première instance. Si cette nouvelle est vraie, je tiens la réparation sûre; si elle est fausse, je serai affligé. Je voudrais être en état de faire dès à présent le voyage de Toulouse. Je me flatte que les magistrats me verraient avec bonté, et qu'ils me verraient avec d'autant moins mauvais gré d'avoir pris si hautement le parti des Calas, que j'ai toujours marqué dans mes démarches le plus profond respect pour le parlement, et que je n'ai imputé l'horreur de cette catastrophe qu'au fanatisme dont le peuple était enivré. Si les hommes connaissaient le prix de la tolérance, si les lois romaines, qui sont le fond de votre jurisprudence, étaient mieux suivies, on verrait moins de ces crimes et de ces supplices qui effrayent la nature. C'est le seul esprit d'intolérance qui assassina Henri III et Henri IV, votre premier président Duranti, et l'avocat général Raffis; c'est lui qui a fait la Saint-Barthélemy; c'est lui qui a fait expirer Calas sur la roue. Pourquoi ces abominations n'arrivent-elles qu'en France? pourquoi tant d'assassinats religieux, et tant de lettres de cachet prodiguées par le jésuite Le Tellier? Sont-ils le partage d'un peuple si renommé pour la danse et pour l'opéra-comique?

Tant que vous aurez des pénitents blancs, gris et noirs, vous serez exposés à toutes ces horreurs. Il n'y a que la philosophie qui puisse vous en tirer; mais la philosopie vient à pas lents, et le fanatisme parcourt la terre à pas de géant.

Je me consolerai, et j'aurai quelque espérance de voir les hommes devenir meilleurs, si vous faites rendre aux Sirven une justice complète. Je vous prie, monsieur, de ne vous point rebuter des irrégularités dans lesquelles peut tomber un homme accablé d'une infortune de sept années, capable de déranger la meilleure tête.

Au reste, il doit avoir encore assez d'argent, et il n'en manquera pas. Je suis tout prêt de faire ce que veut M. d'Arquier. Je pense entièrement comme lui; il m'a pris par mon faible, et vous augmentez beaucoup l'envie que j'ai de rendre ce petit service à la littérature. Il faudrait pour cela être sur les lieux, il faudrait passer l'hiver à Toulouse. C'est une grande entreprise pour un vieillard de soixante-quinze ans, qui aime passionnément les beaux-arts, mais qui n'a que des désirs et point de force.

J'ai l'honneur d'être, monsieur, avec tous les sentiments d'estime, et j'ose dire d'amitié que vous méritez, votre, etc.

P. S. Notre ami l'abbé Morellet a donc écrasé la compagnie des Indes[1]; mais cette compagnie a fait couper le cou à Lally, qui, à mon gré, ne le méritait pas. Il y avait quelques gens employés aux Indes qui méritaient mieux une pareille catastrophe; c'est ainsi que va le monde. Tout ira bien dans la Jérusalem céleste.

MMMMMDCLXIV. — A M. Dalembert.

4 septembre.

Martin était un cultivateur établi à Bleurville, village du Barrois, bailliage de la Marche, chargé d'une nombreuse famille. On assassina, il y a deux ans et huit mois, un homme sur le grand chemin auprès du village de Bleurville. Un praticien ayant remarqué sur le même chemin, entre la maison de Martin et le lieu où s'était commis le meurtre, une empreinte de soulier, on saisit Martin sur cet indice, on lui confronta ses souliers, qui cadraient assez avec les traces, et on lui donna la question. Après ce préliminaire, il parut un témoin qui avait vu le meurtrier s'enfuir; le témoin dépose, on lui amène Martin; il dit qu'il ne reconnaît pas Martin pour le meurtrier; Martin s'écrie : « Dieu soit béni! en voilà un qui ne m'a pas reconnu. »

Le juge, fort mauvais logicien, interprète ainsi ces paroles : « Dieu soit béni! j'ai commis l'assassinat, et je n'ai pas été reconnu par le témoin. »

Le juge, assisté de quelques gradués du village, condamne Martin à la roue, sur une amphibologie. Le procès est envoyé à la Tournelle de Paris; le jugement est confirmé; Martin est exécuté dans son village. Quand on l'étendit sur la croix de Saint-André, il demanda permission au bailli et au bourreau de lever les bras au ciel pour l'attester de son innocence, ne pouvant se faire entendre de la multitude. On lui fit cette grâce; après quoi on lui brisa les bras, les cuisses et les jambes, et on le laissa expirer sur la roue.

Le 26 juillet de cette année, un scélérat ayant été exécuté dans le voisinage, déclara juridiquement, avant de mourir, que c'était lui qui

---

1. Son ouvrage est intitulé *Mémoire sur la situation actuelle de la compagnie des Indes*, 1769. (Éd.)

avait commis l'assassinat pour lequel Martin avait été roué. Cependant le petit bien de ce père de famille innocent est confisqué et détruit; la famille est dispersée depuis trois ans, et ne sait peut-être pas que l'on a reconnu enfin l'innocence de son père.

Voilà ce qu'on mande de Neufchâteau en Lorraine; deux lettres consécutives confirment cet événement.

Que voulez-vous que je fasse, mon cher philosophe? *Villars ne peut pas être partout.* Je ne peux que lever les mains au ciel comme Martin, et prendre Dieu à témoin de toutes les horreurs qui se passent dans son œuvre de la création. Je suis assez embarrassé avec la famille Sirven. Les filles sont encore dans mon voisinage. J'ai envoyé le père à Toulouse; son innocence est démontrée comme une proposition d'Euclide. La crasse ignorance d'un médecin de village, et l'ignorance encore plus crasse d'un juge subalterne, jointes à la crasse du fanatisme, ont fait condamner la famille entière, errante depuis six ans, ruinée, et vivant d'aumônes.

Enfin, j'espère que le parlement de Toulouse se fera un honneur et un devoir de montrer à l'Europe qu'il n'est pas toujours séduit par les apparences, et qu'il est digne du ministère dont il est chargé. Cette affaire me donne plus de soins et d'inquiétudes que n'en peut supporter un malade; mais je ne lâcherai prise que quand je serai mort, car je suis têtu.

Heureusement on a fait, depuis environ dix ans, dans ce parlement, des recrues de jeunes gens qui ont beaucoup d'esprit, qui ont bien lu, et qui pensent comme vous.

Je ne suis pas étonné que votre projet sur les progrès de la raison [1] ait échoué. Croyez-vous que les rivaux du maréchal de Saxe eussent trouvé bon qu'il eût fait soutenir une thèse en leur présence sur les progrès de son art militaire?

J'ai vu le fils du docteur Maty;

Dignus, dignus est intrare
In nostro philosophico *corpore*

Je viens de retrouver dans mes paperasses une lettre de la main de Locke, écrite la veille de sa mort à milady Péterborough; elle est d'un philosophe aimable.

Les affaires des Turcs vont mal. Je voudrais bien que ces marauds-là fussent chassés du pays de Périclès et de Platon : il est vrai qu'ils ne sont pas persécuteurs, mais ils sont abrutisseurs. Dieu nous défasse des uns et des autres!

Tandis que je suis en train de faire des souhaits, je demande la permission au R. P. Hayer de faire des vœux pour qu'il n'y ait plus de récollets au Capitole. Les Scipion et les Cicéron y figureraient un peu mieux, à mon avis. Tantôt je pleure, tantôt je ris sur le genre humain. Pour vous, mon cher ami, vous riez toujours; par conséquent vous êtes plus sage que moi.

1. Dalembert avait proposé ce sujet pour le prix de poésie. (ÉD.)

A propos, savez-vous que l'aventure du chevalier de La Barre a été jugée abominable par les cent quarante députés de la Russie pour la confection des lois? Je crois qu'on en parlera dans le code comme d'un monument de la plus horrible barbarie, et qu'elle sera longtemps citée dans toute l'Europe, à la honte éternelle de notre nation.

MMMMMDCLXV. — A MADAME LA DUCHESSE DE CHOISEUL.

Ferney, 4 septembre.

Madame Gargantua, pardon de la liberté grande, mais comme j'ai appris que monseigneur votre époux forme une colonie dans les neiges de mon voisinage, j'ai cru devoir vous montrer à tous deux ce que notre climat, qui passe pour celui de la Sibérie sept mois de l'année, peut produire d'utile.

Ce sont mes vers à soie qui m'ont donné de quoi faire ces bas; ce sont mes mains qui ont travaillé à les fabriquer chez moi, avec le fils de Calas; ce sont les premiers bas qu'on ait faits dans le pays.

Daignez les mettre, madame, une seule fois; montrez ensuite vos jambes à qui vous voudrez; et si on n'avoue pas que ma soie est plus forte et plus belle que celle de Provence et d'Italie, je renonce au métier; donnez-les ensuite à une de vos femmes, ils lui dureront un an.

Il faut donc que monseigneur votre époux soit bien persuadé qu'il n'y a point de pays si disgracié de la nature qu'on ne puisse en tirer parti.

Je me mets à vos pieds, j'ai sur eux des desseins;
Je les prie humblement de m'accorder la joie
De les savoir logés dans ces mailles de soie
Qu'au milieu des frimas je formai de mes mains.
Si La Fontaine a dit : *Déchaussons ce que j'aime,*
    J'ose prendre un plus noble soin;
Mais il vaudrait bien mieux (j'en juge par moi-même)
Vous contempler de près que vous chausser de loin.

Vous verrez, madame Gargantua, que j'ai pris tout juste la mesure de votre soulier. Je ne suis fait pour contempler ni vos yeux ni vos pieds, mais je suis tout fier de vous présenter de la soie de mon cru. Si jamais il arrive un temps de disette, je vous enverrai, dans un cornet de papier, du blé que je sème, et vous verrez si je ne suis pas un bon agriculteur digne de votre protection.

On dit que vous avez reçu parfaitement un petit médecin[1] de votre colonie; mais un laboureur est bien plus utile qu'un médecin. Je ne suis plus typographe; je m'adonne entièrement à l'agriculture, depuis le poëme des *Saisons* de M. de Laint-Lambert. Cependant, s'il paraît quelque chose de bien philosophique qui puisse vous amuser, je serai toujours à vos ordres.

Agréez, madame, le profond respect de votre ancien colporteur, laboureur, et manufacturier,
GUILLEMET.

1. Coste. (ÉD.)

MMMMMDCLXVI. — A madame la marquise du Deffand.

6 septembre.

Je viens de faire ce que vous voulez, madame; vous savez que je me fais toujours lire pendant mon dîner. On m'a lu un éloge de Molière qui durera autant que la langue française : c'est *le Tartufe*.

Je n'ai point lu celui qui a été couronné[1] à l'Académie française. Les prix institués pour encourager les jeunes gens sont très-bien imaginés. On n'exige pas d'eux des ouvrages parfaits; mais ils en étudient mieux la langue; ils la parlent plus exactement, et cet usage n'empêche pas que nous ne tombions dans une barbarie complète.

Les Anglais n'ont pas besoin de travailler pour des prix; mais il n'y a pas chez eux de bon ouvrage sans récompense : cela vaut mieux que des discours académiques. Ces discours sont précisément comme les thèmes que l'on fait au collège : ils n'influent en rien sur le goût de la nation. Ce qui a corrompu le goût, c'est principalement le théâtre, où l'on applaudit à des pièces qu'on ne peut lire; c'est la manie de donner des exemples; c'est la facilité de faire des choses médiocres, en pillant le siècle passé, et se croyant supérieur à lui.

Je prouverais bien que les choses passables de ce temps-ci sont toutes puisées dans les bons écrits du *Siècle de Louis XIV*. Nos mauvais livres sont moins mauvais que les mauvais qu'on faisait du temps de Boileau, de Racine et de Molière, parce que, dans ces plats ouvrages d'aujourd'hui, il y a toujours quelques morceaux tirés visiblement des auteurs du règne du bon goût. Nous ressemblons à des voleurs qui changent et qui ornent ridiculement les habits qu'ils ont dérobés, de peur qu'on ne les reconnaisse. A cette friponnerie s'est jointe la rage de la dissertation et celle du paradoxe. Le tout compose une impertinence qui est d'un ennui mortel.

Je vous promets bien, madame, de prendre toutes ces sottises en considération l'hiver prochain, si je suis en vie, et de faire voir à mes chers compagnons que de Français qu'ils étaient, ils sont devenus Welches.

Ce sont les derniers chapitres que vous avez lus qui sont assurément d'une autre main, et d'une main très-maladroite. Il n'y a ni vérité dans les faits, ni pureté dans le style. Ce sont des guenilles qu'on a cousues à une bonne étoffe.

On va faire une nouvelle édition des *Guèbres*, que j'aurai l'honneur de vous envoyer. Criez bien fort pour ces bons *Guèbres*, madame; criez, faites crier, dites combien il serait ridicule de ne point jouer une pièce si honnête, tandis qu'on représente tous les jours *le Tartufe*.

Ce n'est pas assez de haïr le mauvais goût, il faut détester les hypocrites et les persécuteurs; il faut les rendre odieux, et en purger la terre. Vous ne détestez pas assez ces monstres-là. Je vois que vous ne haïssez que ceux qui vous ennuient. Mais pourquoi ne pas haïr aussi ceux qui ont voulu vous tromper et vous gouverner? ne sont-ils pas

1. *Éloge de Molière*, par Chamfort. (Éd.)

d'ailleurs cent fois plus ennuyeux que tous les discours académiques? et n'est-ce pas là un crime dont vous devez les punir? mais, en même temps, n'oubliez pas d'aimer un peu le vieux solitaire, qui vous sera tendrement attaché tant qu'il vivra.

Vous savez que votre grand'maman m'a envoyé un soulier d'un pied de roi de longueur. Je lui ai envoyé une paire de bas de soie qui entrerait à peine dans le pied d'une dame chinoise. Cette paire de bas, c'est moi qui l'ai faite; j'y ai travaillé avec un fils de Calas. J'ai trouvé le secret d'avoir des vers à soie dans un pays tout couvert de neiges sept mois de l'année; et ma soie, dans mon climat barbare, est meilleure que celle d'Italie. J'ai voulu que le mari de votre grand'maman, qui fonde actuellement une colonie dans notre voisinage, vît par ses yeux que l'on peut avoir des manufactures dans notre climat horrible.

Je suis bien las d'être aveugle tous les hivers; mais je ne dois pas me plaindre devant vous. Je serais comme ce sot de prêtre qui osait crier, parce que les Espagnols le faisaient brûler en présence de son empereur, qu'on brûlait aussi. Vous me diriez comme l'empereur [1]: « Et moi, suis-je sur un lit de roses? »

Vous êtes malheureuse toute l'année, et moi je ne le suis que quatre mois: je suis bien loin de murmurer, je ne plains que vous. Pourquoi les causes secondes vous ont-elles si maltraitée? pourquoi donner l'être, sans donner le bien-être? c'est là ce qui est cruel.

Adieu, madame; consolons-nous.

MMMMMDCLXVII. — A M. BORDES.

6 septembre.

Plus je pense à cet ouvrage [2], mon cher ami, plus je crois qu'il serait très-important de le jouer en public. Je vous enverrai incessamment quelques exemplaires de l'édition de Genève corrigée. Je voudrais auparavant être instruit des motifs de refus de M. de La Verpilière [3]. Il faut savoir surtout s'il a consulté M. l'archevêque [4], ou s'il a seulement craint de le choquer. Il me semble que l'archevêque n'a rien du tout à démêler avec des prêtres de Pluton, attendu qu'il a été assez longtemps prêtre de Vénus, et que ces deux divinités ne se rencontrent jamais ensemble. De plus, votre archevêque est réputé chrétien, et par conséquent il ne peut prendre le parti des prêtres païens. J'ajoute à ces raisons qu'il est mon confrère à l'Académie française ou françoise; mais mon meilleur argument est que je l'ai connu homme de beaucoup d'esprit, et infiniment aimable.

Me conseilleriez-vous de lui écrire en faveur de l'auteur de cette pièce qui m'est dédiée, et de le prier seulement d'ignorer si on la joue? Je ne ferai cette démarche qu'en cas que M. de La Verpilière fût disposé à la laisser jouer; et j'attendrai vos avis pour me conduire.

Mandez-moi, je vous prie, si mon roman peut devenir une réalité;

---

1. L'empereur mexicain Guatimozin. — 2. La tragédie des *Guèbres*. (ÉD.)
3. Prévôt des marchands de Lyon. (ÉD.) — 4. Montazet. (ÉD.)

si Mme Lobreau[1] peut faire jouer une pièce nouvelle de son autorité privée; si elle est discrète; si on peut avoir déjà à Lyon l'édition de Paris; s'il y a quelques acteurs qu'on puisse débarbariser et déprovincialiser. Savez-vous bien que je serais homme à me rendre *incognito* à Lyon? Nous verrions ensemble comment il faudrait s'y prendre pour former des acteurs; nous ne dirions d'abord notre secret qu'à la directrice. Je crois qu'il n'y a dans sa troupe aucun comédien qui me connaisse : la chose est délicate, mais on peut la tenter. Vous pourriez me trouver quelque petit appartement bien ignoré; j'y viendrais en habit noir, comme un vieux avocat de vos parents et de vos amis. Le pis qui pourrait m'arriver serait d'être reconnu, et il n'y aurait pas grand mal.

Cette idée m'amuse. Qu'a-t-on à faire dans cette courte vie que de s'amuser? Mais une considération bien plus forte m'occupe : je voudrais vous voir, causer avec vous, et oublier les sottises de ce monde dans le sein de la philosophie et de l'amitié. Les fidèles faisaient autrefois de plus longs voyages pour se consoler de la persécution.

Au reste, le petit troupeau de sages augmente tous les jours, mais le grand troupeau de fanatiques frappe toujours de la corne, et mugit contre les bergers du petit troupeau.

Je vous embrasse en frère.

MMMMMDCLXVIII. — AU MÊME.

6 septembre.

Voici le fait, mon cher ami : M. de Sartines a fait imprimer *les Guèbres* par La Combe, mais il ne veut pas être compromis. Les ministres souhaitent qu'on la joue, mais ils veulent qu'on la représente d'abord en province. On en donne, cette semaine, une représentation à Orangis, à deux lieues de Paris. Vous pouvez compter sur la vérité de ce que je vous mande.

Tout bien considéré, M. de Flesselles[2] pourrait écrire à M. de Sartines. Il est certain qu'il répondra favorablement. Je vous réponds de même de M. le duc de Choiseul, de M. le duc de Praslin, de M. le chancelier. A l'égard du roi, il ne se mêle en aucune manière de ces bagatelles.

J'ai fait réflexion qu'il faut bien se donner de garde de fournir à un évêque, quel qu'il soit, le prétexte de se flatter qu'on doive le consulter sur les divertissements publics ou particuliers. On joue tous les jours *le Tartufe* sans faire aux prêtres le moindre compliment; ils ne doivent se mêler en rien de ce qui ne regarde pas l'Église; c'est la maxime du conseil du roi et de toutes les juridictions du royaume. Le temps est passé où les hypocrites gouvernaient les sots. Il faut détruire aujourd'hui un pouvoir aussi odieux que ridicule. On ne peut mieux parvenir à ce but qu'en jouant *les Guèbres*, qui rendent la persécution exécrable, sans que ceux qui veulent être persécuteurs puissent se plaindre.

1. Directrice du théâtre de Lyon. (ÉD.) — 2. Intendant de Lyon. (ÉD.)

On fit très-mal, à mon avis, de priver la ville de Lyon de l'usage où elle était de donner une petite fête le premier dimanche du carême, et de craindre les menaces que faisait un certain homme [1] d'écrire à la cour. Soyez très-sûr que le corps de ville l'aurait emporté sur lui sans difficulté, et que ses lettres à la cour ne feraient pas plus d'effet que les excommunications de Rezzonico [2]. Je ne connais pas quel rapport le parlement de Bretagne peut avoir avec l'intendant de Lyon; mais je conçois très-bien qu'il vaut mieux jouer une tragédie que de donner à jouer à des jeux de hasard ruineux, qui doivent être ignorés dans une ville de manufactures.

Au reste, rien ne presse. Ce petit divertissement sera aussi bon en novembre qu'en septembre. Je ne sais, mon cher ami, si ma santé me permettra de faire le voyage; mais, si je le fais, il faudra que je vive à Lyon dans la plus grande retraite, que je n'y vienne que pour consulter des médecins, et que je ne fasse absolument aucune visite. Je me meurs d'envie de vous embrasser.

N. B. Ne soyez point étonné que les évêques espagnols aillent publiquement à la comédie; c'est l'usage. Les prêtres espagnols sont en cela plus sensés que les nôtres. Il y a plusieurs pièces de théâtre à Madrid qui finissent par *Ite, comœdia est.* Alors chacun fait le signe de la croix, et va souper avec sa maîtresse.

MMMMMDCLXIX. — A M. LE COMTE D'ARGENTAL.

11 septembre.

Non vraiment, on ne s'est point adressé à l'archevêque de Lyon, mon cher ange; mais on a craint de lui déplaire : c'est pure poltronnerie au prévôt des marchands. L'intendant veut faire jouer la pièce à sa maison de campagne; mais cette maison est tout auprès de celle du prélat, et on ne sait encore s'il osera élever l'autel de Baal contre l'autel d'Adonaï. Les petites additions aux *Guèbres* ne sont pas fort essentielles. Je les ai pourtant envoyées à La Harpe. Il y a deux vers qu'il ne sera pas fâché de prononcer; c'est en parlant des marauds d'Apamée :

Ils ont, pour se défendre et pour nous accabler,
César, qu'ils ont séduit, et *Dieu,* qu'ils font parler.

Acte II, scène VI.

Le seul moyen de faire jouer cette pièce, ce serait de détruire entièrement dans l'esprit des honnêtes gens la rage de l'allégorie. Ce sont nos amis qui nous perdent. Les prêtres ne demanderaient pas mieux que de pouvoir dire : « Ceci ne nous regarde pas, nous ne sommes pas chanoines d'Apamée, nous ne voulons point faire brûler les petites filles. » Nos amis ne cessent de leur dire : « Vous ne valez pas mieux que les prêtres de Pluton; vous seriez, dans l'occasion, plus méchants qu'eux. » Si on ne le leur dit pas en face, on le dit si haut que tous les échos le répètent.

---

1. Montazet, archevêque de Lyon. (ÉD.) — 2. Clément XIII. (ÉD.)

Enfin je ne joue pas heureusement, et il faut que je me retire tout à fait du jeu.

Je vois bien que *Pandore* a fait coupe-gorge. Il est fort aisé de faire ordonner par Jupiter, à la dame Némésis, d'emprunter les chausses de Mercure, et son chapeau et ses talonnières; mais le reste m'est impossible :

Tu nihil invita dices faciesve Minerva.
                    Hor., de Art. poet., v. 385.

Ce sont de ces commandements de Dieu que les justes ne peuvent exécuter.

J'ai reçu une lettre d'un sénateur de Venise, qui me mande que tous les honnêtes gens de son pays pensent comme moi. La lumière s'étend de tous côtés; cependant le sang du chevalier de La Barre fume encore. A l'égard de celui de Martin, ce n'est pas à moi de le venger; tout ce que je puis dire, mon cher ange, c'est qu'il y a des tigres parmi les singes; les uns dansent, les autres dévorent. Voilà le monde, ou du moins le monde des Welches; mais je veux faire comme Dieu, pardonner à Sodome, s'il y a dix justes comme vous. Mille tendres respects à mes deux anges.

MMMMMDCLXX. — Au même.

16 septembre.

Je réponds, mon cher ange, à vos lettres du 4 et du 9. Vous devez actuellement avoir reçu, par M. Marin, la tragédie des *Guèbres*, avec les additions que le jeune auteur a faites.

Lekain a joué à Toulouse Tancrède, Zamore, et Hérode, avec le plus grand succès. La salle était remplie à deux heures. On dit la troupe fort bonne; plusieurs amateurs ont fait une souscription assez considérable pour la composer. Cette troupe a donné *Athalie* avec la musique des chœurs, et on me demande des chœurs pour toutes mes pièces. Les spectacles adoucissent les mœurs; et, quand la philosophie s'y joint, la superstition est bientôt écrasée. Il s'est fait depuis dix ans, dans toute la jeunesse de Toulouse, un changement incroyable. Sirven s'en trouvera bien ; il verra que votre idée de venir se défendre lui-même était la meilleure; mais plus il a tardé, plus il trouvera les esprits bien disposés. Vous voyez qu'à la longue les bons livres font quelque effet, et que ceux qui ont contribué à répandre la lumière n'ont pas entièrement perdu leur peine.

On me presse pour aller passer l'hiver à Toulouse. Il est vrai que je ne peux plus supporter les neiges qui m'ensevelissent pendant cinq mois de suite, au moins; mais il se pourra bien faire que Mme Denis vienne affronter auprès de moi les horreurs de nos frimas, et celles de la solitude et de l'ennui, avec un pauvre vieillard qu'il est bien difficile de transplanter.

M. de Ximenès m'a mandé que M. le maréchal de Richelieu avait mis *les Guèbres* sur le répertoire de Fontainebleau; je crois qu'il s'est trompé, car M. de Richelieu ne m'en parle pas. Il a assez de hauteur dans l'esprit pour faire cette démarche, et ce serait un grand coup. Les tribuns militaires vont au spectacle, et les prêtres de Pluton n'y vont point; la raison gagnerait enfin sa cause, ce qui ne lui arrive pas souvent.

Je vois bien que je perdrai la mienne auprès de M. le duc d'Aumont. Il me sera impossible de refaire la scène d'Ève et du serpent, à moins que le diable en personne ne vienne m'inspirer. Je suis à présent aussi incapable de faire des vers d'opéra que de courir la poste à cheval. Il y a des temps où l'on ne peut répondre de soi. Je prends mon parti sur *Pandore*; ce spectacle aurait pu être une occasion qui m'aurait fait faire un petit voyage que je désire depuis longtemps, et que vous seul mon cher ange, me faites désirer. Quand je dis vous seul, j'entends Mme d'Argental et vous; mais, encore une fois, je ne suis pas heureux.

Adieu, mon très-cher ange; pardonnez à un pauvre malade, si je ne vous écris pas plus au long.

MMMMMDCLXXI. — A M. LE COMTE DE LA TOURAILLE.

A Ferney, le 17 septembre.

Le livre [1] dont vous me parlez, monsieur, est évidemment de deux mains différentes. Tout ce qui précède l'attentat de Damiens m'a paru vrai, et écrit d'un style assez pur; le reste est rempli de solécismes et de faussetés. L'auteur ne sait ce qu'il dit. Il prend le président de Bésigni pour le président de Nassigni. Il dit qu'on a donné des pensions à tous les juges de Damiens, et on n'en a donné qu'aux deux rapporteurs. Il se trompe grossièrement sur la prétendue union de M. d'Argenson et de M. de Machault.

Vous aimez les lettres, monsieur, et vous êtes assez heureux pour ignorer le brigandage qui règne dans la littérature. L'abbé Desfontaines fit autrefois une édition clandestine de *la Henriade*, dans laquelle il inséra des vers contre l'Académie, pour me brouiller avec elle, et pour m'empêcher d'être de son corps. On a eu cette fois-ci une intention plus maligne. Ces petits procédés, qui ne sont pas rares, n'ont pas peu contribué à me faire quitter la France, et chercher la solitude. L'amitié dont vous m'honorez me console. Je vous prie de me la conserver; j'en sens tout le prix. Je serais enchanté d'avoir l'honneur de vous voir; mais il n'y a pas d'apparence que vous puissiez quitter les états de Bourgogne et la cour brillante de M. le prince de Condé pour des montagnes couvertes de neige, et pour un vieux solitaire devenu aussi froid qu'elles.

MMMMMDCLXXII. — A M. LE MARÉCHAL DUC DE RICHELIEU.

A Ferney, 18 septembre.

Je vous écris, monseigneur, quand j'ai quelque chose à mander que je crois valoir la peine de vous importuner. Je me tais quand je n'ai

---

1. *Histoire du parlement de Paris.* (ÉD.)

rien à dire, et quand je songe que vous devez recevoir par jour une quarantaine de lettres, je crains de faire la quarante et unième.

Vous me demandez où est la gloire : je vais vous le dire. Un homme qui revient de Gênes me contait hier qu'il y avait vu un homme de la cour de l'empereur. Cet Allemand, en regardant votre statue, disait: « Voilà le seul Français qui, depuis le maréchal de Villars, ait mérité une grande réputation. » Un pareil discours est quelque chose. Ce seigneur allemand ne se doutait pas que vous le sauriez par moi.

Vous m'accusez toujours d'avoir une confiance aveugle en certaines personnes. Qui voulez-vous que je consulte? Je ne connais aucun comédien*, excepté Lekain. Il y a vingt et un ans que je n'ai vu Paris, et tous les acteurs ont été reçus depuis ce temps-là. J'ai une autre nièce que Mme Denis, qui se mêle aussi de jouer quelquefois la comédie dans son castel. Elle a distribué une ou deux fois de mes rôles. J'ai aussi un neveu conseiller au parlement, qui est sans contredit le meilleur comique des enquêtes. Je voudrais que la grand'chambre ne fît que ce métier-là, tout en irait mieux.

A propos de grand'chambre, vous devez bien voir, monseigneur, par l'énorme brigandage qui régnait dans l'Inde, que ce n'était pas votre ancien protégé Lally qui était coupable. Il y a des choses qui me font saigner le cœur longtemps. Je suis un peu le don Quichotte des malheureux. Je poursuis sans relâche l'affaire des Sirven, qui est toute semblable à celle des Calas, et j'espère en venir à bout dans quelques semaines. Ces petits succès me consolent beaucoup de ce que les sots appellent malheur.

J'ignore toujours si M. le marquis de Ximenès ne s'est pas trompé quand il m'a mandé que vous ordonniez qu'on jouât *les Guèbres*. Ordonnez ce qu'il vous plaira; je vous serai sensiblement obligé de tout ce que vous ferez. J'ai la vanité de croire *les Guèbres* très-dignes de votre protection. Il n'y a qu'un fat de robin[1] qui ait dit que *les Guèbres* étaient dangereux; où a-t-il pris cette impertinente idée? craint-il qu'on ne se fasse guèbre à Paris? M. de Sartines est bien loin de penser comme cet animal.

Je me mets aux pieds de mon héros, et je le remercie de toutes ses bontés.

MMMMMDCLXXIII. — A MADAME LA DUCHESSE DE CHOISEUL.

A Ferney, 18 septembre.

Madame, vous n'êtes plus Mme Gargatua, et je ne me m'appelle plus Guillemet[2]; je n'ai reçu votre joli et vrai soulier qu'après avoir pris la liberté de vous envoyer ma soie; j'ignore si vous avez daigné agréer ce ridicule hommage, mais je sais bien que mes jours ne seront pas filés d'or et de soie, si vous persistez à soupçonner que des choses que j'abhorre soient de moi. Vous avez entendu quelquefois parler des tracasseries de cour, des petites calomnies qu'on y débite, des beaux tours qu'on y joue; soyez bien sûre que la république des lettres est préci-

1. Moreau. (ÉD.)
2. C'est de ce nom que Voltaire a signé deux de ses lettres à Mme de Choiseul. (ÉD.)

sément dans ce goût. Arlequin disait : *Tutto 'l mondo è fatto come la nostra famiglia;* et Arlequin avait raison. Je ne vous fatiguerai pas des noirceurs qu'on m'a faites; mais souvenez-vous de cet écrit dans lequel on insulta, l'année passée, le président Hénault, et une personne très-respectable que je ne nomme point, la même dont vous me parlez dans votre dernière lettre, la même à laquelle vous êtes si attachée, la même qui.... Le style de cet ouvrage était brillant et hardi; on me fit l'honneur de me l'imputer, et bien des gens me l'attribuent encore. Un homme de condition l'avait lu dans la séance publique d'une académie, comme s'il en était l'auteur; il en reçut les compliments, et s'en vanta à moi dans sa lettre; et, pour comble, il a été avéré qu'il n'avait d'autre part à l'ouvrage que celle de l'avoir acheté, et qu'il était très-incapable de l'écrire.

Le tour qu'on me fait aujourd'hui est plus méchant; mais comment croira-t-on que j'aie dit que le roi donna des pensions à tous les conseillers qui jugèrent Damiens, tandis qu'il est de notoriété publique qu'on n'en donna qu'aux deux rapporteurs? Comment aurais-je pris M. de Bésigni pour le président de Nassigni ? comment aurais-je dit qu'on *fit un procès à Damiens, et qu'on perpétra son supplice ?* Tout cela est absurde, et aussi impertinent que mal écrit. Un abbé Desfontaines fit autrefois une édition de *la Henriade*, dans laquelle il inséra des vers contre l'Académie pour m'empêcher d'en être. J'ai une édition de *la Pucelle* dans laquelle il y a des vers contre le roi et contre Mme de Pompadour; et ce qu'il y a de pis, c'est que ces vers ne sont pas absolument mauvais. Messieurs les tracassiers de cour ont-ils jamais rien fait de plus noir ? Voilà, madame, ce qui m'a fait quitter la France : ai-je tort? Je suis très-honteux de vous entretenir de ces misères, il ne faut vous aborder que les mains pleines de fleurs.

J'ai vu un petit médecin[1] dont vous avez fait la fortune et la réputation : je n'avais pas osé vous le recommander; je lui avais seulement conseillé d'implorer vos bontés, parce que sa requête était juste; vous avez fait pour lui plus qu'il n'espérait et plus qu'il ne demandait. Voilà comme vous êtes, madame; la bienfaisance est votre passion dominante; vous aurez des autels jusque dans le pays barbare que j'habite. Dupuits vous doit tout; et moi, que ne vous dois-je point? Vous m'avez fait connaître tout votre esprit et toute la bonté de votre caractère; vous m'avez réconcilié avec mon siècle, dont j'avais fort mauvaise opinion.

Je reviens, madame, à votre soulier : on dit que quelque Praxitèle s'est mêlé des proportions de votre figure.

> Je n'en crois rien, et je demande
> Aux connaisseurs que vous voyez
> Comment, avec ces petits pieds,
> On peut avoir l'âme si grande !

Daignez recevoir, madame, avec votre bonté ordinaire, le profond respect de votre ancien typographe, et de votre très-affligé et très-obéissant serviteur, etc.

1. Coste. (ÉD.)

MMMMMDCLXIV. — A madame de La Borde des Martres.

18 septembre.

Madame, j'ai reçu les mémoires que vous avez bien voulu m'envoyer touchant votre procès. Je ne suis point avocat. J'ai soixante-seize ans bientôt; je suis très-malade; je vais finir le procès que j'ai avec la nature; je n'ai entendu parler du vôtre que très-confusément. Je ne connais point du tout le *Supplément aux causes célèbres* dont vous me parlez : je vois par vos mémoires, les seuls que j'aie lus, que cette cause n'est point célèbre, mais qu'elle est fort triste. Je souhaite que la paix et l'union s'établissent dans votre famille : c'est là le plus grand des biens. Il vaut mieux prendre des arbitres que de plaider. La raison et le véritable intérêt cherchent toujours des accommodements; l'intérêt mal entendu et l'aigreur mettent les procédures à la place des procédés. Voilà, en général, toute ma connaissance du barreau.

Votre lettre, madame, me paraît remplie des meilleurs sentiments, et M. de La Borde, premier valet de chambre du roi, passe pour un homme aussi judicieux qu'aimable; vous semblez tous deux faits pour vous concilier, et c'est ce que votre lettre même me fait espérer. V.

MMMMMDCLXXV. — A madame la marquise du Deffand.

20 septembre.

Oui, madame, je veux vous adresser mes idées sur le style d'aujourd'hui, sur l'extinction du génie, et sur les abus de ce qu'on appelle *esprit;* mais avant d'entreprendre cet ouvrage, il faut que je vous parle de cette *Histoire du parlement*, que vous vous êtes fait lire.

Vous vous apercevrez aisément que les deux derniers chapitres ne peuvent être de la même main qui a fait les autres; ils sont remplis de solécismes et de faussetés. Le barbouilleur qui a joint ce tableau grimaçant aux autres, qui paraissent assez fidèles, dit autant de sottises que de mots. Il prend le président de Bésigni pour le président de Nassigni. Il dit que le roi a donné des pensions à tous les juges de Damiens, et il est public qu'il n'en a donné qu'aux deux rapporteurs. Il se trompe sur toutes les dates, il se trompe sur M. de Machault.

Si vous vous souvenez de ce petit ouvrage que M. de Belestat s'attribuait[1] et qu'il était incapable de faire, vous trouverez que ces deux chapitres sont du même style. Je ne veux pas approfondir cette nouvelle iniquité; mais je vous répéterai ce que je viens d'écrire à votre grand'maman : il y a autant de friponneries parmi les gens de lettres, ou soi-disant tels, qu'à la cour. Je ne veux pas les dévoiler, pour l'honneur du corps : je suis comme les prêtres, qui sauvent toujours, autant qu'ils le peuvent, l'honneur de leurs confrères. Il y a pourtant tel confrère que j'aurais fait pendre assez volontiers.

La Beaumelle fit autrefois une édition de *la Pucelle*, dans laquelle

---

1. L'*Examen de la nouvelle histoire de Henri IV*. (Éd.)

il y avait des vers contre le roi et contre Mme de Pompadour; et malheureusement ces vers n'étaient pas mal tournés. Il les fit parvenir à Mme de Pompadour elle-même, avec un signet qui marquait la page où elle était insultée : cela est plus fort que les deux derniers chapitres.

On joua de pareils tours à Racine; et *le Misanthrope* de Molière en cite un de cette espèce. Ce qui m'étonne, c'est qu'on fasse de ces horreurs sans aucun intérêt que celui de nuire, et sans y pouvoir rien gagner.

Je conçois bien à toute force qu'on soit fripon pour devenir pape ou roi; je conçois qu'on se permette quelques petites perfidies pour devenir la maîtresse d'un roi ou d'un pape; mais les méchancetés inutiles sont bien sottes. J'en ai vu beaucoup de ce genre en ma vie; mais, après tout, il y a de plus grands malheurs, et je n'en sais point de pires que la perte des yeux et de l'estomac.

Par quelle fatalité faut-il que la nature soit notre plus cruel ennemi? Je commence déjà à redevenir votre confrère quinze-vingts, parce qu'il est tombé de la neige sur nos montagnes. Je pourrais bien aller passer mon hiver dans les pays chauds, comme font les cailles et les hirondelles, qui sont beaucoup plus sages que nous.

Vous m'avez parlé quelquefois d'un petit livre sur la raison des animaux[1]; je pense comme l'auteur. Les essaims de mes abeilles se laissent prendre une à une pour entrer dans la ruche qu'on leur a préparée; elles ne blessent alors personne, elles ne donnent pas un coup d'aiguillon. Quelque temps après, il vint des faucheurs qui coupèrent l'herbe d'un pré rempli de fleurs qui convenaient à ces demoiselles; elles allèrent en corps d'armée défendre leur pré, et mirent les faucheurs en fuite.

Nos guerres ne sont pas si justes; il s'en faut de beaucoup. Si on se contentait de défendre son bien, on n'aurait rien à se reprocher; mais on prend le bien d'autrui, et cela n'est point du tout honnête.

Cependant il faut avouer que nous sommes un peu moins barbares qu'autrefois; la société est un peu perfectionnée. Je m'en rapporte à vous, madame, qui en êtes l'ornement. Je me mets à vos pieds.

MMMMMDCLXXVI. — A M. LE COMTE D'ARGENTAL.

20 septembre.

Mon cher ange, on veut que je vous prie de recommander M. de Mondion à M. le duc de Praslin. Je vous en prie de tout mon cœur, vous et Mme d'Argental. M. le duc de Praslin sait de quoi il s'agit, il connaît M. de Mondion, il le protége, et vous ne ferez qu'affermir M. le duc de Praslin dans ses bontés pour lui.

Quoique je sois actuellement dans un département qui n'a rien de commun avec les vers, cependant je viens de relire cette scène de

---

1. *Lettres sur les animaux.* (ÉD.)

Pandore. Je la trouve assez bien filée, et les raisons de Mercure très-bonnes; mais je n'aime point le couplet de Némésis :

> Je ne veux que vous apprendre
> A plaire, à brûler toujours.

Le mot de *brûler* me choque, et n'est point officieux pour la musique; je suis tenté de tourner ainsi ce couplet :

NÉMÉSIS, *sous la figure de Mercure.*

Confiez-vous à moi; je viens pour vous apprendre
Le grand secret d'aimer et de plaire toujours.

PANDORE.

Ah! si je le croyais!

NÉMÉSIS.

C'est trop vous en défendre;
J'éternise vos amours,
Et vous craignez de m'entendre, etc.

Je suis encore dans une profonde ignorance sur cet ordre donné par M. le maréchal de Richelieu de représenter à Fontainebleau *les Guèbres*. M. de Ximenès est le seul qui m'en ait parlé; la chose devrait être, mais c'est probablement une raison de croire qu'elle ne sera pas. C'est beaucoup qu'on donne à Fontainebleau le divertissement de *la Princesse de Navarre*, *les Scythes*, *Mérope*, et *Tancrède*.

La Combe doit avoir vendu plus de *Guèbres* qu'il ne dit; mais le marché a été mal fait, on ne peut plus y revenir : j'en suis fâché pour Lekain; mais dans quelque temps je tâcherai de l'indemniser.

Je viens à des affaires plus graves : c'est le succès de l'avis que vous donnâtes à Sirven; vous aviez seul raison. Tout le parlement de Toulouse est pour Sirven, si j'en crois les nouvelles que je reçois aujourd'hui. On remettra cette famille aussi innocente que malheureuse dans tous ses droits. Je vous le dis et le redis, il s'est fait depuis dix ans une prodigieuse révolution dans tous les parlements du royaume, excepté dans la grand'chambre de Paris. Il faut laisser mourir les vieux assassins du chevalier de La Barre, qui sont en horreur dans l'Europe entière. Un grand souverain[1] me mandait, il y a quelques jours, qu'il les aurait fait enfermer dans les Petites-Maisons de son pays pour toute leur vie.

On ne peut pas assembler les hommes dans la plaine de Grenelle pour leur prêcher la raison; mais on éclaire, par des livres de plus d'un genre, les jeunes gens qui sont dignes d'être éclairés, et la lumière se propage d'un bout de l'Europe à l'autre. Les Welches sont toujours les derniers à s'instruire, mais ils s'instruisent à la fin : j'entends les honnêtes gens, car pour les convulsionnaires, les bedeaux de paroisse, et les porte-Dieu, il ne faut pas s'embarrasser d'eux.

---

1. L'impératrice Catherine II. (ÉD.)

Adieu, mon divin ange; rien n'est plus doux que de faire un peu de bien.

MMMMMDCLXXVII. — A M. LE COMTE DE SCHOMBERG.

22 septembre.

Les vieux malades, monsieur, n'écrivent pas quand ils veulent; mais j'en connais un qui a le cœur bien sensible pour toutes vos bontés.

Je profite de l'avis que vous m'avez donné de vous adresser quelques paquets sous l'enveloppe [du petit-fils d'Henri IV. Il m'a paru que *les Guèbres* n'étaient point indignes de paraître aux yeux d'un prince dont le grand-père a fait l'édit de Nantes. Henri IV parla au parlement à peu près comme l'empereur s'exprime dans cette tragédie. Je ne sais si on ne pourrait pas s'en amuser à Villers-Coterets. Il y a une bonne troupe de citoyens qui jouent cette pièce auprès de Paris, à Orangis. J'imagine que cette petite société se rendrait volontiers aux ordres de Mgr le duc d'Orléans. M. et Mme de La Harpe sont les principaux acteurs; je puis vous assurer qu'ils vous feraient grand plaisir.

Vous aurez bientôt M. le marquis de Jaucourt. Je souhaite que les eaux savoyardes aient fait du bien à ses oreilles. M. de Bourcet est venu tracer la nouvelle ville de Versoix. Il dit que la Corse est un bon pays, qui peut nourrir trois cent mille hommes, s'il est bien cultivé; en ce cas, le pays que j'habite est bien loin de ressembler à la Corse.

Tous ceux qui reviennent de Corse prétendent que la réputation de Paoli était un peu usurpée. S'il s'est mêlé d'être législateur, il ne s'est pas mêlé d'être héros. Quoi qu'il en soit, cette conquête fait beaucoup d'honneur à M. le duc de Choiseul; il gagne un royaume d'une main, et il bâtit une ville de l'autre. Il pourrait dire comme Lulli à un page, pendant qu'il tonnait : « Mon ami, fais le signe de la croix, car tu vois bien que j'ai les deux mains occupées. »

Conservez-moi vos bontés, monsieur; elles consolent ma solitude et mes souffrances; comptez à jamais sur mes tendres et respectueux sentiments.

MMMMMDCLXXVIII. — DE CATHERINE II.

A Pétersbourg, 11-22 septembre.

J'ai vu, monsieur, par votre lettre au comte de Schowalow, que la prétendue dévastation de la nouvelle Servie, que les gazettes fanatiques ont tant prônée, vous avait donné quelque appréhension; cependant il est très-vrai que les Tartares, quoiqu'ils aient attaqué nos frontières de trois côtés, ont trouvé partout une résistance convenable, et se sont retirés sans causer de dommages considérables. Toute cette expédition n'a duré que trois jours, durant un froid excessif, mêlé de vent et de neige; ce qui a causé beaucoup de perte aux Tartares, tant en hommes qu'en chevaux.

Mais que direz-vous, monsieur, lorsque vous saurez que les belles Circassiennes, indignées d'être renfermées dans le sérail de Constantinople, comme des animaux dans une écurie, ont persuadé à leurs frères de se soumettre à la Russie? Le fait est que les Circassiens des montagnes m'ont prêté serment de fidélité. Ce sont ceux qui habitent le pays nommé Cabarda; c'est une suite de la victoire qu'ont remportée nos Kalmoucs, soutenus de troupes régulières, sur les Tartares du Kouban, sujets de Moustapha, et qui habitent le pays que traverse la rivière de ce nom au delà du Tanaïs.

Adieu, monsieur, portez-vous bien, et moquons-nous de Moustapha le victorieux.   CATERINE.

A propos, j'ai entendu dire qu'on avait défendu de vendre à Constantinople et à Paris mon *Instruction pour le code*.

MMMMMDCLXXIX. — DE CATHERINE II.

A Pétersbourg, 15-26 septembre.

Monsieur, il n'y a rien de plus flatteur pour moi que le voyage que vous voulez entreprendre pour me venir trouver : je répondrais mal à l'amitié que vous me témoignez, si je n'oubliais en ce moment la satisfaction que j'aurais à vous voir pour ne m'occuper que de l'inquiétude que je ressens en pensant à quoi vous exposerait un voyage aussi long et aussi pénible. La délicatesse de votre santé m'est connue; j'admire votre courage, mais je serais inconsolable si par malheur votre santé était affaiblie par ce voyage; ni moi, ni toute l'Europe, ne me le pardonnerions. Si jamais l'on faisait usage de l'épitaphe qu'il vous a plu de composer, et que vous m'adressez si gaiement, on me reprocherait de vous y avoir exposé. Outre cela, monsieur, il se pourrait, si les choses restent dans l'état où elles sont, que le bien de mes affaires demandât ma présence dans les provinces méridionales de mon empire, ce qui doublerait votre chemin et les incommodités inséparables d'une telle distance.

Au reste, monsieur, soyez assuré de la parfaite considération avec laquelle je suis, etc.   CATERINE.

MMMMMDCLXXX. — A M. DE CHABANON.

27 septembre.

Je n'ai l'honneur, mon cher confrère, d'être en aucune relation avec M. le duc de Nivernais, malgré la belle réputation que j'ai sur son compte. Il m'a un jour refusé tout net d'interposer son autorité pour une affaire de bibus au collège des Quatre-Nations, quoiqu'il soit aux droits du fondateur. Depuis ce temps-là, je me suis contenté de le respecter et de l'aimer, sans lui rien demander. M. et Mme d'Argental sont très en état d'appuyer votre demande, quoique vous n'ayez nul besoin d'appui. Je vais leur écrire, non pas pour me donner les airs d'animer leur zèle en votre faveur, mais pour les remercier, et pour prendre sur moi tous les bons offices qu'ils vous rendront. Je ne sais ce que fait La Borde; je n'entends plus parler de lui : je crois qu'il oublie totalement la musique en faveur de la danse. Les jeunes gens font très-bien d'être amoureux; mais il ne faut pas pour cela négliger ses talents; au contraire, il faut les cultiver pour plaire encore plus à sa maîtresse. C'est l'avis de votre vieux confrère, qui vous sera toujours tendrement attaché.

MMMMMDCLXXXI. — A M. LE COMTE D'ARGENTAL.

27 septembre.

Voici encore une autre requête que Chabanon me prie de présenter à mes anges. Mais qu'a-t-il besoin de moi? pourquoi prendre un si grand tour? Je suppose qu'il a parlé lui-même. Il s'agit d'une place de garde-marine que le chevalier de Vezieux sollicite auprès de M. le duc de Praslin. Le chevalier de Vezieux est neveu de M. de Chabanon, et recommandé par M. le duc de Nivernais. Un mot de mes anges, placé à propos, fera grand bien.

On attend à Lyon que M. de Sartines ait déclaré à un de ses amis qu'il ne se mêle point des spectacles de cette ville, et qu'il ne leur veut aucun mal. Tout se fait bien ridiculement dans votre pays welche. Si M. le duc de Richelieu avait voulu, *les Guèbres* auraient été joués à Fontainebleau sans le moindre murmure. Nous n'avons actuellement de ressource que dans Orangis. Il se pourrait bien que M. le duc d'Orléans priât bientôt cette troupe de venir jouer à Saint-Cloud ou à Villers-Coterets; ce serait un bel encouragement. Je ne croirai les Welches dignes d'être Français que quand on représentera, publiquement et sans contradiction, une pièce où les droits des hommes sont établis contre les usurpations des prêtres.

Le vieux solitaire malade lève de loin ses mains aux anges.

MMMMMDCLXXXII. — A M. LE MARÉCHAL DUC DE RICHELIEU.

A Ferney, 27 septembre.

Mon héros voit bien que, lorsque j'ai sujet d'écrire, je barbouille du papier sans peine, et que je l'ennuie souvent; mais quand je n'ai rien à dire, je respecte ses occupations, ses plaisirs, sa jeunesse, et je me tais. Il y a quarante-neuf ans que mon héros prit l'habitude de se moquer de son très-humble serviteur; il la conserve et la conservera. Je n'y sais autre chose que de faire le plongeon, et d'admirer la constance de monseigneur à m'accabler de ses lardons.

Je n'étais pas informé de la circonstance du Brayer: il y a mille traits de l'histoire moderne qui échappent à un pauvre solitaire retiré au milieu des neiges.

S'il était permis de vous parler sérieusement, je vous dirais que je n'ai jamais chargé M. de Ximenès de vous parler des *Guèbres*, ni de vous les présenter. Il a pris tout cela sous son bonnet, qui n'est pas celui du cardinal de Ximenès, dont il prétend pourtant descendre en ligne droite. Je lui suis très-obligé d'aimer *les Guèbres*, mais je ne l'ai assurément prié de rien.

J'ai eu l'honneur de vous envoyer un autre exemplaire, et on en fait encore actuellement une édition bien plus correcte. Tous les honnêtes gens de Paris souhaitent qu'on représente cette pièce. On la joue en province. Une société de particuliers vient de la représenter à la campagne avec beaucoup de succès; on la jouera probablement chez M. le duc d'Orléans. Il n'y a pas un seul mot qui puisse avoir le moindre rapport ni à nos mœurs d'aujourd'hui, ni au temps présent. S'il y a quelque chose qui fasse allusion à l'inquisition, nous n'avons point d'inquisition en France; elle y a toujours été en horreur. *Le Tartufe*, qui était une satire des dévots, et surtout de la morale des jésuites, alors tout-puissants, a été joué par la protection d'un premier gentilhomme de la chambre, et est resté au théâtre pour toujours.

Mahomet, où il est dit,

> Quiconque ose penser n'est pas né pour me croire;
> Acte III, scène VI.

Mahomet, dans lequel il y a un Séide qui est précisément Jacques Clément, est joué souvent sans que personne en murmure. M. de Sartines ne demande pas mieux qu'on fasse aux *Guèbres* le même honneur; mais il n'ose pas se compromettre. Il n'y a qu'un premier gentilhomme de la chambre, ayant le droit d'être un peu hardi, qui puisse prendre sur lui une telle entreprise. Quelques sots pourraient crier, mais trois à quatre cent mille hommes le béniraient.

J'ai bien senti que mon héros, qui a d'ailleurs tant de gloire, ne se soucierait pas beaucoup de celle-ci : aussi je me suis bien donné de garde de lui en parler, et encore plus de lui en faire parler par M. de Ximenès; je lui ai seulement présenté *les Guèbres* pour l'amuser. Il viendra un temps où cette pièce paraîtra fort édifiante; ce temps approche, et j'espère que mon héros vivra assez pour le voir.

Au reste, il sait que j'ai juré, depuis longtemps, d'obéir à ses ordres, et de ne jamais les prévenir; de lui envoyer tout ce qu'il me demanderait, et de ne jamais rien lui dépêcher qu'il ne le demande, parce que je ne puis deviner ses goûts; je ne dois rien lui présenter sans être sûr qu'il le recevra, et je ne veux rien faire qui ne lui plaise. Voilà mon dernier mot pour quatre jours que j'ai à vivre. Je vivrai et je mourrai son attaché, son obligé, et son berné.

MMMMMDCLXXXIII. — A M. DE CHAMFORT.

A Ferney, 27 septembre.

Tout ce que vous dites, monsieur, de l'admirable Molière, et la manière dont vous le dites, sont dignes de lui et du beau siècle où il a vécu. Vous avez fait sentir bien adroitement l'absurde injustice dont usèrent envers ce philosophe du théâtre des personnes qui jouaient sur un théâtre plus respecté. Vous avez passé habilement sur l'obstination avec laquelle un débauché refusa la sépulture à un sage. L'archevêque Chanvallon mourut depuis, comme vous savez, à Conflans, de la mort des bienheureux, sur Mme de Lesdiguières[1], et il fut enterré

---

1. Le 6 août 1695. (ÉD.)

pompeusement au son de toutes les cloches, avec toutes les belles cérémonies qui conduisent infailliblement l'âme d'un archevêque dans l'empyrée. Mais Louis XIV avait eu bien de la peine à empêcher que celui qui était supérieur à Plaute et à Térence ne fût jeté à la voirie : c'était le dessein de l'archevêque et des dames de la halle, qui n'étaient pas philosophes.

Les Anglais nous avaient donné, cent ans auparavant, un autre exemple; ils avaient érigé, dans la cathédrale de Strafford, un monument magnifique à Shakspeare, qui pourtant n'est guère comparable à Molière ni pour l'art ni pour les mœurs.

Vous n'ignorez pas qu'on vient d'établir une espèce de jeux séculaires en l'honneur de Shakspeare en Angleterre. Ils viennent d'être célébrés avec une extrême magnificence : il y a eu, dit-on, des tables pour mille personnes. Les dépenses qu'on a faites pour cette fête enrichiraient tout le Parnasse français.

Il me semble que le génie n'est pas encouragé en France avec une telle profusion. J'ai vu même quelquefois de petites persécutions être chez les Français la seule récompense de ceux qui les ont éclairés. Une chose qui m'a toujours réjoui, c'est qu'on m'a assuré que Martin Fréron avait beaucoup plus gagné avec son *Ane littéraire* que Corneille avec *le Cid* et *Cinna*; mais aussi ce n'est pas chez les Français que la chose est arrivée, c'est chez les Welches.

Il s'en faut bien, monsieur, que vous soyez Welche; vous êtes un des Français les plus aimables, et j'espère que vous ferez de plus en plus honneur à votre patrie.

Je vous suis très-obligé de la bonté que vous avez eue de m'envoyer votre ouvrage qui a remporté le prix, et qui le mérite.

J'ai l'honneur d'être avec toute l'estime que je vous dois, monsieur, votre, etc.

MMMMMDCLXXXIV. — A M. SERVAN.

A Ferney, 27 septembre.

C'est votre vie, monsieur, et non pas la mienne, qui est utile au monde. Je ne suis que *vox clamantis in deserto*; et j'ajoute que, *vien rauca e perde il canto e la favella* [1]. De plus, cette vieille voix ne part que du gosier d'un homme sans crédit, et qui n'a d'autre mission que celle de son amour pour une honnête liberté, de son respect pour les bonnes lois, et de son horreur pour des ordonnances et des usages absurdes, dictés par l'avarice, par la tyrannie, par la grossièreté, par des besoins particuliers et passagers, et qui enfin, pour comble de démence, subsistent encore quand les besoins ne subsistent plus. Il n'appartient, monsieur, qu'à un magistrat tel que vous d'élever une voix qui sera respectée, non-seulement par son éloquence singulière, mais par le droit de parler que vous avez dans la place où vous êtes.

C'est à vous de montrer combien il est absurde qu'un évêque se mêle de décider des jours où je puis labourer mon champ et faucher mes

1. Voltaire a déjà cité ce vers italien dans une lettre à Querini. (ÉD.)

prés, sans offenser Dieu; combien il est impertinent que des paysans, qui font carême toute l'année, et qui n'ont pas de quoi acheter des soles comme les évêques, ne puissent manger, pendant quarante jours, les œufs de leur basse-cour sans la permission de ces mêmes évêques. Qu'ils bénissent nos mariages, à la bonne heure; mais leur appartient-il de décider des empêchements? tout cela ne doit-il pas être du ressort des magistrats? et ne portons-nous pas encore aujourd'hui les restes de ces chaînes de fer dont ces tyrans sacrés nous ont chargés autrefois? Les prêtres ne doivent que prier Dieu pour nous, et non pas nous juger.

J'attends avec impatience que vous mettiez ces vérités dans tout leur jour, avec la force de votre style, qui ne perdra rien par la sagesse de votre esprit: vous rendrez un service éternel à la France.

Vous nous ferez sortir du chaos où nous sommes, chaos que Louis XIV a voulu en vain débrouiller. Nos petits-enfants s'étonneront peut-être un jour que la France ait été composée de provinces devenues, par la législation même, ennemies les unes des autres. On ne pourra comprendre à Lyon que les marchandises du Dauphiné aient payé des droits d'entrée, comme si elles venaient de Russie. On change de lois en changeant de chevaux de poste; on perd au delà du Rhône un procès qu'on gagne en deçà.

S'il y a quelque uniformité dans les lois criminelles, elle est barbare. On accorde le secours d'un avocat à un banqueroutier évidemment frauduleux, et on le refuse à un homme accusé d'un crime équivoque.

Si un homme, qui a reçu un assigné pour être ouï, est absent du royaume, et s'il ignore le tour qu'on lui joue, on commence par confisquer son bien. Que dis-je! la confiscation, dans tous les cas, est-elle autre chose qu'une rapine? et si bien rapine, que ce fut Sylla qui l'inventa. Dieu punissait, dit-on, jusqu'à la quatrième génération[1] chez le misérable peuple juif, et on punit toutes les générations chez le misérable peuple welche. Cette volerie n'est pas connue dans votre province; mais pourquoi réduire ailleurs des enfants à l'aumône, parce que leur père a été malheureux? Un Welche dégoûté de la vie, et souvent avec très-grande raison, s'avise de séparer son âme de son corps; et, pour consoler le fils, on donne son bien au roi, qui en accorde presque toujours la moitié à la première fille d'Opéra qui le fait demander par un de ses amants; l'autre moitié appartient de droit à messieurs les fermiers généraux.

Je ne parle pas de la torture à laquelle de vieux grands chambriers appliquent si légèrement les innocents comme les coupables. Pourquoi, par exemple, faire souffrir la torture au chevalier de La Barre? était-ce pour savoir s'il avait chanté trois chansons contre Marie-Madeleine, au lieu de deux? est-ce chez les Iroquois, ou dans le pays des tigres, qu'on a rendu cette sentence? L'impératrice de Russie, de ce pays qui était si barbare il y a cinquante ans, m'a mandé qu'aujourd'hui, dans son empire de deux mille lieues, il n'y a pas un seul juge qui n'eût

---

1. *Deutéronome*, v, 9. (ÉD.)

fait mettre aux Petites-Maisons de Russie les auteurs d'un pareil jugement; ce sont ses propres paroles.

Puisse votre faible santé, monsieur, vous laisser achever promptement le grand ouvrage que vous avez entrepris, et que l'humanité attend de vous! Nous avons croupi, depuis Clovis, dans la fange; lavez-nous donc avec votre hysope, ou du moins cognez-nous le nez dans notre ordure, si nous ne voulons pas être lavés.

M. l'abbé de Ravel a dû vous dire à quel point je vous estime, je vous aime, et je vous respecte. Souffrez que je vous le dise encore dans l'effusion de mon cœur.

MMMMMDCLXXXV. — Du cardinal de Bernis.

Rome, le 27 septembre.

On ne peut rien faire de plus, mon cher confrère, pour la perruque de votre aumônier. J'espère que M. l'évêque de Genève ne sera pas plus rigoureux pour lui que le saint-siége. L'attestation que vous m'avez envoyée m'a fait rire; c'était votre intention. Il est vrai que jusqu'ici les épines sur lesquelles je marche n'ont pas blessé mes pieds. Si le pape avait un peu voyagé, s'il avait respiré un autre air que celui de Rome, il aurait des vues plus étendues, et son ton serait très-aimable. Il a tout l'esprit que la nature peut donner à un homme qui n'a connu que le cloître et les congrégations. Il veut bien vivre avec les souverains, ne point tyranniser les consciences, et souffrir avec douceur le mal qu'il ne peut empêcher. Je ne me repens pas de lui avoir donné mon suffrage, *accompagné de plusieurs autres*. Au surplus, ma santé a très-bien résisté aux chaleurs, et mon âme résistera encore mieux aux petites tracasseries, qui sont les fruits naturels du pays que j'habite. Quand vous ferez quelque folie honnête, soit en vers, soit en prose, souvenez-vous de votre admirateur, et du plus fidèle de vos serviteurs et *confrères*.

MMMMMDCLXXXVI. — A M. Panckoucke.

29 septembre.

J'approuve fort votre dessein de faire un supplément à l'*Encyclopédie*. Je souhaite qu'il ne se trouve plus d'Abraham Chaumeix, et que ceux qui ont condamné les thèses contre Aristote, l'émétique, la circulation du sang, la gravitation, l'inoculation, le quinzième chapitre de *Bélisaire*, soient si las de leurs anciennes bévues, qu'ils n'en fassent plus de nouvelles. J'ose même espérer qu'à la fin on donnera en France quelques droits d'hospitalité à cette étrangère qu'on nomme la *Vérité*, qu'on a toujours si mal reçue. Le ministère verra qu'il n'y a nulle gloire à commander à un peuple de sots, et que, s'il y avait dans le monde un roi des génies et un roi des grues, le roi des génies aurait le pas.

Vous vous moquez de moi, et vous m'offensez, en me proposant dix-huit mille francs pour barbouiller des idées que vous pourrez insérer dans vos *in-folio.* C'est se moquer d'imaginer qu'à soixante-seize ans je puisse être utile à la littérature; et c'est un peu m'insulter que de me proposer dix-huit mille francs pour environ six cents pages. Vous savez que j'ai donné toutes mes sottises *gratis* à des Génevois, je ne les vendrai pas à des Parisiens. J'ai à me plaindre, ou plutôt à les plaindre, de s'être obstinés à rechercher tout ce qui a pu m'échapper, et qui ne méritait pas de voir le jour [1]. Vous en porterez la peine, car je vous certifie que vous ne vendrez pas cet énorme fatras.

A l'égard de votre *Encyclopédie*, je pourrais, dans deux ou trois mois, commencer à vous faire les articles suivants : *Entendement humain, Églogue, Élégie, Épopée*, en ajoutant quelques notes historiques à l'article de M. Marmontel. *Épreuve, Fable;* on peut faire une comparaison agréable des fables inventées par l'Arioste et imitées par La Fontaine. *Fanatisme* (histoire du); cela peut être très-intéressant. *Femme;* article ridicule, qui peut devenir instructif et piquant. *Fatalité;* on peut dire sur cet article des choses très-frappantes, tirées de l'histoire. *Folie;* il y a des choses sages à dire sur les fous. *Génie;* on peut en parler sans encore en avoir. *Langage;* cet article peut être immense. *Juifs;* on peut proposer des idées très-curieuses sur leur histoire, sans trop effaroucher. *Loi;* examiner s'il y a des lois fondamentales. *Locke;* il faut le justifier sur une erreur qu'on lui attribue à son article. *Mainmorte;* on me fournira un excellent article sur cette jurisprudence barbare. *Malebranche* [2], son système peut fournir des réflexions fort curieuses. *Métempsycose, Métamorphose*, bons articles à traiter.

Je vous indiquerai les autres matières sur lesquelles je pourrai travailler; mais c'est à condition que je serai en vie, car je vous réponds que, si je suis mort, vous n'aurez pas une ligne de moi.

Quant à l'Italien [3] qui veut, dit-on, refondre, avec quelques Suisses, l'*Encyclopédie* faite par des Français, je n'ai jamais entendu parler de lui dans ma retraite.

MMMMMDCLXXXVII. — A M. Hennin.

4 octobre au soir.

Je suis à vos ordres, monsieur, et je vous remercie de la préférence. Vous n'avez qu'à envoyer chercher les rogatons dont vous avez besoin. Je viendrais vous les porter moi-même, si mon pouls était comme celui d'un autre homme.

J'ai l'honneur d'être avec tous les sentiments que je vous dois, monsieur, votre très-humble et très-obéissant serviteur.

Le vieux malade de Ferney.

1. L'édition de Genève, in-4°. (Éd.)
2. Les articles *Entendement humain, Élégie, Fatalité, Langage, Locke, Loi, Malebranche*, n'ont pas été fournis par Voltaire. (Éd.)
3. Felice. (Éd.)

MMMMMDCLXXXVIII. — A M. VERNES.

Le 9 octobre.

Mon cher philosophe, si Dieu a dit : « Croissez et multipliez, » voici deux personnes qui veulent obéir à Dieu. L'une est catholique romain, l'autre est de votre religion, et née à Berne. Nos belles lois de 1685 ne permettent pas à un serviteur du pape d'épouser une servante de Zwingle ; mais je crois que vous regardez Dieu comme le père de tous les garçons et de toutes les filles. Vous savez que la femme fidèle peut convertir le mari infidèle [1].

Tâchez, mon cher philosophe, de faire en sorte que ces deux personnes puissent se marier à Genève. Je vous demande votre protection pour elles ; mais ne me nommez pas, car le mariage est un sacrement dans notre Église, et l'on m'accuse, quoique assez mal à propos, de ne pas croire aux sept sacrements.

Permettez-moi de vous embrasser de tout cœur, sans cérémonie

MMMMMDCLXXXIX. — A M. LE MARÉCHAL DUC DE RICHELIEU.

A Ferney, 10 octobre.

Mon héros, dans sa dernière lettre, a daigné me glisser un petit mot de son jardin. Je suis, comme Adam, exclu du paradis terrestre, et je suis devenu laboureur comme lui. Je vous assure, monseigneur, que jamais mon cœur n'a été pénétré d'une plus tendre reconnaissance. Oserais-je vous supplier de vouloir bien faire valoir auprès de votre amie[2] les sentiments dont la démarche qu'elle a bien voulu faire m'a pénétré ? J'ai été tenté de l'en remercier ; mais je n'ose, et je vous demande sur cela vos ordres.

Au reste, il n'y a pas d'apparence que j'aie l'impudence de me présenter devant vous dans le bel état où je suis. Il n'est bruit dans le monde que de votre perruque en bourse, et je ne puis être coiffé que d'un bonnet de nuit. Toutes les personnes qui vous approchent jurent que vous avez trente-trois à trente-quatre ans tout au plus. Vous ne marchez pas, vous courez ; vous êtes debout toute la journée. On assure que vous avez beaucoup plus de santé que vous n'en aviez à Closter-Seven[3], et que vous commanderiez une armée plus lestement que jamais. Pour moi, je ne pourrais pas vous servir de secrétaire, encore moins de coureur ; la raison en est que mes fuseaux, que j'appelais jambes, ne peuvent plus porter votre serviteur, et que mes yeux sont actuellement à la Chaulieu, bordés de grosses cordes rouges et blanches, depuis qu'il a neigé sur nos montagnes. Vous, qui êtes un grand chimiste, vous me direz pourquoi la neige, que je ne vois point, me rend aveugle, et pourquoi j'ai les yeux très-bons dès que le printemps est revenu. Comme vous êtes parfaitement en cour, je vous demanderai une place aux Quinze-Vingts pour l'hiver. Je défie toute votre Aca-

---

1. *I Corinth.*, VII, 14. (ÉD.) — 2. Mme du Barry. (ÉD.)
3. 8 septembre 1757. (ÉD.)

démie des sciences de me donner la raison de ce phénomène; il est particulier au pays que j'habite. J'ai un ex-jésuite auprès de moi qui est précisément dans le même cas, et plusieurs autres personnes éprouvent cette même faveur de la nature. Plus j'examine les choses, et plus je vois qu'on ne peut rendre raison de rien.

J'ai à vous dire qu'on imprime actuellement dans le pays étranger les *Souvenirs de Mme de Caylus*. Elle fait un portrait fort plaisant de M. le duc de Richelieu votre père, et votre père véritable, quoi que vous en disiez; je vois que c'était un bel esprit, et que l'hôtel de Richelieu l'emportait sur l'hôtel de Rambouillet.

Permettez-moi, monseigneur, de vous remercier encore, au nom des *Scythes*, de la vieille *Mérope*, et de *Tancrède*.

On vient donc de jouer une tragédie anglaise[1] à Paris; je commence à croire que nous devenons trop Anglais, et qu'il nous siérait mieux d'être Français. C'est votre affaire, car c'est à vous à soutenir l'honneur du pays.

Agréez toujours mon tendre respect et mon inviolable attachement.

MMMMMDCXC. — A M. LE COMTE D'ARGENTAL.

13 octobre.

Mon cher ange, j'aurais dû plus tôt vous faire mon compliment de condoléance sur votre triste voyage d'Orangis; je vous aurais demandé ce que c'est qu'Orangis, à qui appartient Orangis; s'il y a un beau théâtre à Orangis; mais j'ai été dans un plus triste état que vous. Figurez-vous qu'au 1ᵉʳ d'octobre il est tombé de la neige dans mon pays; j'ai passé tout d'un coup de Naples à la Sibérie; cela n'a pas raccommodé ma vieille et languissante machine. On me dira que je dois être accoutumé, depuis quinze ans, à ces alternatives; mais c'est précisément parce que je les éprouve depuis quinze ans que je ne les peux plus supporter. On me dira encore: « George Dandin, vous l'avez voulu; » George répondra comme les autres hommes: « J'ai été séduit, je me suis trompé, la plus belle vue du monde m'a tourné la tête; je souffre, je me repens; voilà comme le genre humain est fait. »

Si les hommes étaient sages, ils se mettraient toujours au soleil, et fuiraient le vent du nord comme leur ennemi capital. Voyez les chiens, ils se mettent toujours au coin du feu; et quand il y a un rayon de soleil, ils y courent. La Motte, qui demeurait sur votre quai, se faisait porter en chaise, depuis dix heures jusqu'à midi, sur le pavé qui borde la galerie du Louvre, et là il était doucement cuit à un feu de réverbère.

J'ai peur que les maladies de Mme d'Argental ne viennent en partie de votre exposition au nord. N'avez-vous jamais remarqué que tous ceux qui habitent sur le quai des Orfévres ont la face rubiconde et un embonpoint de chanoine, et que ceux qui demeurent à quatre toises derrière eux, sur le quai des Morfondus, ont presque tous des visages d'excommuniés

---

1. *Hamlet*, tragédie de Ducis, jouée le 30 septembre 1769. (ÉD.)

C'est assez parler du vent du nord, que je déteste, et qui me **tue**.

Vous avez sans doute vu *Hamlet* : les ombres vont devenir à la mode; j'ai ouvert modestement la carrière, on va y courir à bride abattue; *domandavo acqua, non tempesta*. J'ai voulu animer un peu le théâtre en y mettant plus d'action, et tout actuellement est action et pantomime; il n'y a rien de si sacré dont on n'abuse. Nous allons tomber en tout dans l'outré et dans le gigantesque; adieu les beaux vers, adieu les sentiments du cœur, adieu tout. La musique ne sera plus qu'un charivari italien, et les pièces de théâtre ne seront plus que des tours de passe-passe. On a voulu tout perfectionner, et tout a dégénéré : je dégénère aussi tout comme un autre. J'ai pourtant envoyé à mon ami La Borde le petit changement que je vous avais envoyé pour *Pandore*, un peu enjolivé. Je vous avoue que j'aime beaucoup cette Pandore, parce que Jupiter est absolument dans son tort; et je trouve extrêmement plaisant d'avoir mis la philosophie à l'Opéra. Si on joue *Pandore*, je serais homme à me faire porter en litière à ce spectacle; mais,

Sic vos non vobis mellificatis, apes.
Virg.

J'ai donné quelquefois à Paris des plaisirs dont je n'ai point tâté. J'ai travaillé de toute façon pour les autres, et non pas pour moi; en vérité, rien n'est plus noble.

Je vous ai envoyé, je crois, deux placets pour M. le duc de Praslin; ce n'est point encore pour moi, je ne suis point marin, dont bien me fâche; je me meurs sur un vaisseau; sans cela, est-ce que je n'aurais pas été à la Chine, il y a plus de trente ans, pour oublier toutes les persécutions que j'essuyais à Paris, et que j'ai toujours sur le cœur?

Mille tendres respects à Mme d'Argental.

A propos, si tout est chez moi en décadence, mon tendre attachement pour vous ne l'est pas.

MMMMMDCXCI. — DE M. DALEMBERT.

A Paris, le 15 octobre.

J'ai reçu, mon cher et illustre confrère, en arrivant de la campagne, les tristes éclaircissements que vous m'avez envoyés sur l'aventure abominable du pauvre Martin. Ses juges, dignes de martin-bâton, sont actuellement allés voir leurs dindons, auxquels ils ressemblent. Dès que la Saint-Martin, qui fait égorger tant de dindons à deux pieds avec plumes, aura ramené les dindons à deux pieds sans plumes, je vous promets de tirer cette affaire au clair, et de couvrir ces marauds de l'opprobre qu'ils méritent. J'en ai déjà parlé à quelques-uns de *messieurs* qui sont actuellement de la chambre des vacations; ils prétendent qu'ils ne savent ce que c'est, car ils n'enragent point pour mentir. Ils viennent de condamner un assassin de Montrouge à être roué dans *la place la plus convenable* du village; cela rappelle le bourreau d'armée qui était de Beauvais, et qui faisait des excuses à un maraudeur pendu, son compatriote, de ce qu'il n'aurait pas *autant de commodités*, étant pendu à un arbre, qu'à une potence. Cette place, *la plus convenable pour rouer un homme*, doit être mise à côté *des coups de bâton* donnés à un crucifix, dont il était parlé dans le bel arrêt du malheureux chevalier de La Barre. Je suis charmé que cette canaille parlementaire soit traitée comme elle le mérite dans le code des lois de la Russie, et que les Tartares apprennent aux Welches à être humains.

Avez-vous entendu parler [d'une petite drôlerie sur nosseigneurs du parlement, intitulée *Michaud et Michel*[1]? Je ne sais qui en est l'auteur, ni s'il est à Paris; mais s'il avait envie d'y venir, je lui dirais en ami:

Occursare capro, cornu ferit ille, caveto.
                                            Virg., eccl. IX, v. 25.

Je ne sais pas si le parlement de Toulouse rendra justice au pauvre Sirven; je le souhaite pour son honneur (j'entends pour celui du parlement). A propos de Sirven, Damilaville avait un pauvre domestique qui l'a logé pendant longtemps, et à qui son maître avait promis de lui procurer pour cette bonne œuvre quelque gratification dont il a besoin, étant chargé de famille. Mme Denis m'a promis de vous en parler. Elle vous dira d'ailleurs que nous continuons, comme de raison, à la cour et à la ville, à dire et à faire beaucoup de sottises; mais elle ne vous dira sûrement pas assez combien je vous aime et je vous regrette, et combien j'aurais de désir de vous embrasser encore une fois. En attendant, je vous embrasse en esprit et en âme, de toutes mes forces et de tout mon cœur.

P. S. J'espérais un peu de l'infant duc de Parme[2], attendu la bonne éducation qu'il a eue; mais où il n'y a point d'âme, l'éducation n'a rien à faire. J'apprends que ce prince passe la journée à voir des moines, et que sa femme, Autrichienne et superstitieuse, sera la maîtresse. O pauvre philosophie! que deviendrez-vous? il faut cependant tenir bon, et combattre jusqu'à la fin.

Faisons notre devoir, et *laissons* faire aux dieux.

MMMMMDCXCII. — A CATHERINE II.

17 octobre.

Madame, le très-vieux et très-indigne chevalier de Votre Majesté Impériale était accablé de mille faux bruits qui couraient et qui l'affligeaient. Voilà tout à coup la nouvelle consolante qui se répand de tous côtés que votre armée a battu complétement les esclaves de Moustapha vers le Niester. Je renais, je rajeunis, ma législatrice est victorieuse; celle qui établit la tolérance, et qui fait fleurir les arts, a puni les ennemis des arts: elle est victorieuse, elle jouit de toute sa gloire. Ah! madame,

---

1. C'était un poëme contre Michaut de Monblin et Michel Lepelletier de Saint-Fargeau (voyez lettre MMMMMDCCVIII); La Harpe en rapporte quelques vers dans sa *Correspondance littéraire*. Turgot en était l'auteur; mais on l'attribua dans le temps à Voltaire. (*Note de M. Beuchot.*)
2. Ferdinand. (ÉD.)

cette victoire était nécessaire; les hommes ne jugent que par le succès. L'envie est confondue. On n'a rien à répondre à une bataille gagnée: des lauriers sur une tête pleine d'esprit, et d'une force de raison supérieure, font le plus bel effet du monde.

On m'a dit qu'il y avait des Français dans l'armée turque: je ne veux pas le croire. Je ne veux pas avoir à me plaindre de mes compatriotes; cependant j'ai connu un colonel qui a servi en Corse, et qui avait la rage d'aller voir des queues de cheval; je lui en fis honte, je lui représentai combien sa rage était peu chrétienne; je lui mis devant les yeux la supériorité du *Nouveau Testament* sur l'*Alcoran*; mais surtout je lui dis que c'était un crime de lèse-galanterie française de combattre pour de vilaines gens qui enferment les femmes, contre l'héroïne de nos jours. Je n'ai plus entendu parler de lui depuis ce temps-là. S'il est votre prisonnier, je supplie Votre Majesté Impériale de lui ordonner de venir faire amende honorable dans mon petit château, d'assister à mon *Te Deum*, ou plutôt à mon *Te Deam*, et de déclarer à haute voix que les Moustapha ne sont pas dignes de vous déchausser.

Aurai-je encore assez de voix pour chanter vos victoires? J'ai l'honneur d'être de votre Académie; je dois un tribut. M. le comte Orlof n'est-il pas notre président? Je lui enverrais quelque ennuyeuse ode pindarique, si je ne le soupçonnais de ne pas trop aimer les vers.

Allons donc, héritier des Césars, chef du saint empire romain, avocat de l'Église latine, allons donc. Voilà une belle occasion. Poussez en Bosnie, en Servie, en Bulgarie; allons, Vénitiens, équipez vos vaisseaux, secondez l'héroïne de l'Europe.

Et votre flotte, madame, votre flotte!... Que Borée la conduise, et qu'ensuite un vent d'occident la fasse entrer dans le canal de Constantinople!

Léandre et Héro, qui êtes toujours aux Dardanelles, bénissez la flotte de Pétersbourg. Envie, taisez-vous! peuples, admirez! C'est ainsi que parle le malade de Ferney; mais ce n'est pas un transport au cerveau, c'est le transport du cœur.

Que Votre Majesté Impériale daigne agréer le profond respect et la joie de votre très-humble et très-dévot ermite.

MMMMMDCXCIII. — DE CATHERINE.

A Pétersbourg, 7-18 ctobre.

Monsieur, vous direz que je suis une importune avec mes lettres, et vous aurez raison; mais prenez-vous-en à vous-même. Vous m'avez dit plus d'une fois que vous souhaitiez d'apprendre la défaite de Moustapha; eh bien! ce victorieux empereur des Turcs a perdu la Moldavie entière. Yassi est pris; le vizir s'est enfui en grande confusion au delà du Danube. Voilà ce qu'un courrier m'annonce ce matin, et ce qui fera taire *la Gazette de Paris, le Courrier d'Avignon*, et le nonce, qui fait *la Gazette de Pologne*.

Adieu, monsieur; portez-vous bien, et soyez persuadé que je réponds bien à l'amitié que vous me témoignez.   CATERINE.

MMMMMDCXCIV. — A M. LUNEAU DE BOISJERMAIN[1].

Château de Ferney, 21 octobre.

Je suis très-malade, monsieur; je ne verrai pas longtemps les malheurs des gens de lettres.

Je ne vois pas qu'on puisse rien ajouter ni répondre au factum de M. Linguet[2].

Il me paraît que les toiliers, les droguistes, les vergettiers, les menuisiers, les doreurs, n'ont jamais empêché un peintre de vendre son tableau, même avec sa bordure. M. le doyen du parlement de Bourgogne veut bien me vendre tous les ans un peu de son bon vin, sans que les cabaretiers lui aient jamais fait de procès.

Pour les gens de lettres, c'est une autre affaire; il faut qu'ils soient écrasés, attendu qu'ils ne font point corps, et qu'ils ne sont que des membres très-épars.

En 1753, on me proposa de faire à Lyon une très-jolie édition du *Siècle de Louis XIV;* une personne très-intelligente et très-bienfaisante persuada au cardinal de Tencin que c'était un livre contre Louis XIV; le cardinal l'écrivit au roi, et j'ai vu la réponse de Sa Majesté.

La vie est hérissée de ces épines, et je n'y sais d'autre remède que de cultiver son jardin.

MMMMMDCXCV. — A M. COLINI.

Ferney, 25 octobre.

C'était un Allemand de beaucoup d'esprit qui avait fourni, mon cher ami, la première légende[3]. J'ai écrit au graveur pour qu'il m'envoyât environ une trentaine de médailles avec cette légende même; et je lui ai demandé, je crois, une douzaine d'autres de la nouvelle fabrique, qui ont pour devise :

ORPHEUS ALTER.

Comme il ne m'appartient ni d'*éclairer les nations*, ni d'être un *second Orphée*, je ne me mêle point de tout cela, et je dois l'ignorer. Je ne puis qu'acheter les médailles du graveur; je les ai demandées en bronze; c'est tout ce que je puis faire. Vous me ferez plaisir, mon cher ami, de le presser.

Je suis étonné d'être en vie après la maladie de langueur que j'ai

---

1. M. Luneau était en procès avec les libraires, qui n'entendaient pas que les auteurs vendissent ou échangeassent leurs ouvrages. (*Ed. de Kehl.*)
2. C'est ironiquement que Voltaire parle ainsi ; voyez le quatrième alinéa de cette lettre. Le mémoire de Linguet était intitulé *Précis signifié par les syndic et adjoints des libraires de Paris.* Luneau, qui avait publié un premier mémoire, en fit imprimer un second, en réponse au *Précis* publié par Linguet. (*Ed. de Kehl.*)
3. Une note de Colini apprend que la légende était le vers 354 du chant IV de *la Henriade :*

Il ôte aux nations le bandeau de l'erreur.   (ÉD.)

essuyee. Une de mes plus grandes consolations est la bonté dont Son Altesse Électorale daigne m'honorer, et votre amitié, sur laquelle je compte jusqu'à mon dernier moment. V.

MMMMMDCXCVI. — A. M. DALEMBERT.

28 octobre.

Mme Denis, mon très-cher et très-grand philosophe, m'apporte votre lettre du 15. J'aurais encore mieux aimé causer avec vous à Paris; mais le triste état où je suis ne m'a pas permis de voyager, et je crois, entre nous, que ni *messieurs* ni les révérends pères n'auront plus désormais de querelle avec moi.

Soyez très-sûr que l'histoire de Martin est dans la plus exacte vérité. Martin fut condamné, il y a environ trois ans, à Paris, comme je vous l'ai mandé. Les annales du pays ne m'ont point encore annoncé la date de sa mort, mais je vous ai mandé celle de la déclaration que fit le coupable de l'innocence de Martin. On a rassemblé la pauvre famille dispersée. On fait un mémoire actuellement en sa faveur. Je suis bien sûr que vous ne me citerez pas, mais il est bien étrange qu'on craigne d'être cité quand il s'agit de secourir une malheureuse famille qui demande justice de la mort abominable de son père.

Mme Denis m'a parlé d'une pièce de vers intitulée *Michaut, ou Michon et Michelle;* elle dit que c'est une pièce satirique contre des conseillers au parlement, mais qu'elle ne l'a pas vue. Elle ajoute qu'on a la fureur de me l'attribuer. Je suis si malade que je ne puis me livrer à une juste colère; ces infâmes calomnies m'empêcheraient de venir à Paris, quand même j'aurais la force de soutenir la vie qu'on y mène, et qui ne me plaît point du tout.

Vous savez peut-être que Panckoucke m'a proposé de travailler à la partie littéraire du *Supplément de l'Encyclopédie.* Je m'en chargerai avec grand plaisir, si la nature m'en donne le temps et la force; j'ai même des matériaux assez curieux. Il se vante que vous travaillez à tout ce qui regarde les mathématiques et la physique. Comment ferez-vous quand il faudra combattre les molécules organiques, les générations sans germe, et les anguilles de blé ergoté? Laissera-t-on subsister dans l'*Encyclopédie* les exclamations, *O mon cher ami Rousseau?* déshonorera-t-on un livre utile par de pareilles pauvretés? laissera-t-on subsister cent articles qui ne sont que des déclamations insipides, et n'êtes-vous pas honteux de voir tant de fange à côté de votre or si pur?

Je vous demanderais aussi de retrancher un petit mot, à la fin d'un article, concernant Maupertuis[1]. Il n'est pas sûr qu'il eût raison, mais il est très-sûr qu'il a été fou et persécuteur. Mme Denis m'a bien étonné en m'apprenant le déplorable état où se sont trouvées les affaires de Damilaville à sa mort. Je plains beaucoup son pauvre domestique. Permettez que je vous adresse ce petit billet[2], qui me coûte beaucoup plus

---

1. La fin de l'article *Cosmologie.* (ÉD.)
2. C'était le mandat d'une somme d'argent pour le domestique de Damilaville. (ÉD.)

de peine à écrire qu'il ne coûte d'argent; car à peine puis-je me servir de ma main.

Si je puis travailler à la partie littéraire, il faudra toujours que je dicte.

Vous m'avez fait un vrai plaisir en réduisant dans plus d'un article l'infini à sa juste valeur.

Je vous prie, mon cher philosophe, de me mander si, dans mille cas, les diagonales des rectangles ne sont pas aussi incommensurables que les diagonales des carrés. C'est une fantaisie de malade.

Voici une chose plus intéressante. Grimm assure que l'empereur est des nôtres; cela est heureux, car la duchesse de Parme, sa sœur, est contre nous.

Sæpe, premente deo, fert deus alter opem.
Ovid., *Trist.*, lib. I, eleg. II, 44.

Fers mihi opem quand vous m'écrivez. Ce n'est pas seulement parce je vous regarde comme le premier écrivain du siècle, mais parce que je vous aime de tout mon cœur.

MMMMMDCXCVII. — A M. LE COMTE DE SCHOWALOW.

30 octobre.

La charmante lettre que vous m'avez écrite, mon cher chambellan de la législatrice victorieuse! Je vous avais déjà fait mon compliment par M. d'Eck; j'étais alors trop malade pour écrire. C'est donc Cotcin qu'il faut dire, et non pas Choctzim; moi je l'appelle *Triomphopolis*.

Je me flatte que le code des lois s'achèvera parmi les victoires. Mars est, dit-on, le dieu de la Thrace, où réside son pauvre serviteur Moustapha; mais Minerve réside à Pétersbourg, et vous savez que, dans Homère, Minerve l'emporte beaucoup sur Mars.

Quel Mars que Moustapha!

A propos, Orphée était de Thrace aussi; faites-y donc un petit voyage, à la suite de Sa Majesté Impériale. Ah! s'il me restait encore un peu de voix, je chanterais, comme les cygnes, en mourant. Il est bien triste pour moi de mêler de si loin mes acclamations aux vôtres. Je vous embrasse mille fois dans les transports de ma joie. Mille respects à Mme la comtesse de Schowalow.

Je présente mes très-humbles et mes tendres félicitations à M. le prince Galitzin, ci-devant ambassadeur, tant chez les Français que chez les Welches, et à M. le comte de Voronzof, qui est, je crois, à présent à votre cour.

Permettez-moi de faire mettre dans *la Gazette de Berne*, qui va en France, les détails intéressants de votre lettre

MMMMMDCXCVIII. — A CATHERINE II.

A Ferney, 30 octobre.

Madame, Votre Majesté Impériale me rend la vie, en tuant des Turcs. La lettre dont elle m'honore, du 22 septembre, me fait sauter de mon lit, en criant : *Allah! Catharina!* J'avais donc raison, j'étais plus prophète que Mahomet : Dieu et vos troupes victorieuses m'avaient donc exaucé quand je chantais : *Te* Catharinam *laudamus*, *te* dominam *confitemur*. L'ange Gabriel m'avait donc instruit de la déroute entière de l'armée ottomane, de la prise de Choczin, et m'avait montré du doigt le chemin d'Yassi.

Je suis réellement, madame, au comble de la joie; je suis enchanté, je vous remercie, et, pour ajouter à mon bonheur, vous devez toute cette gloire à M. le nonce. S'il n'avait pas déchaîné le divan contre Votre Majesté, vous n'auriez pas vengé l'Europe.

Voilà donc ma législatrice entièrement victorieuse. Je ne sais pas si on a tâché de supprimer à Paris et à Constantinople votre *Instruction pour le code de la Russie*; mais je sais qu'on devrait la cacher aux Français : c'est un reproche trop honteux pour nous de notre ancienne jurisprudence ridicule et barbare, presque entièrement fondée sur les *Décrétales* des papes et sur la jurisprudence ecclésiastique.

Je ne suis pas dans votre secret; mais le départ de votre flotte me transporte d'admiration. Si l'ange Gabriel ne m'a pas trompé, c'est la plus belle entreprise qu'on ait faite depuis Annibal.

Permettez que j'envoie à Votre Majesté la copie de la lettre que j'écris au roi de Prusse : comme vous y êtes pour quelque chose, j'ai cru devoir la soumettre à votre jugement.

Que Dieu me donne de la santé, et certainement je viendrai me mettre à vos pieds l'été prochain pour quelques jours, ou même pour quelques heures, si je ne puis mieux faire.

Que Votre Majesté Impériale pardonne au désordre de ma joie, et agrée le profond respect d'un cœur plein de vous.

L'ERMITE DE FERNEY.

MMMMMDCXCIX. — A M. BORDES.

30 octobre.

Si j'en avais cru mon cœur, je vous aurais remercié plus tôt, mon très-cher confrère. Vous avez fait une manœuvre de grand politique, en ne vous trouvant point au rendez-vous. Je suis persuadé qu'on aurait fait valoir en vain les louanges prodiguées dans la pièce [1] aux pontifes gens de bien et tolérants. Il y a des traits qui auraient déplu à l'architriclin, tout homme de bien et tolérant qu'il est.

M. de La Verpilière [2] ne risque certainement pas plus à faire représenter cette pièce que de me donner à souper à Lyon, si j'étais homme à souper; mais je crois toujours qu'il est bon d'en différer la représentation jusqu'au départ du primat : alors soyez très-sûr que je partirai, et que je viendrai vous voir mort ou vif. Si je meurs à Lyon, ses grands vicaires ne me refuseront pas la sépulture; et si je respire encore, ce sera pour vous ouvrir mon cœur, et pour voir, s'il se peut, les fruits de la raison éclore dans une ville plus occupée de manufactures que de philosophie.

---

1. *Les Guèbres.* (ÉD.) — 2. Prévôt des marchands de Lyon. (ÉD.)

CORRESPONDANCE. 385

Si vous avez ces fragments de *Michon* et de *Michette*, qu'on vous a tant vantés, je vous demande en grâce de me les envoyer. Le titre m'en paraît un peu ridicule. On dit que c'est une satire contre trois conseillers au parlement. Je soupçonne un très-grand seigneur d'en être l'auteur, mais je ne puis lui pardonner de n'avoir pas le courage de l'avouer; ce procédé est infâme. J'ai bien de la peine à croire qu'une satire sur un tel sujet soit aussi bonne qu'on le dit. Ceux qui font courir leurs ouvrages sous le nom d'autrui sont réellement coupables du crime de faux; mais il s'agit de confronter les écritures. Tout ce que je puis vous dire, c'est que je ne connais ni Michon ni Michette, ni les trois conseillers au parlement dont il est question; et que l'auteur, quel qu'il soit, est un malhonnête homme, s'il m'impute cette rapsodie.

Adieu, mon cher confrère; je vous embrasse toujours avec le désir de vous voir.

MMMMMDCC. — A M. HENNIN.

A Ferney, 30 octobre.

Ma haute dévotion, monsieur, m'ayant fait craindre qu'on ne fît accroire au roi de Prusse que je suis l'auteur de la lettre véritablement digne d'un homme qui a fait ses pâques, j'envoie à M. Genep[1] mon désaveu dans une lettre à M. le duc de Grafton. La lettre est à cachet volant, je vous prie de la lire. Je me flatte que M. Genep aura la bonté de l'envoyer. Vous voyez que les Anglais ont des fanatiques, comme nous avons des jansénistes. Il n'y a point de grandes villes où il n'y ait beaucoup de fous.

Bonsoir, monsieur; je vous supplie de vouloir bien mettre mon paquet pour M. Genep dans le vôtre pour la cour; je vous serai sérieusement obligé. Maman et moi nous sommes, comme vous le savez, entièrement à vos ordres.   V.

On dit les Russes à Yassi et à Bender.

MMMMMDCCI. — AU MÊME.

30 octobre.

En vous remerciant, monsieur, de toutes vos bontés.

Je vous renvoie l'estampe[2], comme vous l'ordonnez. Je crois qu'en y corrigeant quelque chose, surtout au bras droit de la dame, cela peut très-bien passer; mais je voudrais la faire voir à Cramer, qui doit la payer; et s'il ne la paye pas, je m'en charge.

Je ne me souvenais pas de la belle défense[3], sur peine de la vie, d'avoir raison.

Je vous suis très-obligé, monsieur, du paquet de M. Pingeron que vous avez bien voulu m'envoyer, concernant l'affaire de M. Luneau.

---

1. Commis du ministère des affaires étrangères. (ÉD.)
1. C'était un dessin pour *les Guèbres* que Hennin avait envoyé à Voltaire, en lui proposant de le faire graver par Brichet. (ÉD.)
2. La *Déclaration* du roi, du 28 mars 1764, qui fait défense d'imprimer, débiter ou colporter aucuns écrits, ouvrages ou projets concernant la réforme ou l'administration des finances. (ÉD.)

M. de Pingeron est sans doute un homme de mérite, puisqu'il est connu de vous. Ainsi tout ce qui me viendra de sa part sera bien venu.

Maman et moi nous vous embrassons de tout notre cœur.

MMMMMDCCII. — A M. LE COMTE DE SCHOMBERG.

31 octobre.

Je ne peux trop vous remercier, monsieur, des éclaircissements que vous avez la bonté de me donner sur les événements dont vous avez été témoin. Permettez-moi de répondre, par une petite anecdote, aux vôtres. C'est moi qui imaginai d'engager M. le maréchal de Richelieu à faire ce qu'il pourrait pour sauver la vie à ce pauvre amiral Byng. Je l'avais fort connu dans sa jeunesse; et, afin de donner plus de poids au témoignage de M. le maréchal de Richelieu, je feignis de ne le pas connaître. Je priai donc votre général de m'écrire une lettre ostensible, dans laquelle il dirait qu'ayant été témoin de la bataille navale, il était obligé de rendre justice à la conduite de l'amiral Byng, qui, étant sous le vent, n'avait pu approcher du vaisseau de La Galissonnière. M. le maréchal eut la générosité d'écrire cette lettre; je l'envoyai à M. l'amiral Byng; elle fit impression sur l'esprit de deux juges du conseil de guerre; mais le parti opposé était trop fort.

Vos réflexions, monsieur, sur cette mort sont bien justes et bien belles; je crois, comme vous, qu'il est fort égal de mourir sur un échafaud ou sur une paillasse, pourvu que ce soit à quatre-vingt-dix ans.

Je n'ai pu faire autre chose à l'égard de M. de Bussy, que de le croire sur sa parole; c'est le second de ceux qui portent nouvellement ce nom, avec qui la même chose m'est arrivée.

Je n'ai fait que copier ce que le frère de M. d'Assas et le major du régiment m'ont mandé.

Si j'avais été assez heureux, monsieur, pour recevoir vos instructions plus tôt, j'aurais corrigé l'édition in-quarto qu'on vient d'achever. Il n'est plus temps, et je n'ai que des remords.

Ma nièce, en arrivant de Paris, m'a parlé de *Michon et Michette*: on dit que c'est une satire violente contre trois membres du parlement, que, Dieu merci, je n'ai jamais connus. Il faut que celui qui a été assez hardi pour la faire soit bien lâche de me l'attribuer. Cet ouvrage, par conséquent, ne peut-être que d'un coquin; d'ailleurs le titre de la pièce annonce, ce me semble, un ouvrage du pont Neuf. Ce n'était pas ainsi qu'Horace et Boileau intitulaient leurs satires.

Au reste, j'aurai l'honneur de vous envoyer, dans quelques jours, une nouvelle édition des *Guèbres*, avec beaucoup d'additions et un discours préliminaire assez philosophique, que je soumettrai à votre jugement.

S'il me tombe sous les mains quelque ouvrage passable imprimé en Hollande, je vous l'enverrai sous l'adresse que vous m'avez prescrite, à moins que vous ne donniez un contre-ordre.

Adieu, monsieur; conservez-moi des bontés dont je sens si vivement tout le prix.

J'oubliais de vous parler du meurtre de Lally ; vous savez que les Anglais n'aiment pas les Irlandais, et que Lally était surtout un des plus violents jacobites. Cependant toute l'Angleterre s'est soulevée contre le jugement qui a condamné Lally ; on l'a regardé comme une injustice barbare, et j'ai vu quelques livres anglais où l'on ne parle qu'avec horreur de cette aventure. Joignez-y celle de La Bourdonnais, et vous aurez le code de l'ingratitude et de la cruauté ; mais les Anglais ont aussi leur amiral Byng.

Iliacos intra muros peccatur et extra.
Hor., lib. I, ep. II.

MMMMMDCCIII. — A Frédéric II, roi de Prusse.

Novembre.

Sire, un Bohémien qui a beaucoup d'esprit et de philosophie, nommé Grimm, m'a mandé que vous aviez initié l'empereur à nos saints mystères, et que vous n'étiez pas trop content que j'eusse passé près de deux ans sans vous écrire.

Je remercie Votre Majesté très-humblement de ce petit reproche : je lui avouerai que j'ai été si fâché et si honteux du peu de succès de la transmigration de Clèves, que je n'ai osé depuis ce temps-là présenter aucune de mes idées à Votre Majesté. Quand je songe qu'un fou et un imbécile comme Ignace a trouvé une douzaine de prosélytes qui l'ont suivi, et que je n'ai pas pu trouver trois philosophes, j'ai été tenté de croire que la raison n'était bonne à rien ; d'ailleurs, quoi que vous en disiez, je suis devenu bien vieux, et, malgré toutes mes coquetteries avec l'impératrice de Russie, le fait est que j'ai été longtemps mourant et que je me meurs.

Mais je ressuscite, et je reprends tous mes sentiments envers Votre Majesté, et toute ma philosophie, pour lui écrire aujourd'hui au sujet d'une petite extravagance anglaise qui regarde votre personne. Elle se doutera bien que cette démence anglaise n'est pas gaie ; il y a beaucoup de sages en Angleterre, mais il y a autant de sombres enthousiastes. L'un de ces énergumènes, qui peut-être a de bonnes intentions, s'est avisé de faire imprimer dans la gazette de la cour, qu'on appelle *the Whitehall Evening-Post*, le 7 octobre, une prétendue lettre de moi à Votre Majesté, dans laquelle je vous exhorte à ne plus corrompre la nation que vous gouvernez. Voici les propres mots fidèlement traduits : « Quelle pitié, si l'étendue de vos connaissances, vos talents et vos vertus, ne vous servaient qu'à pervertir ces dons du ciel pour faire la misère et la désolation du genre humain ! Vous n'avez rien à désirer, sire, dans ce monde que l'auguste titre d'un héros chrétien. »

Je me flatte que ce fanatique imprimera bientôt une lettre de moi au Grand-Turc Moustapha, dans laquelle j'exhorterai Sa Hautesse à être un héros mahométan : mais comme Moustapha n'a veine qui tende à le faire un héros, et que ma véritable héroïne, l'impératrice de Russie, y a mis bon ordre, je ne crois pas que j'entreprenne cette conversion turque. Je m'en tiens aux princes et aux princesses du Nord, qui me paraissent plus éclairés que tout le sérail de Constantinople.

Je ne réponds autre chose à l'auteur qui m'impute cette belle lettre à Votre Majesté, que ces quatre lignes-ci : « J'ai vu dans le *Whitehall Evening-Post*, du 7 octobre 1760, n° 3668, une prétendue lettre de moi à S. M. le roi de Prusse : cette lettre est bien sotte; cependant je ne l'ai point écrite. Fait à Ferney, le 29 octobre 1769. VOLTAIRE. »

Il y a pourtant, sire, de ces esprits également absurdes et méchants, qui croient ou qui font semblant de croire qu'on n'a point de religion quand on n'est pas de leur secte. Ces superstitieux coquins ressemblent à la Philaminte des *Femmes savantes* de Molière; ils disent[1] :

Nul *ne doit plaire à Dieu que* nous et nos amis.

J'ai dit quelque part que La Motte Le Vayer, précepteur du fils de Louis XIV, répondit à un de ces maroufles : « Mon ami, j'ai tant de religion, que je ne suis pas de ta religion. »

Ils ignorent, ces pauvres gens, que le vrai culte, la vraie piété, la vraie sagesse, est d'adorer Dieu comme le père commun de tous les hommes sans distinction, et d'être bienfaisant.

Ils ignorent que la religion ne consiste ni dans les rêveries des bons quakers, ni dans celles des bons anabaptistes ou des piétistes, ni dans l'impanation et l'invination, ni dans un pèlerinage à Notre-Dame de Lorette, à Notre-Dame des Neiges, ou à Notre-Dame des Sept-Douleurs; mais dans la connaissance de l'Être suprême qui remplit toute la nature, et dans la vertu.

Je ne vois pas que ce soit une piété bien éclairée qui ait refusé aux dissidents de Pologne les droits que leur donne leur naissance, et qui ait appelé les janissaires de notre saint-père le Turc au secours des bons catholiques romains de la Sarmatie. Ce n'est point probablement le Saint-Esprit qui a dirigé cette affaire, à moins que ce ne soit un saint-esprit du R. P. Malagrida, ou du R. P. Guignard, ou du R. P. Jacques-Clément.

Je n'entre point dans la politique qui a toujours appuyé la cause de Dieu, depuis le grand Constantin, assassin de toute sa famille, jusqu'au meurtre de Charles Ier, qu'on fit assassiner par le bourreau, l'Évanvangile à la main; la politique n'est pas mon affaire : je me suis toujours borné à faire mes petits efforts pour rendre les hommes moins sots et plus honnêtes. C'est dans cette idée que, sans consulter les intérêts de quelques souverains (intérêts à moi très-inconnus), je me borne à souhaiter très-passionnément que les barbares Turcs soient chassés incessamment du pays de Xénophon, de Socrate, de Platon, de Sophocle, et d'Euripide. Si l'on voulait, cela serait bientôt fait; mais on a entrepris autrefois sept croisades de la superstition, et on n'entreprendra jamais une croisade d'honneur : on en laissera tout le fardeau à Catherine.

---

1. Armande, et non Philaminte. (ÉD.)

Au reste, sire, je suis dans mon lit depuis un an; j'aurais voulu que mon lit fût à Clèves.

J'apprends que Votre Majesté, qui n'est pas faite pour être au lit, se porte mieux que jamais, que vous êtes engraissé, que vous avez des couleurs brillantes. Que le grand Être qui remplit l'univers vous conserve! Soyez à jamais le protecteur des gens qui pensent, et le fléau des ridicules.

Agréez le profond respect de votre ancien serviteur, qui n'a jamais changé d'idées, quoi qu'on dise.

MMMMMDCCIV. — A M. MARMONTEL.

1er novembre.

Mon cher ami, mon cher confrère, j'ai été enchanté de votre souvenir et de votre lettre. Vous dites que tous les hommes ne peuvent pas être grands, mais que tous peuvent être bons : savez-vous bien que cette maxime est mot à mot dans Confucius? Cela vaut bien la comparaison du royaume des cieux avec de la moutarde [1] et de l'argent placé à usure [2].

Je conviens, mon cher ami, que la philosophie s'est beaucoup perfectionnée dans ce siècle; mais à qui le devons-nous? aux Anglais; ils nous ont appris à raisonner hardiment. Mais à quoi nous occupons-nous aujourd'hui? à faire quelques réflexions spirituelles sur le génie du siècle passé.

Songez-vous bien qu'une cabale de jaloux imbéciles a mis pendant quelques années la partie carrée d'Électre, d'Iphianasse, d'Oreste, et du petit Itys, le tout en vers barbares, à côté des belles scènes de Corneille, de l'*Iphigénie* de Racine, des rôles de Phèdre, de Burrhus, et d'Acomat? Cela seul peut empêcher un honnête homme de revenir à Paris.

Cependant je ne veux point mourir sans vous embrasser vous et M. Dalembert, et MM. Duclos, de Saint-Lambert, Diderot, et le petit nombre de ceux qui soutiennent, avec le quinzième chapitre de *Bélisaire*, la gloire de la France.

J'aurais besoin, si je suis en vie au printemps, d'une petite opération aux yeux, que quinze ans et quinze pieds de neige ont mis dans un terrible désordre. Je n'approcherai point mon vieux visage de celui de Mlle Clairon; mais j'approcherai mon cœur du sien. Ses talents étaient uniques, et sa façon de penser est égale à ses talents.

Mme Denis vous fait les compliments les plus sincères.

Adieu; vous savez combien je vous aime. Je n'écris guère; un malade, un laboureur, un griffonneur n'a pas un moment à lui.

MMMMMDCCV. — A MADAME LA MARQUISE DU DEFFAND

Ferney, 1er novembre.

Si je suis en vie au printemps, madame, je compte venir passer dix ou douze jours auprès de vous avec Mme Denis. J'aurais besoin d'une

---

1. Matthieu, XIII, 31. (ÉD.) — 2. Id., XXV, 27. (ÉD.)

opération aux yeux, que je n'ose hasarder au commencement de l'hiver. Vous me direz que je suis bien insolent de vouloir encore avoir des yeux à mon âge, quand vous n'en avez plus depuis si longtemps.

Mme Denis dit que vous êtes accoutumée à cette privation; je ne me sens pas le même courage. Ma consolation est dans la lecture, dans la vue des arbres que j'ai plantés, et du blé que j'ai semé. Si cela m'échappe, il sera temps de finir ma vie, qui a été assez longue.

J'ai ouï parler d'un jeune homme fort aimable, d'une jolie figure, ayant de l'esprit, des connaissances, un bien honnête, qui, après avoir fait un calcul du bien et du mal, s'est tué à Paris d'un coup de pistolet. Il avait tort, puisqu'il était jeune, et que par conséquent la boîte de Pandore lui appartenait de droit. Un prédicant de Genève, qui n'avait que quarante-cinq ans, vient d'en faire autant; c'était une maladie de famille: son grand-père, son père et son frère lui avaient tous donné cet exemple. Cela est unique, et mérite une grande considération. Gardez-vous bien d'en faire jamais autant; car vous courez, vous soupez, vous conversez, et surtout vous pensez. Ainsi, madame, vivez; je vous enverrai bientôt quelque chose d'honnête, ainsi qu'à votre grand'maman. Je n'ai guère le temps d'écrire des lettres, car je passe ma vie à tâcher de faire quelque chose qui puisse vous plaire à toutes deux; j'en ai pour l'hiver.

J'aime passionnément le mari de votre grand'maman[1]; c'est une belle âme. Croyez-moi, il vaut mieux que tout le reste: il se ruinera; mais il n'y a pas grand mal, il n'a point d'enfants. Mais surtout qu'il ne haïsse point les philosophes parce qu'il a plus d'esprit qu'eux tous; c'est une fort mauvaise raison pour haïr les gens.

Je vois qu'on me regarde comme un homme mort; les uns s'emparent de mes sottises; les autres m'attribuent les leurs. Dieu soit béni!

Comment se porte le président Hénault? je m'intéresse toujours bien tendrement à lui. Il a vécu quatre-vingt-deux ans; ce n'est qu'un jour. On aime la vie, mais le néant ne laisse pas d'avoir du bon.

Adieu, madame; je suis à vous jusqu'au premier moment du néant. Mme Denis vous en dit autant.

MMMMMDCCVI. — A M. LE MARÉCHAL DUC DE RICHELIEU.

8 novembre.

J'attends ces jours-ci, monseigneur, les *Souvenirs de Mme de Caylus*. En attendant, j'ai l'honneur de vous envoyer cette nouvelle édition des *Guèbres*, dont on dit que la préface est curieuse. Comme vous êtes actuellement le souverain des spectacles, j'ai cru que cela pourrait vous amuser un moment dans votre royaume.

Je ne vous envoie jamais aucun des petits livrets peu orthodoxes qu'on imprime en Hollande et en Suisse. J'ai toujours pensé qu'il m'appartenait moins qu'à personne d'oser me charger de pareils ouvrages,

---

1. Le duc de Choiseul. (ÉD.)

et surtout de les envoyer par la poste. Je n'ai été que trop calomnié; je me flatte que vous approuvez ma conduite.

Mme Denis m'a assuré que vous me conservez les bontés dont vous m'honorez depuis cinquante ans. J'ai toujours désiré de ne point mourir sans vous faire ma cour pendant quelques jours; mais il faudra que je me réduise à consigner cette envie dans mon testament, à moins que vous n'alliez faire un tour à Bordeaux l'été prochain, et que je n'aille aux eaux de Baréges: mais qui peut savoir où il sera et ce qu'il fera? Mon cœur est à vous, mais la destinée n'est à personne; elle se moque de nous tous.

Daignez agréer mon tendre respect.   V.

Oserais-je vous supplier, monseigneur, d'ordonner qu'on joue à Paris *les Scythes*? Je n'y ai d'autre intérêt que celui de la justice. Les comédiens ont tiré dix-huit cents francs de la dernière représentation. Je ne demande que l'observation des règles. Pardonnez cette petite délicatesse.

MMMMMDCCVII. — DE CATHERINE II.

A Pétersbourg, 29 octobre-9 novembre.

Monsieur, je suis bien fâchée de voir, par votre obligeante lettre du 17 d'octobre, que mille fausses nouvelles sur notre compte vous aient affligé. Cependant il est très-vrai que nous avons fait la plus heureuse campagne dont il y ait d'exemple. La levée du blocus de Choczin, par le manque de fourrages, était le seul désavantage qu'on pouvait nous donner. Mais quelle suite a-t-elle eue? La défaite entière de la multitude que Moustapha avait envoyée contre nous.

Ce n'est pas le grand maître de l'artillerie, le comte Orlof, qui a la présidence de l'Académie, c'est son frère cadet, qui fait son unique occupation de l'étude. Ils sont cinq frères; il serait difficile de nommer celui qui a le plus de mérite, et de trouver une famille plus unie par l'amitié. Le grand maître est le second; deux de ses frères sont présentement en Italie. Lorsque j'ai montré au grand maître l'endroit de votre lettre où vous me dites, monsieur, que vous le soupçonnez de ne pas trop aimer les vers français, il m'a répondu qu'il ne possédait pas assez la langue française pour les entendre. Et je crois que cela est vrai, car il aime beaucoup la poésie de sa langue maternelle.

J'espère, monsieur, que vous me donnerez bientôt des nouvelles de ma flotte. Je crois qu'elle a passé Gibraltar. Il faudra voir ce qu'elle fera : c'est un spectacle nouveau que cette flotte dans la Méditerranée. La sage Europe n'en jugera que par l'événement.

Je vous avoue, monsieur, que ce m'est toujours une satisfaction bien agréable lorsque je vois la part que vous prenez à ce qui m'arrive.

Soyez persuadé que je sens tout le prix de votre amitié. Je vous prie de me la continuer, et d'être assuré de la mienne.   CATERINE.

MMMMMDCCVIII. — De M. Dalembert.

A Paris, le 9 novembre.

Que béni soit l'homme de Dieu, mon très-cher et très-illustre maître, qui travaille à un mémoire pour la famille de ce malheureux[1] ! J'espère que ce mémoire ne sera pas déshonoré par la mauvaise rhétorique du palais, comme l'ont été ceux de Calas. J'attends qu'un de mes amis et de mes confrères à l'Académie des sciences, M. Dionis du Séjour, homme vertueux et éclairé, quoique conseiller de la cour, soit de retour de la campagne, pour tirer au clair cette histoire abominable, qui doit achever de couvrir de honte ces juges du xe siècle, bien indignes de vivre au xviiie siècle, à moins que ce ne soit pour y être traités comme ils ont traité Martin.

Je n'ai point vu cette pièce de vers intitulée *Michaut et Michel*. On dit que les deux héros sont Michel de Saint-Fargeau et Michault de Montaron de Montblin, deux fanatiques du parlement, bien connus pour tels. Si la pièce est bonne, comme on le dit, je souhaite qu'elle soit publique, et que l'auteur ne se fasse pas connaître; je ne manquerai pas, au reste, d'assurer (et c'est la vérité) que vous n'y avez aucune part. Il est sûr que la pièce existe, mais elle est peu connue.

J'ai promis à Panckoucke de lui donner quelques additions pour les articles de mathématiques et pour quelques-uns de physique. Les molécules organiques et les anguilles de Needham ont rapport à l'article *Génération*, qui n'est pas de ma partie. Du reste, je ne crois pas plus à ces sornettes que vous. Quant aux déclamations et autres sottises qui déshonorent l'*Encyclopédie*, on fera bien de les supprimer; mais je ne m'en mêlerai pas, ayant déclaré que je ne voulais point être éditeur. Je me fais d'avance un grand plaisir de lire vos articles de belles-lettres.

Je ne sais plus ce que j'ai dit de Maupertuis; ce que je sais, c'est qu'il faut que je ne l'aie pas trop flatté, car il était mécontent, et nous étions très-froids ensemble quand il est mort.

Je donnerai au domestique de Damilaville, qui doit être à la campagne, le billet que vous m'envoyez pour lui; c'est une œuvre de charité et de justice. Son pauvre maître est mort banqueroutier.

Oui, sans doute, il y a une infinité de cas où la diagonale d'un rectangle est aussi incommensurable aux côtés que la diagonale du carré; ce cas est même bien plus fréquent que celui de la commensurabilité.

Je ne sais si l'empereur est des nôtres, mais je m'accoutumerai difficilement à ne pa svoir la maison d'Autriche avec un vernis de superstition.

.... *Timeo Danaos et dona ferentes.*
Virg., *Æneid.*, lib. II, v. 49

Adieu, mon cher et illustre confrère, je vous embrasse de tout mon cœur.

1. Martin; voyez lettre MMMMMDCXCVI. (ÉD.)

MMMMMDCCIX. — A M. LE CARDINAL DE BERNIS.

A Ferney, le 13 novembre.

Votre Éminence veut s'amuser à Rome de quelques vers français: eh bien! en voilà¹. *Ma, per tutti i santi*, oubliez que vous êtes archevêque et cardinal. Souvenez-vous seulement que vous êtes le plus aimable des hommes, l'académicien le plus éclairé, et que vous avez du génie. J'ajouterai encore: Souvenez-vous que vous avez de la bonté pour moi; et dites-moi, je vous en prie, si vous êtes de l'avis de milord Cornsbury.

Vous ne montrerez pas *les Guèbres* au cardinal Torregiani, n'est-il pas vrai? Ma foi, votre pape paraît une bonne tête. Comment donc! depuis qu'il règne il n'a fait aucune sottise.

MMMMMDCCX. — A M. LE COMTE DE ROCHEFORT.

18 novembre.

Je suis devenu plus paresseux que jamais, monsieur, parce que je suis devenu plus faible et plus misérable. Il m'aurait été impossible de faire le voyage de Paris: je peux à peine faire celui de mon jardin. Mme Denis a rapporté une belle lunette, mais il faut avoir des yeux. On perd tout petit à petit, excepté les sentiments qui m'attachent à vous et à Mme de Rochefort.

Je voudrais bien avoir des compliments à vous faire sur l'accomplissement des promesses qu'on vous a faites. C'est là ce qui m'intéresse véritablement; car, en vérité, j'ai beaucoup d'indifférence pour tout le reste. J'espère que M. le duc de Choiseul fera les choses que vous désirez. C'est la plus belle âme que je connaisse; il est généreux comme Aboul-Cassem, brillant comme le chevalier de Grammont, et travailleur comme M. de Louvois. Il aime à faire plaisir; vous serez trop heureux d'être son obligé.

Je compte qu'au printemps vous serez un père de famille. Mme de Rochefort accouchera d'un brave philosophe; il en faut de cette espèce.

Je voudrais bien vous envoyer une nouvelle édition d'une pièce² qui commence ainsi:

Je suis las de servir; souffrirons-nous, mon frère,
Cet avilissement du grade militaire?

mais je ne sais comment m'y prendre. Il est beaucoup plus aisé d'envoyer des lunettes que des livres.

L'oncle et la nièce disent tout ce qu'ils peuvent de plus tendre à monsieur et à madame de Rochefort.

MMMMMDCCXI. — A M. HENNIN.

21 novembre.

On a l'honneur de renvoyer à monsieur Hennin la très-belle et très-sage lettre du roi.

---

1. *Les Guèbres.* (ÉD.) — 2. La tragédie des *Guèbres.* (ÉD.)

MMMMMDCCXII. — A M. LE MARÉCHAL DUC DE RICHELIEU.

22 novembre.

Je n'ai pu encore, monseigneur, avoir les *Souvenirs*[1], mais j'ai l'honneur de vous envoyer un petit ouvrage[2] qui ne doit pas vous déplaire : car, après tout, vous avez servi sous Louis XIV, vous avez été blessé au siége de Fribourg ; il me semble qu'il vous aimait. La manie qu'on a aujourd'hui de le dénigrer me paraît bien étrange. Rien assurément ne me flatterait plus que de voir mes sentiments d'accord avec les vôtres.

On me mande que *les Scythes* viennent d'être représentés dans votre royaume de Bordeaux, avec un très-grand succès. Quelque peu de cas que je fasse de ces bagatelles, je vous supplie toujours de vouloir bien ordonner que les comédiens de Paris me rendent la justice qu'ils me doivent ; car, en effet, du temps de Louis XIV, ils ne manquaient point ainsi aux lois que les premiers gentilshommes de la chambre leur avaient données. Il est si désagréable d'être maltraité par eux, que vous me pardonnerez mes instances réitérées : je vous demande cette grâce au nom de mon ancien attachement et de vos bontés.

Agréez, monseigneur, mon très-tendre respect.

MMMMMDCCXIII. — DE M. D.[3]

MMMMMDCCXIV. — DE FRÉDÉRIC II, ROI DE PRUSSE.

A Potsdam, le 25 novembre.

Vous avez trop de modestie, si vous avez pu croire qu'un silence comme celui que vous avez gardé pendant deux ans peut être supporté avec patience. Non, sans doute. Tout homme qui aime les lettres doit s'intéresser à votre conservation, et être bien aise quand vous-même lui en donnez des nouvelles. Que des Suisses s'établissent à Clèves, ou qu'ils restent à Genève, ce n'est pas ce qui m'intéresse ; mais bien de savoir ce que fait le héros de la raison, le Prométhée de nos jours, qui apporta la lumière céleste pour éclairer des aveugles, et les désabuser de leurs préjugés et de leurs erreurs.

Je suis bien aise que des sottises anglaises vous aient ressuscité : j'aimerais les extravagants qui feraient de pareils miracles. Cela n'empêche pas que je prenne l'auteur anglais pour un ancien Picte qui ne connaît pas l'Europe. Il faut être bien nouveau pour vous traduire en Père de l'Église qui, par pitié de mon âme, travaille à ma conversion. Il serait

---

1. *Souvenirs de Mme de Caylus*. (ÉD.)
2. *Journal de la cour de Louis XIV, depuis 1684 jusqu'à 1715, avec des notes intéressantes* ; Amsterdam (Genève), 1770, in-8. L'éditeur du volume et l'auteur des notes est Voltaire. (ÉD.)
3. Voyez la lettre MMMMMDCCXIII, après la lettre MMMMMDCCXXIX. (ÉD.)

à souhaiter que vos évêques français eussent une pareille opinion de votre orthodoxie; vous n'en vivriez que plus tranquille.

Quant au Grand-Turc, on le croit très-orthodoxe à Rome comme à Versailles. Il combat, à ce que ces messieurs prétendent, pour la foi catholique, apostolique, et romaine. C'est le croissant qui défend la croix, qui soutient les évêques et les confédérés de Pologne contre ces maudits hérétiques, tant grecs que dissidents, et qui se bat pour la plus grande gloire du très-saint père. Si je n'avais pas lu l'histoire des croisades dans vos ouvrages, j'aurais peut-être pu m'abandonner à la folie de conquérir la Palestine, de délivrer Sion, et cueillir les palmes d'Idumée; mais les sottises de tant de rois et de paladins qui ont guerroyé dans ces terres lointaines m'ont empêché de les imiter, assuré que l'impératrice de Russie en rendrait bon compte. Je borne mes soins à exhorter MM. les confédérés à l'union et à la paix, à leur marquer la différence qu'il y a entre persécuter leur religion ou exiger d'eux qu'ils ne persécutent pas les autres : enfin je voudrais que l'Europe fût en paix, et que tout le monde fût content. Je crois que j'ai hérité ces sentiments de feu l'abbé de Saint-Pierre; et il pourra m'arriver comme à lui de demeurer le seul de ma secte.

Pour passer à un sujet plus gai, je vous envoie un *Prologue de comédie*[1] que j'ai composé à la hâte, pour en régaler l'électrice de Saxe, qui m'a rendu visite. C'est une princesse d'un grand mérite, et qui aurait bien valu qu'un meilleur poëte la chantât. Vous voyez que je conserve mes anciennes faiblesses : j'aime les belles-lettres à la folie; ce sont elles seules qui charment nos loisirs et qui nous procurent de vrais plaisirs. J'aimerais tout autant la philosophie, si notre faible raison y pouvait découvrir les vérités cachées à nos yeux, et que notre vaine curiosité recherche si avidement : mais apprendre à connaître, c'est apprendre à douter. J'abandonne donc cette mer si féconde en écueils d'absurdités, persuadé que tous les objets abstraits de nos spéculations étant hors de notre portée, leur connaissance nous serait entièrement inutile, si nous pouvions y parvenir.

Avec cette façon de penser, je passe ma vieillesse tranquillement; je tâche de me procurer toutes les brochures du neveu de l'abbé Bazin : il n'y a que ses ouvrages qu'on puisse lire.

Je lui souhaite longue vie, santé, et contentement; et, quoi qu'il ait dit, je l'aime toujours. FÉDÉRIC.

MMMMDCCXV. — A M. LE COMTE DE FÉKÉTÉ.

A Ferney, le 27 novembre.

Monsieur, il n'y a qu'une seule chose qui ait pu m'empêcher de répondre sur-le-champ à votre très-aimable lettre et à vos très-jolis vers, c'est que j'ai été sur le point de mourir. Peut-être dois-je au plaisir que vous m'avez fait d'être encore en vie, mais vous n'avez pu faire le mi-

---

1. Le *Prologue de comédie* fait partie des *OEuvres posthumes de Frédéric II*. Les personnages sont les neuf sœurs. (ÉD.)

racle tout entier. Je suis si faible, que je ne peux même entrer dans aucun détail sur les beautés de votre ouvrage. Je n'ai précisément que la force de vous remercier. Si je vis, je vous supplie de me conserver vos bontés; et si je meurs, je vous demande votre souvenir.

Pardon d'une lettre si courte. Il faut tout pardonner à un vieillard qui n'en peut plus, et qui vous est très-tendrement attaché.

MMMMMDCCXVI. — A Catherine II.

A Ferney, 28 novembre.

Madame, la lettre du 18 octobre, dont Votre Majesté Impériale m'honore, me rajeunit tout d'un coup de seize ans; de sorte que me voilà un jeune homme de soixante ans, tout propre à faire une campagne dans vos troupes contre Moustapha. J'avais été assez faible pour être alarmé des fausses nouvelles de quelques gazettes qui prétendaient que les Turcs étaient revenus à Choczin, qu'ils s'en étaient rendus maîtres, et qu'ils rentraient en Pologne. Vous ne sauriez croire de quel poids énorme la lettre de Votre Majesté m'a soulagé.

Par les derniers vaisseaux arrivés de Turquie à Marseille, on apprend que le nombre des mécontents augmente à Constantinople, et que le sérail est obligé d'apaiser les murmures par des mensonges : triste ressource; la fraude est bientôt découverte, et alors l'indignation redouble. On a beau faire tirer le canon des Sept-Tours et de Tophana pour de prétendues victoires, la vérité perce à travers la fumée du canon, et vient effrayer Moustapha sur ses tapis de zibeline.

Je ne serais point étonné que ce tyran imbécile (qu'il me pardonne cette expression) ne fût détrôné dans quatre mois, quand votre flotte sera près des Dardanelles, et que son successeur ne demandât humblement la paix à Votre Majesté. Il ne m'appartient pas de lire dans l'avenir, encore moins même dans le présent; mais je ne saurais m'imaginer que les Vénitiens ne profitent pas d'une si belle occasion. Il me semble que Votre Majesté prend Moustapha de tous les sens.

Quand une fois on a tiré l'épée, personne ne peut prévoir comment les choses finiront. Je ne suis point prophète, Dieu m'en garde! mais il y a longtemps que j'ai dit que si l'empire turc est jamais détruit, ce ne sera que par le vôtre. Je me flatte que Moustapha payera bien cher son amitié chrétienne pour le nonce du pape en Pologne. Tout ce que je sais bien certainement, c'est que, Dieu merci, Votre Majesté est couverte de gloire. Je ne suis plus indigné contre ceux qui l'ont contestée, car leur humiliation me fait trop de plaisir. Ce n'est pas sur les seuls Turcs que vous remportez la victoire, mais sur ceux qui osaient être jaloux de la fermeté et de la grandeur de votre âme, que j'ai toujours admirée.

Que Votre Majesté Impériale daigne agréer mon remercîment, ma joie, mes vœux, mon enthousiasme pour votre personne, et mon profond respect.

MMMMMDCCXVII. — A M. LE COMTE D'ARGENTAL.

29 novembre.

Vous êtes le premier, mon cher ange, à qui je dois apprendre que l'innocence de Sirven vient de triompher, que les juges lui ont ouvert les prisons, qu'ils lui ont donné mainlevée de ses biens saisis par les fermiers du domaine; mais il faut qu'il y ait toujours quelque amertume dans la joie, et quelque absurdité dans les jugements des hommes. On a compensé les dépens entre le roi et lui; cela me paraît d'un énorme ridicule. De plus, il est fort incertain que messieurs du domaine rendent les arrérages qu'ils ont reçus. Sirven en appelle au parlement de Toulouse. J'ose me flatter que ce parlement se fera un honneur de réparer entièrement les malheurs de la famille Sirven, et que le roi payera les frais tout du long. Ce n'est pas là le cas où il faut lésiner, et sûrement le roi trouvera fort bon que les dépens du procès retombent sur lui.

J'ai vu, dans une gazette de Suisse, que M. le duc de Praslin quittait le ministère. Ce n'est certainement pas le suisse de votre porte qui mande ces belles nouvelles; mais il y a dans Paris un Suisse bel esprit, qui inonde les treize cantons des bruits de ville les plus impertinents.

Mais comment se porte Mme d'Argental? On dit qu'elle est languissante, qu'elle fait des remèdes : je la plains bien, je sais ce que c'est que cette vie-là. Est-ce la peine de vivre quand on souffre? oui, car on espère toujours qu'on ne souffrira pas demain; du moins, c'est ainsi que j'en use depuis plus de soixante ans. Ce n'est pas pour rien que j'ai fait un opéra où l'espérance arrive au cinquième acte. On dit que la *Pandore* de La Borde a très-bien réussi à la répétition; mais il y a certains vers où l'on dit que le mari de Pandore doit obéir; cela est manifestement contraire à saint Paul, qui dit expressément[1] : *Femmes, obéissez à vos maris.* Je croyais avoir rayé cette hérésie de l'opéra.

Mille tendres respects, mon cher ange, à vous et à Mme d'Argental.

MMMMMDCCXVIII. — A M. L'ABBÉ AUDRA.

Le 30 novembre.

Mon cher philosophe, vous êtes actuellement instruit du contenu de la sentence. Je conseille à Sirven de faire tout ce que vous et M. de La Croix lui ordonnerez. Son innocence ne peut plus être contestée. Faudra-t-il qu'il lui en coûte de l'argent pour avoir été si indignement accusé, pour avoir été exilé de sa patrie pendant sept ans, et pour avoir vu mourir sa femme de douleur? Je suis prêt à payer les deux cent quatre-vingts livres de frais auxquels on le condamne, mais il serait plus juste que le juge de Mazamet les payât. Il est vrai que Sirven était contumax; mais il ne fallait pas le condamner, lui et sa famille, quand on n'avait nulle preuve contre lui. Le juge et le médecin méritaient tous d'être mis au pilori avec un bonnet d'âne sur leur tête.

1. *Épître aux Éphésiens*, v, 22. *Épître aux Colossiens*, III, 18. (ÉD.)

Je suis bien malade. Je ne puis écrire à M. de La Croix. Je vous supplie de lui dire que je suis prêt à l'aimer autant que je l'estime. Bonjour, mon cher philosophe.

MMMMMDCCXIX. — A M. LE MARÉCHAL DUC DE RICHELIEU.

3 décembre.

Enfin, monseigneur, voici les *Souvenirs de Mme de Caylus*, que j'attendais depuis si longtemps; ils sont détestablement imprimés. C'est dommage que Mme de Caylus ait eu si peu de mémoire. Mais enfin, comme elle parle de tout ce que vous avez connu dans votre première jeunesse, et surtout de Mme la duchesse de Richelieu votre mère, et de M. le duc de Richelieu, qui est votre père, *quoi qu'on die;* je suis persuadé que ces *Souvenirs* vous en rappelleront mille autres, et par là vous feront un grand plaisir. Je me flatte que le paquet vous parviendra, quoique un peu gros. Permettez-moi de vous faire souvenir des *Scythes*, pour le dernier mois de votre règne des Menus. On dit qu'il ne sied pas à un dévot comme moi de songer encore aux vanités de ce monde; mais ce n'est point vanité, c'est justice. Je vous supplie d'être assez bon pour me dire si les *Souvenirs de Mme de Caylus* vous ont amusé.

Recevez, avec votre bonté ordinaire, mon très-tendre respect.

MMMMMDCCXX. — A M. SERVAN.

6 décembre.

Monsieur, la lettre dont vous m'honorez me ranime. Je suis bien malade, et presque mourant; mais portez-vous bien et vivez. Soyez très-sûr que, malgré votre modestie, le monde a besoin de vous. M. l'abbé de Ravel m'a dit que votre santé était très-faible; je vous conjure d'en avoir grand soin, et surtout de votre poitrine.

Il est très-vrai que j'ai souvent sur ma cheminée et sous mes yeux le peu d'écrits publics qu'on a de vous; mais je vous ai donné mon cœur; je m'intéresse à votre vie encore plus, s'il est possible, qu'à votre gloire; qu'il y ait trois ou quatre hommes comme vous en France, et la France en vaudra mieux.

Vous ai-je jamais dit combien de larmes interrompirent la lecture que je faisais à douze ou quinze personnes de ce discours[1] dans lequel vous vengiez les droits de l'humanité contre un lâche qui s'était fait catholique, apostolique, romain, pour trahir sa femme et la réduire à l'aumône? On m'a dit que tout l'auditoire avait éclaté en sanglots comme nous. M. Daguesseau, dont on a imprimé dix volumes, n'a jamais fait répandre une larme. Je ne veux pas vous en dire davantage; mais je ne suis point ébloui des noms.

Je me flatte que vous n'avez pas oublié votre beau projet sur la jurisprudence. Peut-être l'article des *Mœurs*, dont vous voulez bien me parler, entre-t-il dans cet ouvrage. Permettez-moi de vous confier qu'une

---

1. *Discours dans la cause d'une femme protestante*, 1767. (ÉD.)

très-petite société de gens, qui ont du moins le mérite de penser comme vous, travaille à un supplément de l'*Encyclopédie* [1], dont on va bientôt imprimer le premier volume. Si vous étiez assez bon pour envoyer ce que vous avez daigné écrire sur les *Spectacles qui peuvent contribuer aux bonnes mœurs*, ce serait un morceau bien précieux, dont nous ferions usage à l'article *Dramatique*; et cela vaudrait mieux que la *Conversation de l'intendant des Menus avec l'abbé Grisel*.

Il est bien plaisant, monsieur, que Jean-Jacques ait écrit contre les spectacles en faisant une mauvaise comédie, et contre les romans en faisant un mauvais roman. Mais qu'attendre d'un polisson qui dit, dans je ne sais quel *Émile*, que M. le Dauphin pourrait faire un bon mariage en épousant la fille du bourreau? Cet inconcevable fou descend en droite ligne du chien de Diogène : vous lui faites bien de l'honneur de prononcer son nom.

Si vous poussiez la générosité jusqu'à nous envoyer ce qui regarde les spectacles, vous pouvez être sûr du plus profond secret. Vous n'auriez qu'à faire adresser le paquet à M. Vasselier, premier commis des bureaux des postes à Lyon. Je ne mérite pas cette bonté de votre part; mais accordez-la au public, et agréez l'extrême vénération et l'attachement très-respectueux du pauvre vieillard des montagnes.   VOLTAIRE.

MMMMMDCCXXI. — A M. PANCKOUCKE.

6 décembre.

Vous savez, monsieur, que je vous regarde comme un homme de lettres et comme mon ami; c'est à ces titres que je vous écris.

On a besoin sans doute d'un supplément à l'*Encyclopédie*; on me l'a proposé; j'y ai travaillé avec ardeur; j'ai fait servir tous les articles que j'avais déjà insérés dans le grand dictionnaire; je les ai étendus et fortifiés autant qu'il était en moi; j'ai actuellement plus de cent articles de prêts. Je les crois sages; mais s'ils paraissent un peu hardis, sans être téméraires, on pourrait trouver des censeurs qui feraient de mauvaises difficultés, et qui ôteraient tout le piquant pour y mettre l'insipide. Je vous réponds bien que tous ceux qui sont à la tête de la librairie ne mettront aucun obstacle à l'introduction de cet ouvrage en France; et je vous réponds d'ailleurs qu'il sera vendu dans l'Europe, parce que tout sage qu'il est, il pourra amuser les oisifs de Moscou, aussi bien que les oisifs de Berlin. Puisque vous avez été assez hardi pour vous charger de mes sottises in-quarto [2], il faut que cette sottise-ci soit de la même parure.

Il ne serait pas mal, à mon avis, de faire un petit programme par lequel on avertirait Paris, Moscou, Madrid, Lisbonne, et Quimper-Corentin, qu'une société de gens de lettres, tous Parisiens et point Suisses, va, pour prévenir les jaloux, donner un supplément à l'*Encyclopédie*.

1. Il s'agit des *Questions sur l'Encyclopédie*, dont le premier volume parut en 1770, et qui ont été refondues dans le *Dictionnaire philosophique*. (ÉD.)
2. L'édition in-quarto avait été commencée par Cramer. (ÉD.)

On pourrait même, dans ce programme, donner quelque échantillon, comme, par exemple, l'article *Femme*, afin d'amorcer vos chalands.

Au reste, je pense qu'il faut se presser, parce qu'il se pourrait bien faire qu'étant âgé de soixante-seize ans, je fusse placé incessamment dans un cimetière, à côté de mon ivrogne de curé, qui prétendait m'enterrer, et qui a été tout étonné que je l'enterrasse.

Encore un mot, monsieur : avant que vous vous fussiez lancé dans les grandes entreprises, vous aviez, ce semble, ouvert une souscription pour les malsemaines de Martin Fréron. Je me suis aperçu, à mon article *Critique*, que je dois dévouer à l'horreur de la postérité les gueux qui, pour de l'argent, ont voulu décrier l'*Encyclopédie* et tous les bons ouvrages de ce siècle, et que c'est une chose aussi amusante qu'utile de rassembler les principales impertinences de tous ces polissons. Envoyez-moi tout ce que vous avez, jusqu'à ce jour, des imbéciles méchancetés de Martin, afin que je le fasse pendre avec les cordes qu'il a filées.

Je vous embrasse de tout mon cœur, sans cérémonie, et je vous prie de vouloir bien faire mes compliments à madame votre femme, dont j'ai toujours l'idée dans la tête depuis que je l'ai vue à Ferney.

MMMMMDCCXXII. — A FRÉDÉRIC II, ROI DE PRUSSE.

A Ferney, le 9 décembre.

Quand Thalestris, que le Nord admira,
Rendit visite à ce vainqueur d'Arbelle,
Il lui donna bals, ballets, opéra,
Et fit de plus de jolis vers pour elle.
Tous deux avaient infiniment d'esprit;
C'était, dit-on, plaisir de les entendre;
On avouait que Jupiter ne fit
Des Thalestris que du temps d'Alexandre.

Pausanias, dans ses *Prussiaques*[1], dit qu'Alexandre poussait son amour pour les beaux-arts jusqu'à faire des vers dans la langue des Welches, et qu'il mettait toujours dans ses vers un sel peu commun, de l'harmonie, des idées vraies, une grande connaissance des hommes, et qu'il faisait ces vers avec une facilité incroyable; que ceux qu'il fit pour Thalestris étaient pleins de grâce et d'harmonie.

Il ajoute que ses talents étonnaient beaucoup les Macédoniens et les Thraces, qui se connaissaient peu en vers grecs, et qu'ils apprenaient par les autres nations combien leur maître avait d'esprit; car, pour eux, ils ne le connaissaient que comme un brave guerrier qui savait gouverner comme se battre.

Il y avait, dit Plutarque, dans ce temps-là un vieux Welche retiré vers les montagnes du Caucase, qui avait été autrefois à la cour d'A-

---

1. Dans *les Plaideurs*, acte III, scène III, Racine a dit :

.... Pausanias en ses Corinthiaques. (ÉD.)

lexandre, et qui vivait aussi heureux qu'on pouvait l'être loin du camp du vainqueur d'Arbelles et de Basroc[1]. Ce vieux radoteur disait souvent qu'il était très-fâché de mourir sans avoir fait encore une fois sa cour au héros de la Macédoine.

Sire, je ne doute pas que vous n'ayez dans votre cour des savants qui ont lu Pausanias, Plutarque et Xénophon, dans la bibliothèque de votre nouveau palais; ils pourront vous montrer les passages grecs que j'ai l'honneur de vous citer, et Votre Majesté verra que rien n'est plus vrai.

Je donnerais tout le mont Caucase pour voir ce Welche deux jours à la cour d'Alexandre.

MMMMMDCCXXIII. — A M. L'ABBÉ AUDRA.

Le 10 décembre.

Mon cher philosophe, j'espère que Cicéron La Croix[2] fera rendre une pleine justice au client qu'il protége. Je salue son éloquence; la bonté de son cœur fait tressaillir le mien. J'espère tout de vos bontés et des siennes. Je me flatte que le parlement saisira cette occasion de faire voir à l'Europe qu'il sait consoler l'innocence opprimée. M. Scherer, banquier de Lyon, doit avoir fait tenir quinze louis à Sirven pour l'aider à soutenir son procès. Je lui ai donné l'adresse de M. Chauliac, procureur. Je vous prie instamment de vouloir bien vous faire informer si cet argent a été remis à Sirven.

Il y a longtemps qu'on a envoyé un paquet[3] pour vous, suivant vos ordres, à l'adresse que vous aviez donnée. L'état déplorable où je suis ne me permet pas de dicter de longues lettres; mais l'amitié n'y perd rien.

J'aurai l'honneur de répondre à Mlle Calliope de Vaudeuil dès que la fièvre qui me mine pourra être passée. Malgré ma fièvre, voici mon petit remercîment, que je vous prie de lui communiquer :

A MADEMOISELLE DE VAUDEUIL.

La figure un peu décrépite
D'un vieux serviteur d'Apollon
Était dans la barque à Caron
Prête à traverser le Cocyte;
Le maître du sacré vallon
Dit à sa muse favorite :
« Écrivez à ce vieux barbon. »
Elle écrivit; je ressuscite.

1. **Basroc** est l'anagramme de Rosbach. (ÉD.)
2. **Avocat** à Toulouse. (ÉD.)
3. **Probablement** *Dieu et les hommes*. (ÉD.)

MMMMDCCXXIV. — A madame la marquise du Deffand.

11 décembre.

J'ai envoyé, madame, à votre grand'maman ce que vous demandez, et ce que j'ai enfin trouvé. Puissiez-vous aussi trouver de quoi vous amuser quand vous êtes seule! c'est un point bien important.

Il y a une hymne de Santeul qu'on chante dans l'église welche, qui dit que Dieu est occupé continuellement à se contenter et à s'admirer tout seul, et qu'il dit comme dans *le Joueur* :

> Allons, saute, marquis;
> Regnard, *le Joueur*, acte IV, scène x.

mais il faut quelque chose de plus aux faibles humains. Rien n'est triste comme d'être avec soi-même sans occupation. Les tyrans savent bien cela, car ils vous mettent quelquefois un homme entre quatre murailles, sans livres; ce supplice est pire que la question, qui ne dure qu'une heure.

Je vous avertis qu'il n'y a rien que de très-vrai dans ce que votre grand'maman doit vous donner. Reste à savoir si ces vérités-là vous attacheront un peu : elles ne seront certainement pas du goût des dames welches, qui ne veulent que l'histoire du jour; encore leur histoire du jour roule-t-elle sur deux ou trois tracasseries. Mon histoire du jour, à moi, c'est celle du genre humain. Les Turcs chassés de la Moldavie, de la Bessarabie, d'Azof, d'Erzeroum, et d'une partie du pays de Médée; en un mot, toutes ces grandes révolutions, que vous ignorez peut-être à Paris, ne sont qu'un point sur la carte de l'univers.

Si ce que je vous envoie vous fatigue et vous ennuie, vous aurez autre chose, mais pas sitôt. Je travaille jour et nuit : la raison en est que j'ai peu de temps à vivre, et que je ne veux pas perdre de temps; mais je voudrais bien aussi ne pas vous faire perdre le vôtre.

Je suis confondu des bontés de votre grand'maman. Je vous les dois, madame; je vous en remercie du fond de mon cœur. C'est un petit ange que Mme Gargantua. Il y a une chose qui m'embarrasse : je voudrais encore que votre grand-papa fût aussi heureux qu'il mérite de l'être. Je voudrais que vous eussiez la bonté de m'en instruire quand vous n'aurez rien à faire. Dites, je vous prie, à M. le président Hénault que je lui serai toujours très-attaché.

MMMMDCCXXV. — A M. le comte d'Argental.

11 décembre.

Mon cher ange, vous m'inquiétez et vous me désespérez. Vous n'avez point répondu à trois lettres. On dit que la santé de Mme d'Argental est dérangée. Que vous coûterait-il de nous informer par un mot, et de nous rassurer? Si heureusement ce qu'on nous a mandé se trouvait faux, je vous parlerais de l'envie qu'on a toujours de jouer *les Guèbres* à Lyon, du dessein qu'on a de se faire autoriser par M. Bertin; je vous demanderais des conseils; je vous dirais que nous espérons obtenir du parlement de Toulouse une espèce de dédommagement pour la famille Sirven; je vous prierais de dire un mot à M. le duc de Praslin d'une affaire de corsaires que j'ai pris la liberté de lui recommander, et qui m'intéresse; je vous parlerais même d'un discours fort désagréable qu'on prétend avoir été tenu au sujet de nos pauvres spectacles, de votre goût pour eux, et de mon tendre et éternel attachement pour vous : mais je ne puis sérieusement vous demander autre chose que de n'avoir pas la cruauté de nous laisser ignorer l'état de Mme d'Argental.

Nous vous renouvelons, Mme Denis et moi, les assurances de tout ce que nos cœurs nous disent pour vous deux.

MMMMMDCCXXVI. — A M. Christin.

11 décembre.

L'ermite de Ferney fait les plus tendres compliments à son cher philosophe de Saint-Claude.

Il est instamment prié d'écrire à son ami, qui est employé en Lorraine, de dire bien positivement où en est l'affaire de ce malheureux Martin; si on la poursuit, si on a réhabilité la mémoire de cet homme si injustement condamné; si c'est à la Tournelle de Paris que la sentence fut confirmée : cette affaire est très-importante. Ceux qui l'ont mandée à Paris, sur la foi des lettres reçues de Lorraine, craignent fort d'être compromis, si malheureusement l'ami de M. Christin s'est trompé.

Sirven a été élargi, et il a eu mainlevée de son bien, malgré la bonne volonté de ses juges subalternes, qui voulaient absolument le faire rouer. Il en appelle au parlement de Toulouse, qui est très-bien disposé en sa faveur, et il espère qu'il obtiendra des dédommagements.

Si le solitaire se portait mieux, il pourrait faire donner les étrivières au carme; mais il est trop malade pour entrer dans ces petites discussions. La sottise et l'insolence du carme auraient été dangereuses au xive siècle; mais dans celui-ci on peut prendre le parti d'en rire. Je me trouve d'ailleurs entre le bon et le mauvais larron, entre Bayle et Jean-Jacques.

Mon cher philosophe rendra un grand service à la jurisprudence et à la nation, en continuant à son loisir l'ouvrage qu'il a commencé. Il est prié de mettre une grande marge à la copie.

Mme Denis et moi nous vous souhaitons la bonne année; nous aurions bien voulu la finir et la commencer avec vous.

MMMMMDCCXXVII. — De M. Dalembert.

A Paris, ce 11 décembre.

Je vous dois, mon cher et illustre maître, des remercîments pour la tragédie des *Guèbres*, que j'ai reçue il y a quelque temps de votre part. Je souhaiterais fort que cette pièce pût être représentée; elle achèverait peut-être, sur les esprits des Welches, l'ouvrage que la tragédie de *Mahomet* avait déjà commencé, celui d'inspirer l'horreur de l'intolérance et du fanatisme; mais trop de gens, mon cher philosophe, sont intéressés à empêcher le progrès de la raison. Toutes les fois qu'on veut aujourd'hui rendre ridicules ou odieux des prêtres, de quelque secte que ce soit, les nôtres regardent au dedans d'eux-mêmes, et se disent, grinçant les dents :

.... *Mutato nomine, de me*
Fabula narratur.
Hor., lib. I, sat. I, v. 69-70.

Quant à la préface de cette tragédie, je suis depuis longtemps entièrement de votre avis sur *Athalie*. J'ai toujours regardé cette pièce comme un chef-d'œuvre de versification et comme une très-belle tragédie de collège. Je n'y trouve ni action ni intérêt; on ne s'y soucie de personne, ni d'Athalie, qui est une méchante carogne, ni de Joad, qui est un prêtre insolent, séditieux et fanatique; ni de Joas même, que Racine a eu la maladresse de faire entrevoir en deux endroits comme un méchant garnement futur. Je suis persuadé que les idées de religion dont nous sommes imbus dès l'enfance contribuent, sans que nous nous en apercevions, au peu d'intérêt qui soutient cette pièce; et que si on changeait les noms, et que Joad fût un prêtre de Jupiter ou d'Isis, et Athalie une reine de Perse ou d'Égypte, cette pièce serait bien froide au théâtre. D'ailleurs à quoi sert toute cette prophétie de Joad, qu'à faire languir l'action, qui n'est pas déjà trop animée? Je crois en général (et je vais peut-être dire un blasphème) que c'est plutôt l'art de la versification que celui du théâtre qu'il faut apprendre chez Racine. J'en connais à qui je donnerais un plus grand éloge, mais ils n'ont pas l'honneur d'être morts.

On dit que vous êtes malade, mon cher ami; et on ajoute que vous avez du chagrin pour une cause [1] qui me paraît bien juste. Je ne saurais croire que cette cause soit réelle; si par malheur elle l'était, elle me rappellerait la belle tirade de la péroraison *Pro Milone*, qui commence par ces mots : *Hiccine vir patriæ natus*, etc.

Le contrôleur général est, dit-on, bien embarrassé pour trouver de l'argent : Dieu le père n'en trouverait pas. Hippocrate, Esculape, et toute l'école de médecine, ne rétabliraient pas un malade qui se donnerait tous les jours, à dîner et à souper, une indigestion. Ce sera le cas de la France, tant qu'on n'y connaîtra pas l'économie.

Adieu, mon cher maître; je vous embrasse de tout mon cœur. Mes respects à Mme Denis.

MMMMMDCCXXVIII. — DE CATHERINE II.

A Pétersbourg, 2-13 décembre.

Monsieur, nous sommes si loin d'être chassés de la Moldavie et de Choczin, comme la *Gazette de France* le publie, qu'il n'y a que quelques jours que j'ai reçu la nouvelle de la prise de Galatzo, place fortifiée sur le Danube, où un sérasquier et un bacha ont été tués, au dire des

---

1. Le désir de faire un voyage à Paris. (ÉD.)

prisonniers. Mais ce qu'il y a de bien vérifié, c'est qu'entre ces derniers se trouve le prince de Moldavie Maurocordato. Trois jours après, nos troupes légères amenèrent de Bucharest, capitale de la Valachie, le prince hospodar, son frère, et son fils, à Yassi, au lieutenant général Stoffeln, qui y commande. Tous ces messieurs passeront leur carnaval, non pas à Venise, mais à Pétersbourg. Bucharest est occupé présentement par mes troupes. Il ne reste plus guère de postes aux Turcs dans la Moldavie de ce côté-ci du Danube.

Je vous mande ces détails, monsieur, afin que vous puissiez juger de l'état des choses, qui assurément n'ont point un aspect affligeant pour tous ceux qui, comme vous, veulent bien s'intéresser à mes affaires.

Je crois ma flotte à Gibraltar, si elle n'a pas encore franchi ce détroit : vous saurez plus tôt de ses nouvelles que moi. Que Dieu conserve Moustapha ! il conduit si bien ses affaires, que je ne voudrais point que malheur lui arrivât. Ses amitiés, ses liaisons, tout y contribue : son gouvernement est si aimé de ses sujets, que les habitants de Galatzo se joignirent à nos troupes au moment même de la prise, pour courir sur le misérable reste du corps turc qui venait de les quitter, et qui fuyait à toutes jambes.

Voilà, monsieur, ce que j'avais à vous dire en réponse à votre lettre, remplie d'amitiés, du 28 novembre. Je vous prie de me continuer ces sentiments dont je fais un si grand cas, et d'être assuré des miens.

CATERINE.

MMMMMDCCXXIX. — A M. MARENZI.

15 décembre, au château de Ferney, par Genève.

Monsieur, j'ai soixante-seize ans, je suis très-malade. J'ai été sur le point de mourir; ainsi vous aurez la bonté de m'excuser si je ne vous ai pas remercié plus tôt. Vous nous avez ressuscités, Zaïre et moi. Vous faites des vers italiens comme j'en voudrais faire de français, si j'avais encore la force de m'amuser à ce charmant badinage; mais l'état où je suis ne me permet tout au plus que de vous remercier en prose du fond de mon cœur. J'ai toujours désiré vainement de voir l'Italie; on ne peut avoir une passion plus malheureuse; vous augmentez, monsieur, cette passion et mes regrets. Autrefois mes compatriotes faisaient un pèlerinage à Notre-Dame de Lorette; j'en ferais un au tombeau de messer Ariosto, si je n'étais pas trop près du mien; mais je viendrais surtout voir celui qui m'a bien voulu embellir.

J'ai l'honneur d'être, etc.

MMMMMDCCXIII. — DE M. M. D[1].

22 novembre.

Monsieur, j'ai chamaillé pendant trois ans avec mon curé et le clergé de ma petite ville pour faire transférer le cimetière hors des habitations. Je n'avais pour moi que l'intérêt public à faire valoir, et l'on sait

---

1. *V.* p. 77.

combien il est faible dès qu'il est aux prises avec l'intérêt particulier : aussi j'avoue que si je n'eusse été encouragé par la sagesse des réflexions que vous avez publiées de temps à autre à ce sujet, et le ridicule que vous avez jeté sur l'usage opposé, je n'eusse jamais surmonté l'opiniâtre résistance de nos ecclésiastiques : il n'a pas dépendu d'eux que je ne passasse pour impie, mauvais chrétien, etc. Je viens cependant de réussir, et mon premier soin est de remercier celui à qui je reconnais que nos habitants doivent ce bienfait. J'en suis d'autant plus glorieux que j'ai vu le parlement de Paris s'arrêter, à ce sujet, aux oppositions du clergé.

C'est à vous, monsieur, que la raison doit la supériorité qu'elle prend tous les jours sur les préjugés; mais que ses progrès sont lents lorsqu'elle attaque des pratiques superstitieuses! La mendicité vient d'être défendue en France; les maréchaussées ont des ordres sévères à cet égard; cependant je vois une foule de mendiants sous mes yeux mettre impunément à contribution les villes et les campagnes, faire parade de leur oisiveté comme d'une vertu. Est-ce pour les favoriser qu'on enlève les véritables pauvres?

J'ai l'honneur d'être, etc.   M. D.

MMMMMDCCXXX. — A M. M. D.

Au château de Ferney, le 15 décembre

Monsieur, si je n'avais pas été en train de tâter de mon cimetière, je vous aurais félicité plus tôt de votre victoire sur les ennemis des cimetières en plein air. Il y a beaucoup de gens dans ce monde qui persécutent les vivants et les morts. Vous me paraissez prendre en main la cause des uns et des autres.

Vous pensez bien juste sur les véritables pauvres et sur certains mendiants. Le dernier pape canonisa, il y a deux ans, un de ces pauvres; et ses confrères, mendiants par état, y ont dépensé quatre cent mille écus que les peuples ont payés.

Voyez, monsieur, où nous en sommes dans le siècle de la raison. Jugez si nous avons besoin d'êtres pensants qui vous imitent dans votre courage et dans vos succès. Je suis vieux comme Moïse, et je ne peux que lever les mains au ciel comme lui, pendant que vous vous battrez contre les barbares.

J'ai l'honneur d'être, etc.   Voltaire.

MMMMMDCCXXXI. — A Madame Dupuy née de l'Estanduère [1].

Au château de Ferney, le 23 décembre.

Madame, le triste état de ma santé, qui est la suite de la vieillesse, ne m'a pas permis de répondre plus tôt à l'honneur que vous me faites.

L'ouvrage dont vous me parlez n'est qu'un abrégé, qui n'a pas per-

---

1. Mme Dupuy, fille de M. de L'Estanduère, ayant prétendu que Voltaire n'avait pas rendu un compte exact du combat des vaisseaux sous les ordres de son père, s'en était plainte à Voltaire. (Éd.)

mis qu'on entrât dans les détails. Je ferai sans doute usage de ceux que vous avez bien voulu me faire parvenir, si mon âge et mes maladies me permettent d'étendre cette histoire selon mes premières vues.

Je suis bien flatté que vous ayez approuvé le peu que j'ai dit de monsieur votre père; je n'ai fait que rendre gloire à la vérité, et justice à son rare mérite.

J'ai l'honneur d'être avec les sentiments les plus respectueux, madame, etc.
VOLTAIRE.

MMMMMDCCXXXII. — A MADAME LA DUCHESSE DE CHOISEUL.

1er janvier 1770.

Madame, Votre Excellence saura que, comme j'étais dans ma boutique le jour de la Saint-Sylvestre, sans rien faire, parce que c'était un dimanche, il passa chez moi un pédant qui fait des vers *françois*, et je lui dis : « Monsieur le pédant, faites-moi des vers *françois* pour les étrennes de Mme Gargantua; » et il me fit cela, qui ne m'a pas paru trop bon :

> Je souhaite à la belle Hortense
> Une âme noble, un cœur humain,
> Un goût sûr et plein d'indulgence,
> Un esprit naturel et fin,
> Qui s'exprime comme elle pense;
> Un mari de grande importance,
> Qui ne fasse point l'important,
> Qui serve son prince et la France,
> Et qui se moque plaisamment
> Des jaloux et de leur engeance;
> Que tous deux soient d'intelligence,
> Et qu'ils goûtent en concurrence
> Le plaisir de faire du bien.
> Ma muse alors en confidence
> Me dit : « Ne leur souhaite rien. »

Il me semble, madame, que moi, qui ne suis qu'un typographe, j'aurais fait de meilleurs vers *françois* que cela, si je m'étais adonné à la poésie *françoise*.

J'ai l'honneur de faire à monseigneur votre époux, comme à vous, madame, les compliments des révérends pères capucins, de tous les maçons de Versoix, de tous les manœuvres, de tous ceux qui veulent bâtir des maisons en cette ville, où il fait froid comme en Sibérie. J'ai de plus l'honneur d'être avec un profond respect, madame, etc.
GUILLEMET.

MMMMMDCCXXXIII. — A CATHERINE II.

A Ferney, 2 janvier.

Madame, j'apprends que la flotte de Votre Majesté Impériale est en très-bon état à Port-Mahon; permettez que je vous en témoigne ma joie. On dit qu'on travaille par les ordres de Votre Majesté, dans Azof, à préparer des galères et des brigantins. Moustapha sera bien surpris quand il se verra attaqué par le Pont-Euxin et par la mer Égée, lui qui ne sait ce que c'est que la mer Égée et l'Euxin, non plus que son grand vizir ni son mufti. J'ai connu un ambassadeur de la Sublime Porte qui avait été intendant de la Romélie; je lui demandai des nouvelles de la Grèce, il me répondit qu'il n'avait jamais entendu parler de ce pays-là. Je lui parlai d'Athènes, aujourd'hui Sétine; il ne la connaissait pas davantage.

Je ne puis me défendre de redire encore à Votre Majesté que son projet est le plus grand et le plus étonnant qu'on ait jamais formé; que celui d'Annibal n'en approchait pas. J'espère bien que le vôtre sera plus heureux que le sien : en effet, que pourront vous opposer les Turcs? Il passent pour les plus mauvais marins de l'Europe, et ils ont actuellement très-peu de vaisseaux. Léandre et Héro vous favorisent du haut des Dardanelles.

L'homme qui avait la rage d'aller servir dans l'armée du grand vizir n'a point mis son projet en exécution. Je lui avais conseillé d'aller plutôt faire une campagne dans vos armées : il voulait voir, disait-il, comment les Turcs font la guerre; il l'aurait bien mieux vu sous vos drapeaux; il aurait été témoin de leur fuite.

Il paraît un manifeste des Géorgiens qui déclare net qu'ils ne veulent plus fournir de filles à Moustapha. Je souhaite que cela soit vrai, et que toutes leurs filles soient pour vos braves officiers, qui le méritent bien : la beauté doit être la récompense de la valeur.

Suis-je assez heureux pour que les troupes de Votre Majesté aient pénétré d'un côté jusqu'au Danube, et de l'autre jusqu'à Erzeroum? Je bénis Dieu, madame, quand je songe que vous devez tout cela à l'évêque de Rome et à son nonce apostolique; il ne s'attendait pas qu'il vous rendrait de si grands services.

Je remercie Votre Majesté de m'avoir fait connaître les cinq frères[1] qui sont l'ornement de votre cour. Je commence à croire réellement qu'ils vous accompagneront à Constantinople.

J'ai écrit deux lettres à M. de Schowalow depuis quatre mois; point de réponse. Il y a bien plus de plaisir à avoir affaire à Votre Majesté; elle daigne écrire; elle sait de quelle joie elle me comble en m'apprenant ses victoires : j'ai le plaisir de les apprendre tout doucement à ceux qu'on en croit fâchés. Le public fait des vœux pour votre prospérité, vous aime et vous admire. Puisse l'année 1770 être encore plus glorieuse que l'année 1769!

Je me mets aux pieds de Votre Majesté Impériale.

Le vieillard des Alpes.

MMMMDCCXXXIV. — DE FRÉDÉRIC II, ROI DE PRUSSE.

A Berlin, le 4 janvier.

Le vieux citadin du Caucase,
Ressuscité de son tombeau,

1. Orloff. (ÉD.)

Caracoie encor sur Pégase
Plus lestement qu'un jouvenceau.
J'aimerais mieux me voir à table
Avec ce Welche plein d'appas,
Esprit fécond, toujours aimable
Qu'avec son Grec Pausanias.

Le vieux Welche a beaucoup d'érudition; cependant il paraît qu'il persifle un peu ce pauvre Thrace, qu'il *alexandrise* : ce pauvre Thrace est un homme très-ordinaire, qui n'a jamais possédé les grands talents du vainqueur du Granique, et qui aussi n'a point eu ses vices. Il a fait des vers en welche parce qu'il en fallait, et que, pour son malheur, personne que lui dans son pays n'était atteint de la rage de la métromanie. Il a envoyé ses vers au vice-dieu qu'Apollon a établi son vicaire dans ce monde; il a senti que c'était envoyer des corneilles à Athènes, mais il a cru que c'était un hommage qu'il fallait rendre à ce vice-dieu, comme de certaines sectes de papegaux en rendent au vieux qui préside sur les sept montagnes.

Quand vous avez pris des pilules, vous purgez de meilleurs vers que tous ceux qu'on fait actuellement en Europe. Pour moi, je prendrais toute la rhubarbe de la Sibérie et tout le séné des apothicaires, sans que jamais je fisse un chant de *la Henriade*. Tenez, voyez-vous, mon cher, chacun naît avec un certain talent : vous avez tout reçu de la nature : cette bonne mère n'a pas été aussi libérale envers tout le monde. Vous composez vos ouvrages pour la gloire, et moi pour mon amusement. Nous réussissons l'un et l'autre, mais d'une manière bien différente : car tant que le soleil éclairera le monde, tant qu'il se conservera une teinture de science, une étincelle de goût, tant qu'il y aura des esprits qui aimeront des pensées sublimes, tant qu'il se trouvera des oreilles sensibles à l'harmonie, vos ouvrages dureront, et votre nom remplira l'espace des siècles qui mène à l'éternité. Pour les miens, on dira : « C'est beaucoup que ce roi n'ait pas été tout à fait imbécile; cela est passable; s'il était né particulier, il aurait pu gagner sa vie en se faisant correcteur chez quelque libraire; » et puis on jette là le livre, et puis on en fait des papillotes, et puis il n'en est plus question.

Mais comme ne fait pas des vers qui veut, et qu'on barbouille du papier plus facilement en prose, je vous envoie un mémoire destiné pour l'Académie. Le sujet est grave, la matière est philosophique; et je me flatte que vous conviendrez du principe que j'ai tâché de démontrer de mon mieux.

J'espère que cela me vaudra quelques brochures de Ferney. Si vous voulez, nous barroterons nos marchandises : c'est un commerce que j'espère faire avec avantage, car les denrées de Ferney valent mieux que tout ce que la Thrace peut produire.

J'attends sur cela votre réponse, vous assurant que personne ne connaît mieux le prix du solitaire du Caucase que le philosophe de Sans Souci.   FÉDÉRIC.

*

ANNÉE 1770.

MMMMMDCCXXXV. — A M. LE COMTE D'ARGENTAL.

5 janvier.

Je vous supplie instamment, mon cher ange, de me rendre le plus important service. Il faut que Mme Lejeune me déterre le livre du père Griffet[1], ou de frère Griffet. On imprime la lettre *A* d'un supplément au *Dictionnaire encyclopédique* dans le pays étranger, et frère Griffet doit avoir sa place à l'article *Ana*, *Anecdotes*. On peut envoyer le livre aisément par la poste, en deux ou trois paquets : pourvu qu'un paquet ne pèse pas plus de deux livres, il arrive à bon port. Marin, Suard, peuvent le contre-signer ; rien n'est plus aisé. Mme Lejeune ou son ayant cause recevra une lettre de change payable au porteur. Ayez la bonté d'avoir pitié de ma passion, qui est très-vive. J'abuse de votre complaisance ; mais les jeunes gens sont actifs, ils se démènent pour rendre service. Je vous l'avais bien dit que vous n'aviez que soixante-neuf ans. Vous êtes bien injuste et bien lésineux de m'en accorder à peine soixante-quinze, lorsque je suis possesseur de la soixante-seizième. Il faut dire que j'en ai soixante-dix-huit, et n'y pas manquer ; car, après tout, on se fait une conscience d'affliger trop un pauvre homme qui approche de quatre-vingts.

Je suis bien étonné que cette comédie[2] dont vous parlez soit si drôle. Par le sang-bleu, messieurs, je ne croyais pas être si plaisant que je suis ; mais j'ai plus de tendresse pour *les Scythes*, et une passion furieuse pour *les Guèbres*. Je tiens que ces *Guèbres* feraient une révolution.

M. le duc de Praslin a eu la bonté de m'envoyer un détail touchant des diamants pris par les corsaires. J'ai bien peur que ce ne soit une affaire finie, et que les propriétaires des diamants n'aient aucun renseignement, moyennant quoi le corsaire se moquera d'eux. Je m'en lave les mains, et je remercie M. le duc de Praslin de toute sa bonté. Mme Denis et moi nous souhaitons à mes deux anges santé et prospérité, cette année 1770. Je ne me suis jamais attendu à voir cette année, et j'avais fait plus d'un marché qui a fini à l'an 1760, tant je me suis toujours défié de mes forces. J'ai été heureusement trompé.

Mille tendres respects à vous deux.

MMMMMDCCXXXVI. — A M. LE COMTE DE SCHOMBERG.

5 janvier.

Monsieur, quand l'ermite du mont Jura s'intitulait *le pauvre vieillard*, il n'avait pas tort. Sa santé et ses affaires étaient également dérangées, et le sont encore. Malheur aux vieillards malades ! La faiblesse extrême où il est ne lui a pas permis d'écrire pendant un mois entier. Il est tout à fait hors de combat, et d'ailleurs excédé par des travaux qui l'avaient d'abord consolé des misères de ce monde.

Soyez très-persuadé, monsieur, qu'il n'a jamais trempé dans l'in-

---

1. *Traité des différentes sortes de preuves qui servent à établir la vérité de l'histoire.* (ÉD.)
2. *Le Dépositaire.* (ÉD.)

fâme complot que quelques parents et amis avaient fait de l'arracher à sa retraite. Il connaît trop le prix de la liberté, et celui du repos nécessaire à son âge. Il est sensible à vos bontés comme s'il était jeune. Il voit d'ailleurs, avec une honnête indifférence, qui gouverne et qui ne gouverne pas, qui se remue beaucoup pour rien et qui ne se remue pas, qui tracasse et qui ne tracasse pas; il aime, il estime votre philosophie, et rend justice à vos différentes sortes de mérite; il mourra votre très-attaché.

Si vous n'avez pas un petit livre de Hollande intitulé *Dieu et les hommes*, je pourrai vous en procurer un par un ami; vous n'avez qu'à ordonner.

Si vous voyez M. Dalembert, voici un petit article pour lui.

Je sais qu'un homme qui fait des vers mieux que moi lui a récité des bribes fort jolies d'un petit poëme intitulé *Michaud*, ou *Michon et Michette*, et qu'il lui a dit que ces gentillesses étaient de moi. Le bruit en a couru par la ville. Il est clair cependant qu'elles sont de celui qui les a récitées. C'est, dit-on, une satire violente contre trois conseillers au parlement, qui sont des gens fort dangereux. On met tout volontiers sur mon compte, parce qu'on croit que je peux tout supporter, et qu'étant près de mourir, il n'y a pas grand mal de me faire le bouc émissaire. Après tout, je crois l'auteur trop galant homme pour m'imputer plus longtemps son ouvrage. Il est dans une situation à ne rien craindre de MM. Michon ou Michaud, supposé qu'il y ait des conseillers de ce nom. Je ne suis pas dans le même cas; et d'ailleurs je n'ai jamais vu un seul vers de cet ouvrage. Je ne doute pas que M. Dalembert, quand il reverra l'auteur, qui n'est pas actuellement à Paris, ne lui conseille généreusement de se déclarer ou d'enfermer son œuvre sous vingt clefs.

Voilà, monsieur, ce que je vous supplie de montrer à M. Dalembert dans l'occasion. Je ne lui écris point, je suis trop faible, et c'est un effort pour moi très-grand de dicter même des lettres.

Adieu, monsieur; je serai, jusqu'au dernier moment, pénétré pour vous de la plus tendre estime. Je ne cesse d'admirer un militaire si rempli de goût, d'esprit, et de bonté.

MMMMMDCCXXXVII. — A M. Servan.

5 janvier.

Vous croyez bien, monsieur, que si j'avais été en vie, je vous aurais remercié le jour même que je reçus votre paquet. J'ai été dans un état bien déplorable; mais je vous relis, et je me porte bien. Je me suis demandé à moi-même pourquoi tous les discours du chancelier Daguesseau me refroidissent, et pourquoi tout ce que vous écrivez m'échauffe : c'est que vous parlez du cœur, et qu'il ne parle que de l'esprit; il est rhéteur, et vous êtes éloquent : c'est pourtant le premier homme qu'ait eu le parlement de Paris.

Vous avez tous deux traité l'article des spectacles. En vérité, la différence qui est entre vous et lui, c'est qu'il a traité ce sujet en pédant, et je crois, en lisant le peu que vous en avez dit, que vous avez fait quelque bonne tragédie.

Je ne suis pas du tout honteux de ne pas mériter les éloges dont vous m'honorez. Je sais bien que personne ne peut aller au delà des bornes que la nature a prescrites à son talent. Il ne faut point rougir de n'avoir pas six pieds de haut quand on n'en a que cinq. Je n'ai jamais été où je voulais aller; mais je suis né vif et sensible, et je le suis à soixante-seize ans comme à vingt-cinq. C'est cette sensibilité qui m'attache infiniment à vous, monsieur; c'est elle qui me fait retrouver mon âme tout entière quand je lis vos lettres, dans lesquelles la vôtre se peint avec de si vives couleurs.

Courage, monsieur; c'est à vous à signaler les abus de tout genre dont nous sommes environnés. Je vous demande pardon pour Gros-Jean, qui remontre à plus que son curé. Le même Gros-Jean a de grandes espérances en vous, et il est pénétré pour vous, monsieur, de tendresse et de respect. VOLTAIRE.

MMMMMDCCXXXVIII. — A M. DE LA TOURETTE.

Le 6 janvier.

Le vieux malade de Ferney remercie bien tendrement M. de La Tourette. Une traduction de *la Henriade* est une preuve que les Italiens sont convertis. Vous pouviez très-bien, monsieur, m'envoyer cette traduction par la poste. M. Vasselier s'en chargerait très-volontiers. Pour *le Riflessioni di un Italiano sopra la chiesa*, je ne l'ai point, et vous me ferez plaisir de me faire avoir cet ouvrage.

Il est très-vrai qu'on commence à parler bien haut en Italie, et surtout à Venise; tous les esprits des honnêtes gens sont éclairés, et toutes les mains prêtes à fracasser l'idole. Il ne s'agit plus que de trouver quelque brave qui donne le premier coup. On m'a dit que M. de Firmian [1] est instruit et hardi, et M. de Tanucci [2], instruit, mais un peu timide. Il a osé prendre Bénévent, qui n'appartenait point au roi de Naples, et n'a pas osé prendre Castro, qui lui appartient.

Mme Denis est aussi sensible qu'elle le doit à votre souvenir. Dupuits est à sa campagne; il vous conserve toute l'amitié qu'on a pour vous dès qu'on vous a connu : c'est ainsi que j'en use. Conservez-moi des sentiments qui me sont bien chers, et agréez l'inviolable attachement du pauvre vieillard.

MMMMMDCCXXXIX. — A M. ÉLIE DE BEAUMONT.

A Ferney, 10 janvier.

Mon cher Cicéron, il y a un mois que je n'ai entendu parler de Sirven. Je lui ai envoyé quelque argent, dont il n'a pas seulement accusé la réception. Je ne sais plus où en est son affaire, ni ce qu'il fait, ni ce qu'il fera. Si j'en apprends quelque chose, je ne manquerai pas de

---

1. Ministre de l'empereur à Milan. (ÉD.) — 2. Ministre du roi de Naples. (ÉD.)

vous le mander. Il fait si froid dans nos quartiers, que tous les juges, les plaideurs, et les huissiers, se tiennent probablement au coin du feu.

A l'égard de l'affaire de ce pauvre petit diable qui a fait tant de sottises, et qui en est si durement puni[1], je suis toujours prêt à le sécher au bord du puits du fond duquel je l'ai tiré; mais je vous avoue que je ne voudrais pas me hasarder à écrire à M. Gerbier, que je n'ai pas l'honneur de connaître, et à essuyer un refus. J'aimerais mieux la voie de ce procureur qui est venu vous parler; cela tirerait moins à conséquence.

Il serait bon d'ailleurs de savoir s'il y a quelques fonds sur lesquels on pourrait donner six mille livres au petit interdit; car, s'il n'y en a point, toutes les démarches seraient peines perdues, attendu que sa sœur ne veut rien avancer, et qu'on ne voit pas où l'on prendrait ces deux mille écus. Je ne crois pas qu'on les assigne pour le présent sur les postes. Vos commis de ce grand bureau des secrets de la nation se tuent comme Caton; mais Caton ne volait pas des caisses comme eux.

Votre roi de Portugal[2] n'a point été assassiné : il a eu quelques coups de bâton d'un cocu qui n'entend pas raillerie, et qui l'a trouvé couché avec sa femme : cela s'est passé en douceur, et il n'en est déjà plus question.

Mille respects à madame votre femme : conservez toujours vos bontés pour l'homme du monde qui vous est le plus attaché, et qui sent tout le prix de votre mérite et de votre amitié.

MMMMMDCCXL. — A M. Dupont.

A Ferney, 11 janvier.

Tâchez, mon cher ami, de tuer quelque gros prélat dont le bénéfice soit à la nomination de M. le duc de Wurtemberg, car il m'a promis que la première place serait pour monsieur votre fils; et M. de Montmartin m'en a donné aussi sa parole. Mais sur quelle parole peut-on compter ? Je n'entends parler ni de M. Roset, ni de la subrogation sur la terre du baron banquier Dietrich, ni du remboursement *di questo barone*. On s'est moqué de moi dans cet arrangement; mais, après tout, le sieur Roset s'est soumis à me payer quatorze mille francs tous les trois mois jusqu'à fin de compte; et quand même il dirait : *Le beau billet qu'a La Châtre*[3] ! il faut qu'il me donne de l'argent.

Je vous prie de vouloir bien le faire souvenir très-sérieusement de ses engagements, et d'avoir la bonté de me dire en quels termes on est avec le baron. Je soupçonne qu'il n'a jamais été question de le rembourser; il est assez vraisemblable que tout mon argent a été donné à M. le prince de Wurtemberg, qui est à Montbéliard avec quatre enfants. Il est juste qu'étant prince et père de famille, il passe avant nous; mais il

---

1. Durey de Morsan. (ÉD.) — 2. Joseph Ier. (ÉD.)
3. Mot de Ninon de Lenclos. (ÉD.)

est juste aussi que Roset me paye, car j'ai aussi une nombreuse famille à nourrir. Je vous demande en grâce de me recommander à ses bontés, afin que je ne sois pas forcé de demander la protection du conseil souverain d'Alsace auprès de lui.

Adieu, mon cher ami; je vous souhaite à vous et à toute votre famille beaucoup de bonnes années; ainsi fait Mme Denis, ainsi fait aussi père Adam.   VOLTAIRE.

MMMMMDCCXLI. — A M. DALEMBERT.

12 janvier.

Premièrement, mon cher philosophe, il faut que je vous dise que j'ai vu, il y a quelque temps, une annonce intitulée *Supplément à l'Encyclopédie*, etc. Ce plan ou programme, appelé *prospectus*, comme si nous manquions de mots français, commence ainsi :

« Des libraires associés avaient projeté de refondre entièrement l'immense *Dictionnaire de l'Encyclopédie*, et d'en faire un ouvrage nouveau; mais on leur a représenté, etc. »

Il manquait à cet édit la formule *car tel est notre plaisir*. Vous avez enrichi les libraires, et vous voyez qu'ils n'en sont pas plus modestes.

Il y a quelqu'un qui fait, dit-on, un petit supplément pour se réjouir; mais il ne fera aucune représentation à ces messieurs.

J'ai lu un petit *Avis aux gens de lettres*[1], par M. de Falbaire, auteur de *l'Honnête criminel*; il ne traite pas ces despotes (j'entends les libraires) avec tout le respect possible.

Je ne sais où en est actuellement l'affaire de Luneau de Boisjermain[2]; j'imagine qu'elle s'en ira en fumée, comme toutes les affaires qui traînent.

Je sais à présent qui vous a récité des vers sur Michon ou Michaud, je sais qui vous a dit qu'ils étaient de moi. Il n'est point du tout honnête qu'Achille ait voulu combattre sous les armes de Patrocle. Heureusement il est assez sage pour n'avoir point lâché son ouvrage dans le monde; mais je ne dois pas être content du procédé. Je lui pardonne, à condition qu'il assommera le bœuf-tigre quand il le rencontrera; mais je ne lui pardonne qu'à cette condition.

Je m'aperçois que je passe ma vie à pardonner; mais ce n'est pas à vous, qui êtes mon vrai philosophe, et qui remplissez tous les devoirs de la société. Vos théorèmes sur cet article sont aussi bons que sur tout le reste.

Est-il vrai que l'abbé Alary[3] soit encore plus vieux et plus mal que moi? je l'en défie, car je n'en puis plus.

L'oncle et la nièce vous embrassent de tout leur cœur.

---

1. *Avis aux gens de lettres contre les prétentions des libraires*, 1770. (ÉD.)
2. Luneau vendait ses ouvrages; le 31 août 1768, les libraires firent faire une saisie chez lui.
En février 1770, la chambre de police du Châtelet déclara irrégulière la saisie, et condamna les libraires à cent écus de dommages-intérêts. (*Note de M. Beuchot.*)
3. Membre de l'Académie française. (ÉD.)

MMMMDCCXLII. — A M. DE BELLOY.

A Ferney, 17 janvier.

Eh, mon Dieu! monsieur! eh, mon Dieu! mon cher confrère en Melpomène, mon chantre des héros de la France, comment diable aurais-je pu faire pour vous causer la moindre petite peine? Le jeune auteur inconnu de *la Tolérance* ou des *Guèbres* n'avait jamais pensé à être joué ni devant ni après personne. La pièce était imprimée longtemps avant qu'on se fût avisé de la lire très-imprudemment aux comédiens, pour qui elle n'est point faite. Peut-être dans cent ans pourra-t-on la jouer, quand les hommes seront devenus raisonnables, et qu'il y aura des acteurs. Je sais positivement que le jeune inconnu n'avait songé, dans sa petite préface, qu'à faire civilité à ceux qui daignaient travailler pour le théâtre. Si je n'avais pas détruit le mien pour y loger des vers à soie, je vous réponds bien que nous y jouerions *le Chevalier sans peur et sans reproche*[1]. On ne vous fait d'autre reproche à vous, mon cher confrère, que d'avoir privé le public du plaisir de la représentation; mais on s'en dédommage bien à la lecture.

J'avoue que je serais curieux de savoir pourquoi vous, qui êtes le maître du théâtre, vous ne l'avez pas gratifié de votre digne chevalier.

Pardon de la brièveté de ma lettre. Je suis bien malade et bien vieux; mais j'ai encore une âme qui sent tout votre mérite. Comptez, monsieur, que j'ai l'honneur d'être, du fond de mon cœur, avec tous les sentiments que vous méritez, votre très-humble, très-obéissant, et très-étonné serviteur,   Le vieil ermite des Alpes.

MMMMDCCXLIII. — DE CATHERINE II.

Le 8-19 janvier.

Monsieur, je suis très-sensible de ce que vous partagez ma satisfaction sur l'arrivée de nos vaisseaux au Port-Mahon. Les voilà plus proche des ennemis que de leurs propres foyers : cependant il faut qu'ils aient fait gaiement ce trajet, malgré les tempêtes et la saison avancée, puisque les matelots ont composé des chansons.

Les Géorgiens en effet ont levé le bouclier contre les Turcs, et leur refusent le tribut annuel des recrues pour le sérail. Héraclius, le plus puissant de leurs princes, est un homme de tête et de courage. Il a ci-devant contribué à la conquête de l'Inde sous le fameux Shah-Nadir. Je tiens cette anecdote de la propre bouche du père d'Héraclius, mort ici, à Pétersbourg, en 1762.

Mes troupes ont passé le Caucase cette automne, et se sont jointes aux Géorgiens. Il y a eu par-ci par-là de petits combats avec les Turcs; les relations en ont été imprimées dans les gazettes. Le printemps nous fera voir le reste.

D'un autre côté nous continuons à nous fortifier dans la Moldavie et la Valachie, et nous travaillons à nettoyer cette rive-ci du Danube.

---

1. *Gaston et Bayard*, tragédie de de Belloy. (ÉD.)

Mais ce qu'il y a de mieux, c'est qu'on sent si peu la guerre dans l'empire, qu'on ne se souvient pas d'avoir vu un carnaval où généralement tous les esprits fussent plus portés à inventer des amusements que pendant celui de cette année. Je ne sais si on en fait autant à Constantinople. Peut-être y invente-t-on des ressources pour continuer la guerre. Je ne leur envie point ce bonheur; mais je me félicite de n'en avoir pas besoin, et me moque de ceux qui ont prétendu qu'hommes et argent me manquaient. Tant pis pour ceux qui aiment à se tromper; ils trouvent aisément pour de l'argent des flatteurs qui leur en donneront à garder.

Puisque mon exactitude ne vous est point à charge, soyez assuré, monsieur, que je la continuerai pendant cette année 1770, que je vous souhaite heureuse. Que votre santé se fortifie comme Azof et Tangarock le sont déjà.

Je vous prie d'être persuadé de mon amitié et de ma sensibilité.

CATERINE.

MMMMMDCCXLIV. — A M. LE COMTE D'ARGENTAL.

20 janvier.

Vous avez eu la bonté, mon cher ange, de me faire présent du livre de notre ami Griffet, et moi je prends la liberté de vous envoyer un manuscrit qui sûrement n'est pas de lui. Vous voulez vous amuser avec Mme d'Argental de cette comédie[1] de feu l'abbé de Châteauneuf, mort il y a plus de soixante ans. Je vous envoie une copie que j'ai faite sur-le-champ, à la réception de vos ordres. Mon manuscrit est bien meilleur que celui de Thieriot, plus ample, plus correct, beaucoup plus plaisant à mon gré, et purgé surtout des expressions qui pourraient présenter la moindre idée de dévotion, et par conséquent de scandale. Je ne sais si vous trouverez la pièce passable; elle est bien différente du goût d'aujourd'hui; ce n'est point du tout une tragi-comédie de Lachaussée; elle m'a paru tenir un peu de l'ancien style; mais on ne rit plus, et on ne veut plus rire.

Si vous supposez pourtant, vous et Mme d'Argental, qu'on puisse encore aller à la comédie pour s'épanouir la rate; si vous trouvez dans cette pièce des mœurs vraies et quelque chose de plaisant, alors on pourra la faire jouer. Il n'y aura nulle difficulté du côté de la police; mais, en ce cas, il faudrait envoyer chercher Thieriot, et lui donner copie de la copie que je vous envoie, en lui recommandant le secret: il est intéressé à le garder. Je lui envoyai ce rogaton il y a quelques mois, pour lui aider à faire ressource; et comme je lui mandais que tous les émoluments ne seraient pas pour lui, il se pourrait bien faire aussi que votre protégé Lekain en retirât quelque avantage.

Je ne sais point où demeure Thieriot, qui change de gîte tous les six mois, et qui ne m'a point écrit depuis plus de quatre. On peut s'informer de sa demeure chez le secrétaire de M. d'Ormesson, nommé Faget de Villeneuve; voilà tout ce que j'en sais.

1. *Le Dépositaire.* (ÉD.)

Je vous avertis que je prends la liberté d'envoyer à M. le duc de Praslin la pièce de l'abbé de Châteauneuf : il la lira s'il veut, et sera dans le secret pour se dépiquer des belles manières des Anglais et de messieurs de Tunis. Je lui écris en même temps pour le remercier de ses bontés pour les vingt-six diamants qui courent grand risque d'être perdus, attendu que les marchands n'ont rien fait en forme juridique.

J'ignore encore si on osera faire jouer à Toulouse la tragédie de *la Tolérance*[1]; ce serait prêcher l'*Alcoran* à Rome. Je sais seulement qu'on la répète actuellement à Grenoble; mais il n'est pas bien sûr qu'on l'y joue.

Vous me feriez plaisir, mon cher ange, de m'apprendre si M. le maréchal de Richelieu va à Bordeaux, comme on me l'a mandé. Il est si occupé de ses grandes affaires, qu'il ne m'écrit point.

Je ne sais si vous savez qu'on a mis dans quelques gazettes qu'on donnait la Corse au duc de Parme, et que vous étiez chargé de cette négociation. Il est bon que vous soyez informé des bruits qui courent, quelque mal fondés qu'ils puissent être.

Le progrès des armes de Catau est très-certain. On n'a jamais fait une campagne plus heureuse. Si elle continue sur ce ton, elle sera l'automne prochain dans Constantinople. Nos opéras-comiques sont bien brillants; mais ils n'approchent pas de cette pièce étonnante qui se joue des bords du Danube au mont Caucase et à la mer Caspienne. Les géographes doivent avoir de grands plaisirs.

L'oncle et la nièce se mettent sous les ailes des anges.

A propos, c'est bien à vous de parler de neige; nous en avons dix pieds de haut, et quatre-vingts lieues de pourtour.

Nota bene que si on me soupçonne d'être le prête-nom de l'abbé de Châteauneuf, tout est perdu.

MMMMMDCCXLV. — A M. Lekain.

Ce 20 janvier.

L'oncle et la nièce, mon cher ami, sont aussi sensibles à votre souvenir qu'ils doivent l'être. Nous savons à peu près ce que c'est que la petite drôlerie dont vous nous parlez; c'est une ancienne pièce qui n'est point du tout dans le goût d'à présent; elle fut faite par l'abbé de Châteauneuf, quelque temps après la mort de Mlle Ninon Lenclos. Je crois même qu'elle ne pourrait réussir qu'autant qu'elle est du vieux temps. Ce serait aujourd'hui une trop grande impertinence d'entreprendre de faire rire le public, qui ne veut, dit-on, que des comédies larmoyantes.

Je crois qu'il n'y a, dans Paris, que M. d'Argental qui ait une bonne copie du *Dépositaire*. Je sais, de gens très-instruits, que celle qu'on a lue à l'assemblée est non-seulement très-fautive, mais qu'elle est pleine de petits compliments aux dévots, que la police ne souffrirait pas. L'exemplaire de M. d'Argental est, dit-on, purgé de toutes ces horreurs : au reste, si on la joue, on pourra très-bien s'arranger en votre

---

1. *Les Guèbres.* (ÉD.)

faveur avec Thieriot; mais il faut que le tout soit dans le plus profond secret, à ce que disent les parents de l'abbé de Châteauneuf, qui ont hérité de ses manuscrits. Quant aux *Scythes*, je m'en rapporte à votre zèle, à votre amitié, et à vos admirables talents.

FIN DU QUARANTE-DEUXIÈME VOLUME.

COULOMMIERS
Imprimerie PAUL BRODARD

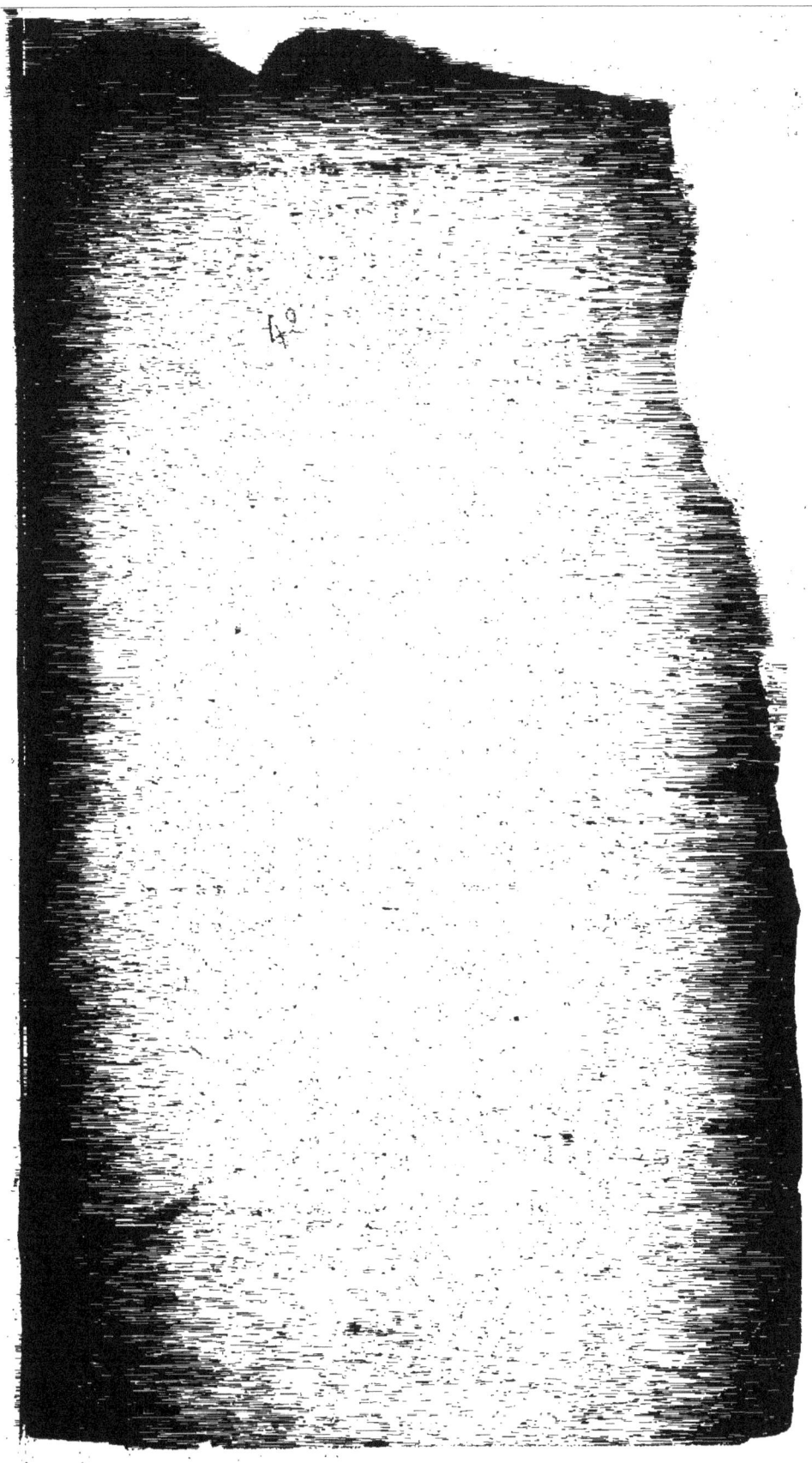

A LA MÊME LIBRAIRIE

ŒUVRES
DES PRINCIPAUX ÉCRIVAINS FRANÇAIS

VOLUMES IN-18 JÉSUS

On peut se procurer chaque volume de cette série relié en percaline gaufrée, sans être rogné, moyennant 50 cent.; en demi-reliure, dos en chagrin, tranches jaspées, moyennant 1 fr. 50 cent.; et avec tranches dorées, moyennant 2 fr. en sus du prix marqué.

1re Série à 1 franc 25 c. le volume.

Barthélemy : *Voyage du jeune Anacharsis en Grèce dans le milieu du IVe siècle avant l'ère chrétienne*. 3 volumes.

Atlas pour le Voyage du jeune Anacharsis, dressé par J.-D. Barbié du Bocage, revu par A.-D. Barbié du Bocage. In-8, 1 fr 50 c.

Boileau : *Œuvres complètes*. 2 vol.

Bossuet : *Œuvres choisies*. 5 vol.

Corneille : *Œuvres complètes*. 7 vol.

Fénelon : *Œuvres choisies*. 4 vol.

La Fontaine : *Œuvres complètes*, 3 volumes.

Marivaux : *Œuvres choisies*. 2 vol.

Molière : *Œuvres complètes*. 3 vol.

Montaigne : *Essais*, précédés d'une lettre à M. Villemain sur l'éloge de Montaigne, par P. Christian. 2 vol.

Montesquieu : *Œuvres complètes*. 3 volumes.

Pascal : *Œuvres complètes*. 3 vol.

Racine : *Œuvres complètes*. 3 vol.

Rousseau (J.-J.) : *Œuvres complètes*. 13 volumes.

Saint-Simon (le duc de) : *Mémoires complets et authentiques* sur le siècle de Louis XIV et la Régence, collationnés sur le manuscrit original par M. Chéruel, et précédés d'une notice de M. Sainte-Beuve, de l'Académie française. 13 vol.

Sedaine : *Œuvres choisies*. 1 vol.

Voltaire : *Œuvres complètes*. 46 vol.

2e Série à 3 francs 50 cent. le volume.

Chateaubriand : *Le Génie du Christianisme*. 1 vol.

— *Les Martyrs* ; — *le Dernier des Abencerrages*. 1 vol.

— *Atala* ; — *René* ; — *les Natchez*. 1 vol.

Fléchier : *Mémoires sur les Grands-Jours d'Auvergne en 1665*, annotés par M. Chéruel et précédés d'une notice par M. Sainte-Beuve. 1 vol.

Malherbe : *Œuvres poétiques*, réimprimées pour le texte sur la nouvelle édition des *Œuvres complètes* de Malherbe, publiées par M. L. Lalanne dans la Collection des GRANDS ÉCRIVAINS DE LA FRANCE. 1 vol.

Sévigné (Mme de) : *Lettres de Mme de Sévigné, de sa famille et de ses amis*, réimprimées pour le texte sur la nouvelle édition publiée par M. Monmerqué dans la Collection des GRANDS ÉCRIVAINS DE LA FRANCE. 8 vol.

COULOMMIERS. — TYPOGRAPHIE PAUL BRODARD.

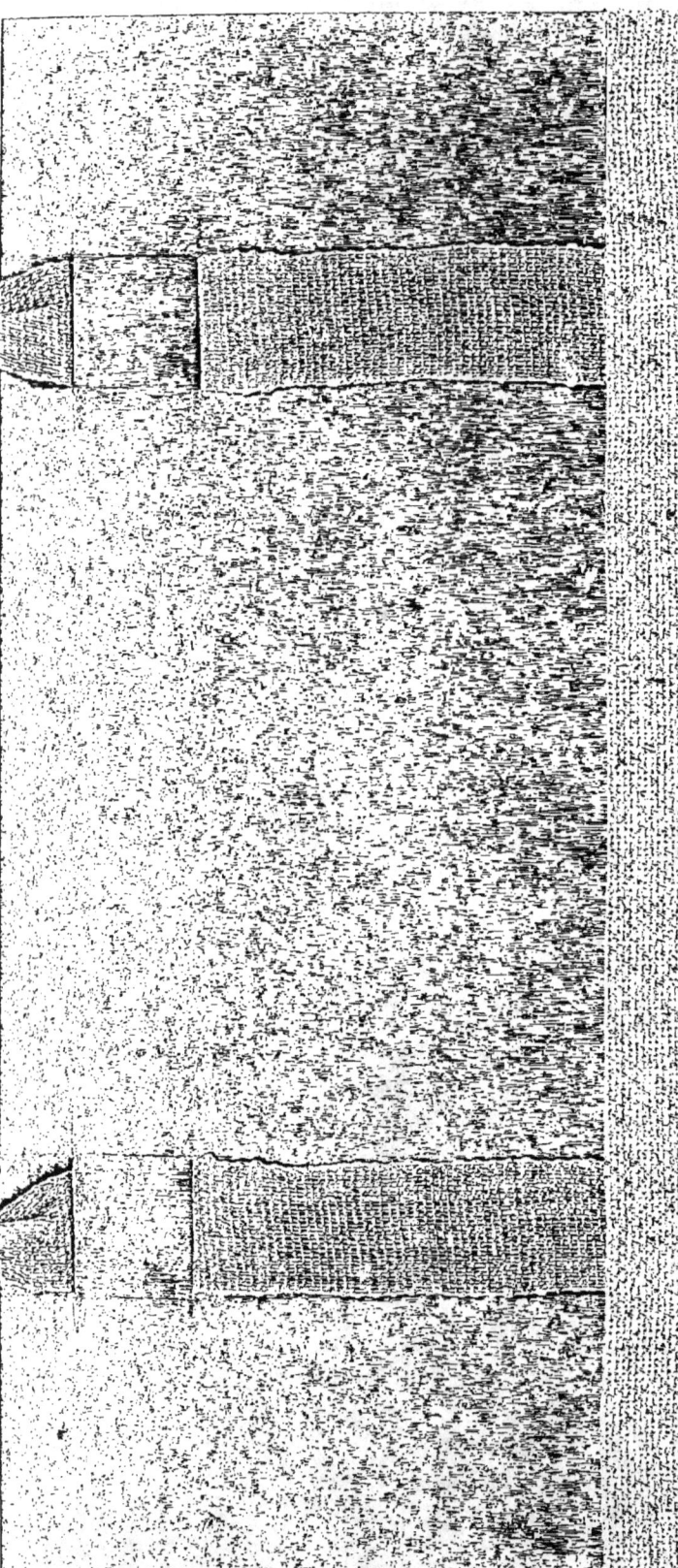